Bayerische Akademie der Wissenschaften
(Herausgeber)

Rundgespräche
der Kommission für Ökologie

D1928978

Die Zukunft der Energieversorgung: Atomausstieg, Versorgungssicherheit und Klimawandel

**Rundgespräch
am 24. und 25. Januar 2012
in München**

**Organisatoren:
Prof. Dr.-Ing. Dr.-Ing. E.h. mult. Franz Mayinger
Prof. Dr. Dres. h.c. Hans-Werner Sinn
Redaktion: Dr. Claudia Deigele**

**Verlag Dr. Friedrich Pfeil
München, August 2012
ISSN 0938-5851
ISBN 978-3-89937-150-5**

Bibliografische Information der Deutschen Nationalbibliothek

Die Deutsche Nationalbibliothek verzeichnet diese Publikation in der Deutschen Nationalbibliografie; detaillierte bibliografische Daten sind im Internet über http://dnb.dnb.de abrufbar.

**Wir danken der
Stiftung zur Förderung der Wissenschaften in Bayern
für die großzügige Unterstützung zur Herstellung des Berichtbandes**

Titelbild

Europa bei Nacht.

Aus Satellitendaten erstelltes Bild (Defense Meteorological Satellite Program (DMSP), Operational Linescan System (OLS)), C. Mayhew und R. Simmon, © NASA.

Gesamtherstellung: Verlag Dr. Friedrich Pfeil, München

Printed in the European Union

– gedruckt auf chlorfrei gebleichtem Papier –

ISSN 0938-5851 – ISBN 978-3-89937-150-5

Rundgespräche der Kommission für Ökologie
Herausgegeben von der Bayerischen Akademie der Wissenschaften

Band 41 – August 2012

Die Zukunft der Energieversorgung: Atomausstieg, Versorgungssicherheit und Klimawandel

Rundgespräch am 24. und 25. Januar 2012 in München

INHALT

Verzeichnis der Vortragenden (*) und der Diskussionsteilnehmer am Rundgespräch

Ameling, Dieter, Prof. Dr.-Ing., Präsident der Wirtschaftsvereinigung Stahl a. D. und Vorsitzender des Stahlinstituts VDEh a. D., Heideblick 54, 44229 Dortmund.

* **Böcker**, Dietrich, Dr.-Ing., ehem. Vorstand RWE/Rheinbraun, Bereich Energieerzeugung; Auguste-Viktoria-Straße 26, 50321 Brühl.

* **Buchholz**, Wolfgang, Prof. Dr., Universität Regensburg, Institut für Volkswirtschaftslehre und Ökonometrie, Universitätsstraße. 31, 93053 Regensburg.

Dengler, Erich, Tölzer Straße 27, 81379 München, klimadiskussion@gmx.de

* **Ebert**, Hans-Peter, Dr., Bayerisches Zentrum für Angewandte Energieforschung e. V. (ZAE Bayern), Am Hubland, 97074 Würzburg.

* **Edenhofer**, Ottmar, Prof. Dr., Potsdam-Institut für Klimafolgenforschung, Telegrafenberg A31, 14473 Potsdam.

* **Fahl**, Ulrich, Dr. rer. pol., Universität Stuttgart, Institut für Energiewirtschaft und Rationelle Energieanwendung (IER), Heßbrühlstraße 49a, 70565 Stuttgart.

* **Faulstich**, Martin, Prof. Dr.-Ing., Technische Universität München, Lehrstuhl für Rohstoff- und Energietechnologie, Petersgasse 18, 94315 Straubing.

* **Fritz**, Peter, Dr., Karlsruher Institut für Technologie (KIT), Vizepräsident für Forschung und Innovation, Postfach 6980, 76049 Karlsruhe.

* **Glück**, Alois, Präsident a. D. des Bayerischen Landtags, Hörzing 31, 83347 Traunwalchen.

* **Haber**, Wolfgang, Prof. Dr. Dr. h. c., Untergartelshauser Weg 10, 85356 Freising.

* **Hausladen**, Gerhard, Prof. Dr.-Ing. Dr. h.c.; Technische Universität München, Lehrstuhl für Bauklimatik und Haustechnik, Arcisstraße 21, 80333 München.

Hoffmann, Karl-Heinz, Prof. Dr. Dr. h. c. mult., Präsident der Bayerischen Akademie der Wissenschaften, Alfons-Goppel-Straße 11, 80539 München.

Hohlefelder, Walter, Dr., E.ON AG, Deutsches Atomforum e. V., München.

* **Karl**, Hans-Dieter, Dipl.-Kfm., Ing. (grad.), ifo Institut – Leibniz-Institut für Wirtschaftsforschung an der Universität München e. V., Poschingerstraße 5, 81679 München.

* **Kleinknecht**, Konrad, Prof. Dr., Johannes-Gutenberg-Universität Mainz, Institut für Physik, Staudingerweg 7, 55128 Mainz.

* **Konrad**, Kai A., Prof. Dr., Max-Planck-Institut für Steuerrecht und Öffentliche Finanzen, Marstallplatz 1, 80539 München.

Köpke, Peter, Dr., Ludwig-Maximilians-Universität München, Meteorologisches Institut, Theresienstraße 37, 80333 München.

* **Lienkamp**, Markus, Prof. Dr.-Ing., Technische Universität München, Lehrstuhl für Fahrzeugtechnik, Boltzmannstraße 15, 85748 Garching.

* **Mayinger**, Franz, Prof. em. Dr.-Ing. Dr.-Ing. E. h. mult., Technische Universität München, Lehrstuhl für Thermodynamik, Boltzmannstraße 15, 85748 Garching.

* **Pittel**, Karen, Prof. Dr., ifo Institut – Leibniz-Institut für Wirtschaftsforschung an der Universität München e. V., Bereich Energie, Umwelt und erschöpfbare Ressourcen, Poschingerstraße 5, 81679 München.

Rathjen, Walter, Dr.-Ing., ehemals Deutsches Museum München, Anechostraße 13 a, 81827 München.

Sauer, Hans Dieter, Wissenschaftsjournalist, Römerstraße 6, 82131 Gauting.

* **Sinn**, Hans-Werner, Prof. Dr. Dres. h. c., Präsident des ifo Instituts – Leibniz-Institut für Wirtschaftsforschung an der Universität München e. V., Poschingerstraße 5, 81679 München.

* **Spliethoff**, Hartmut, Prof. Dr.-Ing., Technische Universität München, Lehrstuhl für Energiesysteme, Boltzmannstraße 15, 85748 Garching.

Stetter, Karl O., Prof. Dr., Bayerische Akademie der Wissenschaften, Vorsitzender der Kommission für Ökologie, Alfons-Goppel-Straße 11, 80539 München.

Stratmann, Klaus, Korrespondent, Handelsblatt GmbH, Büro Berlin, Askanischer Platz 3, 10963 Berlin.

* **Vahrenholt**, Fritz, Prof. Dr., RWE Innogy GmbH, Vorsitzender der Geschäftsführung, Überseering 34, 22297 Hamburg.

* **von Weizsäcker**, Carl Christian, Prof. Dr., Max-Planck-Institut zur Erforschung von Gemeinschaftsgütern, Kurt-Schumacher-Straße 10, 53113 Bonn.

* **Wagner**, Ulrich, Prof. Dr.-Ing., Deutsches Zentrum für Luft- und Raumfahrt e. V. in der Helmholtz-Gemeinschaft (DLR), Vorstand Energie und Verkehr, Linder Höhe, 51147 Köln.

* **Weimann**, Joachim, Prof. Dr., Otto-von-Guericke-Universität Magdeburg, Lehrstuhl für Wirtschaftspolitik, Postfach 4120, 39106 Magdeburg.

* **Welte**, Dietrich H., Prof. Dr. Dr. h. c., Ritterstraße 23, 52072 Aachen.

Rundgespräche der Kommission für Ökologie, Bd. 41 »Die Zukunft der Energieversorgung«, S. 7.
 – ISSN 0938-5851 – ISBN 978-3-89937-150-5

Vorwort

Die Versorgung mit Energie ist die Basis unseres Wohlstands. Eine unbeschränkte Nutzung fossiler Energieträger, ob zur Strom- und Wärmeerzeugung oder für die Mobilität, ist allerdings mit einem entsprechend hohen CO_2-Ausstoß verbunden. Der Beschluss, alle deutschen Kernkraftwerke bis 2022 stillzulegen und Strom überwiegend aus erneuerbaren Energieträgern zu gewinnen, stellt enorme Herausforderungen nicht nur an Technik und Wirtschaft, sondern an uns alle. Es gilt, die Balance zwischen Wettbewerbsfähigkeit und Klimaschutz bei hoher Zuverlässigkeit der Energieversorgung und ohne unverhältnismäßigen Anstieg der Energiepreise zu wahren.

Zu diesem komplexen Thema veranstaltete die Kommission für Ökologie der Bayerischen Akademie der Wissenschaften zusammen mit dem ifo Institut – Leibniz-Institut für Wirtschaftsforschung an der Universität München e. V. im Januar 2012 eine zweitägige Fachtagung. Experten aus verschiedenen Bereichen beleuchteten die Probleme unserer zukünftigen Energieversorgung aus unterschiedlichen Blickwinkeln. Ökonomische und ökologische Aspekte bis hin zur Rolle Deutschlands beim globalen Klimaschutz kamen dabei zur Sprache. Nutzen und zukünftige finanzielle Belastungen aus dem von der Bundesregierung beschlossenen Energiekonzept wurden einander gegenübergestellt, die Vorreiterrolle Deutschlands und der EU in der internationalen Staatengemeinschaft wurde diskutiert. Die Reichweite fossiler Energieträger und die Verfügbarkeit von Strom aus erneuerbaren Energieträgern wurden ebenso erörtert wie zukünftige neue Techniken zur Energieversorgung und gesellschaftliche Fragen.

Wir freuen uns, dass die überarbeiteten Vorträge und die abschließende Diskussion dieser Tagung, ergänzt mit einer Zusammenfassung, einer Zusammenstellung der zentralen Ergebnisse aus Sicht der Kommission für Ökologie und einem Schlagwortverzeichnis, in dem vorliegenden Buch nun der breiten Öffentlichkeit zugänglich gemacht werden. Unser Dank gilt allen, die zum Entstehen des Buches und zu seiner Finanzierung beigetragen haben.

Der Band richtet sich gleichermaßen an Fachleute wie an interessierte Laien. Wir hoffen, auf diese Weise auch einen Beitrag zur Versachlichung der Diskussion zum Thema »Zukunft der Energieversorgung« zu leisten.

Franz Mayinger Hans-Werner Sinn Karl Stetter

Rundgespräche der Kommission für Ökologie, Bd. 41 »Die Zukunft der Energieversorgung«, S. 9–10.
 – ISSN 0938-5851 – ISBN 978-3-89937-150-5

Begrüßung durch den Präsidenten der Bayerischen Akademie der Wissenschaften Herrn Prof. Dr. Karl-Heinz Hoffmann

Meine sehr verehrten Damen und Herren,

es ist mir eine große Freude, Sie zum Rundgespräch »Die Zukunft der Energieversorgung: Atomausstieg, Versorgungssicherheit und Klimawandel« in der Bayerischen Akademie der Wissenschaften begrüßen zu dürfen.

Mit der heutigen Fachtagung setzt die Kommission für Ökologie ihre »Rundgespräche« fort, die sie ein- bis zweimal jährlich organisiert, um im Fachkreis über aktuelle ökologische Themen und brisante Zukunftsfragen zu diskutieren. Gerade bei so kontroversen Themen wie der zukünftigen Energieversorgung hoffen wir, durch die unterschiedlichen Blickwinkel der Referentinnen und Referenten die Probleme und Herausforderungen möglichst breit und vielschichtig beleuchten und Lösungsvorschläge aufzeigen zu können.

Die »Rundgespräche« haben sich als überaus erfolgreiches Instrument der Beratung für Ministerien, Behörden und Verbände bewährt. Ich freue mich daher sehr, dass zahlreiche hochrangige Vertreterinnen und Vertreter aus Politik, Wirtschaft und Wissenschaft auch heute wieder unter uns sind.

Für das Parlament begrüße ich die beiden ehemaligen Landtagspräsidenten, Herrn Johann Böhm und Herrn Alois Glück. Ich darf zwei ehemaliger Staatsminister begrüßen: Frau Christa Stewens und Herrn Dr. Thomas Goppel. Weiterhin begrüße ich den Amtschef des Bayerischen Staatsministeriums für Ernährung, Landwirtschaft und Forsten, Herrn Ministerialdirektor Martin Neumeyer, sowie den Amtschef des Bayerischen Staatsministeriums für Wirtschaft, Infrastruktur, Verkehr und Technologie, Herrn Ministerialdirektor Dr. Hans Schleicher. Ich heiße auch den Regierungspräsidenten von Oberbayern, Herrn Christoph Hillenbrand, und seinen Amtskollegen aus Niederbayern, Herrn Heinz Grunwald, herzlich willkommen. Ferner freue ich mich, dass Herr Alois Müller, Präsident der Hauptverwaltung der Deutschen Bundesbank in Bayern, und der Präsident der Hochschule München, Herr Professor Michael Kortstock, mit dabei sind. Bitte sehen Sie mir nach, wenn aus Zeitgründen die namentliche Begrüßung nicht vollständig sein kann.

Das heutige Rundgespräch ist bereits die 41. Fachtagung dieser Art und zugleich etwas ganz Besonderes: Es ist eine gemeinsame Veranstaltung der Kommission für Ökologie und des ifo Instituts – Leibniz-Institut für Wirtschaftsforschung an der Universität München e. V.

Dass wir heute und morgen so hochkarätige Referentinnen und Referenten erleben dürfen, verdanken wir den beiden Organisatoren: dem Akademiemitglied Herrn Professor Franz Mayinger von der Kommission für Ökologie und dem Präsidenten des ifo Instituts, Herrn Professor Hans-Werner Sinn, der übrigens auch ordentliches Mitglied der Bayerischen Akademie der Wissenschaften ist. Auch sie darf ich ganz herzlich begrüßen und ihnen meinen großen Dank aussprechen. Lieber Herr Kollege Sinn, Ihnen gilt ein doppelter Dank. Denn durch die Kooperation mit dem ifo Institut und der damit verbundenen finanziellen Unterstützung ist es uns gelungen, den üblichen Rahmen unserer Rundgespräche über die Fachkollegen hinaus für die interessierte Öffentlichkeit zu öffnen, worüber wir uns sehr freuen.

Schließlich darf ich den Vorsitzenden der Kommission für Ökologie, Herrn Professor Karl O. Stetter, herzlich begrüßen. Lieber Herr Kollege Stetter, bevor ich Ihnen nun das Wort übergebe, möchte ich zum Abschluss dem Organisationsteam danken, namentlich Frau Dr. Claudia Deigele von der Kommission für Ökologie und Frau Dr. Jutta Albrecht-Saavedra vom ifo Institut.

Ich wünsche der Veranstaltung einen guten und interessanten Verlauf, und uns allen wünsche ich zwei erkenntnisreiche und erfolgreiche Tage.

Rundgespräche der Kommission für Ökologie, Bd. 41 »Die Zukunft der Energieversorgung«, S. 11.
© 2012 by Verlag Dr. Friedrich Pfeil, München – ISSN 0938-5851 – ISBN 978-3-89937-150-5

Begrüßung durch den Vorsitzenden der Kommission für Ökologie der Bayerischen Akademie der Wissenschaften Herrn Prof. Dr. Karl O. Stetter

Sehr geehrte Damen und Herren,

vielen Dank, Herr Präsident, für die Eröffnung unserer Tagung und für Ihre freundlichen Worte, mit denen Sie bereits kurz die Aufgaben und Ziele unserer Kommission und ihrer »Rundgespräche« angesprochen haben, sodass ich mich nunmehr sehr kurz fassen kann.

Meine Damen und Herren, im Namen der Kommission für Ökologie der Bayerischen Akademie der Wissenschaften möchte ich Sie zu dieser für ein Rundgespräch ungewöhnlich umfangreichen Fachtagung sehr herzlich begrüßen. Ich freue mich sehr über Ihr zahlreiches Erscheinen, das diesen großen Rahmen mehr als rechtfertigt. Gerade die heutige Zeit wichtiger ökologischer Entscheidungen erfordert das Verständnis komplexer und sehr komplizierter Zusammenhänge, die oft kontrovers und leider auch oft mehr emotional als fachkundig diskutiert werden. Wir erachten es deshalb als unsere wichtigste Aufgabe, zu aktuellen ökologischen Themen Politik und Öffentlichkeit in unabhängiger sachkundiger Weise zu informieren und zu beraten.

Als wir uns vor nahezu drei Jahren für dieses Rundgespräch mit dem damaligen Arbeitstitel »Energieversorgung: Ökologie und Ökonomie« entschieden hatten, konnten wir natürlich nicht ahnen, welche außerordentliche Brisanz dieses Thema angesichts der letztjährigen verheerenden Erdbeben- und Tsunami-Katastrophe in Japan in unserem Land erfahren würde. Wir haben deshalb hierzu relevante Aspekte noch in unser heutiges Rundgespräch aufgenommen, was natürlich dessen Umfang vergrößert.

Lassen Sie mich abschließend noch ein paar Worte des Dankes zum Zustandekommen dieses Rundgesprächs aussprechen. Der Dank der Kommission gilt den Vortragenden für ihre Mitwirkung an dem Rundgespräch und den beiden Organisatoren dieser Fachtagung, Herrn Kollegen Franz Mayinger von der Kommission für Ökologie der Bayerischen Akademie der Wissenschaften und Herrn Kollegen Hans-Werner Sinn, dem Präsidenten des ifo Instituts – Leibniz-Institut für Wirtschaftsforschung an der Universität München e. V. Dem Vorstand des ifo Instituts sowie der Verwaltung der Bayerischen Akademie der Wissenschaften, namentlich Frau Generalsekretärin Bianca Marzocca, sei ebenfalls gedankt für die großzügige finanzielle Unterstützung der Tagung.

Frau Dr. Jutta Albrecht-Saavedra vom ifo Institut und Frau Dr. Claudia Deigele von der Kommission für Ökologie danke ich für die organisatorische Vorbereitung. Frau Dr. Ellen Latzin, Pressereferentin der Bayerischen Akademie der Wissenschaften, für ihre Unterstützung und die Organisation des Mediengesprächs. Weiterhin danke ich allen Helfern, die bei der Vorbereitung mitgewirkt haben und heute hier im Vortragssaal zum Gelingen dieser Veranstaltung beitragen. Last but not least möchte ich allen Gästen für ihr großes Interesse und ihr zahlreiches Erscheinen danken.

Wir freuen uns sehr auf diese Fachtagung. Die Herren Kollegen Hans-Werner Sinn und Franz Mayinger werden nun im Anschluss kurz in das Rundgespräch einführen.

Rundgespräche der Kommission für Ökologie, Bd. 41 »Die Zukunft der Energieversorgung«, S. 13–16.
 – ISSN 0938-5851 – ISBN 978-3-89937-150-5

Zur Zukunft der Energieversorgung – Ausgangssituation und einführende Bemerkungen

Hans-Werner Sinn*

Sehr geehrter Herr Präsident,
Exzellenzen,
meine Damen und Herren,

als Herr Mayinger vor zwei Jahren mit dem Vorschlag an mich herangetreten ist, diese Konferenz gemeinsam zu veranstalten, habe ich nicht lange gezögert. Und er hat wie immer einen guten Riecher gehabt: Er wusste, dass das Thema noch aktueller wird, als es damals den Anschein hatte.

Im Folgenden möchte ich Ihnen einen kurzen Überblick über einige Aspekte des Themas geben. Wir haben den großen Vorteil, dass wir hier Naturwissenschaftler und Ökonomen zusammenbringen, um die Zukunft der Energieversorgung im Hinblick auf Atomausstieg, Versorgungssicherheit und Klimawandel zu diskutieren. Das Thema hat tatsächlich zweierlei Aspekte: Zum einen, wie die künftige Energieversorgung technisch machbar ist, und zum anderen, und hier fühlen sich eher die Ökonomen kompetent, wie wir die Menschen dazu bringen, diesen Weg mitzugehen.

Das Thema, das uns alle umtreibt, ist der Klimawandel. Die EU hat schon viel getan, um ihren CO_2-Ausstoß zu reduzieren, und noch mehr Deutschland. Deutschland hat das Kioto-Ziel, zu dem es sich völkerrechtlich verpflichtet hat, sogar überschritten: 21 Prozent Reduktion gegenüber 1990. Das Problem ist aber, dass der CO_2-Ausstoß der Welt nicht die geringste Reaktion auf die enormen Anstrengungen der Europäer zeigt. In Abbildung 1 sind zwar die Knicke im CO_2-Ausstoß durch die erste und zweite Ölkrise erkennbar, aber keinerlei Wirkung des Kioto-Protokolls oder des beginnenden Emissionshandels in Europa. Der leichte Knick am Ende der Kurve beruht auf der Rezession von 2009, hat also mit Klimapolitik nichts zu tun.

Man muss sich daher die Frage stellen, ob alles das, was wir tun, überhaupt wirksam ist und ob es Sinn macht, wenn exakt 30 Prozent des CO_2-Ausstoßes der Welt durch Europa gedeckelt ist und der andere Teil der Welt tun und lassen kann, was er will. Möglicherweise bedeutet unsere Einschränkung der Nachfrage an fossilen Brennstoffen, dass dieselben Brennstoffe, die wir nicht mehr nachfragen, über die Weltmärkte nach China, Amerika und anderswo geliefert und dann dort verbrannt werden. Was wir durch unsere Nachfrageeinschränkung tun, ist ja, die Weltmarktpreise für andere Länder zu subventionieren, die sich nicht dem Klimaschutz verpflichtet fühlen. Vielleicht kommt es sogar noch schlimmer, nämlich dass unsere Drohungen mit dem »grünen Hammer« – dass wir die Märkte der Ölscheichs und der anderen Ressourcenbesitzer vernichten wollen, indem wir auf Ersatztechnologien umsteigen – diese erst recht befleißigen, nun schneller zu extrahieren, als sie das sonst getan hätten, sodass möglicherweise das Gegenteil von dem herauskommt, was man

* Sinn, Hans-Werner, Prof. Dr. Dres. h. c., Präsident des ifo Instituts – Leibniz-Institut für Wirtschaftsforschung an der Universität München e. V., Poschingerstraße 5, 81679 München. E-Mail: sinn@ifo.de

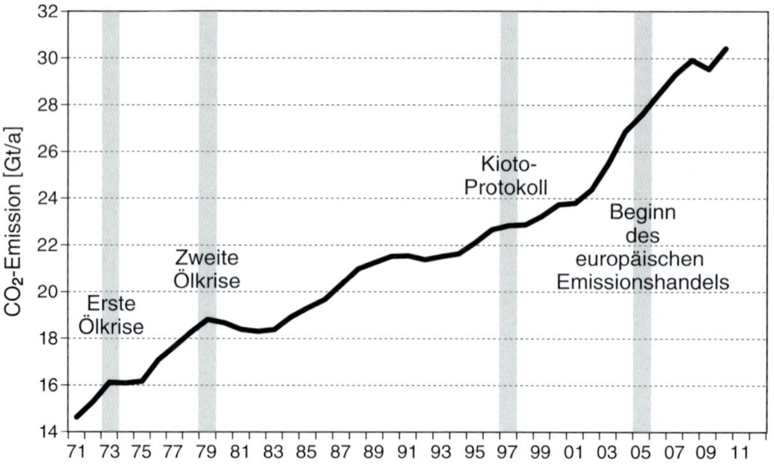

Abb. 1. Weltweiter CO_2-Ausstoß von 1970 bis 2011. – Nach IEA (2011).

möchte. Gut gemeint und gut getan ist bekanntlich nicht immer genau dasselbe.

Wir werden diese Fragen hier diskutieren. Wir werden diskutieren, ob sich der Emissionshandel mit dem Erneuerbare-Energien-Gesetz (EEG) verträgt, unsere deutsche Spezialität, die letztes Jahr 12 Milliarden Euro gekostet hat.[1] Die jetzt installierte Photovoltaik kostet barwertmäßig bereits 100 Milliarden Euro.[2] Das sind alles Riesenbeträge. Wenn es denn dem Klima nützt, soll es gut sein, aber die Frage der Wirksamkeit stellt sich natürlich genauso wie bei jedem guten Arzneimittel: Placebos zu nehmen, bringt wenig, insbesondere nicht, wenn sie teuer sind.

Es ist beschlossen worden, dass wir aus der Nutzung der Kernenergie aussteigen, aber viele Länder tun dies nicht. Abbildung 2 zeigt die Kernkraftwerke, die weltweit in Betrieb sind, die neu gebaut werden, die in Planung und die in Vorplanung sind. Es werden auch Kernkraftwerke abgeschaltet, aber im Grunde so richtig nur in Deutschland und in Belgien. Sonst ist kein Land dabei, das bis in die 2020er Jahre hinein alle seine Kernkraftwerke abschalten möchte, die Schweiz vielleicht in den 2030er Jahren.

1 Der oft genannte Betrag von 17,1 Mrd. € (16,7 Mrd. €, wenn die vermiedenen Netzentgelte abgezogen werden) entspricht der gesamten Vergütungssumme, von der dann der Wert des Stroms und einige kleinere Positionen abgezogen werden, um auf die Differenzkosten zu kommen.

2 Kumulierte Nettokosten bis einschl. 2010 nach Frondel (2010).

Wir müssen uns klar sein darüber, dass das, was hier tun, ein Alleingang ist. Wir sind als Deutsche durchaus befähigt, unseren eigenen Weg zu gehen. Hin und wieder meinen wir, die Welt sollte »am deutschen Wesen genesen«, das exerzieren wir jetzt am Thema Kernkraft ganz deutlich.

Wie sieht die Struktur des deutschen Endenergieverbrauchs aus? Welchen Weg müssen wir zurücklegen, um unsere Energieversorgung auf erneuerbare Energieträger umzustellen? Um diesen Weg abschätzen zu können, muss man die aktuelle Situation kennen. Diese Beschreibung des Ist-Zustandes ist jedoch keine Trivialität. Unsere Mitarbeiter haben sehr lange und sehr intensiv daran gearbeitet, überhaupt einmal eine Bestandsaufnahme über die Energiestruktur in Deutschland zu erstellen (Abb. 3). Die fossilen Brennstoffe decken 84 % des Endenergieverbrauchs, vor allem über Prozesswärme (17 %), Raumwärme und Warmwasser (29 %) sowie Verkehr in der Luft, zu Wasser und zu Lande (26 %), daneben über Strom aus Erdgas (2,7 %) und sonstige Gase (0,3 %) und aus Kohle (8,4 %). Strom aus Kernenergie trägt 4,6 % zur Endenergie in Deutschland bei – erstaunlich wenig angesichts der Diskussionen um dieses Thema –, Strom aus Sonnenkraft 0,5 %, aus Windkraft 1,4 %, aus Wasserkraft 0,7 %, aus Abfällen 0,4 % und aus Biomasse 1,2 %. Der gesamte Stromsektor macht 20 % des Endenergieverbrauchs in Deutschland aus. Dazu kommen die Sonnenwärme (z. B. zum Erwärmen des Duschwassers) und die Erdwärme mit jeweils 0,2 %, die Wärme aus Biomasse

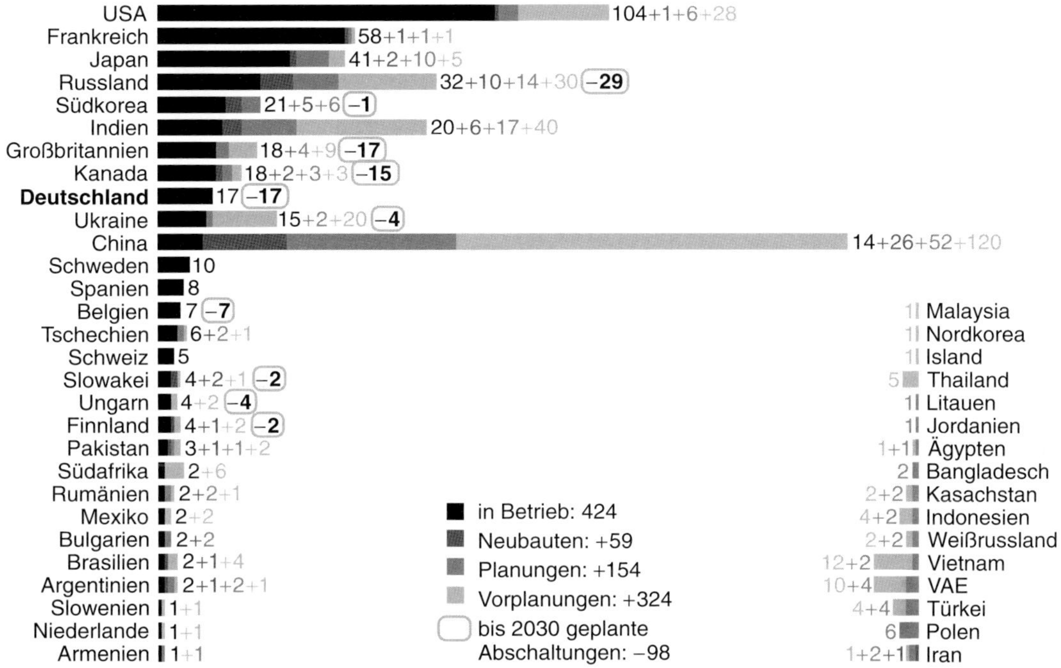

Abb. 2. Kernkraftwerke in der Welt. VAE: Vereinigte Arabische Emirate. – Nach Daten aus World Nuclear Association (www.world-nuclear.org), Deutsches Atomforum e. V. (www.kernenergie.de).

(v.a. Holz) mit 5 % und der Biosprit mit 1,4 %. Erneuerbare Energieträger sind derzeit zu 11 % am Endenergieverbrauch in Deutschland beteiligt. Diese Gesamtstruktur im Endenergieverbrauch in der Bundesrepublik Deutschland sieht in den OECD-Ländern im Durchschnitt ganz ähnlich aus.

Wir wollen den Atomstrom abschalten und ersetzen ihn durch Strom aus Windkraft, der derzeit 1,4 % zum Endenergieverbrauch beiträgt. Wir müssten also das Dreifache dazupacken, um rechnerisch auf den Anteil von Atomstrom mit 4,6 % zu kommen. Das kann man sich durchaus vorstellen, ein solches Ziel ist nicht utopisch. Da der Strom aus Windkraftanlagen sehr stochastisch ist, kommen zu dieser Rechnung noch Sicherheitsreserven und Ähnliches dazu – Kilowattstunde ist eben nicht gleich Kilowattstunde. Wer nur in Kilowattstunden rechnet, addiert Äpfel und Birnen. Vielmehr muss man die ökonomischen Werte addieren. Sie alle wissen, dass der deutsche Großhandelspreis für Strom manchmal am Sonntagmorgen, wenn die Sonne scheint und der Wind an der Nordseeküste weht, negativ ist. Dann müssen wir sehen, dass wir den Strom loswerden, weil sonst die Leitungen durchbrennen. Dennoch kann ich mir vorstellen, dass der Ersatz von Strom aus Kernenergie durch Strom aus erneuerbaren Energieträgern möglich ist.

Was ich mir aber nicht vorstellen kann, ist, die fossilen Energieträger durch Wind- und Sonnenkraft zu ersetzen. Wir werden 10 bis 20 Jahre damit zu tun haben, den Atomstrom durch Wind- und Sonnenstrom zu ersetzen, und das wird schwierig genug werden. Wir müssen Leitungen von der Nordsee in den Süden bauen, da dort, in Bayern, die Windgeschwindigkeit im Schnitt nur halb so groß ist, was ein Achtel der erzielbaren Leistung bedeutet. Aber ich denke, das werden wir irgendwie schaffen. Die fossilen Brennstoffe durch Wind- und Sonnenenergie ersetzen zu wollen, halte ich jedoch für utopisch. Das geht vielleicht mehr über Biomasse, aber da gibt es den fundamentalen Konflikt zwischen Teller und Tank. Durch die Nutzung von Biomasse zur Energiegewinnung treiben wir die Nahrungsmittelpreise in der Welt hoch. Das ist aus ethischen Gründen problematisch. Wasserkraft geht auch kaum noch, weil wir die Möglichkeiten, Wasserkraftwerke zu bauen, weitgehend ausgeschöpft haben. Es ist also ein spannendes Thema, über das wir hier diskutieren.

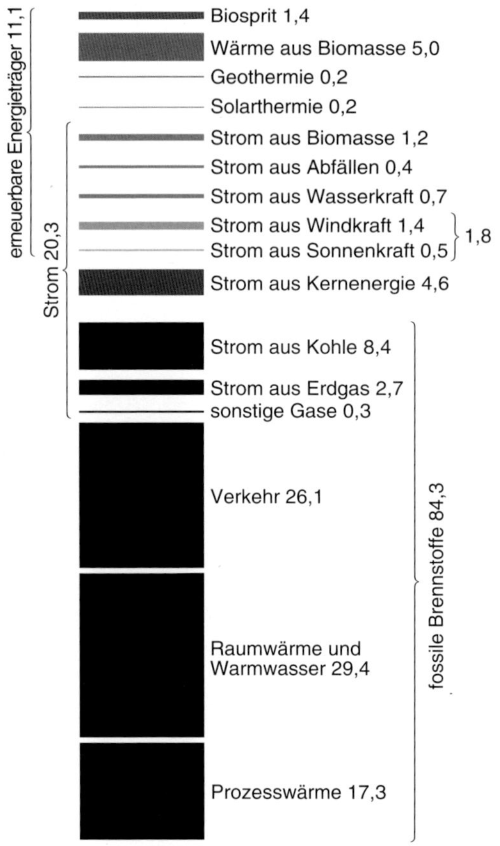

Abb. 3. Endenergieverbrauchsstruktur in Deutschland. Schätzung für 2010, Anteile in %. Abweichungen zwischen der Summe der Einzelpositionen und den angegebenen Summenwerten sind rundungsbedingt. – Nach Daten von Arbeitsgemeinschaft Energiebilanzen e. V., Arbeitsgruppe Erneuerbare Energien, Statistik, und Berechnungen des ifo Instituts.

Vielfach wird gefordert, wir sollten bis 2020 eine Million Elektroautos haben, weil wir dann keine fossilen Energieträger mehr brauchen. Diesen Weg können die Franzosen durchaus gehen, weil sie dann »Atomautos« fahren werden, aber wir Deutschen werden wohl »Kohleautos« fahren. Machen wir uns doch nichts vor: Der Strom für die Elektroautos kommt aus Kohlekraftwerken, denn der grüne Strom muss ja den Atomstrom ersetzen. Für die CO_2-Bilanz sieht das, glaube ich, schlechter aus, als wenn man Diesel direkt in einem modernen Dieselmotor verbrennt.

Deutschland ist nicht Frankreich. Frankreich versucht, mit seinen Umweltzielen, bei denen sie sich mit den Grünen in Deutschland verbünden, meiner Einschätzung nach letztlich Industriepolitik zu betreiben, um die deutsche Automobilindustrie kleinzukriegen. Es liegt nicht im deutschen Interesse, diesem Weg zu folgen.

Wenn wir versuchen, den Verkehr, der 26 % am Endenergieverbrauch in Deutschland ausmacht (Abb. 3), nun auch noch elektrisch, also mit Strom zu betreiben, während wir gleichzeitig die Kernenergie abschalten, dann passt das gedanklich nicht zusammen. Wenn ich den Strom abschalte, muss ich versuchen, von ihm unabhängig zu sein – aber jetzt will man auch noch den Verkehr in Richtung Strom lenken. Mein Geist reicht ehrlich gesagt nicht aus, die Logik dieses Weges auch nur halbwegs zu begreifen. Vielleicht wird mir im Zuge dieser Tagung von Anderen verdeutlicht werden, wo hier mein Denkfehler liegt.

Soviel zunächst zur Einführung in das Rundgespräch. Diese soll ja nur ein Appetitanreger sein für die kommenden Vorträge, die uns hoffentlich sehr viele Erkenntnisse bringen werden.

Literatur

Frondel, M., N. Ritter & C. M. Schmidt. 2010. Die Förderung der Photovoltaik: Ein Kosten-Tsunami. – Energiewirtschaftliche Tagesfragen, 60 (12): 36–44.

IEA (International Energy Agency). 2011. CO_2 emissions from fuel combustion. 2011 edition. – IEA Statistics, Paris, 123 pp.

Weitere Ausführungen zu diesem Thema:

Sinn, H.-W. 2012. Das grüne Paradoxon: Plädoyer für eine illusionsfreie Klimapolitik. – Ullstein Taschenbuch, Berlin.

Rundgespräche der Kommission für Ökologie, Bd. 41 »Die Zukunft der Energieversorgung«, S. 17–18.
 – ISSN 0938-5851 – ISBN 978-3-89937-150-5

Zur Zukunft der Energieversorgung
Einführung in den ersten Teil des Rundgesprächs

Franz Mayinger*

Sehr geehrte Damen und Herren!

Das gemeinsam von der Kommission für Ökologie der Bayerischen Akademie der Wissenschaften und vom ifo Institut – Leibniz-Institut für Wirtschaftsforschung an der Universität München e. V. veranstaltete Rundgespräch, zu dem wir heute zusammengekommen sind, versteht sich als wissenschaftliches Forum. Wissenschaft ist offen für kritische Diskussion, ja sie muss es sein, um zur richtigen Erkenntnis zu gelangen. So sollen auf dieser Veranstaltung durchaus unterschiedliche wissenschaftliche Standpunkte zur Sprache kommen.

Die so genannte Energiewende stellt die Bundesrepublik vor gewaltige Aufgaben, technischer, wirtschaftlicher und gesellschaftspolitischer Natur. Dabei hat das Wort »Wende« für uns Deutsche einen magischen, Euphorie weckenden Klang. Denken wir doch dabei an die Wiedervereinigung von Ost und West und das Ende des Kalten Krieges. Es bedurfte gewaltiger Anstrengungen, diese Wende wirtschaftlich zu verkraften. Wird uns die Energiewende zwar auch große wirtschaftliche Anstrengungen abverlangen, aber letztlich unsere Energieversorgung nachhaltig, bedarfsgerecht und wohlstandserhaltend garantieren? Ist diese »Wende« in 10 Jahren zu schaffen?

Lassen Sie mich ein scheinbar einfaches Problem ansprechen: Strom aus Wind und Sonne ist witterungsabhängig und daher nicht immer zeitlich und örtlich in gewünschtem Maße bedarfsgerecht verfügbar.

Die witterungsbedingte Änderung der Stromeinspeisung aus Wind- und Solarkraftwerken ist keineswegs gering. So variierte beispielsweise im vergangenen Jahr der Strom aus den deutschen Windkraftanlagen zwischen maximal etwas über 22 000 Megawatt (04.02.2011) und minimal 140 Megawatt (20.05.2011). Die maximale Leistung der Solaranlagen betrug 19 000 Megawatt (09.05. 2011). Nachts ist die Leistung der Solaranlagen naturgemäß null. Kohle- und Gaskraftwerke und auch große Pumpspeicherkraftwerke müssen deshalb die Schwankungen ausgleichen. Die Anforderungen an die Leistung neuer Kohle- und Gaskraftwerke liegen bei Anspruch auf eine garantiert lückenlose und bedarfsgerechte Stromversorgung fast in der gleichen Größenordnung wie die der Wind- und Solaranlagen. Das bedeutet, man muss für teures Geld doppelt investieren, wobei die Rendite dieser »Back-up«-Anlagen wegen ungewisser und witterungsabhängiger Betriebszeiten in Frage steht. Eine Alternative bietet Stromimport aus Frankreich und Tschechien, der heute schon praktiziert wird.

Erhebliche Akzeptanzprobleme werden auf die deutsche Energiepolitik zukommen, resultierend aus dem Bau neuer Höchstspannungsleitungen quer durch die Republik, aus dem Bau und dem Betrieb neuer Kohle- und Gaskraftwerke und last not least aus der Angst vor unterirdischen CO_2-Speichern.

* Mayinger, Franz, Prof. em. Dr.-Ing. Dr.-Ing. E. h. mult., Technische Universität München, Lehrstuhl für Thermodynamik, Boltzmannstraße 15, 85748 Garching. E-Mail: mayinger@td.mw.tum.de

Lassen Sie mich nun kurz zur Einführung der folgenden, mehr technisch orientierten Vorträge kommen:

Nach einem Impulsreferat, in dem die Entscheidungszwänge in der Klimapolitik thematisiert werden, und einem zweiten Referat, in dem die gesellschaftspolitischen Dimensionen der Energiewende behandelt werden, kommen am heutigen Tag mehr technisch orientierte Themen zur Sprache.

In der öffentlichen Diskussion wird Energieversorgung oft eingeengt auf die Bereitstellung elektrischen Stroms. Der Energiebedarf in Form von Wärme – für Heizzwecke, aber auch für die industrielle Produktion – sowie der Energiebedarf für unsere Mobilität spielen eine ebenso große, ja teilweise größere Rolle. Nachwachsende Rohstoffe tragen schon heute wesentlich zur Energieversorgung bei. Deren Verwendung steht in Konkurrenz zur Nahrungsmittelversorgung.

In einer Zeit knapper und teurer werdenden Rohöls wird große Hoffnung auf Elektromobilität gesetzt. Werden in naher Zukunft effiziente, preiswerte und langlebige Akkus ausreichender Kapazität verfügbar sein, die nicht nur dem Antrieb der Fahrzeuge dienen, sondern in Ruhepausen dieser Fahrzeuge auch als Stromspeicher genutzt werden können?

Meine Damen und Herren, ich denke, es ist frei von Diskussion, ob wir beim Ausstieg aus der Kernenergienutzung bleiben oder nicht: Es liegen gewaltige Anforderungen vor uns. Um diese zu bewältigen, müssen wir nicht nur viel Geld in die Hand nehmen, sondern wir brauchen einen politischen Konsens. Energie ist – das vergessen Viele – die Basis unseres Wohlstands und unseres Wohlergehens – und wir alle hoffen, dass diese auch in Zukunft erhalten bleiben werden.

Rundgespräche der Kommission für Ökologie, Bd. 41 »Die Zukunft der Energieversorgung«, S. 19-23.
 - ISSN 0938-5851 - ISBN 978-3-89937-150-5

Klimapolitik – Entscheidungszwänge bei hoher Unsicherheit

Carl Christian von Weizsäcker*

Herr Präsident,
meine Damen und Herren,

die Menschheit steht in der Klimapolitik vor einer großen Herausforderung. Insbesondere ist nicht auszuschließen, dass eine adäquate Antwort auf die bisher von ihr selbst verursachte Anreicherung der Atmosphäre mit Treibhausgasen keinen Aufschub zulässt, dass aber andererseits die richtige Antwort noch keineswegs mit Sicherheit auszumachen ist. Es bestehen somit Entscheidungszwänge bei hoher Unsicherheit.

Es ist sicher nicht das erste Mal in der Menschheitsgeschichte, dass die Menschheit selbst durch ihr Verhalten Veränderungen hervorruft, die mit großen Schäden verbunden sind. Man denke nur an den Schwarzen Tod, die Pest, die 1348 in Europa ausbrach. Sie wurde insofern von den Menschen selbst verursacht, als diese Seuche sich mittels der von den Menschen erfundenen und benutzten Verkehrsmittel, nämlich der Seeschifffahrt, verbreitete. Der Unterschied zur Klimaproblematik war nur, dass die Menschheit damals die Kausalkette des Unglücks gar nicht verstand – und insofern auch zuvor gar nichts Spezifisches gegen diese Katastrophe vorkehren konnte. Insofern war die Menschheit vielleicht Ursache der Pestepidemie, aber dennoch nicht »an ihr schuld«. Gewiss, in einem sehr unspezifischen Sinne konnte auch damals schon von »Schuld« gesprochen werden. Denkt man an die Abkehr vom diesseitigen Leben, welche Franziskus von Assisi ein gutes Jahrhundert vor dem Ausbruch der Pest in der Nachfolge Christi begann, dann kann man spekulieren, dass eine von allen Menschen geübte asketische Nachfolge von Franziskus mit einer gewissen Wahrscheinlichkeit den Schwarzen Tod vermieden hätte. Denn es hätte gar keine Seeschifffahrt gegeben. Und insofern mag in der »Theorie« von damals ein richtiger Kern gewesen sein, die den Schwarzen Tod als Strafe Gottes für das sündige Leben der Menschen ansah. Dennoch war die darauf gegebene Antwort der Geißler, der Flagellanten, die, sich selbst peitschend und kasteiend, in großen Haufen singend, betend und bettelnd durch das Land zogen, nicht die geeignete. Vielmehr trug diese Antwort zur Verschlimmerung der Plage bei, indem sich durch diese wenig hygienischen Züge durch die Lande die Epidemie umso schneller verbreitete.

Das »Neue« an der Klimathematik ist damit, dass man heute sehr viel spezifischer glaubt zu verstehen, was die von den Menschen selbst generierten Ursachen für eine gegebenenfalls eintretende Klimakatastrophe sind, und dass es deshalb im Bereich realistischer Möglichkeiten liegt, diese Katastrophe zu verhindern. Die Verantwortung der Menschheit für ihr eigenes Schicksal wird damit sehr viel ausgeprägter, spezifischer und expliziter als früher. Das Wissen schafft also die

* von Weizsäcker, Carl Christian, Prof. Dr., Max-Planck-Institut zur Erforschung von Gemeinschaftsgütern, Kurt-Schumacher-Straße 10, 53113 Bonn. E-Mail: weizsaecker@coll.mpg.de

Verantwortung. Es ist nicht das falsche Faktum, dass es solche Katastrophen früher nicht gegeben habe. Es hat sie gegeben.

Indessen, können wir uns sicher sein, dass wir dieses Mal die richtige Theorie unser eigen nennen können? Der so genannte Weltklimarat, das Intergovernmental Panel on Climate Change (IPCC), gilt als das offizielle Wissenschaftsorgan zur Klimathematik. Auch hier lohnt sich ein Vergleich mit der Großen Pest. Auch damals gab es ähnliche Gremien der Wissenschaft, die die wissenschaftliche Erkenntnis verkündeten. Es war dies die Medizinische Fakultät der Universität Paris. Diese beginnt ihr Gutachten zur Pest wie folgt: »Wir, die Mitglieder des Medizinalkollegiums zu Paris, legen hiermit nach reiflicher Überlegung und gründlicher Diskussion über die vorherrschende tödliche Pest sowie nach Erforschung der Meinung unserer alten Lehrer eine klare Analyse dieser Seuche nach den Regeln der Astrologie und Naturwissenschaften vor. Wir erklären folgendes: ...«.[1] Es folgt das, was eben die Wahrheit ist. Trotz dieses selbstbewussten Beginns enthielt das Gutachten offenkundig keine hilfreiche Analyse der Probleme. Die darin empfohlenen Verhaltensregeln zur Vermeidung der Krankheit waren praktisch nutzlos und die Epidemie konnte mit den Ratschlägen dieser Experten nicht eingedämmt werden.

Es gibt durchaus Streit auch unter Fachleuten, ob die vom IPCC verkündete Kausalanalyse und die darauf aufbauenden Empfehlungen zur Einhaltung des Zwei-Grad-Ziels die richtigen sind. Auch die Wissenschaft kann sich dem Ideologieverdacht nicht ohne weiteres entziehen. Zwar ist es schwer, jemandem »Ideologie« vorzuwerfen, der nur behauptet, zwei plus zwei sei gleich vier. Aber dort, wo die Zusammenhänge, die die Wissenschaft bearbeitet, kompliziert sind, und wo deshalb Meinungsverschiedenheiten zwischen Wissenschaftlern durchaus legitim und für den wissenschaftlichen Fortschritt sogar produktiv sind, kann sich der Ideologievorwurf durchaus legitimieren. Vielfach werden von der IPCC-Meinung stark abweichende Meinungen von Vertretern der IPCC-Meinung dadurch »madig« gemacht, dass man auf Finanzquellen dieser abweichenden Forschung hinweist, die mit der Öl- und Gasindustrie oder dem Kohlebergbau verbunden seien. Umgekehrt werfen Wissenschaftler, die der IPCC-Linie widersprechen, den Vertretern dieser Linie vor, kräftig daran zu arbeiten, dass diese abweichenden Auffassungen keine Publikationsmöglichkeiten in anerkannten wissenschaftlichen Organen erhalten. Dieser »Monopolisierungsversuch« der Vertreter der IPCC-Meinung hänge an dem materiellen Interesse, auch die staatlichen Forschungsgelder für ihre Richtung zu monopolisieren.

Wir geraten hier in eine interessante Diskussion über die Grundregeln unseres Gemeinwesens. Exemplarisch hierfür ist das letzte Hauptgutachten des Wissenschaftlichen Beirats der Bundesregierung Globale Umweltveränderungen (WBGU). Es führt den Titel »Gesellschaftsvertrag für eine Große Transformation«. Beide Bezeichnungen, »Gesellschaftsvertrag« und »Große Transformation«, sind Zitate. Mit der Großen Transformation meinte der Sozialphilosoph Karl Polanyi den Übergang von der vormodernen Gesellschaft in die moderne bürgerliche Industriegesellschaft, also das, was auch als »Industrielle Revolution« bezeichnet worden ist. Eine Große Transformation gleichen Ausmaßes sei erforderlich, so der WBGU, um die »Dekarbonisierung« unserer Energiewirtschaft (gemeint ist damit die Beseitigung von Produkten, deren Herstellung Treibhausgase wie CO_2 oder Methan verursachen) und überhaupt unserer Lebensformen zu erreichen – und dies alles, im Vergleich zur industriellen Revolution, die etwa zwei Jahrhunderte dauerte, quasi im Zeitraffer innerhalb von zwei Jahrzehnten.

Um dieses zu erreichen sei ein neuer »Gesellschaftsvertrag« erforderlich, in dem ein »gestaltender Staat« dafür sorgt, dass alles Notwendige geschieht und dies rechtzeitig. Der »Gesellschaftsvertrag« ist eine theoretische Konstruktion der Sozialphilosophen der Aufklärungszeit, Hobbes, Rousseau usw. Er diente der Begründung des Naturrechts und einer gewissen Delegitimierung der damaligen staatlichen Ordnung, die natürlich alles andere als demokratisch war. Der neue »Gesellschaftsvertrag« soll, so muss man die Ausführungen des WBGU verstehen, eine fundamentale Verfassungsreform bringen, mit deren Hilfe Interessengruppen, die den Status Quo verteidigen, ausgeschaltet werden, damit zum Wohle des Ganzen die Umgestaltung der Gesellschaft im Sinne der Nachhaltigkeit rasch genug vorangehen kann. Der WBGU betont den

1 Bergdolt, K. 1995. Der Schwarze Tod in Europa. – 3. Aufl., Verlag Beck, München, S. 71.

Zeitdruck, unter dem wir stehen, wenn wir das berühmte Zwei-Grad-Ziel nicht verfehlen wollen. Er malt ein Bild in schwärzesten Farben, was der Klimawandel mit sich bringe, wenn dieses Ziel verfehlt wird.

Dieses mit den Weihen eines Beirats nicht nur eines einzelnen Ressorts, sondern der gesamten Bundesregierung ausgestattete Gremium stellt die Lage so dar, als wären wir in einem großen Krieg. Im Krieg muss alles sehr schnell gehen. Und man weiß, dass man im Krieg auch keine Zeit hat, lang und breit mit Vertretern abweichender Meinungen zu diskutieren. Die offizielle Meinung ist quasi sakrosankt. Nach ihr wird gehandelt. Die Geschichte des Ersten oder des Zweiten Weltkrieges zeigt die massiven Einschränkungen der Meinungs- und Pressefreiheit auch in Ländern, in denen diese Individualrechte in Friedenszeiten sehr effektiv geschützt werden. Der WBGU schreibt: »Die kolossale Herausforderung für die Modernisierung repräsentativer Demokratien besteht nun darin, zur Gewinnung von zusätzlicher Legitimation mehr formale Beteiligungschancen zu institutionalisieren, diese zugleich aber an einen inhaltlichen Wertekonsens nachhaltiger Politik zu binden, damit ›mehr Partizipation‹ im Ergebnis nicht zu ›weniger Nachhaltigkeit‹ führt«.[2] In einfaches Deutsch übersetzt: »Demokratie ja, aber nur soweit sie unseren Zielen nützt.«

Ich habe Verständnis dafür, dass der WBGU die Eilbedürftigkeit des Handelns betont. Anderseits interpretiere ich die historische Erfahrung so, dass die Beseitigung von rechtsstaatlichen und auf der Meinungs-, Koalitions- und Versammlungsfreiheit beruhenden Hemmschwellen von Reformen immer noch in Katastrophen geführt hat. Der vom WBGU geforderte »gestaltende Staat« hat in vielen historischen Beispielen versagt – gerade auch in der Geschichte der letzten hundert Jahre. Man denke nur an den gestaltenden Staat des sowjetischen Systems (damals war der Aufbruch gefordert zur Überwindung der bürgerlichen Gesellschaft im Interesse des Proletariats), der letztlich gerade an seiner Gestaltungsunfähigkeit gescheitert ist. Dort, wo von Gestaltungsunfähigkeit keine Rede sein kann, wie im »Dritten Reich« in Deutschland oder bei Maos Kulturrevolution in China, war das Ende die absolute Katastrophe. Der Begriff des »gestaltenden Staates« ist also etwas außerordentlich Ambivalentes, wenn wir ein gewisses historisches Bewusstsein haben. Die Demokratie, wie sie sich herkömmlich entwickelt hat, ist die beste Staatsform, um Entscheidungen gerade unter großer Unsicherheit zu fällen. Dies sind dann immer Mehrheitsentscheidungen, die bei geänderten Erkenntnissen und daraufhin geänderten Mehrheitsverhältnissen wieder revidiert werden können – also die von Karl Popper entwickelte Philosophie des »piecemeal social engineering«, das heißt der stückweisen Veränderung auf Versuch hin und, wenn die Veränderung zu Verschlechterung führt, die Rücknahme der Veränderung und das Ersetzen durch eine andere Veränderung.

Wir sollten uns klar machen, dass wir in der Klimapolitik über ganz fundamentale Fragen unserer Gesellschaftsordnung reden. Wir wissen aus der historischen Erfahrung, dass Krisensituationen leicht dazu tendieren, uns zu totalitären Antworten zu bringen, die dann die Sache scheinbar vorübergehend verbessern. Nun stehen wir beim Klimaproblem sicher unter einem Zeitzwang, aber wir müssen dennoch im Rahmen unserer Demokratie mit diesem Problem umgehen.

Das Klimaproblem ist, was die Wirkungen eines Klimawandels betrifft, ein langfristiges Problem. Wie ökonomische Analysen, etwa die von Stern[3], ergeben haben, liegen die Schäden von Treibhausgasemissionen im Schwerpunkt weiter in der Zukunft als die Kosten einer Vermeidung des Klimawandels. Daher ergeben die Rechnungen, dass der Klimawandel bei einer untätigen Klimapolitik, abgezinst auf die Gegenwart, nur dann um eine Größenordnung höhere Kosten verursacht als die Kosten einer aktiven Klimapolitik, wenn man mit einem sehr niedrigen Abzinsungssatz von unter einem Prozent rechnet. Das hat Stern getan, ist dafür allerdings von anderen Ökonomen kritisiert worden. Es ist nun allgemeine menschliche Erfahrung, dass bei aktueller materieller Not,

2 WBGU (Hrsg.). 2011. Gesellschaftsvertrag für eine Große Transformation. – Hauptgutachten, Wissenschaftlicher Beirat der Bundesregierung Globale Umweltveränderungen, Berlin, S. 218.

3 Nicholas Stern hatte 2006 im Auftrag der britischen Regierung in einem rund 650 Seiten starken Bericht insbesondere die wirtschaftlichen Folgen der globalen Erwärmung untersucht. Dieser »Stern-Report« (Stern Review on the Economics of Climate Change) gab der Klimapolitik einen großen Aufschwung.

bei niedrigem Einkommen, die heutigen eigenen Bedürfnisse, wie das Stillen des eigenen Hungers, die Möglichkeit, die eigenen Kinder groß zu ziehen, oder das Finden einer Arbeit mit auskömmlichem Einkommen, Priorität vor Zielen wie der weltweiten Klimastabilisierung in hundert Jahren haben. Daher hängt die Bereitschaft, sich einer aktiven Klimapolitik anzuschließen, ganz wesentlich davon ab, wie hoch der Lebensstandard der eigenen Bevölkerung ist – denken Sie dabei nur an Länder wie Indien oder China.

Insofern kann das Ziel der Stabilisierung des Klimas schon im Interesse dieses Zieles selbst nicht verabsolutiert werden. Es hat keinen Sinn, eine Politik des weltweiten Wachstumsverzichts im Interesse des Klimas zu propagieren, weil genau das Ausbleiben dieses Wachstums in China, Indien, Brasilien und anderen Schwellenländern den Erfolg einer weltweit akzeptierten Klimapolitik verhindert. Es bleibt also gar nichts anderes übrig, als andere Ziele neben dem der Klimastabilisierung mit ins Kalkül zu ziehen. Das aber bedeutet insbesondere, dass die Kosten verschiedener Varianten der Klimapolitik von entscheidender Bedeutung sind. Die Klimapolitik muss sich mit ihren Instrumenten immer auch gegen andere Ziele durchsetzten. Sind die Instrumente zu teuer, wird es keine Klimapolitik geben. Nur eine kostengünstige Klimapolitik ist überhaupt in der Lage, die Hindernisse ihrer Durchsetzung zu überwinden. Die Suche nach kostengünstigen Formen der Klimapolitik muss daher hohe Priorität behalten.

Die seit dem UN-Umweltgipfel von Rio 1992 verfolgte Linie der Klimapolitik mit dem Kioto-Abkommen als wichtigste Komponente ist mit den enttäuschenden Ergebnissen der Kopenhagen- bis Durban-Konferenzen in eine Sackgasse geraten. Damit werden neue Ansätze zu eruieren sein. Dazu können Forschungsvereinbarungen gehören. Dazu kann und sollte auch ein neues Nachdenken um »Geo-Engineering« treten. Die einfache Gebetsmühle einer Forderung nach Reduktion und schließlich Eliminierung von menschenverursachten Treibhausgasen, insbesondere CO_2, reicht nicht mehr aus.

Da die Eindämmung des Klimawandels als globale Politik nicht sicher ist, muss verstärkt über Anpassung an den Klimawandel nachgedacht werden. Dies kann vielfach mit Erfolg lokal, regional oder national erfolgen. Wir benötigen, und dieses gilt auch gerade für Deutschland, eine Anpassungspolitik, ein Nachdenken darüber, wie wir uns auf ein verändertes Klima einstellen. Es wäre verantwortungslos – und ich lese leider den WBGU-Bericht auch so –, sich nicht um die Anpassungsmöglichkeiten an ein verändertes Klima zu kümmern.

Weiterhin geht es um die Frage, was eine europäische oder gar deutsche Vorreiterrolle in der Klimapolitik für eine Wirkung hat.[4] Wenn es so etwas wie ein bevorstehendes Peak-Oil-Problem gibt, das heißt eine bevorstehende absolute Verknappung der Verfügbarkeit von Erdöl, und wenn die massive Förderung der Nutzung erneuerbarer Energieträger in Europa tatsächlich den Verbrauch von fossilen Energieträgern in Europa vermindert, bewirkt diese Förderung dann möglicherweise etwas ganz anderes als intendiert? Nämlich mehr wirtschaftliches Wachstum im Rest der Welt bei global gleichbleibendem Verbrauch fossiler Energieträger? Anders gesagt: Je mehr Solardächer und Windräder wir haben, desto mehr kohlenstoffhaltige Brennstoffe stehen dem Rest der Welt zur Verfügung. Da dort ein Engpass existiert, kann der Rest der Welt stärker expandieren, mit der Folge, dass nicht weniger Kohlenstoff verbrannt wird, sondern dass es mehr Wohlstand im Rest der Welt gibt. Das mag auch etwas Gutes sein, ist aber kein Beitrag zur Klimapolitk.

Ob dieser Effekt einer Vorreiterrolle Europas intendiert war, bleibe dahingestellt. Alles spricht auf anderen Politikfeldern von dem Ziel einer erhöhten Wettbewerbsfähigkeit Europas. Denken Sie nur an die Finanzkrise und wie unsere Bundeskanzlerin Frau Merkel allen Ländern in Europa erzählt, sie müssten wettbewerbsfähiger werden. Wenn aber die europäische Klimapolitik vor allem das wirtschaftliche Wachstum in all den Ländern fördert, in denen man keine Klimapolitik betreibt, dann mag man dem eigentlichen Ziel dieser Vorreiterrolle auch nicht näher zu kommen, nämlich das Klima zu retten. Jedenfalls darf die Vorreiterrolle Europas nicht dazu führen, dass Europa – und das heißt insbesondere Deutschland – deindustrialisiert wird.

---

4 Vgl. hierzu Sinn, H.-W. 2008. Das grüne Paradoxon: Plädoyer für eine illusionsfreie Klimapolitik. – Econ, Berlin, 480 S.

Nun zum Schluss zu dem von Fukushima ausgelösten Ausscheiden Deutschlands aus der Nutzung der Kernenergie. Das von mir bereits zitierte und kritisierte Gutachten des WBGU plädiert auch für einen Ausstieg aus der Kernenergienutzung. Aber wie ernst meinen es diejenigen Bürger mit der Klimapolitik, die sich weigern, den Beitrag der Kernenergie zur Verminderung der Treibhausgasemissionen in ihr Kalkül mit einzubeziehen?

Es kann nicht bestritten werden, dass bei einem gegebenen Weltstrombedarf sich das Substitutionsverhältnis nicht nur auf Kernenergie versus erneuerbare Energieträger bezieht, wie dies in der Diskussion vielleicht im Vordergrund steht, sondern insbesondere auch auf das zwischen Kernenergie und Kohle, wie dies schon heute der Fall ist. Man denke nur an die hohen Hürden, die die Erneuerbaren noch zu überwinden haben, um Grundlaststrom bereitzustellen, der das Terrain der Kernenergie und des Kohlestroms ist. Wenn aber dem so ist, dann muss man die Frage stellen: Was bedeutet es, wenn Anhänger der Klimaschutzpolitik zugleich Gegner der Nutzung von Kernenergie sind? Ist es dann noch möglich, zugleich, wie es der WBGU tut, die Priorität der Klimapolitik selbst gegenüber der überkommenen demokratischen Ordnung zu konstatieren und sich gegen die Nutzung der Kernenergie auszusprechen?

Um klar zu machen, was ich meine, verwende ich zum Abschluss ein Gleichnis. Der Arzt mahnt einen Patienten, er müsse seine Lebensgewohnheiten ändern, um seine Gesundheit zu erhalten. Insbesondere solle er dafür sorgen, dass er sein Gewicht reduziere. Er sei stark übergewichtig. Dazu müsse er seine Essensgewohnheiten ändern. Ferner sei es für sein Gewicht und überhaupt für seine Gesundheit sehr nützlich, wenn er jeden Tag eine Stunde spazieren gehe. Der Patient geht nach Hause und nimmt sich vor, seine Lebensgewohnheiten zu ändern. Dann erfährt er, dass ein Bekannter von ihm weit weg in einem kalten Land bei Schnee und Eis beim Spazieren ausgerutscht ist und sich ordentlich an seinem Steiß verletzt hat. Daraufhin beschließt er, auf den Rat des Arztes, soweit es das Spazierengehen betrifft, vollständig zu verzichten – denn es könne einem dabei doch immer etwas passieren. Wie ernst müssen wir nun den Willen dieses Mannes nehmen, tatsächlich abzunehmen, bis er sein Übergewicht los geworden ist?

Rundgespräche der Kommission für Ökologie, Bd. 41 »Die Zukunft der Energieversorgung«, S. 25–31.
 – ISSN 0938-5851 – ISBN 978-3-89937-150-5

Die gesellschaftspolitischen Dimensionen der »Energiewende«

Alois Glück*

Herr Präsident,
meine Damen und Herren,

die Entwicklung der Kulturen und Zivilisationen ist seit jeher eng verbunden mit der Entwicklung und Verfügbarkeit von Energie. Die Nutzung des Feuers und der Dampfkraft, die Elektrizität, der Einsatz von Erdöl sind dafür wichtige Stationen. Dies gilt bis in die heutige Zeit hinein. Trotz dieser überragenden Bedeutung der Energieversorgung für die ökonomische und die gesellschaftliche Entwicklung und in den letzten Jahrzehnten zunehmend für die Umweltsituation hatten wir in Deutschland seit Jahrzehnten, über die Regierungswechsel hinweg, kaum mehr eine längerfristig angelegte konzeptionelle Energiepolitik. Zudem hat sich die energiepolitische Debatte weitgehend auf den Strom verengt und hier wiederum in besonderer Weise auf den Einsatz der Kernenergie.

Bayern lässt sich in gewisser Weise als ein Modell betrachten für die Bedeutung und die Wirkung von energiepolitischen Entscheidungen. Die Entwicklung Bayerns in den letzten Jahrzehnten ist eng verbunden mit weitsichtigen energiepolitischen Entscheidungen der 1960er Jahre. Dazu zählen etwa die Entscheidungen für das Ende der Förderung des Kohlebergbaus in Bayern und damit für das Ende dieser Jahrhunderte alten Tradition und Ökonomie mit entsprechenden Auswirkungen (heute wissen viele gar nicht mehr, dass der Bergbau in Bayern eine ökonomische und gesellschaftlich hoch relevante Größenordnung hatte). Dazu zählen auch die Entscheidungen für eine die Alpen überquerende Ölleitung von Triest nach Ingolstadt und den Bau des Raffineriezentrums in Ingolstadt. Von ganz besonderer Bedeutung war aber der Landtagsbeschluss vom 9. Juli 1957 mit dem Gesetz zur vorläufigen Regelung der Errichtung und des Betriebs von Kernreaktoren. Jeder, der jüngeren Landesgeschichte einigermaßen Kundige weiß, dass die Entscheidung für den Bau der Kernkraftwerke ein entscheidender Schritt und letztlich die Grundlage für den folgenden industriellen und wirtschaftlichen Aufschwung in Bayern war.

Diese Entscheidungen kenne ich aus der Geschichte. Die energiepolitischen Debatten ab 1970 kenne ich aus der eigenen Erfahrung in der Politik. Während der 38 Jahre, die ich im Parlament war, war die Umweltpolitik fast 20 Jahre ein wesentlicher Schwerpunkt meiner politischen Aufgaben – mitten in den Kampfzeiten der Kernenergie. Von daher kenne ich die Debatten der fachlichen, aber insbesondere auch der gesellschaftlichen und politischen Auseinandersetzung sehr gut.

In den 1970er Jahren erfolgte die Entwicklung der Umweltfragen zur gesellschaftspolitisch relevanten Thematik, aus der umweltpolitischen Debatte wurde zunehmend eine allgemein gesellschaftskritische Debatte, für die exemplarisch die Auseinandersetzung um »die Grenzen des Wachstums« stand. Zum Kristallisationspunkt

* Glück, Alois, Präsident a. D. des Bayerischen Landtags, Hörzing 31, 83347 Traunwalchen.
E-Mail: buero@alois-glueck.de

der Auseinandersetzung wurde die friedliche Nutzung der Kernenergie und dann in Bayern in besonderer Weise die Errichtung der Wiederaufbereitungsanlage in Wackersdorf in der Oberpfalz. Die Reaktorkatastrophe Ende April 1986 in Tschernobyl und die zunehmenden eskalierenden Auseinandersetzungen um die Errichtung der Wiederaufbereitungsanlage in Bayern polarisierten die Gesellschaft und prägten gerade auch hier in Bayern die Auseinandersetzung.

Im Hinblick auf die Bedeutung innerer Entwicklungen in der Gesellschaft hatte ich in dieser Zeit, 1986, ein Schlüsselerlebnis. Die Evangelische Akademie Tutzing hatte im Auftrag der evangelischen Landeskirche ein Symposium zur Technik der Wiederaufbereitung gestaltet, bei dem gewissermaßen die besten Köpfe der Befürworter und der Gegner in einer sehr intensiven Debatte versammelt waren. Ich war einen Tag als Zuhörer mit dabei und habe als Ergebnis meiner Eindrücke im Mai 1986 als Vorsitzender des Landtagsausschusses für Landesentwicklung und Umweltfragen dem damaligen Ministerpräsidenten Franz Josef Strauß geschrieben, dass nach meiner Einschätzung der Situation die Wiederaufbereitungsanlage in Wackersdorf nie in Betrieb gehen wird. Das war ein etwas gewagtes Unternehmen, da die Wiederaufbereitungsanlage für Franz Josef Strauß ein wichtiges Anliegen war; der Brief war auch nicht für die Öffentlichkeit gedacht. Wie bin ich zu diesem Schluss gekommen? Bei der Zusammenkunft gesammelter Kompetenz habe ich sehr deutlich gespürt, dass der »Energiehaushalt« in der Auseinandersetzung um diese Anlage und ihre Realisierung ganz ungleich verteilt war. Die Befürworter haben kühl-rational argumentiert, nicht mit Leidenschaft und zum damaligen Zeitpunkt wissend, dass es eigentlich keine zwingenden Gründe für eine Wiederaufbereitungsanlage im Hinblick auf die Zukunft der Kernenergie in Deutschland gibt. Die Gegner haben mit hoher Leidenschaft, aber nicht nur mit starker Gesinnung, sondern auch mit starken Argumenten gesprochen. Zu dem Zeitpunkt wurde mir als Politiker klar, dass diese Anlage nicht kommen wird.

Die weitere Entwicklung ist bekannt, bald nach dem Tod von Franz Josef Strauß hat sich die Energiewirtschaft von diesem Projekt verabschiedet, was im Übrigen zu einer lang anhaltenden Vertrauenskrise zwischen Politik und Wirtschaft geführt hat.

Nur wenn man diese Dimensionen der energiepolitischen Auseinandersetzungen kennt und bedenkt, versteht man die gesellschaftliche und politische Tiefenwirkung der energiepolitischen Debatte und insbesondere der Auseinandersetzung um den Einsatz der Kernkraft. Diese Polarisierung, diese unterschiedliche Einstellung und Einschätzung zur Kernenergie prägte und prägt noch jetzt. Für die Einen ist die Kernenergie der Inbegriff von Fortschritt, wie man es auch in den Parteiprogrammen aus den 1960er Jahren lesen kann. Das »Atom-Ei« in Garching steht symbolisch für diesen Traum einer sauberen Energie ohne Grenzen und Begrenzungen. Die Atomkraft als Motor des gesellschaftlichen Fortschritts – so stand es damals auch in den SPD-Parteiprogrammen. Für die Anderen ist sie ebenso entschieden das genaue Gegenteil, die Fortschreibung einer falschen Entwicklung und eine unkalkulierbare Bedrohung.

In dieser Situation wirkte die Reaktorkatastrophe in Fukushima am 11. März 2011 wie der Zündfunke für eine Bombe. Die gesellschaftliche und politische Situation der Bundesrepublik war dabei noch zusätzlich angespannt durch die Entscheidung der jetzigen Bundesregierung, die Laufzeit von Kernkraftwerken erheblich zu verlängern. Vor allem mit der Vorgehensweise bei dieser Entscheidung (etwa die Vorabentscheidung mit den vier großen Betreibern von Kernkraftwerken, der der Geruch anhaftet, es handle sich um einen Deal zur Finanzierung des Bundeshaushaltes) hat sich die Bundesregierung in der Wahrnehmung und Akzeptanz eines erstmals wieder längerfristig angelegten energiepolitischen Konzeptes selbst blockiert und in der Wechselwirkung von umstrittener Verlängerung und Wirkung des Reaktorunfalls in Japan eine innenpolitische Zuspitzung bewirkt.

In dieser Situation berief die Bundeskanzlerin am 22. März 2011 die »Ethikkommission Sichere Energieversorgung«. Wie es zu dieser Initiative kam, ist mir unbekannt, jedenfalls kam die Einladung, in dieser Kommission mitzuwirken. Angesichts der Zusammensetzung der Kommission war es zunächst völlig offen, ob bei den ganz unterschiedlichen Betrachtungsweisen und Positionen ein gemeinsames Ergebnis möglich war. Die Projektzeit für die Stellungnahme war auf etwa sechs Wochen begrenzt. Es war der intensivste Arbeitsprozess, den ich je zu einem Projekt erlebt habe, aber auch der intensivste

Lernprozess durch die ganz unterschiedlichen Aspekte und durch die Organisation der Gespräche. Man beachte: Der Auftrag hieß »sichere Energieversorgung«, war also nicht auf die Bewertung der Kernenergie eingegrenzt. Es war vielmehr die Aufgabe der Kommission, in einer ganzheitlichen Betrachtungsweise, in der sowohl die ökonomischen und technischen, wie auch die ökologischen und die sozialen Aspekte einbezogen werden, die Situation und die Konzepte entsprechend zu bewerten und nach Abwägung aller Aspekte eine entsprechende Position zu erarbeiten. Stellungnahmen gab es ja viele, auch zu dem Ziel, innerhalb von zehn Jahren eine Umstellung zu erreichen, aber keine der großen Institutionen hat beispielsweise erklärt, dass dies überhaupt nicht möglich ist. Wir haben uns sehr intensiv damit auseinandergesetzt und sind zu dem Ergebnis gekommen, dass die Umstellung möglich ist, wenn dafür viele verschiedene Voraussetzungen erfüllt werden.

Mir persönlich ist dabei sehr rasch die veränderte Situation zur Zeit des Reaktorunfalls in Tschernobyl bewusst geworden. Damals war ich als Vorsitzender des Umweltausschusses und bei den Parlamentsdebatten mitten in der politischen Auseinandersetzung. Damals war die einzige Alternative zum Einsatz der Kernenergie der vermehrte Einsatz der fossilen Energieträger. In meiner Rede am 14. Mai 1986 im Bayerischen Landtag »Schlussfolgerungen aus dem Reaktorunfall in Tschernobyl« hatte ich auf die wenige Wochen vorher veröffentlichte Studie der Deutschen Physikalischen Gesellschaft hingewiesen, in der nach meiner Kenntnis erstmals in der Öffentlichkeit die Problematik eines vermehrten Ausstoßes von CO_2 für die Atmosphäre behandelt wurde. Wir hatten zwischen zwei Langzeitwirkungen und Langzeitrisiken abzuwägen, eine dritte Alternative zwischen Kernenergie und fossilen Energieträgern stand damals nicht zur Verfügung. Durch das schon vorhandene und das unbestritten ausbaufähige Potenzial der regenerativen Energieträger ist die jetzige Situation erheblich anders und damit auch das Gebot der Abwägung und der Handlungsmöglichkeit oder Handlungsnotwendigkeit.

Im Hinblick auf eine tatsächlich realisierbare Energiepolitik gilt es, einen gesellschaftspolitischen Aspekt zu berücksichtigen, der leider kaum thematisiert und auch von der Politik bislang eher ignoriert wurde: Eine Umstrukturierung der Energieversorgung ist ein Projekt, das für längere Zeit einen ungeheuer hohen Kapitalaufwand erfordert und deshalb entsprechend langfristige Investitionssicherheit als Voraussetzung für Investitionen verlangt. Ein energiepolitisches Konzept – egal welches –, von dem ein ganz wesentlicher Teil bei einer anderen Mehrheit im Deutschen Bundestag nach einer Wahl wieder zur Disposition steht, ist dafür keine Grundlage und wird auch nicht realisiert werden. Diese einfache Wirklichkeit haben CDU/CSU und FDP bei ihren Beschlüssen zur Verlängerung der Laufzeit zur Kernenergie schlicht ignoriert und sich damit auch selbst blockiert, weil von beiden Seiten her, den Befürwortern und den Gegnern, mitunter bis in höchste Etagen mehr festgelegte Meinungen, Ideologien oder linear fortgeschriebene Überzeugungen das Handeln dominieren als die Auseinandersetzung mit Veränderungen und deren Rahmenbedingungen und Konsequenzen.

Wenn man sich angesichts der Reaktorkatastrophe in Japan zu einer Korrektur oder gar zu einer grundsätzlichen Änderung in der Strategie der künftigen Stromversorgung entschließt, braucht man ein Konzept, das in der Gesellschaft eine hohe und dauerhafte Zustimmung findet und damit auch parteiübergreifend nicht mehr mit jeder neuen Bundestagswahl in Frage gestellt wird. Nur so entfällt die Grundlage für den Versuch, mit diesem Thema bei der nächsten Bundestagswahl Stimmen zu gewinnen. Dies ist gegenwärtig eine besondere Situation der Grünen, dass sie ein wichtiges Mobilisierungsthema gewissermaßen verloren haben. Aber es geht nicht um Nutzen und Schaden für eine Partei, sondern politisch-strategisch um ein Kernelement, eine Grundvoraussetzung für eine tatsächlich realisierbare energiepolitische Strategie, die eine langfristige Stabilität im Hinblick auf die Entscheidungsgrundlagen braucht. Grundvoraussetzungen sind aber ebenso die technischen und ökonomischen Voraussetzungen. Ohne Sachgerechtigkeit gibt es keine tatsächlich tragfähigen Entscheidungen bzw. Realisierungen. Gute Vorsätze sind dafür kein Ersatz.

Die »Energiewende« ist nach meiner Überzeugung wegen ihrer technischen und ökonomischen Komplexität und der Vielzahl der Akteure in unterschiedlichsten Bereichen das anspruchsvollste politische Managementprojekt, das es in der Bundesrepublik Deutschland je gegeben hat. Die Ethikkommission Sichere Energieversorgung spricht daher sehr bewusst vom notwendigen »Gemeinschaftswerk Energiezukunft Deutschland«. Nur wenn eine gemeinsame Kraftanstrengung möglich ist und es dazu kommt, ist es nach Überzeugung der Kommission denkbar, dieses Gemeinschaftswerk innerhalb des jetzt politisch beschlossenen Zeitrahmens zu realisieren. Was dafür Voraussetzungen sind und wie dies auf Dauer umgesetzt werden kann, haben wir im Kommissionsbericht ausführlich beschrieben.[1] Das Gemeinschaftswerk kann nur mit einer überparteilichen Gemeinschaftsanstrengung gelingen. Dies umso mehr, als alle gesellschaftlichen Gruppen dabei gefordert sind. In Kapitel 5 »Leitgedanken für das ›Gemeinschaftswerk Energiezukunft Deutschland‹« ist formuliert:

»Die Ethikkommission formuliert die Ergebnisse ihrer Erörterung als Leitgedanken. Sie legt ihr Ergebnis in die Verantwortung der Menschen, die Entscheidungen zur Energiewende zu treffen haben. Im Fokus stehen Parlamente und Regierungen von Bund, Ländern und Kommunen. Auch die Unternehmen in Industrie, Handel, Finanzdienstleistung und im Handwerk, die Stiftungen und gemeinnützigen Einrichtungen spielen an vielen Stellen eine entscheidende Rolle. Der Erfolg der Energiewende hängt aber nicht zuletzt ebenso von den individuellen Entscheidungen der Bürgerinnen und Bürger ab.

Der Ausstiegsprozess muss mit einer Grundsatzentscheidung beginnen. Dann erfordert er in den nächsten Jahren kontinuierlich weitere Entscheidungen, die von dem jeweils erreichten Stand des Ausstiegs abhängen.«

Erlauben Sie mir an dieser Stelle eine Bemerkung: Wir gehen in einen Lernprozess, ins Neuland, und dabei wird nicht alles genau so laufen, wie man es sich gegenwärtig vorstellt. Dann muss man entsprechend reagieren, und dafür haben wir einen Verfahrensvorschlag gemacht, auf den ich nochmals zu sprechen kommen werde. Weiter heißt es im Text:

»Bei diesem Ausstieg geht es um die Entwicklungsaussichten der Wirtschaft und der Gesellschaft sowie um Grundsatzfragen unserer Wohlstandssicherung in einer Welt, für die Ressourcenfragen immer wichtiger werden. Er betrifft die Erzeugung und Versorgung mit Energie, die Rolle der Infrastruktur, den Klimaschutz, die volkswirtschaftlichen Auswirkungen von Preisen, Kosten und Erträgen sowie den Stand der Forschung und die Einbeziehung der Bürger. Dieser Prozess geht einher mit einer weiteren Verankerung des Prinzips der Nachhaltigkeit als Grundlage für die weitere Entwicklung der Gesellschaft und der Lebensstile der Menschen.

Dabei werden Zielkonflikte auftreten. Sie müssen offen angesprochen und transparent in dem vorgeschlagenen Monitoring-Prozess verhandelt werden.«

In diesem Kapitel sind diese Zielkonflikte dann auch benannt. Es ist eine Frage der politischen und gesellschaftlichen Güterabwägung, wie jeweils darauf reagiert wird und wie sie bewertet werden. Ich muss hier darauf verzichten, die verschiedenen Aspekte der von der Kommission vollzogenen Risikoerwägungen zu erörtern. Dazu zusammenfassend nur aus Kapitel 4.2 »Risiken zusammenfassend beurteilen«:

»Die Entwicklung zu einer Energieversorgung, die aus möglichst allen Perspektiven zu verantworten ist, erfordert ganzheitliches Denken. Ökologische und gesundheitliche Folgen sind ebenso zu berücksichtigen wie die kulturellen, sozialen, wirtschaftlichen, individuellen und institutionellen Implikationen. Eine verengende Reduktion der Risiken auf rein technische Aspekte würde dem Anspruch auf ganzheitliches Denken und umfassende Abwägung nicht gerecht.« Im selben Kapitel heißt es wenig später: *»Nicht das Vorstellbare ist das zentrale Problem, sondern vor allem das Unvorstellbare.«*

Erläuternd: Das »Unvorstellbare«, genauer *bislang* Unvorstellbare, ist Fukushima mit seinen Folgen. Von zwei Experten, die unabhängig voneinander vor kurzem in Japan waren, hörte ich, dass von den etwa 55 Kernkraftwerken in Japan gegenwärtig nur fünf in Betrieb sind. Dies hat verheerende Folgen. Man kann sich vorstellen, welche inneren Konflikte bei einem gelähmten Volk in dieser Konstellation (für die Wiederinbetriebnahme und Überprüfung sind regional die Gouverneure zuständig, die ihrerseits eine große Hemmschwelle haben, dies zu tun) auftauchen.

Die Kommission hat sich auch bei ihrem Urteil zur Kernenergie nicht von einer grundsätzlichen Ablehnung leiten lassen – dies war in der Kommission eine Minderheitenposition –, sondern von einer entsprechenden Abwägung der Handlungsmöglichkeiten und der verschiedenen

---

1 Deutschlands Energiewende – Ein Gemeinschaftswerk für die Zukunft. Vorgelegt von der Ethik-Kommission Sichere Energieversorgung, 30. Mai 2011. Hrsg.: Presse- und Informationsamt der Bundesregierung, Berlin, 111 S., www.bundesregierung.de/Content/DE/Artikel/2011/05/2011-05-30-bericht-ethikkommission.html

Risiken. Der gemeinsame Nenner war schließlich, dass wir in einer ganzheitlichen Betrachtung zur Risikoreduzierung, ja zur Risikominimierung verpflichtet sind im Rahmen der Handlungsspielräume, die es gibt. Dies gilt insbesondere auch in der Langzeitwirkung auf die nachkommenden Generationen. Das gilt sowohl für die ungelösten Probleme der Endlagerung wie für die Langzeitfolgen durch Klimaveränderungen durch den Einsatz der fossilen Brennstoffe. Lassen Sie mich an dieser Stelle noch hinzufügen: Nach Tschernobyl haben wir auch ein Stück weit reagiert in dem Sinne »das war ein russischer Schrottreaktor, bei uns kann das nicht passieren«. Nach Fukushima haben noch viele gesagt, bei Japan handelt es sich zwar um ein Hochtechnologieland, aber die Kontrollen haben nicht funktioniert. Ich warne an dieser Stelle vor deutscher Selbstgerechtigkeit und Selbstüberheblichkeit und erinnere nur an Asse II: eine skandalöse Entwicklung, die nicht auf das Versagen privater Unternehmer zurückzuführen ist und bei der bis heute die entsprechenden Grundlagen fehlen, um überhaupt genau zu wissen, was tatsächlich an radioaktiven Abfällen vorhanden ist. Das hat in der Kommission im Hinblick auf die Meinungsbildung zur Kernenergie eine wesentliche Rolle gespielt. Wir haben weltweit keine echten Durchbrüche beim Thema Endlagerung und wir verlagern damit unsere heutigen Ansprüche, wie in vielen anderen Bereichen auch, auf die nachkommenden Generationen. Da mag vieles unvermeidlich sein, aber was vermeidbar ist, dem müssen wir uns stellen und uns damit auseinandersetzen.

Der Ersatz von Kernkraftwerken durch den vermehrten Einsatz regenerativer Energieträger ist zwar das Ziel der jetzt anstehenden Entscheidung, aber nur eine erste Etappe. In den darauf folgenden zwei bis drei Jahrzehnten muss der weitestgehende Ersatz der fossilen Brennstoffe durch erneuerbare Energieträger das Ziel sein. Wir werden dabei in den nächsten Jahrzehnten technische Veränderungen erleben und wir müssen auch die Fähigkeit haben, uns dabei zu korrigieren, aber im Hinblick auf die Gesamtentwicklung und auf eine Risikoabwägung ist das ein zwingendes Ziel.

Für die Kommission steht in den Handlungsfeldern aber an erster Stelle, Energie sparsamer einzusetzen. Hier gibt es enorme Sparpotenziale durch neuere Technik, bewusstere Lebensführung und nicht durch irgendeine Art von Diktatur. Hier gibt es enorme Handlungsmöglichkeiten, und dies gilt für den gesamten Bereich der Ressourcen, wo schon die ökonomische Entwicklung es interessant machen wird, den technischen Fortschritt vor allem in eine Richtung der höheren und besseren Effizienz zu lenken.

Von Anfang an war klar, dass die Umstellung eine entsprechend große Kraftanstrengung ist. Zu den gesellschaftspolitischen Dimensionen dieser Umstrukturierung zählt, dass durch den vermehrten Ausbau auch dezentraler Systeme mehr Transparenz, mehr Bürgernähe, mehr Bürgerengagement und mehr Identifikation mit diesen Aufgaben nicht nur möglich, sondern auch überall spürbar im Wachsen ist. In den »Kampfzeiten« der Kernenergie gab es den dummen Spruch »Was interessieren mich eure Kernkraftwerke, mein Strom kommt aus der Steckdose«. Die Frage der Stromversorgung hat sich dabei fokussiert auf die vier Großen, die an allem Schuld sind. In dem Maße, wie es zu einer breiteren Beteiligung der Bevölkerung und ihrem Engagement kommt – und wir erleben gegenwärtig, nicht zuletzt aufgrund des Zeitdrucks, eine unglaubliche Welle des Engagements im kommunalen und im regionalen Bereich mit sehr vielen Innovationen auch im technischen Bereich –, erreichen wir über das Energiethema hinaus etwas ganz Wesentliches für die moderne Gesellschaft: Dass wieder eine andere Beziehung der Bürgerinnen und Bürger zu lebenswichtigen Fragen und Aufgaben des Staates entsteht.

Dezentral in der Verbindung mit zentralen Versorgungssystemen bis hin zur europäischen Ebene ist freilich das Gebot der Stunde – lokal und global denken und handeln. Deshalb sehe ich auf der einen Seite mit Freude das insgesamt sehr begrüßenswerte Engagement im lokalen und regionalen Bereich, aber auch mit der Sorge, dass bei diesen kommunalpolitischen und lokalen Engagements häufig die Bedeutung der überregionalen und der internationalen Zusammenhänge vergessen wird. Das ist eine gefährliche Perspektive, weil uns damit für die Politik und für die Entscheidungen der Blick verengt wird, auch in der Akzeptanz: Was lokal oder regional läuft, versteht und akzeptiert man, was aber überregional läuft, blockiert man. Dazu ein konkretes Beispiel. In meinem Heimatkreis Traunstein gibt es seit vielen Jahren ein starkes Engagement der Kommunalpolitik für lokale, regionale Energiekonzepte und wir haben damit ziemlich gute

Basiszahlen. Vom Strombedarf her haben wir eine Drittelung: Ein Drittel des Strombedarfs liegt im privaten Bereich, ein Drittel im Bereich Kommunen und Gewerbe, das letzte Drittel in der Industrie. Spätestens bei diesem Drittel ist klar, dass wir den benötigten Strom auch in zehn oder fünfzehn Jahren aus regionalen und lokalen Quellen nicht ausreichend bereitstellen können, ganz unabhängig vom Thema Netzstabilität und vielen Aspekten, die dabei noch mit hineinspielen.

Was jetzt politisch und gesellschaftspolitisch gefragt ist – nicht nur im Hinblick auf den Adressaten Politik, sondern im Hinblick auf die Bürgerinnen und Bürger –, ist, diese Zusammenhänge verständlich zu machen. Dies in ein Gesamtkonzept zu integrieren, ist eben die Führungsaufgabe der Politik auf Landes- und Bundesebene. Das ist das, was ich anfangs als das größte Managementprojekt für die Politik bezeichnet habe, das es je gegeben hat: Diese Dinge miteinander zu verbinden, inhaltlich gut zu begründen und damit auch Menschen dafür zu gewinnen.

Die verschiedenen technisch-ökonomischen Bedingungen können dabei nicht ignoriert werden, die Sachgerechtigkeit und die tatsächliche Realisierbarkeit sind Voraussetzungen auch für dauerhafte Akzeptanz. Ich habe in der heißen Phase der beginnenden Debatte führende Politikerinnen und Politiker immer wieder darauf hingewiesen, dass die Angst vor der Kernenergie auf Dauer keine Motivation für einen solchen anhaltenden Kraftakt ist. Es braucht darüber hinaus ein Ziel, für das es sich lohnt, sich zu engagieren. Dieses Ziel ist eine Energieversorgung, die stabil ist, die bezahlbar ist und die umweltverträglich ist, aber in einer Struktur, in der die Dinge besser zusammenpassen als es gegenwärtig der Fall ist. Die größten Engpässe sind dabei die Grundlastfähigkeit der erneuerbaren Energieträger, das Thema der Speicherfähigkeit von Strom und die entsprechende Netzstruktur. Dies sind die technischen Fragen, die nicht einfach und beliebig schnell zu lösen sind.

Im Hinblick auf die Kosten gilt insgesamt, dass die unausweichlich notwendige Umstellung unserer Wirtschafts- und Lebensweise nach dem Prinzip der Nachhaltigkeit nicht kostenneutral zu erreichen ist. Wer dies suggeriert, ist naiv oder er täuscht. Der Preis der Stromversorgung ist auch gesellschaftspolitisch ein hochsensibler und bedeutsamer Faktor.

Im Endergebnis ist die »Energiewende« ein notwendiges Gemeinschaftswerk für die Zukunft, bei der wir uns aber grundlegende Fragen stellen müssen wie: Wie wollen wir und wie können wir morgen leben? Welchen Fortschritt wollen wir? Was verstehen wir unter Wohlstand? Wie werden wir unserer Verantwortung gegenüber den Nachkommen gerecht und machen wir ernst mit Zukunftsverantwortung?

Ich habe die große Sorge, dass wir nach einer früheren, zum Teil naiven Fortschrittsgläubigkeit im Sinne von Machbarkeit jetzt einen Pendelschlag erleben im Sinne von Fortschrittsverweigerung, wenn wir nicht konstruktiv aufzeigen, dass Fortschritt nicht mehr nur heißt »höher, schneller, weiter«, was heute mehr Menschen beunruhigt als fasziniert. Vielmehr gilt es heute, andere Handlungsfelder aufzuzeigen, in denen wir einen technisch-wissenschaftlichen Fortschritt brauchen.

Was wir von Seiten der Kommission nicht verstehen, ist, dass die für die Umsetzung ganz wesentlichen Vorschläge im Grunde ignoriert werden. Wir haben zwei Vorschläge gemacht, weil wir uns darüber im Klaren sind, dass es sich um ein risikobehaftetes Unternehmen handelt. Der eine Vorschlag heißt: Es braucht durch unabhängige Institutionen – unabhängig sowohl in der Fachlichkeit als auch in der Zuordnung – eine Fachkompetenz, die den gesamten Prozess ständig analysiert, bewertet und daraus Empfehlungen ableitet: Wo stehen wir jeweils auf dem Pfad bis 2022? Was muss gegebenenfalls korrigiert werden? Aus welchen Gründen haben wir diese oder jene Entwicklung, die so nicht erwartet wurde oder die es fraglich erscheinen lässt, dass das Zeitziel erreicht wird? Wir haben dafür konkret ein Nationales Forum Energiewende vorgeschlagen, in dem diese Debatte unter allen Beteiligten geführt wird. Wir müssen den weitgehenden Konsens in der Gesellschaft aufrechterhalten, damit die Anstrengung auch dauerhaft erbracht werden kann. Und wir haben, ähnlich zum Wehrbeauftragten des Deutschen Bundestags, eine unabhängige Institution beim Deutschen Bundestag vorgeschlagen mit einer damit parteiübergreifenden Zuordnung, in der diese Analysen zum Teil in Auftrag gegeben werden und bei der deren Ergebnisse einfließen. Wir haben für dieses Monitoring sieben Prüfkriterien beschrieben, die ich hier in der Kürze der Zeit nicht aufzählen kann.[2] Aus der laufenden Analyse ergeben sich dann auch notwendige Schlussfolgerungen im Hinblick auf Korrekturen, zusätzliche Initiativen oder auch die Veränderung von Zeitplänen.

Als nicht mehr aktiver Politiker erlaube ich mir die Bemerkung, dass es letztlich nicht ausschlaggebend ist, ob wir das Ziel in zehn oder vielleicht in dreizehn Jahren erreichen (entscheidend ist dann nur, dass man gegebenenfalls in der Gesetzeslage nachkorrigieren muss). Wenn wir überzeugend unterwegs sind, aber das Ziel genau zu dem vorgegebenen Zeitpunkt nicht erreichen, erwarte ich keinerlei Probleme in der Akzeptanz der Bevölkerung. Der Zeitdruck, der zu den zehn Jahren geführt hat, ergab sich schlicht aus der politischen Großwetterlage, wenn man zu einer parteiübergreifenden und in der Gesellschaft weitgehend akzeptierten Grundlage kommen will, um handlungsfähig zu werden.

Nach meiner Einschätzung wird das Jahr 2012 vorentscheidend sein, ob das Ziel zum angestrebten Zeitpunkt erreicht wird. Dass es in ungefähr einem solchen Zeitraum erreicht werden kann, daran habe ich persönlich keinen Zweifel. Dazu zählen neben technischen und ökonomischen Fragen die Fragen der Akzeptanz und die Frage nach einem neuen Weg in der Teilhabe der Bevölkerung zu einem frühen Stadium bei gleichzeitiger Beschleunigung der Genehmigungsverfahren. Ich warne vor Initiativen, nur die Verfahren zu beschleunigen, aber die Bürgerbeteiligung nicht zu verändern, das heißt, die Bürger erst am Schluss einzubeziehen, wenn alles klar ist. Dazu ein kleines Beispiel aus der öffentlichen Anhörung der Kommission. Die Vertreterin des Bundes für Umwelt und Naturschutz Deutschland, Frau Dr. Zahrnt, wurde von der Kommission gefragt, ob sie denn bereit sei, die über 3000 Kilometer Fernleitungen, die nach den Angaben der Deutschen Netzagentur notwendig sind, zu unterstützen. Daraufhin hat Frau Dr. Zahrnt geantwortet: »So lange die Deutsche Netzagentur uns nicht die Grundlagen offenlegt, wie sie zu der Schlussfolgerung von 3000 Kilometer kommt, denken wir nicht daran.« Ich verstehe das voll. Wenn von mir jemand verlangt, so etwas als Organisation zu unterstützen, aber nicht bereit ist, seine Daten offenzulegen, geht es nicht. Wir brauchen deshalb neue Formen der Kooperation, der Zusammenarbeit. Das ist eine riesige politische Herausforderung, was die Führungsleistung betrifft.

2 Deutschlands Energiewende – Ein Gemeinschaftswerk für die Zukunft (s. Fußnote 1, S. 28): Kapitel 5.4 Prüfkriterien.

Rundgespräche der Kommission für Ökologie, Bd. 41 »Die Zukunft der Energieversorgung«, S. 33–42.
 – ISSN 0938-5851 – ISBN 978-3-89937-150-5

Wettbewerbsfähigkeit von erneuerbaren Energieträgern

Fritz Vahrenholt*

Zusammenfassung

Geht es nach der Politik und Gesellschaft, wird unser Energiesystem in den kommenden Dekaden massiv umgebaut. Dabei werden die damit einhergehenden Herausforderungen gerne ignoriert oder unterschätzt. In den kommenden zehn Jahren wird sich zeigen, ob bei der Nutzung erneuerbarer Energieträger weitere Kostendegressionen realisiert werden können, insbesondere für Photovoltaik, Wind-offshore und Biomasse, und ob ihre Integration in den Strommarkt gelingt. Zu dieser erfolgreichen Einbindung sind große Anstrengungen zum Netz- und Speicherausbau unumgänglich. All dies geschieht vor dem Hintergrund der Unsicherheiten in Bezug auf die erwartete Klimaveränderung, die als Hauptmotivation für die Umstellung unseres Energiesystems herangezogen wird.

Summary

Competitiveness of renewable energy sources. According to the will of politics and society in Germany, the national energy system shall be massively transformed within the next decades. However, associated inevitable challenges tend to be ignored or underestimated. Within the next ten years renewable energy sources, especially photovoltaic, wind offshore and biomass, will have to demonstrate their competitiveness and system integration. In addition, managing the volatility of renewable energy sources will necessitate great effort in expanding the electricity grid and storage infrastructure. All this takes place in the light of uncertainty about the future development of our climate, which is the core motivation for the conversion of our electricity system.

RWE Innogy investiert jährlich ca. 1,2 Mrd. Euro in Anlagen zur Stromerzeugung aus erneuerbaren Energieträgern. Damit sind wir der größte deutsche Investor in diesem Wachstumsmarkt in Europa. Es gibt viele gute Gründe auf erneuerbare Energieträger zu setzen, unter anderem die Importabhängigkeit, die Endlichkeit der Ressourcen und die Vermeidung von CO_2-Emissionen. Wir können es uns aber nicht leisten, auf Dauer eine neue Subventionsmaschine zu betreiben, die den einzelnen Bürger und letztlich auch die Wirtschaft belastet. Diese Belastung entsteht zum einen durch die direkte Förderung der Nutzung erneuerbarer Energieträger im Rahmen des Erneuerbare-Energien-Gesetzes (EEG). Zum anderen werden indirekte Kosten durch die Integration der erneuerbaren Energieträger in den Strommarkt anfallen, z. B. durch den notwendigen Netzausbau.

* Vahrenholt, Fritz, Prof. Dr., Vorsitzender der Geschäftsführung, RWE Innogy GmbH, Überseering 34, 22297 Hamburg. E-Mail: thomas.vanlith@rwe.com

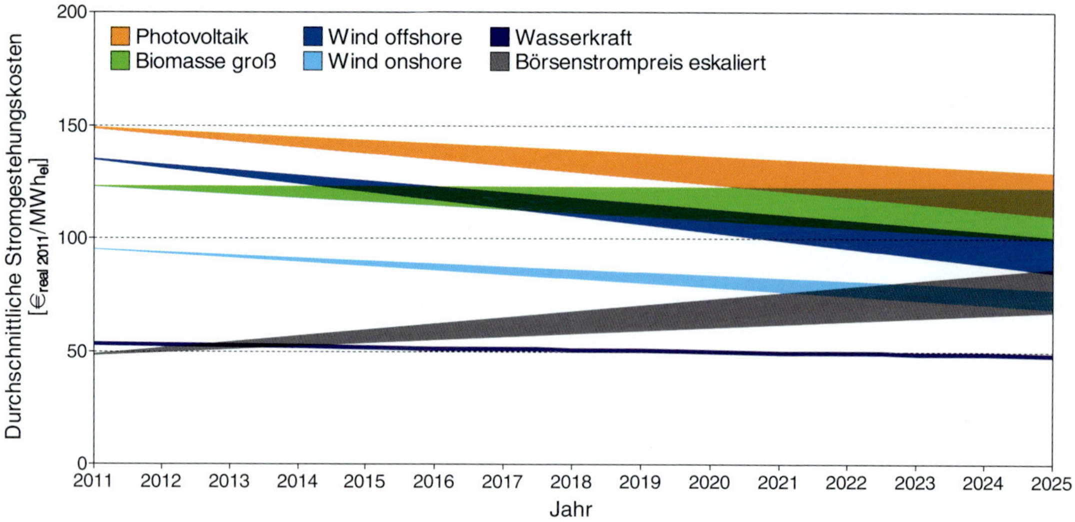

Abb. 1. Übersicht der Entwicklung der durchschnittlichen Stromgestehungskosten der Kerntechnologien für erneuerbare Energieträger in Europa (in $€_{real2011}$ pro MWh_{el}; 100 €/MWh = 10 ct/kWh) bis 2025. * keine Regelenergiekosten berücksichtigt; europäische Durchschnittsniveaus; Daten für einzelne Länder bzw. Technologien können signifikant variieren; durchschnittliche Stromgestehungskosten. – Eigene Berechnungen.

Wettbewerbsfähigkeit der Technologien

Die langfristige Tragfähigkeit von erneuerbaren Energieträgern ist von der Entwicklung der Stromgestehungskosten abhängig. Augenblicklich müssen alle Technologien, abgesehen von Laufwasserkraftwerken an günstigen Standorten, gefördert werden. Onshore-Windkraftanlagen sollten innerhalb der nächsten 10 Jahre an einem durchschnittlichen Standort gegenüber dem Großhandelsstrompreis wettbewerbsfähig werden (Abb. 1). Offshore-Windkraft- und Photovoltaikanlagen werden dieses Ziel voraussichtlich erst nach 2025 erreichen. Schlechte Aussichten attestieren wir hingegen der Biomasse, wenn das Umdenken auf großtechnische Anlage nicht stattfindet. Diese Einschätzung zur zukünftigen Entwicklung der Technologien ist unabdingbar, um ihre Rolle in unserem Energiesystem beurteilen zu können.

Windenergie onshore

Die Nutzung der Onshore-Windkraft ist mittlerweile an guten Standorten wettbewerbsfähig. Dafür gibt es verschiedene Ursachen. Zum einen sind die Rotordurchmesser stark angewachsen,[1] von weniger als 20 m zu Beginn der 1980er Jahre auf mehr als 100 m heute. Mit der Vergrößerung der Rotordurchmesser wuchsen auch die Nabenhöhen, sodass die Windenergie aus höheren Schichten zur Stromerzeugung genutzt werden kann. Dort weht der Wind beständiger und häufiger. Zum anderen wurde durch originären technischen Fortschritt, z. B. durch Einführung der Drehzahlvariabilität und Pitchfähigkeit, ein Mehrertrag von 25–35 % bei sonst gleichen Bedingungen (gleicher Standort, Rotordurchmesser und Nabenhöhe) realisiert. Dadurch ist es möglich, nicht nur an windstarken Küstenstandorten, sondern auch an guten Binnenstandorten – wie z. B. in Bayern – Strom aus Windenergie wirtschaftlich zu erzeugen.[2] Dies bedeutet allerdings auch, dass Anlagen heute 180–200 m hoch sind, was zunehmend zu Akzeptanzproblemen in der Bevölkerung führt. Hinzu kommt, dass ab 100 m Gesamthöhe gemäß Flugbefeuerungsverordnung ein Warnlicht angebracht werden muss. Zudem sinkt die Flächenverfügbarkeit, da mit der Größe der Windkraftanlage auch der gesetzlich vorgegebene Mindestabstand zu umliegenden Wohnsiedlungen, Gebäuden und Industrie- oder

1 Die Energieerzeugung steigt mit dem Quadrat des Radius der Rotorblätter.

2 Als Faustwert gilt etwa 1 % Ertragssteigerung pro Meter Nabenerhöhung.

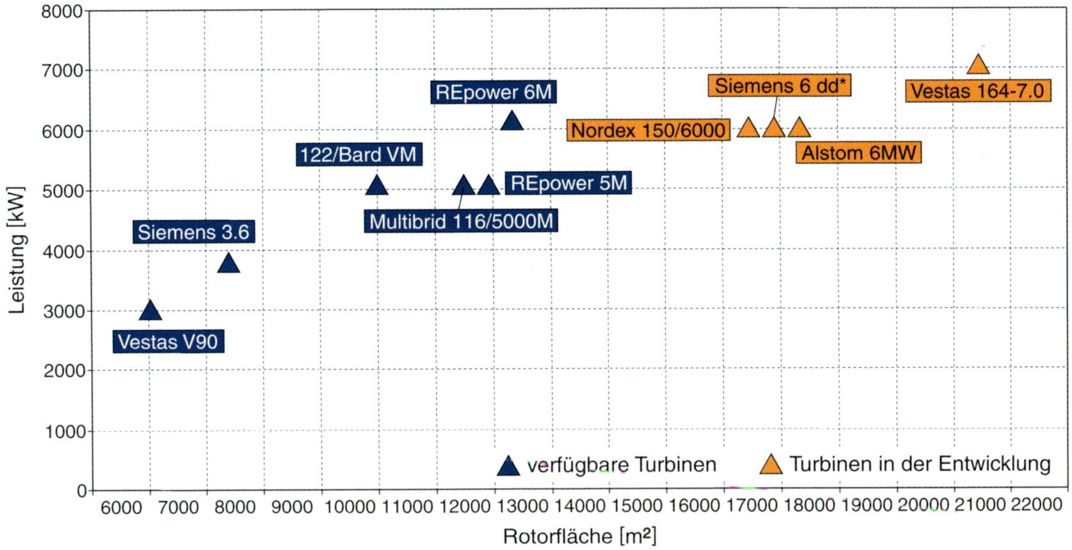

Abb. 2. Offshore-Windkraftanlagen: Rotorfläche (überstrichene Fläche, in m^2) und Leistung (in kW) verfügbarer Turbinen und Turbinen in der Entwicklung. *dd: direct drive (getriebelos). – Eigene Berechnungen.

Gewerbeanlagen zunimmt. RWE Innogy hat vor kurzem einen Windpark mit 4 Anlagen der 3-MW-Klasse im Rheinischen Revier gebaut, der eine Fläche von etwa 100 Fußballfeldern benötigt. Neben der Erschließung neuer Standorte spielt deshalb das so genannte »repowering«, d.h. die Windenergieertragssteigerung pro Quadratmeter Fläche durch den Ersatz von alten durch neue Windkraftanlagen, eine große Rolle. Vor dem Hintergrund, dass bereits heute knapp 30 GW Wind-onshore-Kapazität installiert sind, halten wir das Ziel der Bundesregierung von 36 GW Windkraftkapazität in 2050 für realistisch (Prognos et al. 2011).

Windenergie offshore

Bei den Offshore-Windkraftanlagen stecken wir noch in der Pionierphase. Wir erwarten nach der Fertigstellung der augenblicklich im Bau befindlichen Offshore-Windparks eine Reifephase der Industrie. Damit einhergehen wird eine signifikante Reduzierung der Stromgestehungskosten von derzeit 15 ct/kWh$_{el}$ auf 10 ct/kWh$_{el}$ in 2020. Diese Kostenreduktion wird maßgeblich durch Produktivitätssteigerungen in den drei Hauptkomponenten eines Offshore-Windparks realisiert werden:

- Durch die Erhöhung der Anbietervielfalt, der Serienfertigung und erwarteter Technologiesprünge; zudem werden die Turbinen größer und leistungsstärker (Abb. 2), was die aufwändigen Installationsarbeiten auf hoher See spezifisch, d.h. pro MW, senkt.
- Durch die Standardisierung der Konstruktionen und Normen von Fundamenten sowie der Serienfertigung werden die Fundamentkosten abnehmen.
- Durch zukünftige Synergien bei der Wartung und Instandhaltung von Offshore-Windparks, sowohl intern als auch mit anderen Parkbetreibern, werden Kostensenkungen eintreten.

Technologieseitig ist somit noch einiges zu leisten.

Dies gilt ebenso für regulatorische Maßnahmen. Die Herangehensweise an den Naturschutz könnte hierzulande dabei mehr Pragmatismus vertragen. Beispielsweise haben wir sehr strenge Lärmschutzvorgaben für die Errichtung der so genannten Monopiles (Fundamenttyp, bei dem ein Stahlrohr in den Meeresboden gerammt wird). Konkret dürfen wir einen Dezibelwert von 160 nicht überschreiten, um den Lebensraum der Schweinswale, die in Europa unter Artenschutz stehen, nicht zu stark zu beeinträchtigen. Wir haben daher gemeinsam mit anderen Windparkbetreibern diverse Verfahren aufwändig getestet und werden diese bei der Errichtung der Fundamente einsetzen müssen. In Großbritannien geht man mit diesem Sachverhalt pragmatischer um. Der Lärmpegel wird von einem niedrigen Niveau kontinuierlich innerhalb von 1–2 Stunden auf 160 dB gesteigert. Dadurch ziehen sich die Schweinswale temporär in andere Gewässer zurück.

Wasserkraft

Die Wasserkraft ist eine sehr wettbewerbsfähige Form der Stromerzeugung aus erneuerbaren Energieträgern, bietet allerdings in Deutschland kaum noch Ausbaupotenzial. Dafür gibt es vor allen Dingen Naturschutzgründe, z. B. muss die Durchgängigkeit der Flüsse sowohl für auf- als auch für absteigende Fische garantiert werden. An der Mosel müssen wir derzeit Fische vor der Staustufe unseres Laufwasserkraftwerks abfangen, in Tankkesselwagen bringen und im Rhein wieder aussetzen. Große Potenziale für mittelgroße bis große Lauf- und Speicherwasserprojekte liegen jedoch in Südosteuropa und der Türkei.

Biomasse

Die Kostendegressionspotenziale bei der Biomasse sind leider äußerst gering. Die Technologie ist bekannt und konventionellen Kraftwerken sehr ähnlich, aber die weitaus höheren Brennstoffkosten gegenüber einem Braun- oder Steinkohlekraftwerk – trotz CO_2-Zertifikatspreis – benachteiligen diese Energiequelle. Der Wettbewerbsnachteil wird dadurch verstärkt, dass die staatliche Förderung auf Kleinkraftwerke beschränkt ist, obwohl die spezifischen Investitionskosten mit der Kraftwerksgröße um bis zu 30 % abnehmen. Diese Degression der spezifischen Investitionskosten kennen wir bereits von konventionellen Kraftwerken. Damit laufen wir Gefahr, die einzige kommerzielle Grundlasttechnologie im Bereich der erneuerbaren Energieträger zu marginalisieren. In den aktuellen Diskussionen spielt Biomasse kaum mehr eine Rolle und der Zubau von Biomassekraftwerken liegt weit hinter den Erwartungen zurück. Deshalb müssen wir in Deutschland zu einem Paradigmenwechsel kommen, den andere Länder bereits vollzogen haben. Das Motto »small is beautiful – je kleiner, desto besser« muss auf den Prüfstand.

Derzeit liegen die Stromgestehungskosten für Biomasseanlagen bei mehr als 12 ct/kWh und wir rechnen auch bis 2030 mit geringen Kostensenkungspotenzialen. Daher sollte die Politik darüber nachdenken, zum einen große Biomassekraftwerke mit einer Kapazität von mehr als 150 MW und zum anderen die teilweise oder sogar komplette Mitverfeuerung von Biomasse in existierenden Kohlekraftwerken zu fördern. Letztere Alternative hätte zwei Vorteile: Erstens würde man mit geringem Aufwand und innerhalb kurzer Zeit große Mengen von CO_2-Emissionen vermeiden. Zweitens liegen die Stromgestehungskosten (<9 ct/kWh) dieser Option sehr viel niedriger und die CO_2-Vermeidungskosten folglich ebenfalls.

In Großbritannien und den Niederlanden ist diese Form der Stromerzeugung aus Biomasse bereits möglich und wird praktiziert. In Deutschland scheitert eine Umsetzung vor allen Dingen am Widerstand der Politik. Dabei wird häufig das Argument bemüht, dass man die Kohle nicht »grün anstreichen« möchte.

In diesem Zusammenhang muss man sich allerdings auch darüber im Klaren sein, dass Biomasse aus dem Ausland importiert werden müsste, um die entsprechenden Volumina für Großkraftwerke bereitstellen zu können. Aus unserer Sicht erfordert die großtechnische Nutzung daher eine Abdeckung und Optimierung der gesamten Wertschöpfungskette von der Holzpelletproduktion über den Handel bis zur Stromerzeugung. Durch die Errichtung des weltweit größten Holzpelletwerks in den USA und den Aktivitäten im Biomassehandel hat RWE das Beschaffungsrisiko von Biomassebrennstoffen stark minimiert.

Zuletzt sollte man mögliche Innovationen in Bezug auf den Brennstoff nicht außer Acht lassen. Beispielsweise hat die augenblicklich erprobte Torrefizierung[3] von Holzpellets einige entscheidende Vorteile: Erstens wird die spezifische Energiedichte erhöht, sodass die Transportkosten sinken. Zweitens absorbieren torrefizierte Pellets weniger Feuchtigkeit, was die Lagerhaltung erleichtert. Drittens erlaubt die Torrefizierung einen höheren Zufeuerungsanteil in existierenden Kohlekraftwerken.

Photovoltaik

Mit einer Sonneneinstrahlung, die derjenigen von Alaska entspricht, ist Deutschland wenig prädestiniert für die Nutzung von Solarenergie. Gleichwohl steht 40 % der Weltkapazität an

3 Thermische Behandlung von Biomasse unter Luftabschluss bei relativ niedrigen Temperaturen (250–300 °C).

Photovoltaik in Deutschland. Mit durchschnittlich 850 Volllaststunden muss 90 % des Jahres (1 Jahr hat 8760 Stunden) der Strom aus anderen Quellen kommen (Abb. 3). Es gibt in Europa aber durchaus Länder, in denen die Zahl der Volllaststunden an guten Standorten bei mehr als 1800 liegt. Die Stromgestehungskosten sinken dort entsprechend. Wir sollten uns daher darauf verständigen, die Nutzung erneuerbarer Energieträger als eine kooperative, europäische Aufgabe zu verstehen. Anstatt Strom mit Photovoltaikanlagen in Flensburg auf dem Hausdach zu produzieren, wäre eine Produktion in Spanien oder in Marokko kosteneffizienter.

Man muss der Photovoltaik allerdings zugestehen, dass sie von ihrem sehr hohen Kostenniveau aufgrund der vorteilhaften staatlichen Förderung über das EEG zu einem Massenprodukt geworden ist. Durch die hohe Standardisierung und die großvolumige Zell- und Modulproduktion, insbesondere in Asien, sowie die Spezialisierung eines gesamten Wirtschaftszweigs auf die Installation der Photovoltaikanlagen konnten enorme Kostensenkungen erreicht werden. Deshalb kann man davon ausgehen, dass in südeuropäischen und nordafrikanischen Ländern Photovoltaik auf absehbare Zeit wettbewerbsfähig sein wird.

Man darf allerdings nicht vergessen, dass die starken Kostendegressionen durch enorme anfängliche Subventionen überhaupt erst möglich gemacht wurden. So werden wir in Deutschland über viele Jahre die »Altlasten« der anfänglichen Photovoltaikförderung tragen müssen. Laut der Mittelfristprognose der Übertragungsnetzbetreiber zahlen wir für Strom aus Photovoltaikanlagen in 2012 im Durchschnitt immer noch etwa 37 ct/kWh im Vergleich zu 9 ct/kWh für Strom aus Onshore-Windkraftanlagen (Informationsplattform 2011). Damit ist die Photovoltaik eine volkswirtschaftliche Fehlallokation, die ihresgleichen sucht. Es wäre sinnvoller, diese Subventionen in die Förderung von Speichertechnologien und den dringend notwendigen Netzausbau zu investieren.

Volatilität der Erzeugung als Wettbewerbsnachteil

Neben der eindimensionalen Betrachtung der Stromgestehungskosten bei der Nutzung von erneuerbaren Energieträgern spielen die Integrationsfähigkeit dieser Technologien und die dadurch entstehenden indirekten Kosten eine signifikante Rolle.

Wind- und Sonnenkraft sind volatile Energiequellen. Sie sind im Gegensatz zu konventionellen Stromerzeugungstechnologien nicht bei Bedarf abrufbar. Des Weiteren genießen sie in Deutschland Einspeisevorrang. Die knapp 30 GW Windkraft- und mehr als 25 GW Photovoltaikkapazität haben mittlerweile einen erheblichen Einfluss auf die Großhandelspreise an der Strombörse. Da die langfristig variablen Kosten durch die Subventionen getragen werden und die kurzfristig variablen Kosten von Strom aus Wind- und Sonnenkraft sehr gering sind, verschiebt sich die energiewirtschaftliche Angebotskurve bei starkem Wind und schönem Wetter nach außen. Fällt diese Situation mit Schwachlast im System zusammen, z. B. an Sonntagen oder nachts, so sind konventionelle Kraftwerke teilweise sogar bereit, für die Abnahme ihrer Stromproduktion zu bezahlen (Abb. 4). Diese Situation ist ein Auswuchs des unkontrollierten, massiven Ausbaus der Nutzung erneuerbarer Energieträger. Materialisiert sich der von der Bundesregierung bis 2020 anvisierte Ausbau der Erneuerbaren, wird diese Volatilität mittelfristig sogar stark zunehmen (Pöyry Energy Consulting 2011).

Eine Notwendigkeit zur erfolgreichen Integration von Strom aus erneuerbaren Energieträgern ist daher die Vorhaltung von Back-up-Kapazitäten. 1 MW Wind- oder Photovoltaikkapazität ersetzt nicht 1 MW konventioneller Kraftwerkskapazität, da es sich um keine gesicherte Leistung handelt. Um die hohe Versorgungssicherheit im deutschen Stromnetz aufrechtzuerhalten, sind flexible Kraftwerkskapazitäten, z. B. offene Gasturbinen, notwendig. Auch in Bezug auf die Bereitstellung von Blindleistung, des »Schmieröls« des Stromnetzes, sind die erneuerbaren Energieträger nachteilig. Sie können Blindleistung nur eingeschränkt zur Verfügung stellen und erschweren dadurch die technische Integration.

Weitere Maßnahmen, die durch die Einbindung von Strom aus erneuerbaren Energieträgern notwendig werden, sind der Netz- und der Speicherausbau. Bereits zu meiner Zeit als Umweltsenator in Hamburg in den 1990er Jahren wurde eine Leitung von Hamburg nach Schwerin geplant, um West- und Ostdeutschland auch in den Bezug auf den Stromfluss zu verbinden. Die Leitung ist bis heute nicht gebaut. Eine weitere in der Planung befindliche 380-kV-Leitung, die

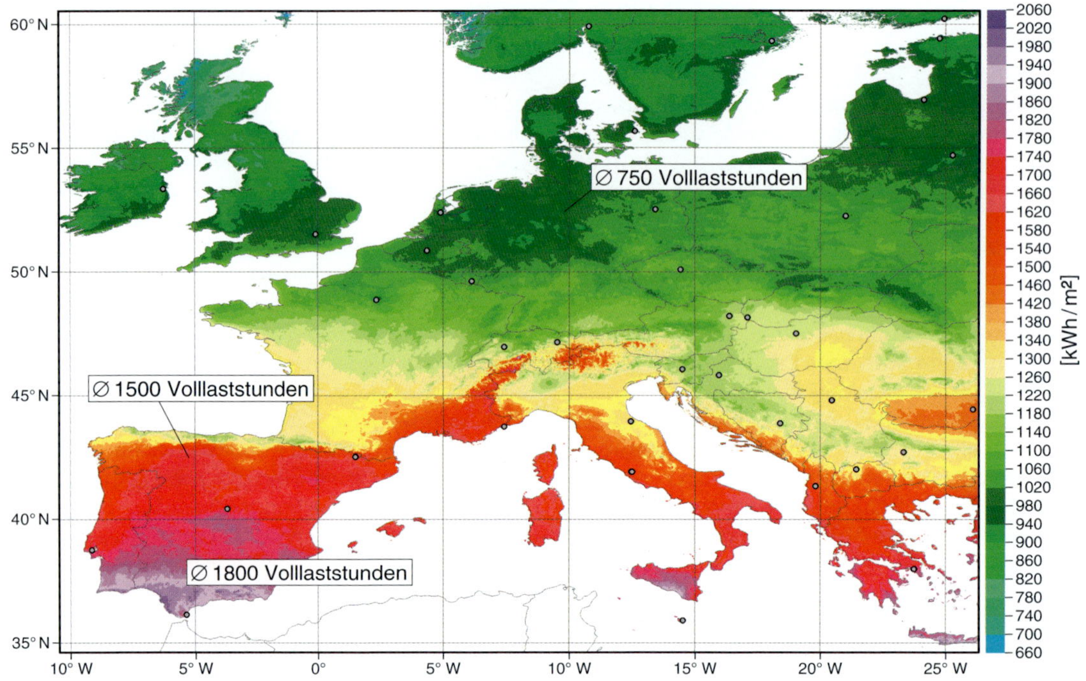

Abb. 3. Mittel der globalen Sonneneinstrahlung (in kWh pro m²) für den Zeitraum 1981 bis 2000 und Anzahl der Volllaststunden für Solarthermie und Photovoltaik an ausgewählten Orten. – © www.meteonorm.com, ergänzt.

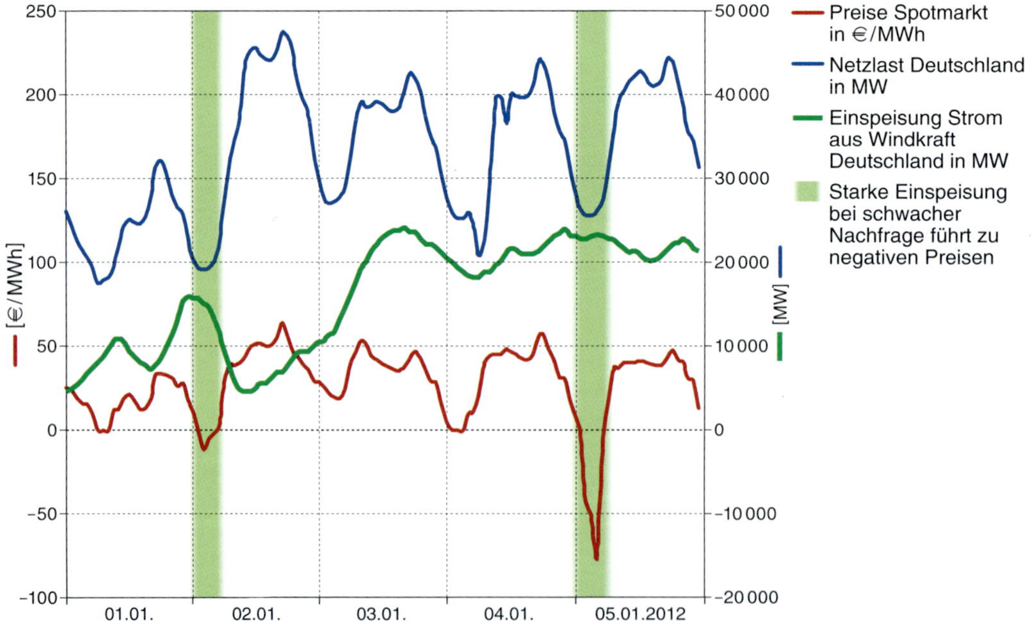

Abb. 4. Darstellung des Zusammenspiels aus Großhandelsstrompreis am Spotmarkt (in € pro MWh; 100 €/MWh = 10 ct/kWh), Einspeisung von Strom aus Windkraftanlagen und Netzlast in Deutschland (in MW) für den 1. bis 5. Januar 2012. – Eigene Berechnungen.

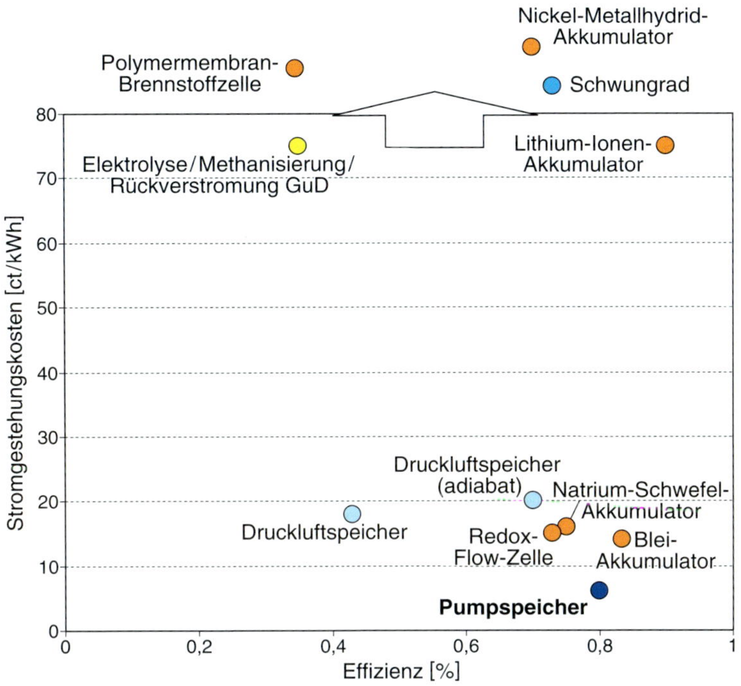

Abb. 5. Wirtschaftlichkeit (Stromgestehungskosten in ct pro kWh) verschiedener mechanischer und elektrochemischer Energiespeicherverfahren bei einer Laufzeit von 20 Jahren und einem Lade- und Entladezyklus pro Tag. GuD: Gas- und Dampfturbinen-Kraftwerk. – Eigene Berechnungen.

Südwestkuppelleitung, führt von Halle nach Schweinfurt durch den Thüringer Wald. Sie wird von der Bevölkerung abgelehnt. Die Bundesregierung hat daraufhin beschlossen, eine Ausnahmegenehmigung zu erteilen und die Leitungen unterirdisch zu verlegen, zu weit höheren Kosten. Der Protest hat trotzdem weiter zugenommen, da die Erdverkabelung eine breite Schneise durch den Thüringer Wald erfordert. Links und rechts des Erdkabels muss eine Straße entlangführen, um Instandhaltungs- und Wartungsarbeiten durchführen zu können. Zudem warnen Schilder vor der elektromagnetischen Strahlung und der Boden erwärmt sich in der unmittelbaren Umgebung des Kabels. Unter diesen Bedingungen kann die Notwendigkeit zur bedarfsgerechten Verteilung des Stroms aus Offshore-Windkraftanlagen nur schwer erreicht werden.

Ein Schlüssel zum Gelingen der Energiewende ist die Stromspeicherung. Es ist ein Versäumnis aller Bundesregierungen, seit der Ausstieg aus der Nutzung der Kernenergie im Jahre 2001 beschlossen wurde, dieses Thema nicht anzugehen. Es hätte damals ein nationales Forschungsprogramm für Energiespeicher eingerichtet werden müssen.

Pumpspeicherkraftwerke sind mit Stromgestehungskosten von unter 10 ct/kWh augenblicklich der Stromspeicher der Wahl (Abb. 5). Wir versuchen derzeit im Schwarzwald gemeinsam mit der EnBW, ein Pumpspeicherkraftwerk mit einer Turbinenleistung von 1400 MW zu errichten. Allerdings stehen dem zwei Hindernisse im Wege: Erstens ist dieses Projekt von der lokalen Bevölkerung nicht erwünscht und zweitens gefährdet der massive Ausbau der Photovoltaik die Wirtschaftlichkeit des Projekts, da die Differenz zwischen Starklast- und Schwachlaststrompreis[4] voraussichtlich abnimmt.

Als Allheilmittel wird häufig die Bereitstellung von flexiblen Wasserkraftkapazitäten aus Norwegen genannt. Allerdings fällt der Neubau einer Kuppelleitung, die für den Austausch zwischen Deutschland und Norwegen notwendig ist, nicht unter die deutsche Netzregulierung. Demnach muss sich die Investition durch die

4 Es handelt sich hierbei um den so genannten Base-Peak-Spread. Je größer dieser ist, desto mehr Spielraum zur Arbitrage und damit Einkommensgenerierung hat ein Pumpspeicherkraftwerk.

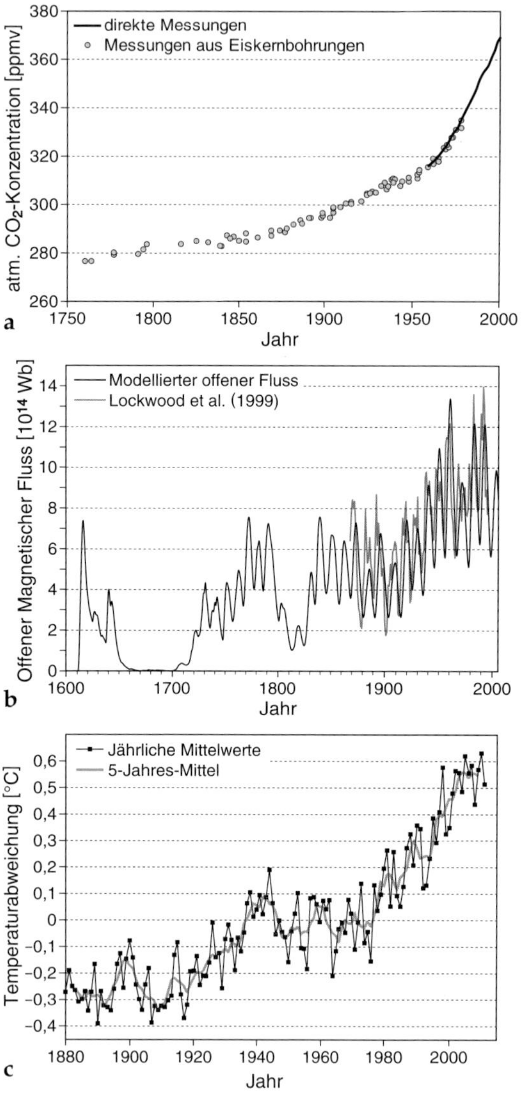

Abb. 6. a, CO_2-Konzentration in der Atmosphäre (in ppmv) von 1750 bis 2000, ermittelt aus Eiskernbohrungen (Punkte) und direkten Messungen (Linie); **b,** Sonnenaktivität (Magnetischer Fluss, in 10^{14} Wb) von 1600 bis 2000; **c,** Globaler Land-/Ozean-Temperaturindex seit 1880 (Abweichung von der Basisperiode von 1951 bis 1980, in °C). – a, Global Warming Art (2012); b, Balmaceda et al. (2007); c, NASA (2012b).

Arbitrage der kontinentaleuropäischen und norwegischen Strompreise rechnen. Hinzu kommt, dass die Pumpspeicherkraftwerke in Norwegen auch finanziert werden müssen. Zuletzt darf man nicht vergessen, dass sich das niedrigere Strompreisniveau in Norwegen an das höhere, deutsche Niveau angleichen wird und zwar überproportional stark, da die deutsche Energiewirtschaft weit größer ist als die norwegische (Pöyry Energy Consulting 2011). Folglich hat auch diese Option wenig Aussicht auf Erfolg.

Man darf auch nicht vergessen, dass nicht nur Tagesspeicher, sondern auch saisonale und sogar jährliche Speicher notwendig sind. Bei einer Windflaute von beispielsweise 10 Tagen muss in etwa eine Stromnachfrage in Deutschland von 15 TWh bedient werden. Würde man unsere heutige Pumpspeicherkapazität von rund 7000 MW unter Volllast ausfahren, könnten wir – bei einem durchschnittlichen Wasservolumen des Oberbeckens von 6 Stunden – lediglich 0,042 TWh produzieren. Es wäre in etwa das 360-Fache der heutigen Pumpspeicherkapazität notwendig, um diese Flaute mit Speichern zu überbrücken.

Hinzu kommen die dekadischen Oszillationen der Windströmung in Europa, die der so genannten Nordatlantischen Oszillation (NAO) folgen. Süd- und Nordeuropa verhalten sich dabei gegenläufig: Bei einem negativen NAO-Index wird der Wind durch den Druckluftunterschied zwischen Island und den Azoren nach Süden gelenkt und kann dort optimal genutzt werden, während bei uns im Norden ein nur mäßiger Ostwind weht. Ist der NAO-Index hingegen positiv, verhält es sich umgekehrt und der Windertrag in Nordeuropa ist überdurchschnittlich. Auch diese jährlichen Schwankungen des Windenergieertrags müssen zur Aufrechterhaltung der Versorgungssicherheit ausgeglichen werden.

Haupttreiber Klimawandel – die Unsicherheiten nehmen zu

Zuletzt möchte ich auf ein Thema zu sprechen kommen, dass mir persönlich am Herzen liegt. Ich habe vermehrt den Eindruck, als würden die Energiewende und die augenblicklichen Anstrengungen, die unser Land und unsere Bürger auf sich nehmen, ausschließlich mit dem Klimaschutz begründet. Meiner Einschätzung nach gibt es weitaus wichtigere Gründe, warum es Sinn macht, die Nutzung erneuerbarer Energieträger auszubauen, wie z. B. die Importabhängigkeit von fossilen Brennstoffen. Wir müssen zurückkehren zu einer sachlichen und kontroversen Diskussion über die Auswirkungen und Folgen der Klimaveränderung.

Es ist richtig, dass die Konzentration an CO_2

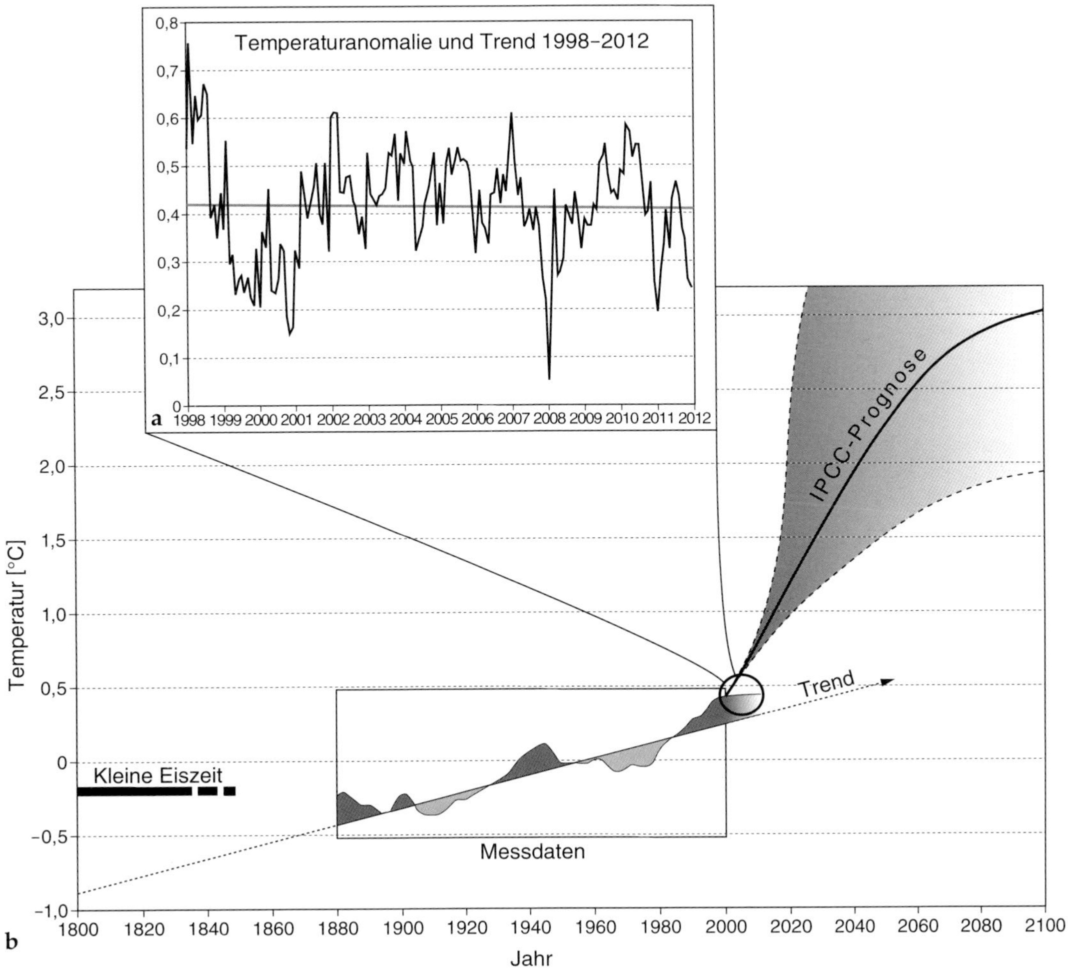

Abb. 7. a, Temperaturanomalie (Abweichung vom Mittelwert des Zeitraums 1961–1990, in °C) seit 1998; **b,** Temperaturtrendlinie seit 1800 und IPCC-Prognosebereich für die zukünftige Entwicklung; graue Integralflächen im Ausschnitt: Einfluss der Pazifischen Dekaden-Oszillation. – a, www.woodfortrees.org; b, eigene Darstellung, basierend auf Akasofu (2009).

in der Atmosphäre seit der Industrialisierung angestiegen ist (Abb. 6a). In der gleichen Zeit hat aber auch die Sonnenaktivität zugenommen (Abb. 6b). Viele Wissenschaftler führen den Temperaturanstieg (Abb. 6c) auf das CO_2 zurück, aber dies passt nicht zu der Tatsache, dass die globale Temperatur seit 12 Jahren nicht mehr gestiegen ist (Abb. 7a). Wir stellen aber fest, dass in genau dieser Zeit die Sonnenaktivität an Kraft verloren hat und kosmische Strahlen bis in die tiefen Wolken eindringen und die Wolkendichte erhöhen, wodurch es kälter wird. Wir befinden uns in einem der schwächsten Sonnenzyklen seit hundert Jahren und viele Solarforscher sagen eine sich weiter abschwächende Sonne voraus (NASA 2012a; Vahrenholt & Lüning 2012).

Es ist schon bemerkenswert, dass es dem Weltklimarat (Intergovernmental Panel on Climate Change, IPCC) gelungen ist, die seit Tausenden von Jahren stattfindenden Temperaturschwankungen, die außerordentlich gut mit der Sonnenaktivität korrelieren, in den Klimaprognosemodellen auf eine vernachlässigbare Größe zu reduzieren. Wir wissen aber, dass, als Grönland vor rund 1000 Jahren von den Wikingern besiedelt wurde, die Erdtemperatur etwa so hoch war wie heute. 500 Jahre später hat die kleine Eiszeit zu einer Absenkung um etwa 1 °C gegenüber dem langjährigen Mittel geführt. Wir können diesen etwa 1000-jährigen Zyklus rund 7000 Jahre verlässlich zurückverfolgen. Dieses Auf und Ab in der Menschheitsgeschichte hat nicht CO_2, sondern die Sonnenaktivität bewirkt.

Dazu kommt ein weiterer Einfluss, der wenig bedacht wird. Neben der bereits erwähnten Nordatlantischen Oszillation gibt es die so genannte Pazifische Dekaden-Oszillation (PDO), die in einem 60-jährigen Zyklus zwischen Kalt- und Warmphase hin- und herschwingt (Abb. 7b). In den Berichten des IPPC sind diese Fluktuationen nicht enthalten, dort spielt nur der Einfluss von CO_2 bzw. CO_2-Äquivalenten auf die Temperaturentwicklung eine Rolle.

Berücksichtigt man diese natürlichen Fluktuationen, kommt man zu einer ganz anderen Trendlinie, die entscheidend von der IPPC-Prognose abweicht, aus der die oft zitierte Temperaturerhöhung von 4 °C stammt (Abb. 7b, Akasofu 2009). Diese Prognose ist unserer Einschätzung nach eine Überzeichnung und schürt unbegründet Angst. Angst ist jedoch ein ganz schlechter Ratgeber, insbesondere wenn es darum geht, die Nutzung erneuerbarer Energieträger voranzubringen (Vahrenholt & Lüning 2012).

Nur mit Angst ist es zu begründen, dass wir mittlerweile in Deutschland aus Weizen Sprit gewinnen, dass wir 20 % der Ackerfläche in Deutschland zu Energiezwecken nutzen, vornehmlich zum Anbau von sog. »Energie-Mais«, dass wir 40 % der weltweiten Kapazität an Photovoltaik im sonnenarmen Deutschland aufgestellt haben und dass wir mittlerweile bereit sind, Wälder zu opfern, um Windkraftanlagen aufzustellen. Die Natur in Deutschland wird zunehmend zum Opfer der Energiewende. Meine These lautet daher: Wir können uns für den Umbau unseres Energiesystems, der erhebliche negative Folgen für die Versorgungssicherheit und Wettbewerbsfähigkeit unserer Stromerzeugung hat, etwas mehr Zeit lassen als geplant. Die sich abkühlende Sonne gibt uns die Zeit, mit Vernunft und Augenmaß den Umbau der Energieversorgung in Deutschland vorzunehmen.

Literatur

Akasofu, S. I. 2009. Natural Components of Climate Change During the Last Few Hundred Years. – Manuskript. http://people.iarc.uaf.edu/~sakasofu/natural_components_climate_change.php

Balmaceda, L., N. A. Krivova & S. K. Solanki. 2007. Reconstruction of solar irradiance using the Group sunspot number. – Advances in Space Research, 40 (7): 986-989.

Global Warming Art. 2012. Carbon history. – Berkeley, CA, USA. www.globalwarmingart.com/images/5/52/Carbon_History_and_Flux_Rev.png [10.04.2012]

Informationsplattform der deutschen Übertragungsnetzbetreiber. 2011. Mittelfristprognose zur deutschlandweiten Stromerzeugung aus regenerativen Kraftwerken bis 2016. – Endbericht, im Auftrag von Amprion GmbH, 50Hertz Transmission GmbH, EnBW Transportnetze AG und TenneT TSO GmbH. Leipzig, 114 S., http://www.eeg-kwk.net/de/Jahres-Mittelfristprognosen.htm

Lockwood, M., R. Stamper & M. N. Wild. 1999. A doubling of the Sun's coronal magnetic field during the past 100 years. – Nature, 399 (6735), 437-439.

NASA. 2012a. Solar Cycle Prediction (Updated 2012/04/02). – National Aeronautics and Space Administration, Solar Physics, Washington, DC, USA. http://solarscience.msfc.nasa.gov/predict.shtml

– 2012b. GISS Surface Temperature Analysis. – National Aeronautics and Space Administration, Goddard Institute for Space Studies, Washington, DC, USA. http://data.giss.nasa.gov/gistemp/graphs_v3/ [10.04.2012]

Pöyry Energy Consulting. 2011. Northern European Wind and Solar Intermittency Study. – Public Report: The challenges of intermittency in North West European power markets. March 2011. Pöyry, Oxford, U.K. http://www.poyry.com/sites/default/files/143.pdf

Prognos AG, EWI (Energiewirtschaftliches Institut an der Universität zu Köln) & GWS (Ges. für Wirtschaftliche Strukturforschung mbH (Hrsg.). 2011. Energieszenarien 2011. – Projekt Nr. 12/10 des Bundesministeriums für Wirtschaft und Technologie. Basel, Köln, Osnabrück, 44 S.

Vahrenholt, F. & S. Lüning. 2012. Die kalte Sonne: Warum die Klimakatastrophe nicht stattfindet. – Hoffmann & Campe, Hamburg, 445 S.

Rundgespräche der Kommission für Ökologie, Bd. 41 »Die Zukunft der Energieversorgung«, S. 43–45.
© 2012 by Verlag Dr. Friedrich Pfeil, München – ISSN 0938-5851 – ISBN 978-3-89937-150-5

Erneuerbare Energieträger zur Stromerzeugung: unterschiedlich nah an der Wettbewerbsfähigkeit

Kommentar zum Vortrag Wettbewerbsfähigkeit von erneuerbaren Energieträgern

Hans-Dieter Karl*

Die folgenden Ausführungen beschränken sich im Rahmen des Themas Wettbewerbsfähigkeit von erneuerbaren Energieträgern auf deren Einsatz zur Stromerzeugung, wie dies auch im Vortrag von Herrn Vahrenholt der Fall war. Die Wärmeversorgung durch erneuerbare Energieträger oder der mögliche Beitrag von Biotreibstoffen zur Energiebedarfsdeckung werden hier nicht behandelt. Für den Bereich der Stromerzeugung geht es dabei vor allem um folgende Fragen: Unter welchen Bedingungen können erneuerbare Energieträger Strom zu wettbewerbsfähigen Preisen im Vergleich zu konventioneller Stromerzeugung bereitstellen? Wie ist die Wettbewerbsfähigkeit der erneuerbaren Energieträger untereinander zu beurteilen? Welche Bedingungen müssen für das Erreichen der Wettbewerbsfähigkeit gegeben sein?

Gegenwärtig ist Strom aus erneuerbaren Energieträgern in Deutschland mit Ausnahme der Erzeugung durch Laufwasserkraftwerke nicht wettbewerbsfähig gegenüber der Stromerzeugung in konventionellen Anlagen. Ein wesentlicher Grund dafür ist die geringe Energiedichte des Dargebots an erneuerbaren Energieträgern, insbesondere von Wind und Sonne. Um diese Energien nutzbar machen zu können, sind umfangreiche, über große Flächen verteilte Investitionen erforderlich. Das gilt aber auch für den Einsatz großer Mengen von Biomasse, für deren Produktion große Flächen benötigt werden.

Derzeitige Situation bei der Nutzung erneuerbarer Energieträger

Grundsätzlich hat die Stromerzeugung aus Wind- und Sonnenkraft die größten Potenziale, und diese Energieträger nehmen daher auch im Energiekonzept der Bundesregierung einen herausragenden Platz ein (BMWi & BMU 2010). Ihre Nutzung wirft aber auch große Probleme auf:

- Niedrige Vollbenutzungsstundenzahlen führen zu einer vergleichsweise geringen Kapitalproduktivität der entsprechenden Anlagen. Mein Vorredner hat bereits gezeigt, wie sich die Ausnutzung der Anlagen gegenwärtig darstellt: Man ringt darum, ihre Auslastung zu erhöhen, entweder indem man in Regionen mit höherem Windaufkommen oder mehr Sonneneinstrahlung geht und/oder indem man verstärkt auf technische Fortschritte setzt.
- Angesichts der fluktuierenden Erzeugung ist nur ein vergleichsweise kleiner Teil der installierten Leistung der Wind- und Sonnenkraftwerke sicher verfügbar. Der Deutschen Energie-Agentur zufolge sind von der Windkraft 5 bis 10 % und von der Photovoltaik nur 1 % der installierten Leistung als sicher zu betrachten (dena 2010a). Um die Versorgungssicherheit daher jederzeit aufrechterhalten zu können, sind leistungsstarke und flexibel einsetzbare Reserve- und Regelkraftwerke erforderlich. Die deutschen Windkraftwerke

* Karl, Hans-Dieter, Dipl.-Kfm., Ing. (grad.), ifo Institut – Leibniz-Institut für Wirtschaftsforschung an der Universität München e. V., Poschingerstraße 5, 81679 München. E-Mail: karl@ifo.de

hatten beispielsweise zwischen 2001 und 2010 im Durchschnitt eine Vollbenutzungsstundenzahl von rund 1600 (berechnet aus der erzeugten Energie in MWh dividiert durch die im Jahresmittel installierte Leistung in MW); im Jahr 2007 wurde mit 1860 Stunden der höchste Wert erreicht. Auf längere Sicht will man bei Onshore-Windkraftanlagen auf etwas mehr als 2000 Vollbenutzungsstunden kommen, bei Offshore-Anlagen soll die jährliche Ausnutzung mit rund 4000 Stunden einmal doppelt so hoch sein (dena 2010b).

– Gegenwärtig substituiert Strom aus Wind- und Sonnenkraftanlagen aufgrund der weitgehend fehlenden Leistungskomponente überwiegend den Brennstoffeinsatz in fossil befeuerten Kraftwerken. Daher bietet es sich an, Strom aus erneuerbaren Energieträgern anhand des verdrängten Brennstoffkostenmixes oder anhand der gegenwärtigen Notierungen an der Strombörse zu bewerten. Ein Vergleich zeigt, dass sich – mit den aktuellen Preisen der Kraftwerksbrennstoffe – für Erdgas mit den heute bestehenden Anlagen im Durchschnitt Brennstoffkosten der Stromerzeugung in Höhe von 6,6 ct/kWh ergeben, für Steinkohle in Höhe von 3,3 ct/kWh und für Braunkohle in Höhe von 0,5 ct/kWh. Damit besteht eine erhebliche Differenz zu den Stromgestehungskosten für Windkraft (onshore) mit rund 8 ct/kWh und für Photovoltaik mit etwa 22 ct/kWh (Tab. 1). Nun könnte man diese Differenz etwa dadurch überbrücken, dass man dafür sorgt, dass die Preise für CO_2-Zertifikate spürbar steigen; gegenwärtig liegen sie bei knapp unter 10 €/t CO_2. Wie aus der Tabelle zu ersehen ist, kämen die Brennstoffkosten der Stromerzeugung aus fossilen Energieträgern erst ab einem Zertifikatspreis von 30–50 €/t CO_2 in die Nähe der Windstromerzeugung. Für die gesamten Stromgestehungskosten sind neben den jeweiligen übrigen Betriebskosten noch die Kapitalkosten bei Kraftwerken mit fossilen Brennstoffen und die Kosten für die vorzuhaltende Leistung bei Strom aus Windkraftanlagen zu berücksichtigen.

Perspektiven der Stromerzeugung aus erneuerbaren Energieträgern

Daher stellt sich die Frage, wie die Rahmenbedingungen verändert werden sollten, damit sich die Wettbewerbsfähigkeit von Strom aus erneuerbaren Energieträgern erreichen lässt. Es wurde bereits darauf hingewiesen, dass durch das Erneuerbare-Energien-Gesetz (EEG; Gesetz zur Förderung der Stromerzeugung durch Erneuerbare Energien) die unwirtschaftlichste Stromerzeugung durch Photovoltaikanlagen besonders stark gefördert wird; dadurch wird das Marktgeschehen erheblich verzerrt.

Es ist vor dem Hintergrund der Kostenrelationen, wie sie auch in der Tabelle dargestellt sind, davon auszugehen, dass Onshore-Windkraftanlagen zuerst das Stadium der Wettbewerbsfähigkeit erreichen werden. Bei Offshore-Windkraftanlagen und vor allem bei der Photovoltaik dürfte es noch wesentlich länger dauern, wettbewerbsfähig zu werden. Das setzt aber auch für die Windkraft an

Tab. 1. Stromerzeugung aus Erdgas, Stein- und Braunkohle: Brennstoffkosten im Vergleich zu den Kosten der Stromerzeugung von Onshore-Windkraft- und Photovoltaikanlagen (Daten aus 3/2011). – Daten nach Statistik der Kohlenwirtschaft (2011), dena 2010b, EEX, Berechnungen und Schätzungen des ifo Instituts.

		Erdgas	Steinkohle	Braunkohle
Brennstoffpreise	€/t SKE	269	106	15
Kraftwerkswirkungsgrad		0,50	0,40	0,37
Brennstoffkosten	ct/kWh	6,62	3,26	0,50
Brennstoffkosten einschl. CO_2-Zertifikaten von:				
10 €/t CO_2	ct/kWh	7,02	4,11	1,60
30 €/t CO_2	ct/kWh	7,83	5,82	3,80
50 €/t CO_2	ct/kWh	8,63	7,53	6,00
Zum Vergleich:	Stromgestehungskosten	Wind (onshore):	8 ct/kWh	
		Photovoltaik:	22 ct/kWh	
	Preis Strombörse (1/2012):		rund 5 ct/kWh	

Land entsprechende Veränderungen am Markt voraus. Grundsätzlich müssten insbesondere folgende Bedingungen erfüllt sein:

- Kräftiger Anstieg der Brennstoffpreise und/oder Verteuerung der CO_2-Zertifikate (vgl. Tab. 1),
- Rückgang der spezifischen Investitionen für Anlagen zur Stromerzeugung aus erneuerbaren Energieträgern,
- Steigerung der Ausnutzungsdauer der an Land errichteten Anlagen auf durchschnittlich gut 2000 Stunden pro Jahr. Dabei kommt dem Repowering, d.h. dem Ersatz vorhandener durch leistungsfähigere und größere Windkraftwerke ein besonderer Stellenwert zu.

Die Frage der Versorgungssicherheit bleibt dabei aber weiter ausgeklammert.

Wirtschaftlichkeit der Stromerzeugung

Letztlich kommt es darauf an, dass die gesamte Stromerzeugung wirtschaftlich dargestellt werden kann, und nicht nur jene aus erneuerbaren Energieträgern. Es ist kaum zu bestreiten, dass die Energiewende unter den derzeitigen Bedingungen zunächst zu einem starken Kostenschub führen wird. Im Rahmen dieser Anpassung sollte man daher überlegen, welche Schritte zu einer Begrenzung des Kostenanstiegs vorgenommen werden könnten. Dazu gehören:

- Die Konzentration des Ausbaus auf »Erneuerbare« mit niedrigen Erzeugungskosten, also vor allem auf die Nutzung der Windkraft; das macht aber eine entsprechende Umgestaltung der Förderprogramme erforderlich.
- Die Sicherung der Versorgung durch den Zubau von Kraftwerksleistung mit niedrigen spezifischen Investitionen, wie etwa Gasturbinen. Gegenwärtig gibt es noch ausreichend Kraftwerke, die (zumindest begrenzt) in der Lage sind, die anfallenden Regelaufgaben wahrzunehmen, aber auf längere Sicht werden viele dieser Anlagen außer Betrieb genommen. Sie müssten bevorzugt durch Kraftwerke mit geringem Investitionsaufwand ersetzt werden, bei denen die Brennstoffkosten angesichts ihrer niedrigen jährlichen Ausnutzungszeiten eine untergeordnete Rolle spielen. Auch müssten dazu Anreize in der Art geschaffen werden, dass z.B. über einen Leistungsmarkt die Bereithaltung von Kraftwerksleistung vergütet wird. Ansonsten dürfte es kaum zu dem erforderlichen Zubau dieser Kraftwerke kommen, da deren Kosten wegen der vergleichsweise geringen Einsatzzeiten oftmals nicht gedeckt werden können.
- Die Errichtung von Speicheranlagen, deren Bedeutung künftig noch zunehmen wird.

Auf lange Sicht wird es zu einer Veränderung in der Kostenstruktur der Stromerzeugung kommen. Die Strombereitstellung soll dann überwiegend durch erneuerbare Energieträger übernommen werden und nur ein vergleichsweise kleiner Teil durch konventionelle Kraftwerke. Die fossil befeuerten Kraftwerke werden zusammen mit Speicheranlagen aber noch für lange Zeit durch die Bereitstellung von Leistung die Sicherheit der Stromversorgung gewährleisten müssen. Möglicherweise lässt sich mit der neuen Anlagenstruktur aber auch ein Teil der Kapitalkosten dadurch einsparen, dass vor allem konventionelle Kraftwerke mit niedrigen spezifischen Investitionen für diese Leistungsvorhaltung herangezogen werden.

Literatur

BMWi & BMU (Hrsg.). 2010. Energiekonzept für eine umweltschonende, zuverlässige und bezahlbare Energieversorgung, vom 28. September 2010. – Bundesministerium für Wirtschaft und Technologie & Bundesministerium für Umwelt, Naturschutz und Reaktorsicherheit, Berlin, 32 S. (Stand Oktober 2011) www.bmu.de/files/pdfs/allgemein/application/pdf/energiekonzept_bundesregierung.pdf

Dena. 2010a. Kurzanalyse der Kraftwerksplanung in Deutschland bis 2020 (Aktualisierte Fassung Februar 2010). – Deutsche Energie-Agentur GmbH (dena), Berlin. www.dena.de/presse-medien/studien/kraftwerksplanung.html

– 2010b. dena-Netzstudie II – Integration erneuerbarer Energien in die deutsche Stromversorgung im Zeitraum 2015-2010 mit Ausblick auf 2025. – Zusammenfassung der wesentlichen Ergebnisse durch die Projektsteuerungsgruppe. Deutsche Energie-Agentur GmbH (dena), Berlin, 28 S. www.dena.de/fileadmin/user_upload/Publikationen/Sonstiges/Dokumente/Ergebniszusammenfassung_dena-Netzstudie.pdf

Statistik der Kohlenwirtschaft e.V. 2011. Entwicklung ausgewählter Energiepreise . – Köln. www.kohlenstatistik.de/download.php

Rundgespräche der Kommission für Ökologie, Bd. 41 »Die Zukunft der Energieversorgung«, S. 47–56.
© 2012 by Verlag Dr. Friedrich Pfeil, München – ISSN 0938-5851 – ISBN 978-3-89937-150-5

Nachwachsende Rohstoffe: Nutzungsoptionen und Nutzungskonkurrenz

Martin Faulstich, Sebastian Egner und Markus Köglmeier*

Zusammenfassung

Der Klimawandel, die prognostizierte Knappheit fossiler wie auch metallischer und mineralischer Rohstoffe sowie die steigende Weltbevölkerung stellen unsere moderne Industriegesellschaft in den nächsten Jahrzehnten vor vielfältige Herausforderungen. In der Folge steht ebenso die zukünftige Energieversorgung vor einem fundamentalen Wandel. Zukünftig werden überwiegend regenerative Energieträger, insbesondere Wind und Sonne, die Energiebereitstellung übernehmen. Auch Nachwachsende Rohstoffe sind ein potenzieller Baustein im zukünftigen Energiemix. Darüber hinaus werden sie schon seit längerem als Ausgangsstoff für Kraftstoffe und chemische Produkte eingesetzt. Die hierfür erforderlichen Agrarflächen, welche naturgemäß begrenzt sind, sind allerdings in erster Linie für die Nahrungsmittelproduktion zu nutzen. Flächenumwandlungen oder gar Flächenvergrößerung sind aus naturschutzfachlichen Aspekten nicht ohne Weiteres möglich. Die daraus resultierende »Teller oder Tank«-Diskussion ist hinlänglich bekannt und wird sicher weitergeführt, da angesichts der steigenden Weltbevölkerung langfristig mit einer gesteigerten Nachfrage nach pflanzlichen und tierischen Lebensmitteln zu rechnen ist. Die Flächen- und Nutzungskonkurrenz wird sich somit sicherlich weiter verschärfen. Der Anbau von Nachwachsenden Rohstoffen kann aufgrund dessen weltweit nur in geringem Maße erfolgen, ein stetiges Wachstum auf lange Sicht ist kaum möglich. Die zukünftige Energieversorgung auf Basis 100 % erneuerbarer Energieträger stützt sich daher maßgeblich auf die Quellen Wind, Wasser und Sonne sowie auf einen moderaten Anteil an Biomasse. Durch den Ausbau einer »strombasierten Infrastruktur« mit großtechnischen Speicher- und Konversionsmöglichkeiten kann eine sichere und bezahlbare Stromversorgung gewährleistet werden. Zudem eröffnen sich neue Möglichkeiten, auch den Mobilitäts- und Wärmesektor sowie die Grundstoffindustrie (Chemie, Metallurgie) strombasiert zu versorgen.

Die verfügbare Ackerfläche muss in erster Linie der Nahrungsmittelproduktion zur Verfügung stehen, ein erheblicher Anteil wird bei steigendem Konsum von Fleisch und Milchprodukten für die Futtermittelproduktion genutzt. Der Anbau von Nachwachsenden Rohstoffen sollte dagegen in vergleichsweise geringem Maße und nach hohen ökologischen, zertifizierten Standards erfolgen. Die so erzeugte Biomasse sollte vorteilhaft in Kaskaden, also zunächst stofflich und dann energetisch genutzt werden.

Summary

Biomass utilization: Options and conflicts. Climate change, the predicted scarcity of fossil as well as metallic and mineral resources, and the growing global population pose a variety of challenges to our modern industrial society in the next decades. Thus, energy supply faces a radical change too, and in the future will be based mainly on the utilization of renewable energy sources with wind and solar power leading the way. Biomass is a potential element of the future energy mix as well. For quite some time biomass has been used for energy

* Faulstich, Martin, Prof. Dr.-Ing.; Egner, Sebastian, Dipl.-Ing. (FH) M.Sc.; Köglmeier, Markus, Dipl.-Ing. (FH), Technische Universität München, Lehrstuhl für Rohstoff- und Energietechnologie, Petersgasse 18, 94315 Straubing. E-Mail: martin.faulstich@wzw.tum.de, sebastian.egner@wzw.tum.de, markus.koeglmeier@wzw.tum.de

generation and as a basic raw material for the production of fuels or chemical compounds. There is no doubt that the limited arable land could be used alternatively for the production of foodstuff. Reclassification of land or even development of new agricultural areas is not possible offhand, due to environmental considerations. Therefore, an end of the well-known "fuel or food" discussion is not yet in sight. Considering the population growth and thus an increasing demand for food of plant and animal origin, it can be taken for granted that this conflict will even intensify in the near future. From this, it follows that global production of renewable resources should be limited to a certain extent – in the long run an increase seems hardly possible. Thus, the energy supply of the future based on 100 % renewables relies substantially on the sources wind, water, and solar power. By implementing an "electricity-based" infrastructure, including large scale facilities for conversion and storage of energy, an affordable and at the same time reliable energy supply can be ensured, which only requires a moderate extent of biomass utilization. In addition, this opens up the possibility of supplying the sectors of mobility, heat and raw-material-production with energy based on electricity as well.

Arable land should be primarily used to produce foodstuff. With increasing consumption of meat and dairy products, animal feed will take up a considerable amount of all agricultural products. The cultivation of biomass as a resource should be limited to a moderate extent, conform to given ecological standards. Preference should be given to the production of industrial basic materials in primary industries.

Globale Herausforderungen

Energie ist essenziell für unsere moderne Gesellschaft und ein wichtiges Fundament unserer Wohlfahrt. Die Frage nach einer sicheren und bezahlbaren Energieversorgung dominiert die öffentliche Diskussion seit der Katastrophe von Fukushima und dem damit einhergehenden abrupten Richtungswechsel in der Energiepolitik der Bundesregierung mehr denn je. Der in Deutschland beschlossene Ausstieg aus der Kernenergienutzung bis 2022 und die Tatsache, dass die konventionellen Energieträger wie Erdöl und Erdgas in wenigen Jahrzehnten versiegen werden, stellen uns vor große technische und politische Herausforderungen. Zwar stellt uns die Erde Kohle noch für Jahrtausende zur Verfügung (vgl. Tab. 1), allerdings ist dies angesichts des drohenden irreversiblen Klimawandels keine nachhaltige Perspektive.

Der Verbrauch fossiler Energierohstoffe steigt seit Beginn der Industrialisierung um etwa 1860 unaufhörlich an und wurde nach dem zweiten Weltkrieg weiter forciert. Gleichzeitig kann ein Anstieg der CO_2-Konzentration in der Atmosphäre verzeichnet werden, welcher mit dem Temperaturanstieg auf der Erde (Erderwärmung) korreliert (Abb. 1) und mit breiter wissenschaftlicher Expertise insbesondere durch das Intergovernmental Panel on Climate Change (IPCC) verifiziert wurde. Dennoch treten immer wieder Skeptiker auf den Plan, die den anthropogenen Einfluss relativieren oder bisweilen sogar hartnäckig abstreiten. Das Vorsorgeprinzip gebietet jedoch, sich im Zweifel für den sicheren Weg zu entscheiden – und das heißt klar, den Klimawandel ernst zu nehmen.

Die Weltgemeinschaft hat sich daher, zuletzt 2010 in Cancún und 2011 in Durban[1], mit großer Mehrheit dazu bekannt, gemäß den Ergebnissen des IPCC den Temperaturanstieg gegenüber vorindustriellen Zeiten bis zum Jahr 2100 auf max. 2 °C begrenzen zu wollen. Dies ist zweifelsohne ein außerordentlich ambitioniertes Ziel, hält man sich vor Augen, dass mit einer derzeitigen Erhöhung von rund 0,9 °C beinahe die Hälfte dieses »Puffers« bereits ausgeschöpft ist (Abb. 1). Deshalb ist die Weltgemeinschaft aufgefordert, bis 2050 mindestens 50 % ihrer klimarelevanten Emissionen zu mindern, die Industrieländer aller Voraussicht nach sogar bis zu 95 % (IPCC 2008). Die Transformation in das postfossile Zeitalter muss für die Industrieländer also in einer extrem

Tab. 1. Reichweite von nicht regenerativen Energierohstoffen (in Jahren). *Nur konventionelles Erdöl und Erdgas. – BGR (2010).

	Reserven	Ressourcen	Reichweite insgesamt
Erdöl*	42	26	68
Erdgas*	63	79	142
Uran	50	208	258
Hartkohle	120	2858	2978
Weichbraunkohle	281	4237	4518

1 UN-Klimakonferenzen 29.11.–10.12.2010 in Cancún, Mexiko, und 28.11.–11.12.2011 in Durban, Südafrika.

kurzen Zeitspanne von knapp 40 Jahren umgesetzt werden.

Vor diesem Hintergrund ist es lohnenswert, die derzeitige und die zukünftige Rohölnutzung näher zu betrachten. Schnell zeigt sich, dass diese den obig formulierten Zielen in keiner Weise gerecht wird. Weltweit werden jährlich rund 3,9 Mrd. t Rohöl verbraucht (Gelpke & Visbeck 2010), davon etwa 50 % für Mobilitätszwecke, rund 32 % für die Wärmeerzeugung und 8 % für die Stromerzeugung. Folglich werden nahezu 90 % des jährlich verbrauchten Rohöls für energetische Zwecke genutzt. Lediglich 10 % des Rohöls werden in der chemischen Industrie stofflich eingesetzt (BASF 2007, Marshall 2007).

Zukünftige Substitutionsstrategien verfolgen eine möglichst vollständige Dekarbonisierung der Bereiche Strom, Wärme und Mobilität. Fossile Rohstoffe sollten dort zuerst substituiert werden, um sie während einer Übergangszeit noch für die stoffliche Nutzung einsetzen zu können, da etliche Prozesse und Verfahren beispielsweise in der chemischen und metallurgischen Industrie maßgeblich auf Kohlenstoff angewiesen sind. Trotz umfassender Bestrebungen, Biomasse und Kohlenstoffdioxid[2] als regenerative Kohlenstoffträger der Zukunft zu gewinnen, werden Erdöl und in zunehmendem Maße Erdgas mittelfristig die führenden Kohlenstoffträger für die chemische Industrie bleiben (DECHEMA et al. 2010).

Ob das Fördermaximum, also der viel zitierte »Peak Oil«, schon erreicht ist, ist eher eine akademische Diskussion. Unbestritten ist auch, dass sich nahezu unaufhaltsam Milliarden Menschen in aller Welt, allen voran aus Schwellen- und Entwicklungsländern, auf den Weg machen, den Lebensstandard sowie die damit verbundenen Ernährungs- und Konsummuster der hoch industrialisierten Ländern anzustreben.

Im Bereich der Energieversorgung ist – neben Energieeffizienzmaßnahmen als unabdingbare Basis – die wesentliche Aufgabe der Zukunft, unter Berücksichtigung von gesellschaftlicher Akzeptanz flächendeckend regenerative Energiequellen zu erschließen sowie die dafür erforderliche Energieinfrastruktur zu schaffen. Ein besonderes Augenmerk fällt dabei auch auf Nachwachsende Rohstoffe, welche in vielerlei Hinsicht die Möglichkeit bieten, einerseits energetisch zur Erzeugung von Strom und (Prozess-) Wärme, andererseits stofflich zur Herstellung von Produkten und Kraftstoffen auf Kohlenwasserstoffbasis einen möglichen Beitrag zu regenerativen Energie- und Ressourcenwirtschaft leisten zu können.

Nachwachsende Rohstoffe sind erneuerbar und prinzipiell klimafreundlich, allerdings wird der intensivierte Anbau von Biomasse für stoffliche und energetische Nutzungspfade in der breiten deutschen Öffentlichkeit durchaus kontrovers diskutiert. Oftmals argumentieren Befürworter und Gegner der Biomassenutzung mit Umweltschutzargumenten. Der Sachverständigenrat für Umweltfragen (SRU) hat in diesem Kontext bereits 2007 für eine maßvolle und umweltverträgliche Biomassenutzung in Deutschland plädiert (SRU 2007).

Nachwachsende Rohstoffe in Deutschland

Nachwachsende Rohstoffe sind Erzeugnisse aus der Land- und Forstwirtschaft, welche stofflich, aber auch zur Erzeugung von Strom, Wärme oder Kraftstoffen genutzt werden und nicht als Nahrungs- oder Futtermittel Verwendung finden. Das Produktportfolio bei der stofflichen Umsetzung ist sehr groß. Nachwachsende Rohstoffe sind schon lange ein wesentlicher Bestandteil unseres Alltags. Beispielsweise für Holz- und Naturdämmstoffe im Bauwesen, für biobasierte und naturfaserverstärkte Kunststoffe, Farben, Klebstoffe, Pflegemittel, Lacke und Papier als auch für Holz-Polymer-Werkstoffe dienen Nachwachsende Rohstoffe als biogene Ausgangsstoffe. Weiterhin können aus Nachwachsenden Rohstoffen in speziellen Bio-Raffinerien chemische Grund-, Fein- und Spezialchemikalien sowie Pharma- und Arzneimittelprodukte hergestellt werden. Angesichts dieser vielfältigen Perspektiven forciert die Bundesregierung den weiteren Ausbau der stofflichen Nutzung Nachwachsender Rohstoffe (BMELV 2009).

Der Anbau Nachwachsender Rohstoffe in Deutschland ist im Erntejahr 2011 um rund 120 000 ha auf insgesamt knapp 2,3 Mio. ha (davon 86 % für energetisch und 14 % für stofflich genutzte Pflanzen) angestiegen. Treiber war allen voran die Biogastechnologie. Mit diesem Gesamtzuwachs von etwa 6 % nehmen Nachwachsende Rohstoffe damit hierzulande inzwischen ein Fünftel der etwa 12 Mio. ha Ackerfläche ein (FNR 2011). Bei

2 vgl. dazu S. 54.

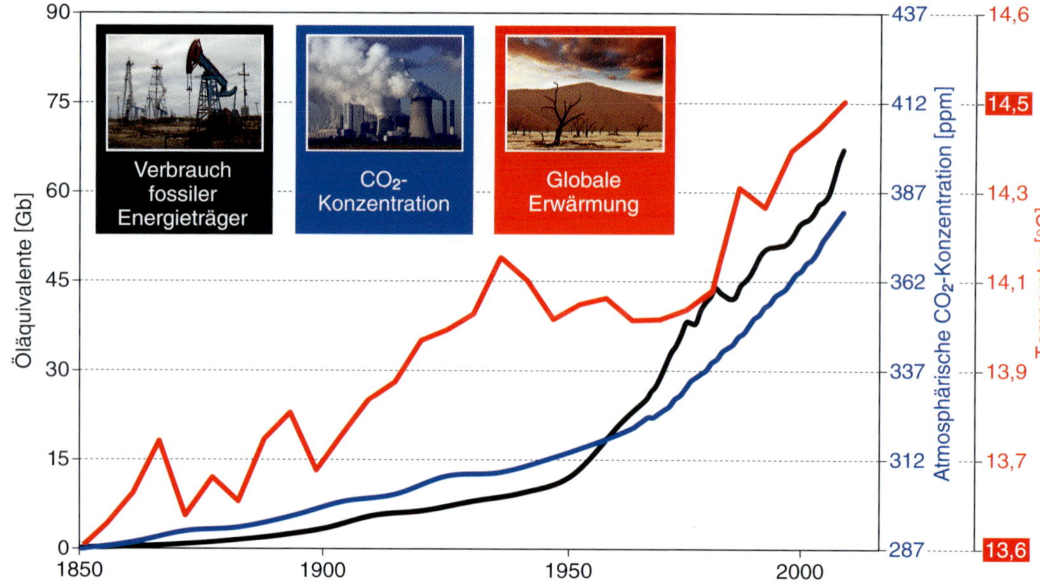

Abb. 1. Verbrauch fossiler Energieträger (in Gigabarrel Öläquivalent), CO_2-Konzentration in der Atmosphäre (in ppm) und globale Durchschnittstemperatur (in °C) seit 1860. – Nach PBL (2011), BP (2011), Houghton et al. (2001); Fotos: © fotolia.com (dave51, Kai Krueger, Galyna Andrushko).

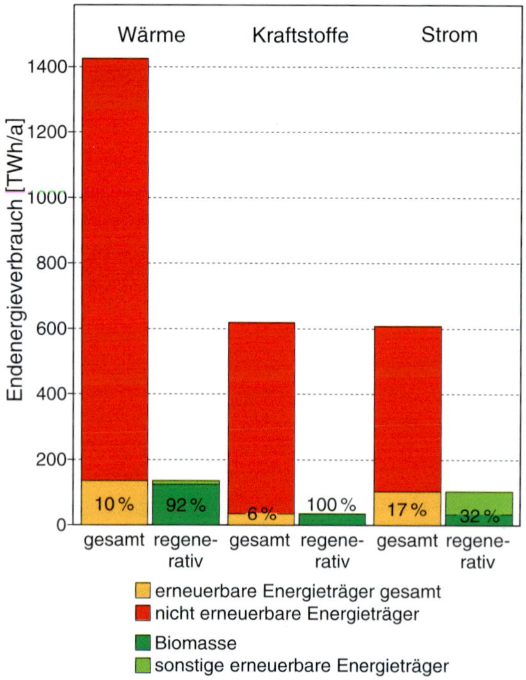

Abb. 2. Anteil (in %) von Biomasse an den erneuerbaren Energieträgern sowie deren Anteil am Endenergieverbrauch in Deutschland (in TWh/Jahr) für die Bereiche Wärme, Kraftstoffe und Strom. – BMU (2011).

der Forstwirtschaft verhält es sich umgekehrt: Rund 40 % gehen in die energetische Nutzung, knapp 60 % in die stoffliche Nutzung (Mantau 2009). Angesichts dieser starken Entwicklung stellt sich die grundlegende Frage, wo die Grenzen für den Ausbau der Nachwachsenden Rohstoffe liegen.

Prinzipiell ist bei dieser Fragestellung hervorzuheben, dass die Fläche klar der limitierende Faktor ist. Theoretisch ließe sich ein stetig forcierter Anbau von Nachwachsenden Rohstoffen durch folgende Strategien realisieren:

- Flächenvergrößerung,
- Nutzungsintensivierung,
- Nutzungsänderung.

Die absolute Fläche ist territorial begrenzt, eine diesbezügliche Flächenvergrößerung scheidet daher ohnehin aus. Eine Flächenumwandlung beispielsweise von Wald- oder auch Wasserflächen in landwirtschaftliche Nutzflächen unterliegt strengen Restriktionen und wird auch nicht angestrebt. Auch die Umwandlung von Grünland sollte tabu sein. Eine intensivere Bewirtschaftung der bestehenden Flächen stößt schnell an ökologische Grenzen, was Biodiversität, Boden- und Gewässerschutz betrifft. Aufgrund dieser Tatsachen bleibt die Nutzungsänderung die einzige Option mit dem zumindest theoretisch größten

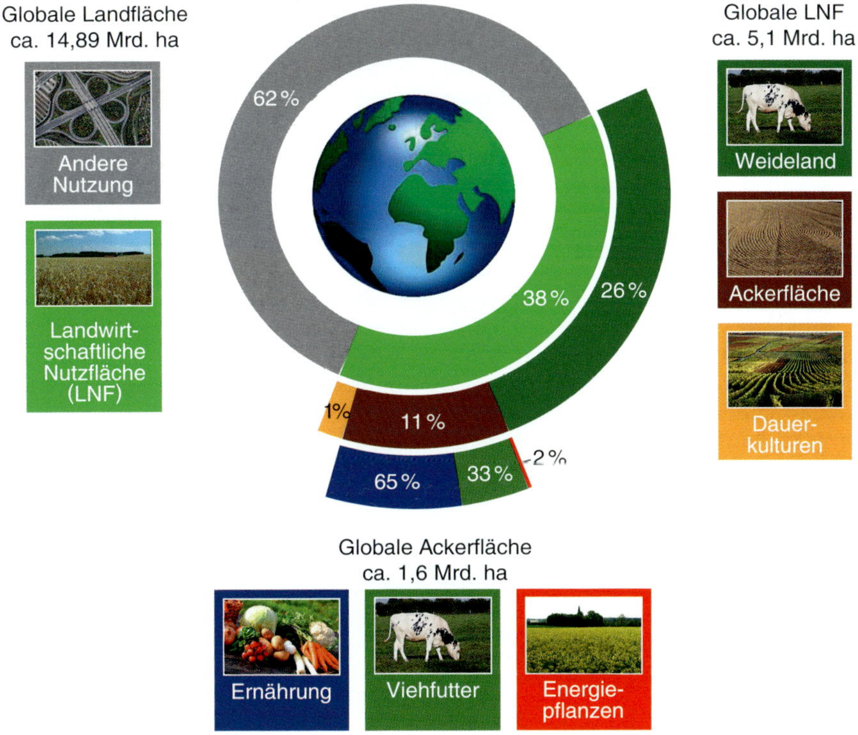

Abb. 3. Nutzungsanteile (in %) der globalen Landfläche, der globalen landwirtschaftlichen Nutzfläche (LNF) und der globalen Ackerfläche. – FAOSTAT (2011); Fotos: C.A.R.M.E.N. e.V. (Weizenfeld, Rapsfeld), © fotolia.com (links: frogmo9; rechts: Findus2000, Jürgen Fälchle, felinda; unten: Stefan Körber, Findus2000).

Potenzial, um die Nutzung von Nachwachsenden Rohstoffen weiter auszubauen.

Eine Nutzungskonkurrenz ist folglich immer gegeben. Fällt der Fokus des Landwirts auf die energetische Nutzung, werden in der Konsequenz weniger biogene landwirtschaftliche Erzeugnisse für die Nahrungsmittelerzeugung oder für die stoffliche Nutzung zum Beispiel in der chemischen Industrie zur Verfügung stehen. Wird die energetische Nutzung von Holz intensiviert, steht weniger Biomasse beispielsweise für die Papierindustrie zur Verfügung. Zusammenfassend kann festgehalten werden, dass in Deutschland nur zwischen den jeweiligen Nutzungspfaden Verschiebungen möglich sind, ein weiterer Ausbau der Nachwachsenden Rohstoffe ist nur in sehr begrenztem Maße möglich.

In der breiten Öffentlichkeit entsteht durch die vielfältige Berichterstattung über Holzhackschnitzel, Pellets und Biogasanlagen bisweilen der Eindruck, als wäre die Energieversorgung schon weitestgehend auf Biomasse umgestellt. Das ist mitnichten der Fall: Am Endenergieverbrauch in Deutschland (Strom, Wärme, Mobilität) haben erneuerbare Energieträger nur einen Anteil von 11 % gegenüber 89 % fossiler Energieträger (Stein-, Braunkohle, Mineralöl, Erdgas) und Kernenergie. Diese 11 % erneuerbare Energieträger setzen sich derzeit zusammen aus 71 % Biomasse (feste und flüssige Biomasse, Biogas, Deponie- und Klärgas, biogener Anteil des Abfalls, Biokraftstoffe), 14 % Windkraft, 7 % Wasserkraft und 8 % Sonstige (BMU 2011).

Etwa die Hälfte des Endenergieverbrauchs in Deutschland geht nach wie vor in die Wärmebereitstellung, die andere Hälfte etwa zu gleichen Teilen in die Strom- und Kraftstoffbereitstellung (Abb. 2).

Die Wärmebereitstellung erfolgt zu etwa 10 % durch erneuerbare Energieträger (davon über 90 % aus holzartiger Biomasse), bei der Kraftstoffbereitstellung liegt der Anteil erneuerbarer Energieträger bei 6 %, die wiederum zu 100 % biogenen Ursprungs sind.

Der Sachverständigenrat für Umweltfragen hatte bereits 2007 der Bundesregierung geraten, die Substitutionsquote bei Diesel und Benzin nicht zu erhöhen und von der geplanten Substitution von bis zu 20 % Biokraftstoff abzusehen (SRU 2007). Nach den Berechnungen des SRU ließen sich, selbst wenn man die komplette für den Anbau von Nachwachsenden Rohstoffen vorgesehene Fläche in Deutschland ausschließlich für die Produktion von Biokraftstoffen nutzen würde, nur 7 % des Diesels und Benzins substituieren. Ein Anteil von 20 % Biokraftstoff hieße also, dass man etwa zwei Drittel davon importieren müsste, vielfach aus Ländern wie beispielsweise Brasilien, Malaysia oder Indonesien, wo ebenso entsprechende Nutzungskonkurrenzen auftreten können. Auch auf globaler Ebene verhält es sich ähnlich. Mit der Weltpflanzenölproduktion könnten nur etwa 20 % des jährlichen Dieselverbrauchs ersetzt werden (Burdick & Waskow 2009).

Die inländische Stromerzeugung basiert zu nahezu 20 % auf regenerativen Quellen (Abb. 2), davon über 30 % aus Biomasse.

Nachwachsende Rohstoffe weltweit

Nachdem in Deutschland nicht zu erwarten ist, dass die Nahrungsmittelversorgung der nationalen Bevölkerung durch den maßvollen Anbau von Nachwachsenden Rohstoffen gefährdet ist, soll weiterführend nun die weltweite Situation betrachtet werden. Nach Angaben der Food and Agriculture Organization (FAO) wird die globale Landfläche nur zu etwa 38 % für die Landwirtschaft genutzt, 62 % unterliegen anderen Nutzungen, worunter auch Wüsten, Regenwälder oder die Forstwirtschaft fallen (Abb. 3). Innerhalb der landwirtschaftlichen Nutzfläche dominieren Weideland und Ackerflächen sowie in geringem Maße Dauerkulturen ohne jährliche Fruchtfolge. Eine detailliertere Betrachtung der weltweiten Ackerflächen kommt zu dem Ergebnis, dass derzeit nur etwa zwei Drittel für die Ernährung (Lebensmittelproduktion) genutzt werden und rund ein Drittel zur Produktion von Viehfutter. Energiepflanzen werden lediglich auf 2 % der Ackerflächen angebaut (Abb. 3).

Tab. 2. Fleischkonsum und für die Landwirtschaft zur Verfügung stehende Fläche ausgewählter Länder; Bezugsjahr 2007. – UN (2010), Bruinsma (2009).

	Fleischkonsum [kg/(Person·Jahr)]	Landw. Fläche [ha/Person]
USA	123	1,33
Deutschland	88	0,21
China	53	0,40
Indien	3	0,15

Obwohl die Biomasseproduktion (Nachwachsende Rohstoffe) also nur einen sehr geringen weltweiten Flächenanteil einnimmt, kann sich auf regionaler bzw. nationaler Ebene, beispielsweise in Brasilien oder Malaysia, die Situation gänzlich anders darstellen. Auch nach Auffassung des Sachverständigenrates für Umweltfragen sollte dieser Anteil nicht weiter ausgebaut werden (SRU 2007). Grund hierfür ist sowohl die stetig wachsende Weltbevölkerung als auch der weltweit ansteigende Lebensstandard, welcher mit dem erhöhten Verzehr von tierischem Protein einhergeht (Tab. 2). Wenn Schwellenländer wie China oder Indien den künftigen Fleischkonsum auf das Niveau der Industriestaaten (z. B. USA) mittel- bis langfristig steigern, bleibt kaum Spielraum für die Produktion von Biomasse zur energetischen und stofflichen Nutzung.

Mit der Steigerung des materiellen Wohlstands steigt auch der Konsum an Fleisch und Milchprodukten. Dieser Trend wirkt sich insbesondere auf die erforderliche landwirtschaftliche Fläche aus. Eine Erhöhung des Verzehrs tierischer Proteine zugunsten pflanzlicher Proteine erhöht den Nutzungsdruck auf die landwirtschaftlichen Flächen.

Im Jahr 2030 müssen voraussichtlich 8,2 Mrd. Menschen ernährt werden, im Jahr 2050 bereits mehr als 9 Mrd. Um im Jahr 2030 die Nahrungsmittelproduktion sicherstellen zu können, sind mindestens 500 Mio. ha zusätzliche Ackerflächen erforderlich, was einen weiteren Zuwachs von 37 % entspricht (Burdick & Waskow 2009). Überschlägige Berechnungen zeigen, dass sich alleine durch die steigende Weltbevölkerung die pro Person zur Verfügung stehende Ackerfläche bis 2050 um rund die Hälfte reduzieren wird. Zudem wird weltweit der jährliche Verlust an Agrarflächen durch Urbanisierung, Wüstenbildung, Versalzung und Bodenerosion auf 0,2 % geschätzt (Burdick & Waskow 2009).

Nachhaltige Energieversorgung

Soll die Biomasse einen Beitrag zur Energieversorgung leisten, so darf dies nur in Maßen erfolgen. Primäres Ziel ist es, die Nachwachsenden Rohstoffe aus Land- und Forstwirtschaft sowie biogene Reststoffe und Abfälle jeweils in effizienten und nachhaltigen Verwertungspfaden zu nutzen. Darauf wird auch in den Empfehlungen des BioÖkonomieRats zum Thema »Nachhaltige Nutzung von Bioenergie« (BÖR 2012) sowie in dem Nationalen Biomasseaktionsplan für Deutschland (BMELV & BMU 2011) hingewiesen.

Während in der Landwirtschaft grundsätzlich immer die Konkurrenz zwischen »Teller, Tank, Wärme, Strom und Grundstoffen« besteht, können insbesondere biogene Reststoffe und Abfälle, beispielsweise Holzpellets aus Sägewerksabfällen, Bioabfall aus Kantinen oder Landschaftspflegegut vorteilhaft energetisch eingesetzt werden. Selbst die Hälfte unseres Hausmülls ist letztlich biogenen Ursprungs. Auch die Nutzung von Koppel- und Nebenprodukten in verschiedenen Nutzungskaskaden trägt zu einer nachhaltigen »Biomasse-Strategie« bei (Arnold et al. 2009).

Beispielsweise können Scheitholz, Hackschnitzel und Pellets vorrangig einen Beitrag zur Wärmebereitstellung leisten. Weiterhin eignen sich Hackschnitzel und Biogas besonders gut zur Erzeugung von »erneuerbarem« Strom. Im Bedarfsfeld Mobilität sollte die Biomasse in Form von Biogas und durch »Flottenkraftstoffe« zum Einsatz kommen. Anstelle einer generellen Beimischung sollte diese begrenzte Menge an Biokraftstoff vorrangig in Bus-, Post- oder Taxiflotten eingesetzt werden. Die Biomasse aus land- und forstwirtschaftlichen Flächen muss dabei unter nachvollziehbaren Nachhaltigkeitsstandards produziert werden. Jede Fläche, welche für den Anbau von Nachwachsenden Rohstoffen genutzt wird, muss eine Fruchtfolge später wieder zur Nahrungsmittelproduktion genutzt werden können.

Welche Möglichkeiten gibt es also aus energetischer Sicht angesichts dieser Begrenzungen für eine nachhaltigere Energieversorgung noch?

Berechnungen des Sachverständigenrates für Umweltfragen bereits vor der Katastrophe in Fukushima zeigen, dass eine Stromversorgung, die vollständig auf der Nutzung erneuerbarer Energieträger beruht, prinzipiell bis zum Jahr 2050 machbar ist (SRU 2011). Die Zusammensetzung des Erneuerbaren-Mix aus den einzelnen regenerativen Energieträgern ist dabei in Szenarien nach den voraussichtlich zu erwartenden Kosten berechnet worden. Diese sind also nicht als Prognosen zu verstehen, je nach Entwicklung der Lernkurven sowie der internationalen Vernetzung wird sich ein jeweils kostenoptimaler Mix ergeben.

Die Stromerzeugungskapazitäten verteilen sich vorrangig auf die Quellen Windkraft, Solarenergie und Wasserkraft (Abb. 4). Den Großteil des Stroms erzeugen in Zukunft vermutlich Offshore-Windkraftanlagen, da nur der Bau von einigen Tausend Offshore-Großanlagen hinsichtlich Leistung und Anzahl der Standorte, Akzeptanz und Eingriffe in Natur und Landschaftsbild vorteilhaft erscheint. Die Biomasse hingegen geht im Bereich der Stromversorgung bis 2050 tendenziell sogar auf einen Anteil von unter 10 % zurück, da diese vorrangig für Kraftstoffe und chemische Grundstoffe genutzt wird und für die Verstromung langfristig kaum preiswerter werden wird. Während aus Wind- und Solarenergie fluktuierend Strom erzeugt wird, welcher wenig regel- und prognostizierbar ist, kann die Biomasse eine wichtige systemstabilisierende Funktion einnehmen (SRU 2011). Ein noch vielfach ungenutztes Potenzial bieten hierin vor allem biogene Rest- und Abfallstoffe.

Weiterhin sollten Windkraftanlagen und Photovoltaikanlagen bevorzugt an den naturräumlich jeweils günstigsten Standorten installiert werden. Photovoltaikanlagen oder solarthermische Kraftwerke in sonnenreichen Ländern wie Spanien, Portugal oder Marokko sind leistungsstärker als entsprechende Anlagen im Schwarzwald. Die Windkraftnutzung sollte bevorzugt an den großen Küstenstandorten erfolgen. Bei der Nutzung der Wasserkraft ist in Deutschland nur noch wenig Ausbaupotenzial vorhanden. Weltweit existieren hier zwar noch technisch attraktive Standorte, allerdings bedeuten viele Projekte ebenfalls enorme Eingriffe in Ökologie und Lebensräume, wie beispielsweise Großprojekte in China zeigen.

Wie bereits dargelegt, steht Strom aus Wind- und Solaranlagen nur fluktuierend zur Verfügung, weshalb eine zukünftige strombasierte Infrastruktur mit der Integration von Stromspeicherkapazitäten einhergehen muss (Abb. 5).

In der gezeigten Systemdarstellung spielt vor allem die Konversion eine maßgebliche Rolle. Durch Strom kann mittels Elektrolyse aus Wasser Wasserstoff erzeugt werden, welcher

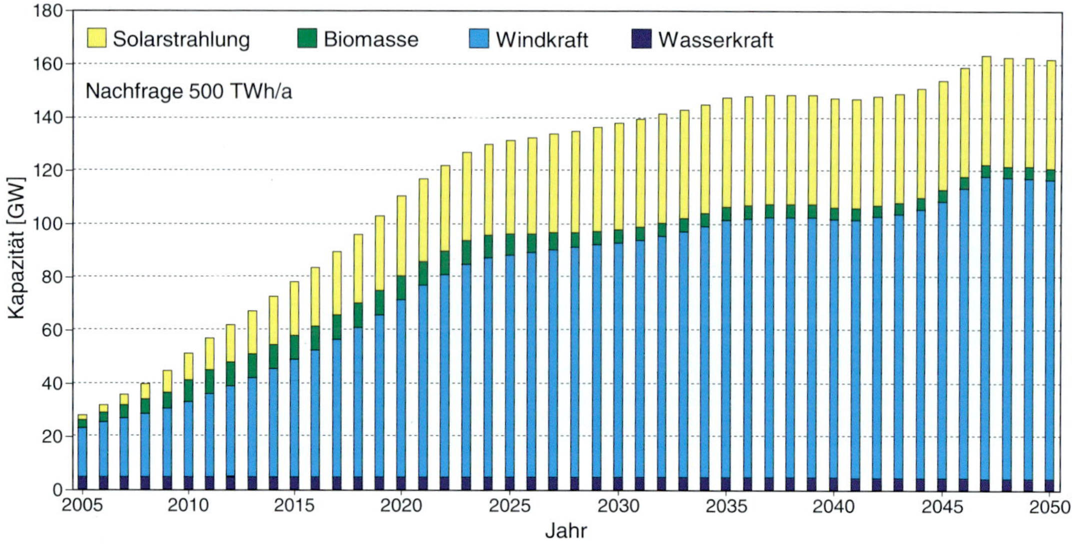

Abb. 4. Entwicklung der Kapazitäten (in GW) von erneuerbaren Energieträgern zur Stromerzeugung in Deutschland bis 2050 nach einem ausgewählten Szenario (bei 100 % Strom aus erneuerbaren Energieträgern). – SRU (2011).

anschließend in einem weiteren Prozessschritt mit Kohlenstoffdioxid in Methan oder Methanol umgewandelt wird.[3] Dafür kommen dann auch die windreichen Standorte an südamerikanischen Küsten oder sonnenreiche Wüsten in Betracht. Die dort erzeugten Kohlenwasserstoffe können weltweit in bewährten etablierten Logistikinfrastrukturen transportiert werden. Mit den entsprechenden Speichern und Konversionsanlagen kann die Stromversorgung bei sämtlichen Lastgängen selbstverständlich ebenso stabil, kostengünstig und dazu noch klimaneutral sichergestellt werden.

Auf der Verbrauchsseite kann neben dem Strom auch die Wärme zum Teil aus diesem auf erneuerbaren Energieträgern basierenden Infrastruktursystem erzeugt werden. Während die elektrische Beheizung von Bestandsgebäuden derzeit als wenig sinnvoll erachtet werden muss, werden Passivhäuser der Zukunft einen derartig geringen Restwärmebedarf aufweisen, dass sogar die Verlegung einer Erdgasleitung wenig lohnenswert erscheint. Eine Zuheizung wird dann nur noch wenige Stunden im Jahr gebraucht und könnte durchaus elektrisch bereitgestellt werden.

Auch der Bereich der Mobilität kann zum großen Teil auf Strom umgestellt werden. Würde man beispielsweise alle 50 Mio. Kraftfahrzeuge in Deutschland auf Elektromobilität umstellen, würde dies den Gesamtstromverbrauch nur um etwa 20 % steigern. Dieser Anteil entspricht etwa jener Größenordnung, welche ohnehin in den nächsten 20 bis 30 Jahren durch Energieeffizienz eingespart werden soll.

Die bereits angesprochene Möglichkeit, Strom über verfahrenstechnische Prozesse zu Methan und Methanol zu konvertierten, bietet darüber hinaus in einigen Jahrzehnten neben der Mobilität auch für die Grundstoffindustrie weitreichende Möglichkeiten. Einfache Kohlenwasserstoffe können mittels weiterführender Synthesen zu höherkettigen wie Ethylen, Propylen und sogar Fischer-Tropsch-Kraftstoffen weiterverarbeitet werden. Hierdurch könnten dann in nicht allzu ferner Zukunft sogar Flugzeuge oder Schiffe mit regenerativ erzeugten, aber biomassefreien Kraftstoffen betrieben werden.

3 Bei der Methanisierung wird Wasser elektrolytisch in Sauerstoff und Wasserstoff gespalten ($2\,H_2O \rightarrow O_2 + 2\,H_2$). Aus dem Wasserstoff und aus CO_2 kann Methan ($CO_2 + 4\,H_2 \rightarrow CH_4 + 2\,H_2O$) oder Methanol ($CO_2 + 3\,H_2 \rightarrow CH_3\text{-}OH + H_2O$) gebildet werden.

Abb. 5. Systemdarstellung einer vollständig stromgeführten Infrastruktur. – Eigene Darstellung; Fotos: © fotolia.com (links: Rafa Irusta, danielschoenen, Thomas Reimer, garteneidechse; Mitte: oro2011, darknightsky; rechts: Eisenhans, Ingo Bartussek, Petair, El Gaucho).

Ausblick

Globale Herausforderungen wie Klimawandel und Rohstoffknappheit, die steigende Weltbevölkerung sowie der weltweit steigende Lebensstandard haben vielfältige Auswirkungen auf die Nutzung von Nachwachsenden Rohstoffen. Bezogen auf die Landwirtschaft bedeutet dies eine steigende Nachfrage nach Nahrungsmitteln und nach tierischen Proteinen in Fleisch, Milch und Milchprodukten bei gleichzeitig sinkender Ackerfläche pro Kopf. Aufgrund von Flächendegradierung durch Auslaugung, Erosion, Versalzung und Wüstenbildung wird die zur Verfügung stehende Ackerfläche weiter eingeschränkt werden. Hieraus folgt in den nächsten Jahrzehnten sicherlich eine Verschärfung der Flächenkonkurrenz. Selbst moderne Züchtungsmethoden und der (umstrittene) Einsatz von grüner Gentechnik können diese Nutzungskonkurrenz kaum ernsthaft entspannen. Für eine nachhaltige Nutzung von Biomasse ergeben sich folglich klare Prioritäten. An erster Stelle gilt es, das Gros der Ackerfläche für die Nahrungs- und Futtermittelproduktion zu nutzen. Anschließend folgt die stoffliche Nutzung der Biomasse – inklusive der Erzeugung von höherkettigen Kohlenwasserstoffen. Zuletzt sollte die Biomasse für die energetische Nutzung eingesetzt werden, wobei hier neben der Nutzung der originären Biomasse in Kaskaden der Fokus ebenso auf biogene Reststoffe und Abfälle zu legen ist.

Letztlich stellt sich immer die Frage, wo der fossile Rohstoff am besten und am kostengünstigsten substituiert werden kann. Beim Anbau der Biomasse in der Land- und Forstwirtschaft ist zudem die Einhaltung strenger Nachhaltigkeitsstandards notwendig. Auch importierte Biomasse muss nach ebenso strengen Anforderungen zertifiziert sein, wobei die Umsetzung dieser Forderung einen enormen Überprüfungsaufwand bedeuten würde (Fritsche et al. 2010).

Das zukünftige Energiesystem wird allen voran auf den Energieträgern Windkraft, Solarstrahlung und Wasserkraft basieren, deren Nutzung an günstigen Standorten erfolgt und die gewonnene Energie in den Sektoren Strom, Wärme sowie Mobilität und Grundstoffindustrie verwendet werden kann (Abb. 5). Eine nachhaltige Industriegesellschaft, die auf weitgehend erneuerbaren Energieträgern und zudem auf weitgehend geschlossenen Wertstoffkreisläufen basiert, ist also durchaus eine realistische Vision.

Literatur

Arnold, K., J. von Geibler, C. Stachura, S. Borbonus & K. Kristof. 2009. Kaskadennutzung von nachwachsenden Rohstoffe: Ein Konzept zur Verbesserung der Rohstoffeffizienz und Optimierung der Landnutzung. – Wuppertal Papers, 09/2009, Wuppertal Institut für Klima, Umwelt, Energie GmbH, 36 S.

BASF (Hrsg.). 2007. Leben und Umwelt mit Kunststoffen. – BASF, Ludwigshafen.

BGR (Hrsg.). 2010. Reserven, Ressourcen und Verfügbarkeit von Energierohstoffen 2010. Kurzstudie. – Bundesanstalt für Geowissenschaften und Rohstoffe, Hannover, 86 S.

BMELV (Hrsg.). 2009. Aktionsplan der Bundesregierung zur stofflichen Nutzung nachwachsender Rohstoffe. – Bundesministerium für Ernährung, Landwirtschaft und Verbraucherschutz, Berlin, 40 S.

BMELV & BMU (Hrsg.). 2011. Nationaler Biomasseaktionsplan für Deutschland. – Bundesministerium für Ernährung, Landwirtschaft und Verbraucherschutz und Bundesministerium für Umwelt, Naturschutz und Reaktorsicherheit, Berlin, 32 S.

BMU (Hrsg.). 2011. Zeitreihen zur Entwicklung der Erneuerbaren Energien in Deutschland. – Unter Verwendung von Daten der Arbeitsgruppe Erneuerbare Energien-Statistik (AGEE-Stat). Bundesministerium für Umwelt, Naturschutz und Reaktorsicherheit, Berlin (Stand: 02.07.2012).

BÖR (Hrsg.). 2012. Nachhaltige Nutzung von Bioenergie. Empfehlungen des BioÖkonomieRats. – Forschungs- und Technologierat Bioökonomie (BÖR), Berlin, 36 S.

BP. 2011. BP Statistical Review of World Energy, June 2011. – British Petroleum (BP), 45 pp. www.bp.com/sectionbodycopy.do?categoryId=7500&contentId=7068481 [20.01.2012].

Bruinsma, J. 2009. The Resource Outlook to 2050. – Expert Meeting on How to Feed the World in 2050. Food and Agriculture Organization of the United Nations, Rome, Italy, 33 pp.

Burdick, B. & F. Waskow. 2009. Flächenkonkurrenz zwischen Tank und Teller. – WISO direkt, Friedrich-Ebert-Stiftung, Bonn, 4 S. http://library.fes.de/pdf-files/wiso/06870.pdf

DECHEMA (Ges. für Chemische Technik und Biotechnologie e. V.), GDCh (Ges. Deutscher Chemiker e. V.), DGMK (Deutsche Wissenschaftliche Ges. für Erdöl, Erdgas und Kohle e. V.) & VCI (Verband der Chemischen Industrie e. V.) (Hrsg.). 2010. Positionspapier Rohstoffbasis im Wandel. – Erstellt und getragen von einem temporären Arbeitskreis Frankfurt, 51 S.

FAOSTAT. 2011. Datenbank Food and Agriculture Organization of the United Nations. http://faostat.fao.org [20.01.2012].

FNR (Hrsg.). 2011. Jahresbericht 2010/2011. – Fachagentur für Nachwachsende Rohstoffe e. V., Gülzow, 120 S.

Fritsche, U. R., K. J. Hennenberg, A. Hermann, K. Hünecke, R. Herrera, H. Fehrenbach, E. Roth, A. Hennecke & J. Giegrich. 2010. Entwicklung von Strategien und Nachhaltigkeitsstandards zur Zertifizierung von Biomasse für den internationalen Handel. – Texte Nr. 48/2010, Umweltbundesamt, Dessau-Roßlau, 47 S. + Anhang.

Gelpke, N. & M. Visbeck. 2010. World Ocean Review 2010: Mit den Meeren leben. – mare, Hamburg, 240 S.

IPCC. 2001. Summary for Policymakers. – In: Houghton, J. T., Y. Ding, D. J. Griggs, M. Noguer, P. J. van der Linden, X. Dai, K. Maskell & C. A. Johnson (eds.): Climate Change 2001, The Scientific Basis. Contribution of Working Group I to the Third Assessment Report of the Intergovernmental Panel on Climate Change. Cambridge University Press, Cambridge, UK, and New York, NY, USA, 881 pp.

– 2008. Klimaänderung 2007: Synthesebericht. – Deutsche Übersetzung zum IPCC Bericht »Climate Change 2007«. Deutsche IPCC Koordinierungsstelle, Berlin, ISBN 978-3-00-025397-3.

Mantau, U. 2009. Holzrohstoffbilanz Deutschlands: Szenarien des Holzaufkommens und der Holzverwendung bis 2012. – Landbauforschung – vTI Agriculture and Forestry Research, Sonderheft 327: 27–36.

Marshall, J. 2007. Who needs oil? – New Scientist, 195 (2611): 28–31.

PBL. 2011. Total final energy consumption. – PBL Netherlands Environmental Assessment Agency, The Hague, Netherlands. http://themasites.pbl.nl/en/themasites/hyde/consumptiondata/totalenergy/index.html [20.01.2012].

SRU (Hrsg.). 2007. Klimaschutz durch Biomasse. Sondergutachten. – Sachverständigenrat für Umweltfragen. Erich Schmidt, Berlin, 124 S.

– 2011. Wege zur 100 % erneuerbaren Stromversorgung. Sondergutachten. – Sachverständigenrat für Umweltfragen. Erich Schmidt, Berlin, 396 S.

UN. 2010. World Urbanization Prospects: The 2009 Revision. – Population Division of the United Nations Department of Economic and Social Affairs, New York, ESA/P/WP/215.

Rundgespräche der Kommission für Ökologie, Bd. 41 »Die Zukunft der Energieversorgung«, S. 57–61.
 – ISSN 0938-5851 – ISBN 978-3-89937-150-5

Entwicklung des menschlichen Energiebedarfs – Körperliche und außerkörperliche Energie

Kommentar zum Vortrag Nachwachsende Rohstoffe: Nutzungsoptionen und Nutzungskonkurrenz

Wolfgang Haber*

Mein kürzester Kommentar zu dem Vortrag von Herrn Faulstich lautet zunächst: Einverstanden. Als Ökologe, der über Energie spricht, lege ich jedoch Wert darauf, dass zwischen körperlicher (somatischer) und außerkörperlicher (extrasomatischer) Energie unterschieden wird. Die biologische Existenzgrundlage aller Lebewesen einschließlich der Menschen ist die körperliche Energie, umgangssprachlich »Nahrung« genannt. Ihr Ursprung ist die von grünen Pflanzen mittels Photosynthese stofflich gebundene Sonnenenergie, welche die Pflanzen selbst als Nahrung verwenden (Autotrophie) und zum Teil längerfristig speichern. Von diesen pflanzlich hergestellten energiehaltigen Substanzen ernähren sich alle übrigen Lebewesen direkt oder indirekt (Heterotrophie), indem sie Pflanzen und auch sich selbst (ganz oder teilweise, lebend oder tot) verzehren. Daraus ergibt sich eine Nahrungskette von der Sonne über grüne Pflanzen und Tiere bis zum Menschen (Abb. 1, links).

Menschen sind die einzigen Lebewesen, die sich ein zweites, außerkörperliches Energiestandbein geschaffen haben, und zwar mit der Nutzung des Feuers, das zur Grundlage unserer kulturellen und technischen Existenz wurde. Schon in ihrer Frühzeit haben die Menschen in durch Blitze entzündeten brennenden Bäumen intuitiv den ergiebigen pflanzlichen Energiespeicher Holz erkannt und ihn zum Brennstoff erkoren (Abb. 1, rechts); auch sein Ursprung liegt also in der Sonne. Nur mithilfe des Feuers konnten sich die Menschen von ihrem tropischen Herkunftsgebiet in Ostafrika in alle Erdteile und ungünstigere Klimazonen ausbreiten (vgl. Haber 2012). Und nur das Feuer hat den Menschen die Zugänglichkeit und Verarbeitung von Metallen eröffnet, wozu kein anderes Lebewesen fähig ist.

Aber dieses zweite Energiestandbein hat uns Menschen auch in »ökologische Fallen« (Haber 2007) geführt, weil der Energiebedarf mit zu-

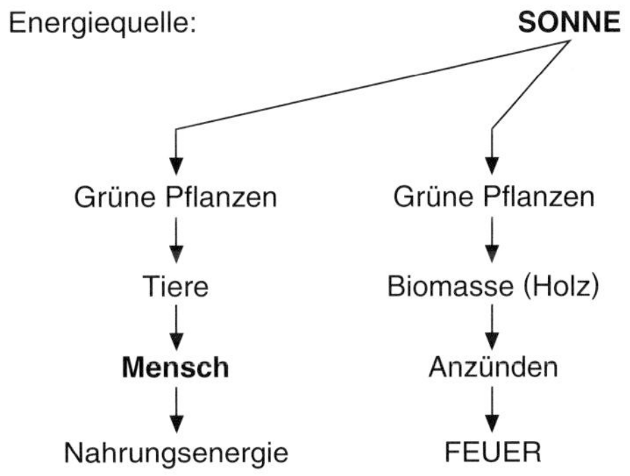

Abb. 1. Körperliche Energie (Nahrung, links) und die allein vom Menschen – zuerst als Feuer – genutzte außerkörperliche Energie (rechts), die beide von der Sonne stammen. Nähere Erläuterung im Text. – Original W. Haber.

* Haber, Wolfgang, Prof. Dr. Dr. h.c., Untergartelshauser Weg 10, 85356 Freising. 1966–1994 Inhaber des Lehrstuhls für Landschaftsökologie der Technischen Universität München, Wissenschaftszentrum Weihenstephan für Ernährung, Landnutzung und Umwelt (WZW). E-Mail: wethaber@aol.com

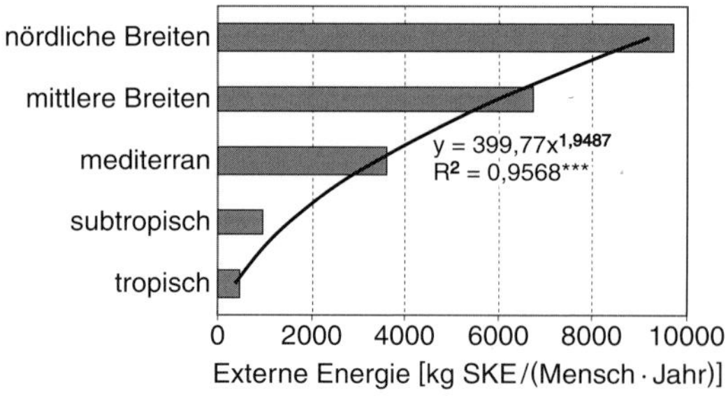

Abb. 2. Der Bedarf an außerkörperlicher Energie [in Steinkohleeinheiten SKE/(Mensch·Jahr)] wächst mit zunehmender geographischer Breite bzw. Entfernung von den Tropen. – Aus Reichholf (2011).

nehmender geographischer Breite klimabedingt stark zunimmt und Brennstoffe nicht überall verfügbar sind (vgl. Abb. 2) – und wir uns an den unterschiedlichen Standorten unterschiedliche Bedürfnisse geschaffen haben. Die Menschen haben dann noch zusätzliche Energieträger entdeckt, um dieses zweite Energiestandbein auszuweiten (Abb. 3): Wind- und Wasserkraft, die letztlich auch von der Sonne abhängen, sowie, was selten erwähnt wird, neben der Sonne auch die in chemischen Verbindungen steckende Energie. Sie hat uns Sprengstoffe, aber auch Schießpulver geschenkt, ohne die wir heute nicht mehr auskommen. Schließlich wurde, und das war die erste große Energiewende, mit Torf, Kohle und Erdöl ein Biomasse-Reservoir in fossilisierter Form entdeckt, dessen Energieeffizienz erheblich größer ist und das die Umstellung auf die Industriegesellschaft herbeigeführt hat. Vor 250 Jahren begann die Ausbeutung dieser riesigen Mengen fossiler Energieträger, die man für unerschöpflich hielt, und damit endete zunächst das jahrtausendelange Zeitalter der Nutzung erneuerbarer Energieträger.

Aus den fossilen Energieträgern ergaben sich ganz neue Anwendungsmöglichkeiten, (Abb. 4, rechts), und nun kam auch die Physik ins Spiel, indem eine neue Energieform entdeckt wurde: die Elektrizität, die mit den schon bestehenden Energiequellen in Verbindung gebracht wurde, indem zum Beispiel Wind- und Wasserkraft auch Elektrizität erzeugen können. Ebenso entstand eine völlig neue Basis für die menschliche Mobilität, für Handel, Verkehr, Transport und Tourismus. Zuletzt, seit den 1940er Jahren, kamen, wiederum mithilfe von Chemie und Physik, Radioaktivität und Atomenergie hinzu, als radioaktive Elemente über die Atomenergie in Elektrizität umgewandelt wurden. Ich erlaube mir die provokative Anmerkung: Wenn man Radioaktivität, die ja ein Naturphänomen ist, in Strom umwandelt, dann ist das ebenfalls »Öko«-Strom – nur ist das ökologische und gesundheitliche Risiko der Erzeugung erheblich größer als bei anderen »Öko«-Stromarten!

Dies ist, in aller Kürze beschrieben, die Entwicklung der außerkörperlichen Energiebasis, die heute weithin als die einzige und wichtigste Lebensgrundlage aufgefasst wird und auf welche die »Energiewende« allein bezogen ist. Aber ein Ökologe muss immer wieder betonen: Die eigentliche Lebensgrundlage bleibt auch für uns Men-

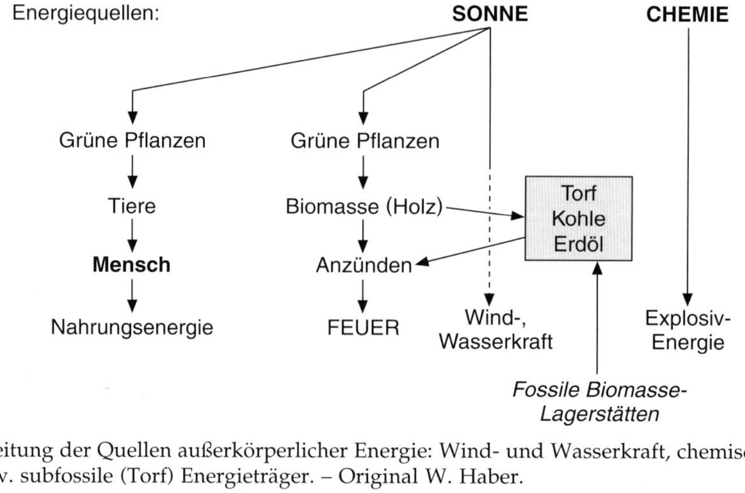

Abb. 3. Ausweitung der Quellen außerkörperlicher Energie: Wind- und Wasserkraft, chemische Verbindungen und fossile bzw. subfossile (Torf) Energieträger. – Original W. Haber.

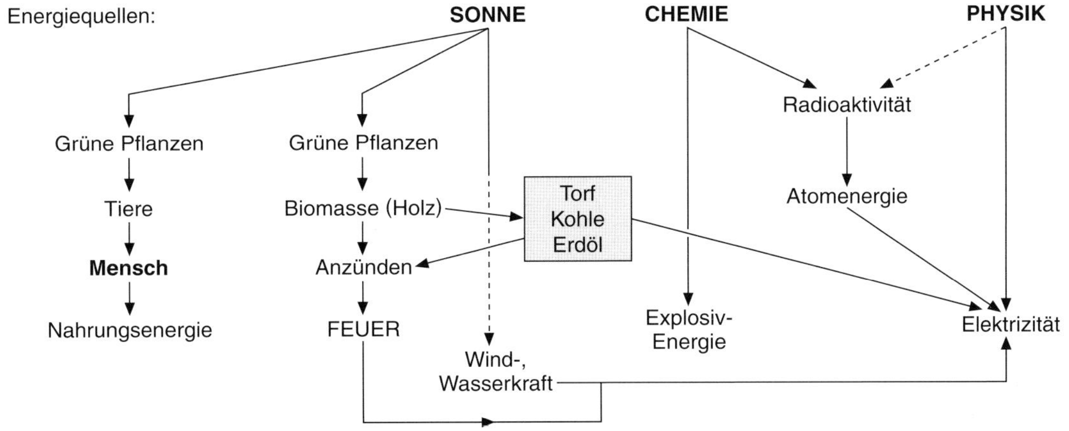

Abb. 4. Stand der Technik der menschlichen Energieversorgung im 20. Jahrhundert mit neuen Energieformen (Elektrizität) und -quellen (Kernspaltung). – Original W. Haber.

schen die körperliche Nahrungsenergie. Wenn sie ausfällt, wird die andere, außerkörperliche Energie, sozusagen wertlos. Auch das müssen wir bei allen heute angestellten Energie-Überlegungen, und auch trotz der engen Verknüpfung beider Energieformen, immer wieder berücksichtigen (vgl. Haber 1980).

Die 2011 in Deutschland getroffene Entscheidung, in relativ kurzer Zeit die Energieträger Radioaktivität mit Atomenergie aufzugeben und dann auch, wegen ihrer Erschöpfbarkeit und aus Klimaschutzgründen, die Nutzung fossiler Energieträger einzustellen, stellt eine große Herausforderung dar. Sie bedeutet eine Intensivierung der Erzeugungslinie von der Sonne zur Elektrizität (Abb. 5), und das wird – hier stimme ich Herrn Faulstich vollkommen zu – Landschaft und Natur in einer Weise umformen, die wir uns im Grunde heute wohl noch gar nicht vorstellen können, sowohl im Erscheinungsbild als auch in den Funktionen. Die Frage, die ich mir dabei stelle, lautet: Kommen wir damit aus der zu Anfang erwähnten ökologischen Falle heraus oder nicht? Die Schlüsselgröße ist die menschliche Bevölkerungszahl. Wir wollen ja jedes menschliche Lebewesen nicht nur erhalten, sondern ihm auch ein gutes Leben ermöglichen. Mit jedem der in den Abbildungen 3 und 4 dargestellten Schritte der Nutzung außerkörperlicher Energieträger hat

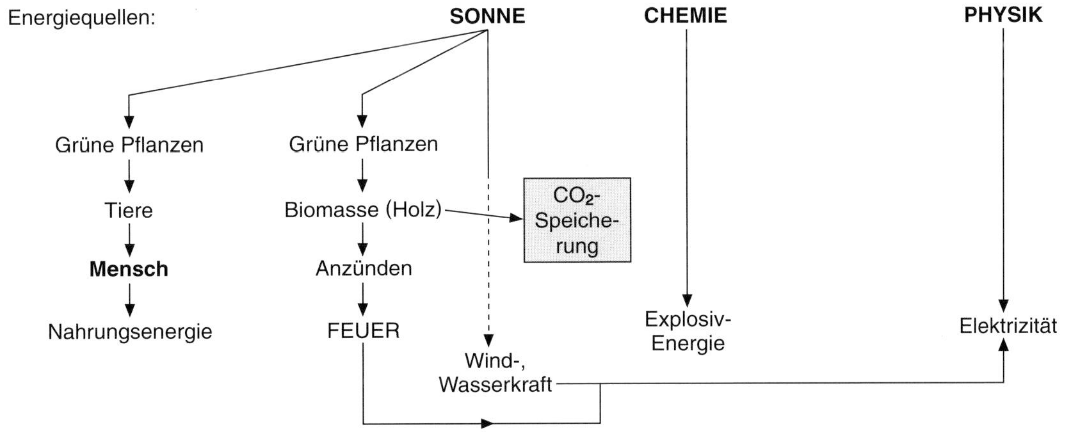

Abb. 5. Die für das 21. Jahrhundert angestrebte menschliche Energieversorgung ohne Atomenergie und fossile Energieträger. Erläuterungen s. Text. – Original W. Haber.

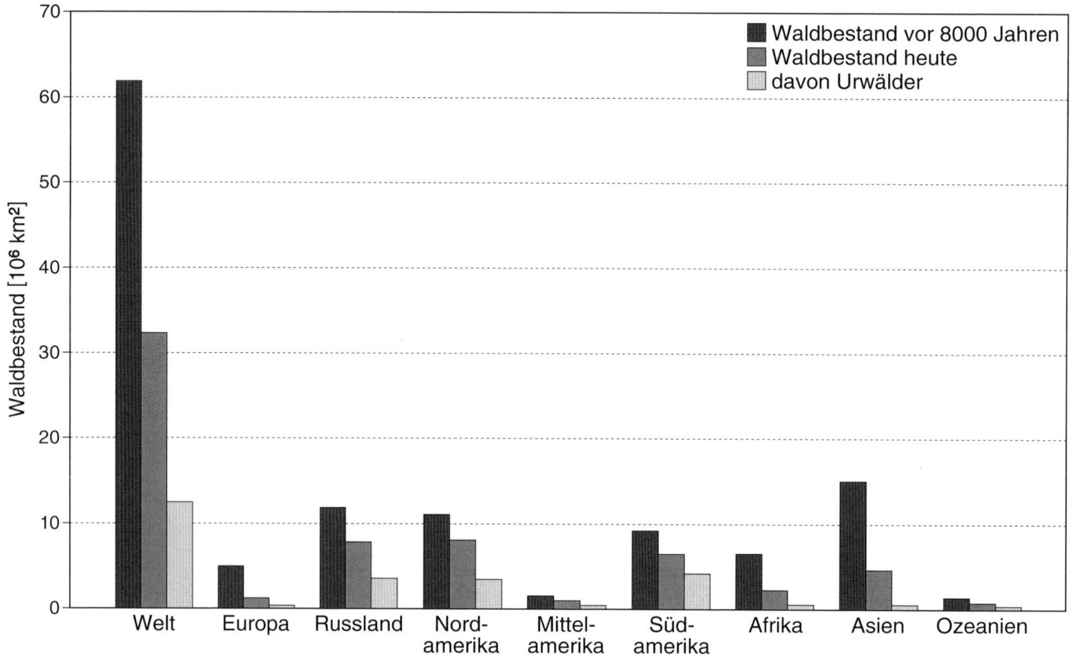

Abb. 6. Entwicklung des Waldbestandes (Waldfläche in Mio. km²) weltweit und nach Regionen unterteilt. – Daten aus Bryant et al. (1997).

die Menschheit an Zahl und an Ansprüchen zugenommen, am meisten in den letzten 200 Jahren, wo sie allein um 5 Milliarden gewachsen ist, und sie wird weiter auf 9 Milliarden anwachsen.

Zu der Herausforderung gebe ich nur ein Beispiel. Eine der ökologischen Grundlagen, auch für Rohstoffe und »nachwachsende Energien« ist die Waldfläche. Abbildung 6 zeigt den Waldbestand vor 8000 Jahren, den heutigen Waldbestand und den Anteil, den Urwälder heute noch haben. Dabei ist aber zu berücksichtigen, dass Wald von Natur aus nicht überall wächst, und dass in allen Waldgebieten der Flächenanspruch des Waldes mit Acker-, Weide- und Siedlungsland sowie auch mit Schutzgebieten konkurriert – und zwar auf einer endlichen Landfläche des Planeten Erde (Haber 2011).

Zum Abschluss darf ich drei Einzelfragen ansprechen (viele Probleme liegen ja immer im Detail), die bei der Energiewende und der Aufrechterhaltung unseres Lebensstandards zu beachten sind:

- Bedarf an Metallen mit hohem Energieeinsatz bei der Gewinnung und Verarbeitung: Ich habe mir sagen lassen, dass ein 5 MW leistendes Windrad mit den zugehörigen Leitungen etwa 20 bis 30 Tonnen Kupfer benötigt. Dieses Kupfer muss mit hohem Energieaufwand geschmolzen und verarbeitet werden.
- Bedarf an Treibstoffen: Die Projektionen zeigen weiter wachsende Transporterfordernisse für Handel, Verkehr und Touristik. Man rechnet mit einer Verdreifachung des heutigen Treibstoffbedarfes bis 2035. Ob bis dahin so viel an Treibstoffen aus »Bio-Quellen« zur Verfügung steht, ist eine offene Frage.
- Abhängigkeit der Erzeugung lebenswichtiger körperlicher Energie von außerkörperlicher Energie: Die Nahrungsproduktion ist in einer Weise von außerkörperlicher Energie abhängig geworden, die auf Dauer nicht tragbar ist. Hier geht es um mehr als nur um die schrumpfende Pro-Kopf-Fläche, die dem einzelnen Menschen zur Verfügung steht. Es geht vielmehr um die Intensität ihrer Nutzung, die ihrerseits außerkörperliche Energie fordert. Können wir den Bauern, deren Zahl ständig abnimmt, immer mehr körperliche, physische Anstrengungen abverlangen und ihnen, mit dem Kampf gegen die industriali-

sierte Landwirtschaft, die Industrialisierungsvorteile, die wir als städtische Gesellschaft haben, sozusagen verweigern?
Damit kommen wir zu dem zentralen Problem: Wie organisieren und versorgen wir das großstädtische Leben, das ja die Zukunft der Menschen darstellt?

Literatur

Bryant, D., D. Nielsen & L. Tangley. 1997. The Last Frontier Forests: Ecosystems and Economics on the Edge. – World Resources Institute. Washington, DC, 54 pp.

Haber, W. 1980. Wie groß sind die natürlichen Energiereserven der Erde? – Meinungen zur Agrar- und Umweltpolitik, 6: 9–15.

– 2007. Energy, food, and land – the ecological traps of humankind. – Environmental Science & Pollution Research, 14 (6): 359–365.

– 2011. Über wachsende Ansprüche an die endliche Ressource Land. – In: Verändern erneuerbare Energien unsere Landschaften? Dokumentation des ALR-Fachsymposiums am 16.07.2011 in Merkendorf. Tagungsberichte der Bayer. Akademie Ländlicher Raum, 53: 9–21.

– 2012. Grundlagen und Entwicklung der Nahrungsversorgung in globaler Sicht. – In: Bayer. Akademie der Wissenschaften (Hrsg.): Pflanzenzucht und Gentechnik in einer Welt mit Hungersnot und knappen Ressourcen. Rundgespräche der Kommission für Ökologie, 40. Pfeil, München: 17–26.

Reichholf, J. H. 2011. Eroberung extremer Lebensbereiche durch den Menschen: evolutionsbiologische Betrachtungen. – In: Bayer. Akademie der Wissenschaften (Hrsg.): Leben unter extremen Bedingungen. Rundgespräche der Kommission für Ökologie, 39. Pfeil, München: 147–156.

Rundgespräche der Kommission für Ökologie, Bd. 41 »Die Zukunft der Energieversorgung«, S. 63–71.
 – ISSN 0938-5851 – ISBN 978-3-89937-150-5

Zukünftige Energieversorgungskonzepte für Gebäude und Stadtquartiere

Gerhard Hausladen und Elisabeth Endres*

Zusammenfassung

Die Verknappung der fossilen Ressourcen und ein gestiegenes Umweltbewusstsein haben in den letzten Jahren verstärkt zum Umdenken in vielen Bereichen unserer Gesellschaft geführt. Vor allem auf dem Gebiet der Stadt- und Gebäudeplanung liegen hohe Einsparpotenziale, die einen immensen Handlungsbedarf hervorrufen. Ein Prozess der Umstellung im Planungssektor findet aktuell statt und bereits jetzt werden ganzheitliche Strategien und Konzepte entwickelt, um zukunftsfähige Stadtstrukturen und Gebäude umsetzen zu können. Es zeigt sich verstärkt, dass nachhaltige Planung nicht nur im Kontext Gebäude stattfinden sollte, sondern auch im größeren Maßstab der Regional- und Städteplanung. Nur eine Betrachtung zu Beginn der Planung, die den urbanen Kontext, den Gebäudebestand und die Gebäudekonzipierung von Neubauten bis hinein in die Anlagentechnik und Energieversorgung als ein Ganzes berücksichtigt, wird es schaffen, nachhaltige Strukturen und Architekturen entwickeln zu können. Mit solchen Masterplänen, die über die Analyse der Stadt-, Infra-, Sozial- und Nutzungsstruktur hinausgehen, wird es möglich sein, Lebensräume zu entwickeln, in deren Mittelpunkt der Mensch als Nutzer steht.

Summary

New concepts for energy supply of buildings and urban structures. In recent years, the fading of fossil resources and an increased environmental awareness have intensified a rethinking in many areas of our society. Especially in the areas of urban and building planning, there is a high potential for savings, which causes an enormous need for action. Currently a process of transition in the planning sector takes place, and already integrated strategies and concepts have been developed in order to transpose sustainable urban structures and buildings. It has become especially apparent that sustainable design should not only take place in the context of buildings, but also on a larger scale of regional and urban planning. Only with the holistic consideration of the urban context, the existing buildings and the new buildings, up to the plant technology and energy supply systems in the beginning of a planning process, we will be able to develop and create sustainable structures and architectures for the future. Such master plans that go beyond the analysis of urban infrastructures and social structures will make it possible to develop living environments focusing on the comfort of human beings.

---

* Hausladen, Gerhard, Prof. Dr.-Ing. Dr. h.c.; Elisabeth Endres, Dipl.-Ing. (univ.), Technische Universität München, Lehrstuhl für Bauklimatik und Haustechnik, Arcisstraße 21, 80333 München.
E-Mail: hausladen@lrz.tum.de, elisabeth.endres@lrz.tum.de

Vorbemerkung

Es ist eine sehr spannende Zeit, in der wir momentan leben, und es ist schön, miterleben zu können, wie plötzlich Dinge anfangen zu greifen, die man als junger Ingenieur mitentwickelt hat und für die man früher teilweise als Prediger in der Wüste angesehen wurde. So wird man im Ausland häufig gefragt, wie Deutschland es schaffen möchte, die Kernkraftwerke abzuschalten und trotzdem noch genügend Strom zu erzeugen bzw. zur Verfügung zu haben. Sicherlich weiß aktuell niemand, wo der Weg in der Energiewirtschaft hingehen wird. Dennoch ist es wichtig anzufangen, eine bestimmte Route einzuschlagen, auch wenn sich vielleicht nach einer gewissen Zeit herausstellen kann, dass die Richtung etwas korrigiert werden muss. Außerdem ist genau diese Unwissenheit der Antreiber, um Neues zu denken und zu erproben. Der hier veröffentlichte Beitrag will aufzeigen, was sich aktuell im Baubereich auf dem Gebiet des energieeffizienten Planens und Bauens abspielt.

Sicherlich gilt es immer zu hinterfragen, ob wir dabei schon die richtige Richtung eingeschlagen haben. Blickt man auf die aktuellen Ausschreibungen und Planungen, so stellt man schnell fest, dass wir keine normalen Städte mehr planen und bauen – sei es die Stadt München, die sich für die Olympiade 2018 mit einer »Plus-Energie Olympischen Stadt« bewirbt, oder etwa Berlin, wo an Stelle des Flughafen Tegels eine Plus-Energie-Stadt entstehen soll –, und ebenso hat sich die Planung und Entwicklung von Häusern verändert. In Zukunft sollen nur noch Null-Energie- und Plus-Energie-Häuser gebaut werden. Bei einem in jüngster Vergangenheit stattgefundenen Seminar in Hohenheim wurde das Thema »Sky-Farming« diskutiert. Gesucht wurden Antworten auf die Frage, ob man an den Fassaden von Hochhäusern Pflanzen wie Kartoffeln oder Mais anbauen kann – unserer Meinung nach eine fragwürdige Aufgabenstellung, wenn in Zukunft die Kartoffeln an den Häusern angepflanzt werden und Photovoltaikanlagen auf den Feldern stehen sollen.

Natürlich herrscht Einigkeit darüber, dass wir den Verbrauch reduzieren müssen. In der Schweiz spricht man seit einigen Jahren von der »2000-Watt-Gesellschaft«, in Deutschland von einer »Zwei-Drittel-Einsparung«. Beides dient zur Beschreibung der Tatsache, dass wir, um den Energieverbrauch über die Nutzung erneuerbarer Energieträger decken zu können, den momentanen Verbrauch um etwa zwei Drittel reduzieren müssen. Leider werden aber durch die Fragestellung nach Kosten und Wirtschaftlichkeit viele Dinge einseitig betrachtet. Dadurch werden Überlegungen, bestimmte Wege überhaupt einzuschlagen, häufig erst gar nicht angestellt. So liegt unserer Meinung nach in der momentanen Situation eine große Chance, die es zu nutzen gilt. Durch Mut zu den bevorstehenden Veränderungen können neue Strategien und Werkzeuge entwickelt und vermarktet werden, die letztlich im wirtschaftlichen Bereich helfen werden, den vorhandenen Wohlstand zu sichern. Dazu bedarf es allerdings auch einer gewissen Entwicklung im Denken und Handeln. Sicherlich erinnert sich jeder noch, es ist noch nicht allzu lange her, an eine Zeit, in der sich Frauen mit Pelzmänteln nicht mehr auf die Straße gewagt haben, weil sie angespuckt wurden – was die logische Konsequenz hatte, dass der Umsatz in der Pelzindustrie drastisch gesunken ist. Vielleicht sind es heute nicht mehr die Pelzmäntel sondern die Frage: »Wie lange dauert es wohl noch, bis Leute mit großen Geländewagen nicht mehr angesehen sind?« Allerdings scheint sich schon die Einstellung bei der kommenden Generation zu ändern. So sagten die Studierenden der Architekturfakultät: »Jetzt haben wir endlich einen fortschrittlicher Professor«, als ich mit meinem Smart an die Universität fuhr. Dies zeigt, dass hier bereits ein Umdenken stattfindet.

Begriffe und missverständliche Interpretationen

Im Baubereich wird aktuell nur noch von Null- oder Plus-Energie-Häusern gesprochen, ohne zu bedenken, dass in diesen Begrifflichkeiten große Tücken stecken. Jeder Bauernstadel, der auf dem Acker steht und eine Photovoltaikanlage auf dem Dach installiert hat, ist ein »Plus-Energie-Haus«, denn er verbraucht nichts und erzeugt Strom. So ist der Begriff »Plus-Energie-Haus« in unseren Sprachgebrauch eingegangen, obwohl es sich eigentlich um »Plus-Energiebilanz-Häuser« handelt. Jedoch werden auch hier häufig Fakten durcheinandergebracht: Auf der einen Seite verbrauchen wir Wärme und auf der anderen Seite wird versucht, dies durch dezentrale Stromerzeugung zu kompensieren. Es stellt sich dabei immer wieder die Frage, ob es der richtige Weg ist, landauf und landab »Plus-Energie-Häuser« zu bauen. Sicherlich ist die Reduzierung des Energiebedarfs in unseren Häusern positiv – bewirkt durch Maßnahmen wie zusätzliche Wärmedämmung oder optimierte Tageslichtnutzung in Bürogebäuden oder durch eine vernünftige Belüftungstechnik, die weniger Antriebsenergie benötigt (Abb. 1) –, jedoch stellt sich in der aktuellen Situation immer wieder die Frage, ob es der richtige Weg ist, dass Strom überwiegend dezentral erzeugt wird, wenn es gleichzeitig Gebiete auf der Erde mit hoher solarer Einstrahlung gibt, deren Böden zur landwirtschaftlichen Nutzung völlig ungeeignet sind. Unserer Meinung nach wird in Zukunft die Bereitstellung von Wärme primär eine kommunale und die Bereitstellung von Strom eine überregionale Aufgabenstellung sein. Bei den »Plus-Energie-Häusern« werden diese beiden Aufgaben von vorneherein vermischt und dies könnte sich letztlich als gefährlich herausstellen und zu Verwässerungen führen. Wärme und Strom werden immer wieder in einen Topf geworfen, sind aber zwei völlig getrennt zu betrachtende Energieformen, die strikt auseinanderzuhalten sind.

In Verbindung mit Energieformen müssen wir auch über deren Wertigkeit, den Anteil von Anergie und Exergie sprechen. Als Beispiel: In einer Tiefengeothermieanlage, wie es sie im Münchner Osten, in Riem, Aschheim und Feldkirchen gibt, wird Wasser mit 90 °C aus dem Boden gewonnen und mit etwa 60 °C wieder in 3000 Meter Tiefe zurückgeführt. Statt der genutzten 30 K könnte man auch 70 K nutzen, und den Wärmestrom somit von 90 auf 20 °C abkühlen. Dies kann durch einen verstärkten Einsatz von Niedertemperatursystemen ohne große Probleme erfolgen. So kann die einmal gewonnene Energie effizienter und mehrfach auf unterschiedlichen Temperaturniveaus genutzt werden. Das Dilemma, in dem wir dabei stecken, ist weniger ein technisches als ein wirtschaftliches: Die Betreiber der Netze, wie etwa die Stadtwerke, müssen als Unternehmen Gewinn erwirtschaften, dem die getätigten Investitionen entgegenstehen, und benötigen dazu hohe Absatzzahlen. Diese ergeben sich aus der Menge des abgegebenen Tiefenwassers und nicht aus dessen Vor- und Rücklauftemperatur.

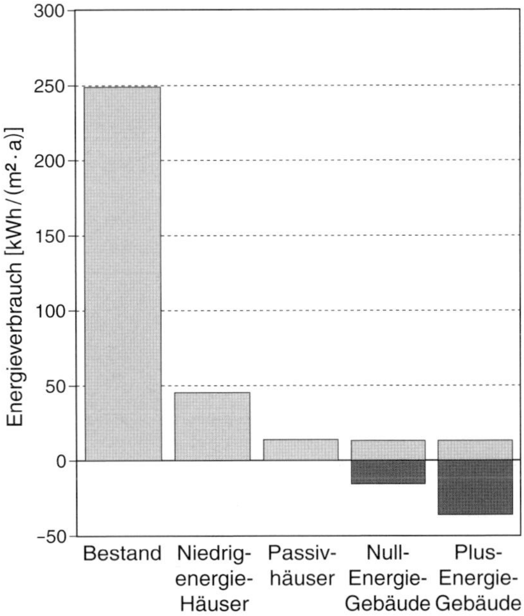

Abb. 1. Energieverbrauch (in kWh/(m^2 · Jahr) des derzeitigen Gebäudebestandes. – G. Hausladen/E. Endres, ClimaDesign, TUM.

Niedertemperatursysteme als effiziente Gebäudekomponente

Ergänzend zu dieser Problematik muss gesagt werden, dass wir bei »Null-« oder »Plus-Energie-Häusern« i. d. R. von Neubauten sprechen und nicht von dem immensen Gebäudebestand, der zur Sanierung in den nächsten Jahren ansteht, um maßgebliche Erfolge in der Reduzierung des Energieverbrauchs zu erzielen. Derzeit versuchen wir, noch die letzte Kilowattstunde mit großem Aufwand einzusparen, was ein übertriebenes Maß an Dämmung mit sich bringt. Der Gebäudebestand liegt im Schnitt bei 250 kWh Heizwärmebedarf pro m^2 und Jahr, ein Passivhaus bei 15 kWh pro m^2 und Jahr, da spielt es keine große Rolle, ob die Zahl 15 oder 25 oder gar 30 genannt wird (Abb. 1). Vielmehr sollte ein angemessener und vernünftiger Umgang mit den Altbeständen erfolgen.

Hierzu ein Beispiel aus der jüngsten Praxis: In der Münchener Innenstadt, parallel zur Neuhauser Straße, wird das alte Kloster hinter der bekannten Jesuitenkirche St. Michael für den Einzug des Erzbischöflichen Ordinariats saniert (Abb. 2). Bei der Betrachtung der Fassade war es

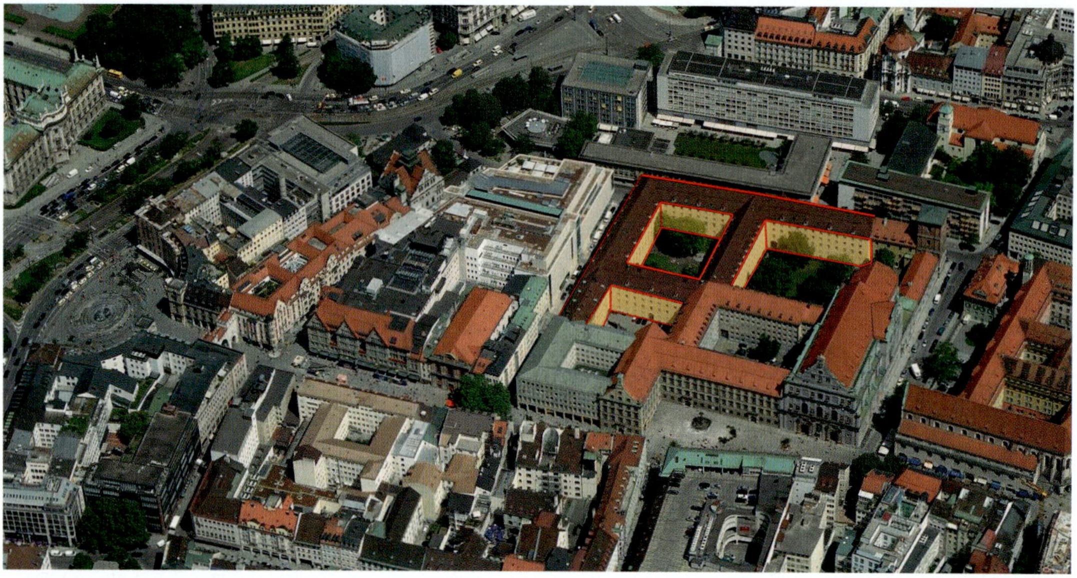

Abb. 2. Gebäude des alten Jesuitenklosters in München (Wilhelminum). – Ingenieurbüro Hausladen GmbH.

fragwürdig, ob es sinnvoll ist, eine Thermohaut über die gesamte Hülle zu legen. Zum einen würde sich eine starke ungewollte Veränderung des äußeren Erscheinungsbildes ergeben, zum anderen hätte sich aufgrund von Verschneidungen das Anbringen einer Außendämmung als sehr schwierig gestaltet. Die Entscheidung fiel zugunsten einer Lösung mit Austausch der Fenster und Anbringen einer Innendämmung. Neben den Anforderungen an das Raumklima und die damit verbundenen Installationen erfordern unsere modernen Arbeitswelten vielfältige Medienanschlüsse mit den entsprechenden technischen Installationen. Diese zu integrieren ist in den letzten Jahren v. a. im Verwaltungsbau eine immer größere Herausforderung geworden. Aus diesen Anforderungen heraus wurde im o. g. Projekt ein Niedertemperatur-Wandheizungssystem

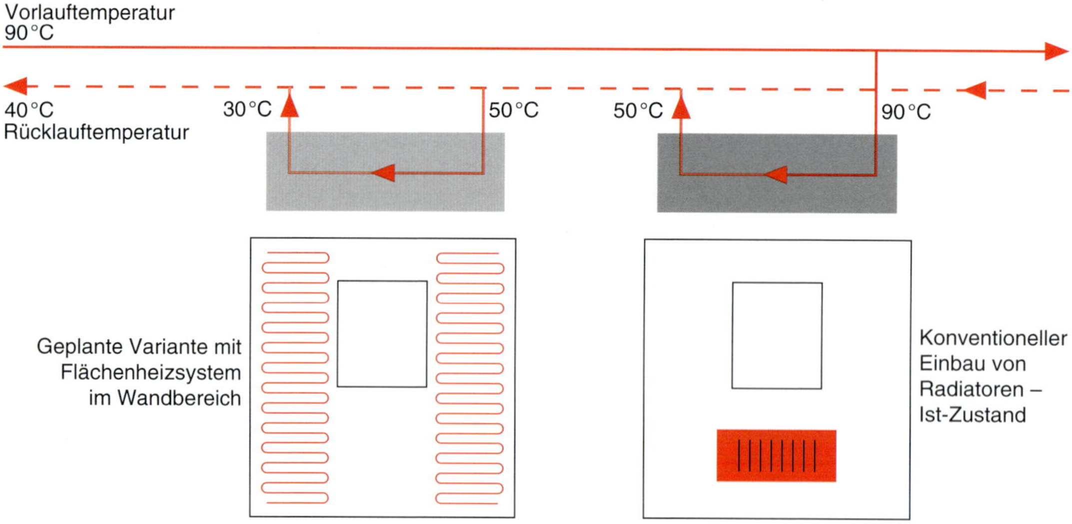

Abb. 3. Schema des geplanten Niedertemperatur-Wandheizungssystems im Wilhelminum / Kloster an der Jesuitenkirche. – Ingenieurbüro Hausladen GmbH.

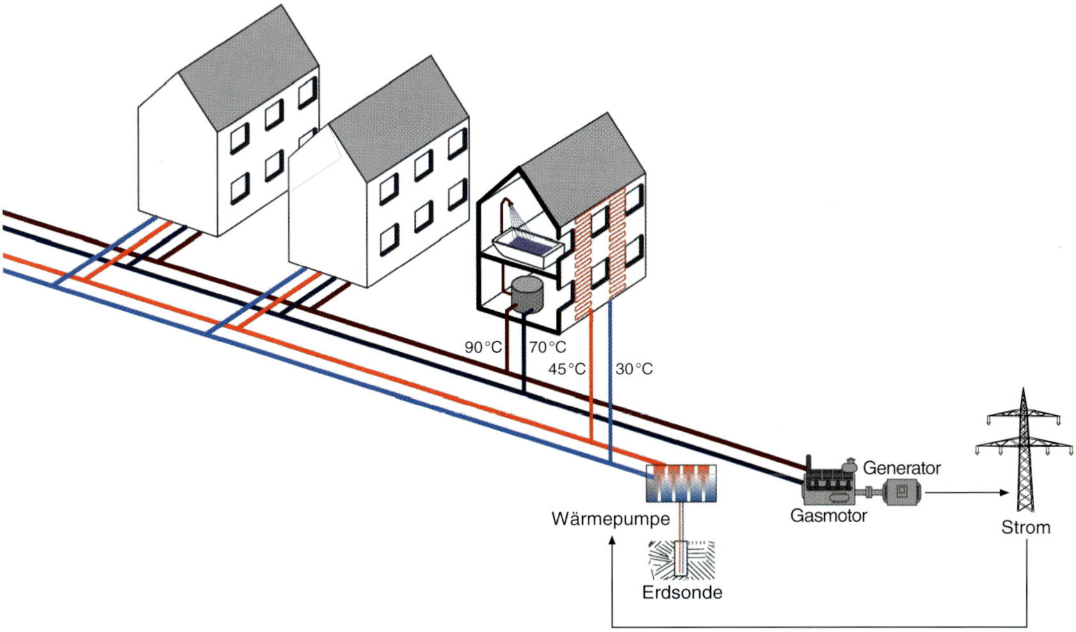

Abb. 4. Vorschlag für ein Vierleitersystem mit unterschiedlichen Temperaturniveaus für die Soziale Stadt Wüstenahorn. – ClimaDesign, TUM.

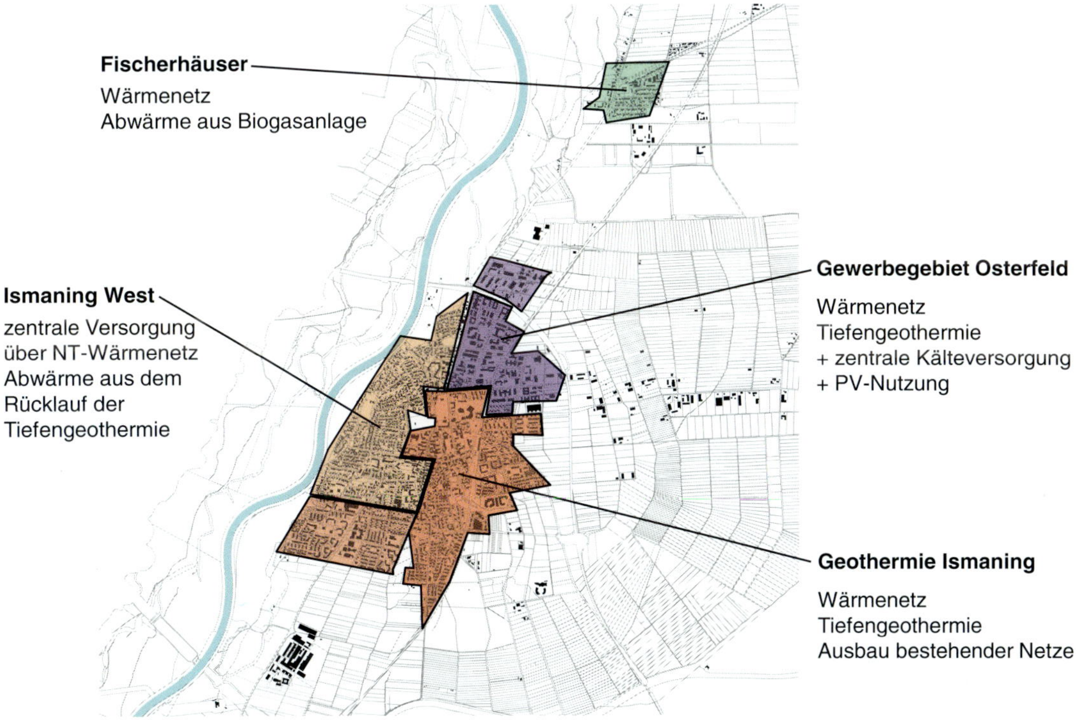

Abb. 5. Energieversorgungskonzept für die verschiedenen Gebiete der Gemeinde Ismaning. NT: Niedertemperatursystem. – ClimaDesign, TUM.

entwickelt, das einen Medienkanal integriert und somit als »versorgende« Wand dient.

Das Kloster ist seit 30 Jahren an die Fernwärme der Stadt München angeschlossen und wird mit 90 °C heißem Wasser versorgt. Der Rücklauf erfolgt mit 50 °C. Im Verlauf des Projekts wurde erkannt, dass bei dem vorgeschlagenen Konzept mit Niedertemperatursystem das Gebäude an den Rücklauf der Stadt München angeschlossen werden kann. Gespräche mit den Stadtwerken wurden daraufhin geführt und es wurde angeboten, das Gebäude nicht mehr an die Fernwärme anzuschließen und das Wasser somit wie gehabt von 90 °C auf 50 °C abzukühlen, sondern an den Rücklauf und es von 50 °C auf 30 °C zu kühlen. Diese weitere Kühlung bringt am Kraftwerk eine Effizienzsteigerung, da der elektrische Wirkungsgrad dadurch erhöht wird. Wir haben der Stadt München angeboten, die dadurch zusätzlich verbrauchte Energie über Wärmemengenzähler zu messen. Wenn man diesen Sachverhalt rein wirtschaftlich betrachtet, müssten die Stadtwerke dem Abnehmer pro Wärmeeinheit etwa 2 ct/kWh zahlen. Dies ist natürlich nicht geschehen und die Frage nach dem Anreiz, Energie zu sparen, stellt sich an dieser Stelle wiederum. Realisiert wurde das Projekt allerdings tatsächlich mit dem Anschluss an den Rücklauf der Fernwärme.

Ein anderes Beispiel betrifft die Sanierung eines Stadtviertels in Coburg, die unter unterschiedlichen Gesichtspunkten erfolgen soll. Zum einen soll der vorhandene energetische Standard erhöht werden, zum anderen wird eine Verbesserung der Sozialstruktur angestrebt. Eine komplette Erneuerung des Heizsystems konnte nicht vorgenommen werden, da diese Maßnahme ein völliges Entmieten zur Folge gehabt hätte. Daher wurde bei diesem Projekt zugunsten eines Flächenheizsystems, angebracht auf der Außenhaut mit Dämmung, entschieden. Die dafür benötigten niedrigen Temperaturen werden über Wärmepumpen erzeugt, deren Effizienz beim Betrieb mit niedrigen Temperaturen sehr viel höher liegt als mit hohen. Der Strom für die Wärmepumpen wird über ein dezentrales Blockheizkraftwerk generiert, dessen Abwärme wiederum genutzt wird, um die Warmwasserbereitung auf höherem Temperaturniveau zu gewährleisten (Abb. 4). Um ein solches Konzept realisieren zu können, ist es notwendig, ein Vierleitersystem zu verlegen. Dies gewährleistet die Versorgung unterschiedlicher Systeme auf unterschiedlichen Temperaturniveaus. Bei einer zukünftigen Versorgung des Blockheizkraftwerks aus Biogas ist dieses System beispielhaft für ein nahezu CO_2-neutrales Energiekonzept einer ganzen Siedlung.

Regenerative Energieversorgungskonzepte für Gemeinden

In vielen Gemeinden, deren Verwaltungen sich in den vergangenen Jahren aus der Energieversorgung weitgehend herausgehalten haben, ist durch die aktuellen Diskussionen Druck entstanden. Ausgelöst wurde dieser vor allem durch Bürger, die Forderungen bezüglich der Umgestaltung der vorhandenen funktionierenden Infrastruktur zur Strom-, Gas- und Ölversorgung stellen. Diese Netze sollen angesichts der Vielfalt neuer Möglichkeiten wie Geothermie, dezentrale und zentrale Biogasanlagen, Holzheizkraftwerke, Holz-/Getreideheizwerke, Wärmepumpen, Sonderanlagen oder Blockheizkraftwerke durch eine effizientere Versorgung ersetzt oder ergänzt werden. Dabei stellt sich den Gemeinden häufig die Frage nach einem gangbaren Weg, um für das Gemeindegebiet eine zukunftsfähige Strategie zu entwickeln. Um diesen Weg etwas zu beschreiben, wurde an der TU München am Lehrstuhl für Bauklimatik und Haustechnik der Leitfaden Energienutzungsplan entwickelt (StMUG et al. 2011). Dieser gibt Gemeinden und Städten Handlungsempfehlungen, die sie nutzen können, um die richtigen Entscheidungen zu treffen. Es handelt sich dabei überwiegend um eine Vorhabensbeschreibung, basierend auf einer fundierten Bestandserfassung, die im Groben folgende Fragestellungen beinhaltet:

- Welche Energiebedarfsdichte ist in der Gemeinde vorhanden?
  Dies entscheidet letztlich darüber, ob es sinnvoll ist, Nahwärmekonzepte zu realisieren, oder ob man andere Wege gehen muss.
- Wie sieht die vorhandene Energieinfrastruktur aus?
  Viele Gemeinden wissen überhaupt nicht, ob schon kleine, private Nahwärmenetze vorhanden sind.
- Welche Energiepotenziale gibt es?
  Das fängt bei landwirtschaftlichen Flächen an und wird uns zukünftig beim Aufstellen von Windkraftanlagen weiter beschäftigen.

Aus dieser Bestandserfassung lassen sich entsprechende Energieversorgungkonzepte entwickeln, wie es beispielsweise für die Gemeinde Ismaning geschehen ist (BMWi 2011). Es handelt sich hierbei um eine Gemeinde mit 15000 Einwohnern im Norden Münchens (Abb. 5). Nach der Bestandserfassung hat sich aufgrund des hohen Wärmebedarfs herausgestellt, dass es in diesem Fall sinnvoll ist, im südlichen Teil der Gemeinde ein Nahwärmenetz aufzubauen. Nach vielen Diskussionen hat man sich dabei letztlich für Tiefengeothermie entschieden. Im Norden der Gemeinde liegt ein Gewerbegebiet, das im Sommer sehr viel Kälte benötigt. Hier hat sich angeboten, in Verbindung mit der Tiefengeothermie ein Nahwärmenetz aufzubauen und gleichzeitig eine zentrale Kälteversorgung zu implementieren. Dadurch kann im Sommer, wenn die vorhandene Wärme aus der Tiefengeothermie weniger stark genutzt wird, da kein Heizbedarf vorliegt, über eine Absorptionskältemaschine Kälte erzeugt werden. Mit dieser Vorgehensweise wurden für die einzelnen Gemeindegebiete jeweils Teilkonzepte entwickelt, die durch Synergienutzungen ein stimmiges Gesamtkonzept ergeben. Letztlich entsteht so ein Grundkonzept, wie auch bei bestehenden Anlagen eine Ergänzung stattfinden kann, das einer Gemeinde oder einer Stadt die Möglichkeit gibt, ihre zukünftigen Entwicklungen darauf auszurichten (Abb. 6).

Unserer Meinung nach wird die Energieversorgung von Gebäuden in mittleren Zeiträumen von 20 bis 40 Jahren strombasiert erfolgen. Es werden verstärkt Wärmepumpen eingesetzt werden, die Umweltwärme nutzen, in einzelnen Gebieten wird die Tiefengeothermie genutzt werden können, aber im Wesentlichen wird die Wärmeversorgung über Niedertemperatursysteme und über Strom erfolgen. Diese Beispiele zeigen, dass das Thema der Energieumwandlung und -versorgung bereits im urbanen Planen, dem Städtebau, stattfindet. So besteht die städtische Infrastruktur nicht nur aus Straßen, öffentlichen Anlagen und Wegen, sondern im Untergrund sind Netze mit Abwasser, Wasser, Strom, Gas und Fernwärme vorhanden. Betrachtet man diese bereits erschlossenen und vorhandenen Strukturen, ist die Frage nach der Sinnhaftigkeit einer immer weiter wachsenden Ausweitung der Städte auf die »grüne Wiese« sicherlich berechtigt. Daraus ergibt sich ein kritischer Blick auf die derzeit immer stärkere flächige Ausweitung der Städte und Gemeinden. Eine Strategie zu entwickeln, die eine Verdichtung der bestehenden Strukturen vorsieht und dabei bereits vorhandene Stadt- und Infrastrukturen optimal nutzt, ist zur Auslastung der Netze sicherlich sinnvoller, als immer neue Gebiete zu erschließen und zu versiegeln. Durch diese Vernetzungen der Versorgungsstruktur im städtischen Kontext ist es möglich, verschiedene Gebäudestandards mit den entsprechenden Temperaturniveaus zum Heizen oder Kühlen zu versorgen und dem aktuellen Trend entgegenzuwirken, punktuell über die Gebäudehülle im Bestand zu optimieren.

Stromerzeugungskonzepte der Zukunft

Zu dem Thema der zukünftigen Stromerzeugung herrschen seit einigen Jahren die unterschiedlichsten Meinungen vor. Die Fragestellungen, ob nun eine dezentrale oder eine zentrale Versorgung besser sei, ob der Strom aus Wind- oder Solarkraftanlagen oder aus der Kraft-Wärme-Kopplung mit Biomasse die Zukunft bildet oder ob die Brennstoffzelle ihren Durchbruch noch erlangen wird, werden immer wieder kontrovers diskutiert. Bei der Stromerzeugung aus Solarkraftanlagen entsteht gerade in unseren Breiten durch die jahreszeitliche Differenz von Erzeugung und Verbrauch die Problematik der Speicherung von Strom. Im Bereich der Stromerzeugung aus Windkraft ist dies in diesem Ausmaß nicht der Fall. Über eine rein dezentrale Struktur werden wir in Zukunft die Stromversorgung in unseren Breiten nicht lösen können, da die Deckung der Grundlast vor allem im Winter nicht gewährleistet ist. Eine aktuell abgeschlossene Dissertation an der TU München (Wehmhörner 2012) beschäftigt sich mit der Frage der Steuerung von Kleinblockheizkraftwerken. Zumindest Kleinanlagen sind bisher fast ausschließlich wärmegeführt betrieben worden, d.h., der Wärmebedarf bestimmt die Laufzeiten des Blockheizkraftwerks. Untersucht wurde nun die Möglichkeit, diese Kleinblockheizkraftwerke stromgeführt zu betreiben, ohne Wärmeüberschüsse zu generieren. Hierzu sind neuartige Speicherstrategien bzw. -szenarien notwendig, durch die Stromlücken in der Energieversorgung anteilig ausgeglichen werden können.

Sicherlich werden solche Maßnahmen nicht ausreichen, um eine flächendeckende Versorgung zu gewährleisten, und große Speicherkraftwerke werden weiterhin unabdingbar sein. Dennoch sollte auch der Gebäudebestand genutzt werden,

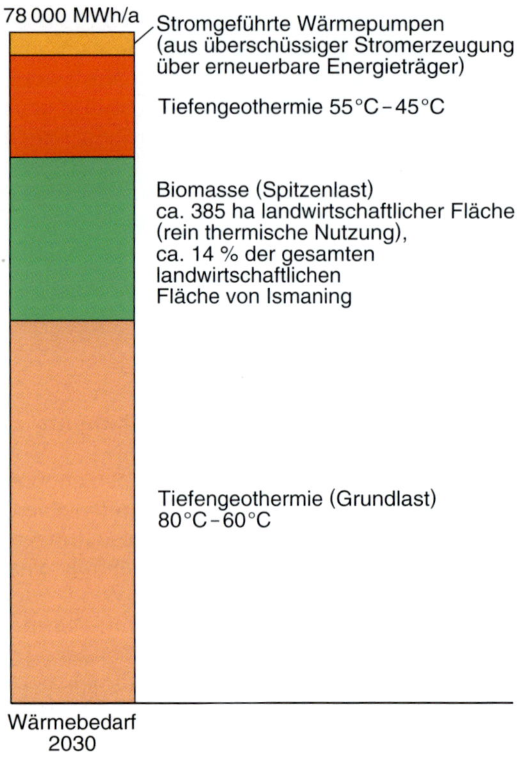

Abb. 6. Deckung des künftigen Energiebedarfs (in MWh/Jahr) in der Gemeinde Ismaning. – ClimaDesign, TUM.

um Energie zu speichern. Wir können Strom speichern, indem wir die Wärmespeicherfähigkeit von Gebäuden nutzen, um Wärme- oder Kälteversorgungsanlagen weg- und wieder zuzuschalten. Eine Möglichkeit, um den Stromlastgang der Gebäude zu flexibilisieren, ist also die Ansteuerung von technischen Anlagen wie Wärmepumpen und Kältemaschinen. Analog zu Konzepten zur Speicherfähigkeit von Gebäuden müssen Modelle zur Integration von Elektromobilität in ein zukünftiges Stromnetz diskutiert werden. So entsteht ein breit aufgestelltes Versorgungsfeld, das in der Summe ein schlüssiges Gesamtkonzept ergibt (Abb. 7). Durch die immer wichtiger werdende Verknüpfung von Lastgängen im Gebäude auf der einen Seite und Erzeugungskurven auf der anderen ist ein interdisziplinärer Austausch der Ingenieure aller Fachrichtungen von hoher Bedeutung, um zukunftsfähige Gebäude entwickeln zu können. Neben den Architekten, Tragwerks- und Versorgungsingenieuren wird die Zusammenarbeit im Planungsprozess, auf kommunaler wie auch auf Gebäudeseite, mit Ingenieuren der Fachrichtungen Kraftwerks-, Elektro- und Informationstechnik sowie Maschinenwesen unumgänglich sein. Nur so sind die notwendigen Änderungen im Baubereich, hervorgerufen durch die Umstellung von fossilen auf regenerative Energieträger und die damit verbundenen Lastschwankungen, zu bewältigen.

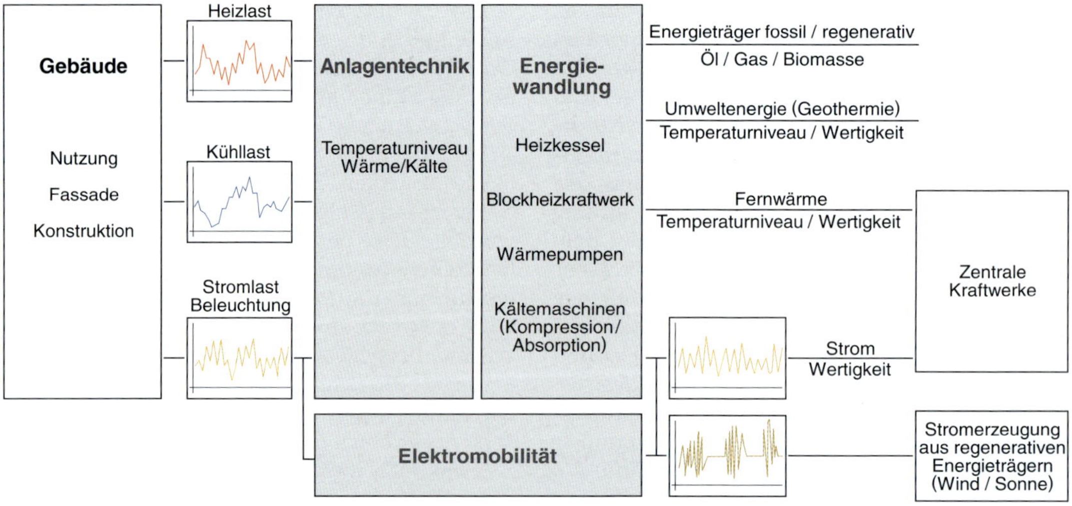

Abb. 7. Schematische Darstellung der Verbindung von Lastverläufen in Gebäuden (links) und Stromerzeugung (rechts) durch Anlagentechnik, lokale Energiewandlung sowie Elektromobilität (Mitte, grau). – G. Hausladen/ E. Endres, ClimaDesign, TUM.

Ausblick

Wird dieser ganzheitliche Weg gegangen und alle bestehenden Möglichkeiten im Gebäudebereich genutzt, ist die Entwicklung von Modellen für die Stromerzeugung wichtig, die nicht nur die Stromerzeugung selbst berücksichtigen, sondern auch die Verbrauchslastgänge. Wenn dies, ausgehend von kleinen Gebäuden, auf Siedlungsstrukturen erweitert und angewendet und weiter auf regionale Bereiche ausgedehnt wird, bis hin zur Länderebene und schließlich zum Bund, dann wird ein Modell entstehen, das als Grundlage aller künftigen Aktivitäten dienen kann. Ein solches Konzept ist derzeit noch nicht vorhanden, allerdings sind die Strömungen dahingehend erkennbar, z. B. durch die Einrichtung der Bayerischen Energieagentur. Diese Agentur ist nur ein Beispiel dafür, dass die Notwendigkeit der Umstellung von der Nutzung fossiler auf regenerative Energieträger viele Veränderungen in der Energiewirtschaft hervorgerufen hat. Diese Umstrukturierung wird in vielen Bereichen unserer Gesellschaft diskutiert und ein Umdenken hat in Teilen bereits eingesetzt. Es wird wichtig sein, in dieser Zeit des Umdenkens Dinge nach ihrer Angemessenheit und Sinnhaftigkeit zu hinterfragen und offen zu diskutieren. Vor allem die heranwachsende Generation von Planern und Entscheidungsträgern sollte durch ihre Ausbildung Möglichkeiten erhalten, sich mit einem fundierten Grundwissen eigene Meinungen bilden zu können. Die momentane Zeit der Umstellung ist so spannend, dass sie geradezu danach drängt, sich zu engagieren. Selten war die Möglichkeit, sich aktiv in zukunftsrelevante Entscheidungen einbringen zu können, so groß wie aktuell. Nur mit großem Engagement und aus der tiefen Überzeugung heraus, neue Wege gehen zu wollen, wird es gelingen, in der momentanen Situation des Umbruchs im Themenbereich Energie gute und grundlegende Veränderungen zu bewirken, die mit dazu beitragen werden, die Welt zu erhalten.

Literatur

Bayerisches Staatsministerium für Umwelt und Gesundheit (StMUG), Bayerisches Staatsministerium für Wirtschaft, Infrastruktur, Verkehr und Technologie (StMWIVT) & Oberste Baubehörde im Bayerischen Staatsministerium des Innern (OBB) (Hrsg.). 2011. Leitfaden Energienutzungsplan. – München, 120 S.

Bundesministerium für Wirtschaft und Technologie (BMWi) (Hrsg.). 2011. EnEff:Wärme. Pilotprojekt Ismaning – Energieleitplanung. – Öffentliche Version. Berlin, 73 S.

Wehmhörner, U. 2012. Multikriterielle Regelung mit temperaturbasierter Speicherzustandsbestimmung für Mini-KWK-Anlagen. – Dissertation TU München, Fakultät für Elektrotechnik und Informationstechnik, 117 S.

Weiterführende Literatur:

Hausladen, G., M. de Saldanha, P. Liedl & C. Sager. 2005. ClimaDesign – Lösungen für Gebäude, die mit weniger Technik mehr können. – Callwey, München, 208 S.

Hausladen, G., M. de Saldanha & P. Liedl. 2006. ClimaSkin – Konzepte für Gebäudehüllen, die mit weniger Energie mehr leisten. – Callwey, München, 191 S.

Hausladen, G. & K. Tichelmann. 2009. Ausbau Atlas. – Edition Detail, Birkhäuser, Basel, 288 S.

Rundgespräche der Kommission für Ökologie, Bd. 41 »Die Zukunft der Energieversorgung«, S. 73–78.
© 2012 by Verlag Dr. Friedrich Pfeil, München – ISSN 0938-5851 – ISBN 978-3-89937-150-5

Energieeffiziente Gebäude der Zukunft

Kommentar zum Vortrag Zukünftige Energieversorgungskonzepte für Gebäude und Stadtquartiere – von der Energie zur Exergie

Hans-Peter Ebert*

Einleitung

Der Gebäudesektor ist ein Haupthandlungsfeld bei dem Bestreben, die Energieversorgungsstrukturen der Bundesrepublik Deutschland in den kommenden Jahrzehnten auf eine nachhaltige, umweltschonende Energieversorgung umzustellen. Derzeit entfallen rund 28 % unseres Endenergiebedarfs auf den Gebäudesektor. Dabei werden in Altbauten rund 75 % der Energie für die Bereitstellung von Raumwärme und Warmwasser benötigt. Im Energiekonzept der Bundesregierung wird deshalb zu Recht darauf hingewiesen, dass »der Schlüssel zu mehr Energieeffizienz der Gebäudesektor« ist (BMWi & BMU 2010).

Der Ausbau der Nutzung erneuerbarer Energieträger in Form kleinerer dezentraler Leistungseinheiten im Gebäudebereich, die Notwendigkeit der Speicherung von volatiler Solar- und Windenergie, der Aufbau einer Elektromobilität, all dies führt zu der Notwendigkeit, das Gebäude der Zukunft als eine aktive Komponente in unserem zukünftigen Energieversorgungssystem zu betrachten (Abb. 1).

Bei den generellen Anforderungen an die Gebäude stehen der Energiebedarf, der Wohnkomfort und die Gebäudeästhetik an zentraler Stelle. Die Europäische Union setzt sich bis 2020 zum Ziel, alle Neubauten als »Nearly Zero Energy Buildings« auszuführen (EU 2010), d. h., Gebäude werden zukünftig fast keine Energie mehr benötigen und sogar einen Überschuss an Energie an die öffentlichen Netze abgeben. Ein wichtiger Aspekt hinsichtlich eines nachhaltigen Gebäudebestands ist die Betrachtung eines kumulierten Energieaufwands über den gesamten Lebenszyklus eines Gebäudes. Der Energiebedarf für die Erstellung eines Gebäudes (d. h. die energetische Bewertung von Baumaterialien, Transportwegen und Produktionsprozessen), für dessen Betrieb (z. B. Heiz- und Kühlenergie) sowie am Ende für die Entsorgung des Gebäudes ist in der Summe zu minimieren. National wie international sind hierzu Bewertungsverfahren (VDI 2011) erarbeitet worden, die für die energetische Bewertung von Gebäuden zunehmend wichtig sind. Für den Bewohner von Gebäuden ist das Vorhandensein eines komfortablen Lebensbereiches ein zentrales Anliegen. Maximaler Komfort drückt sich hier durch optimale Temperaturen, Luftqualität, Beleuchtungssituationen usw. aus. Komfort bedeutet auch eine smarte Steuerung und Regelung der Gebäudetechnik, die im Idealfall den Nutzern eine Rückmeldung über ihr persönliches Energieverbrauchsverhalten gibt, sodass im besten Fall ein energieoptimiertes Verhalten herbeigeführt werden kann. Die Ästhetik von Gebäuden schließlich prägt unser Lebensumfeld und ist für eine nachhaltige Nutzung von Gebäuden ein ebenso wichtiger Faktor wie die bisher aufgezählten.

Die oben genannten Anforderungen spiegeln sich in den Gebäudetechnologien wider: in den verbauten Materialien, Komponenten, Systemen

* Ebert, Hans-Peter, Dr., Bayerisches Zentrum für Angewandte Energieforschung e. V. (ZAE Bayern), Am Hubland, 97074 Würzburg. E-Mail: ebert@zae.uni-wuerzburg.de

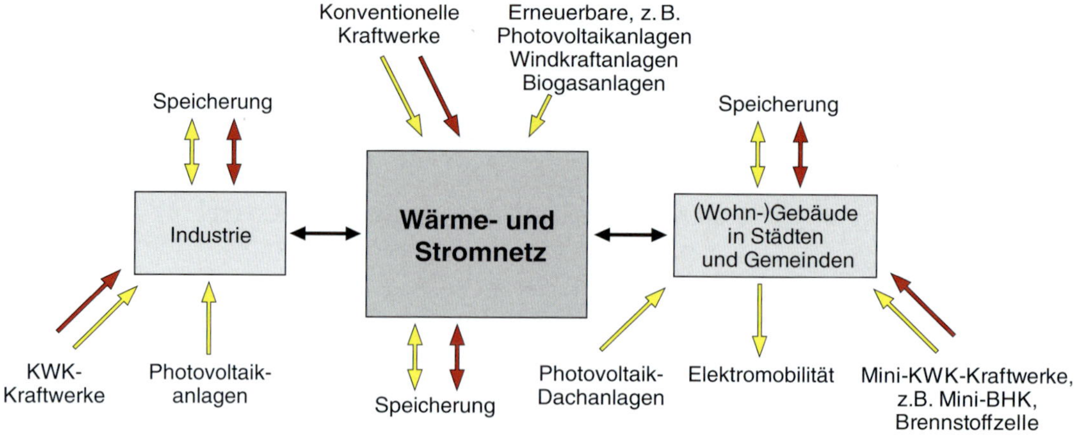

Abb. 1. Schematische Darstellung der möglichen Einbindung von Gebäuden in eine Energieversorgungsstruktur der Zukunft. Gebäude werden über Wärme- (rot) und Stromnetze (gelb) sowohl Wärme und Strom nutzen wie auch speichern und bereitstellen. BHK: Blockheizkraftwerk; KWK: Kraft-Wärme-Kopplung. – ZAE Bayern.

und einer intelligenten Gebäudeautomation, die einen energieeffizienten Betrieb ermöglichen, sowie in ressourcensparenden Konstruktionen. In den vergangen Jahren hat das ZAE Bayern im Förderschwerpunkt »Forschung für Energieoptimiertes Bauen« des Bundesministeriums für Wirtschaft und Technologie eine Vielzahl von Effizienztechnologien im Gebäudebereich erforscht und in Rahmen von Industriekooperationen zur Anwendungsreife entwickelt.

Energieeffiziente Gebäudehüllen zur optimierten Wärmedämmung

Für den Anwendungsbereich der Gebäudehüllen wurden in der Vergangenheit innovative Lösungsmöglichkeiten für den Einsatz von Vakuumisolationspaneelen (VIP) im Baubereich erarbeitet (Fricke et al. 2008). Diese thermischen Superisolationen bestehen aus einem porösen Kernmaterial, z.B. pyrogener Kieselsäure, welches in einer weitestgehend gasdichten Laminatumhüllung unter Unterdruck eingepackt ist (Abb. 2). Um eine staubfreie Verarbeitung zu gewährleisten, wird in vielen Fällen vor Einlegung des Kernes in die Hülle der Kern mit einem Vlies umhüllt.

Die effektive Wärmeleitfähigkeit von VIP liegt bei Raumtemperatur im Bereich von wenigen 10^{-3} W/(m·K) und damit um Faktur 5–10 unter den von konventionellen belüfteten Wärmedämmstoffen. Damit lassen sich sehr schlanke und hoch wärmedämmende Fassadensysteme realisieren. Mittlerweile ist diese Technologie

Abb. 2. Vakuumisolationspaneel für Bauanwendungen und dessen Kompenenten. – ZAE Bayern.

Abb. 3. Vakuumisolierglas (VIG)-Exponate auf der internationalen Messe glasstec 2010. – ZAE Bayern.

Abb. 4. Links: Unter dem Hallendach der Eissporthalle von Landsberg am Lech eingezogene Textilbahnen mit einer niedrig-emittierenden Beschichtung. Rechts: Thermografiebild der Hallendachkonstruktion mit den zwischen Dach und Eisfläche eingezogenen Textilbahnen. Die niedrig-emittierende Beschichtung wirkt wie ein Spiegel für Wärmestrahlung. In der Fläche spiegeln sich sowohl die kalte Fläche der Eisbahn (blaue Farben) als auch die warmen Deckenlampen (rote Farbe). Im oberen Bildbereich erkennt man das gegenüber der Eisbahn deutlich wärmere Hallendach (orange Farben). – ZAE Bayern.

weltweit kommerzialisiert und allein in Deutschland produzieren mehrere Unternehmen Vakuumisolationspaneele unter anderem für die Bauwirtschaft.

Eine weitere, gerade für die energetische Altbausanierung attraktive Entwicklung stellt das Vakuumisolierglas dar (Abb. 3). Vakuumisolierglas besteht aus zwei Scheiben mit einem Scheibenabstand von nur ca. 1 mm (Ebert et al. 2007). Der Scheibenzwischenraum ist evakuiert. Damit lässt sich eine herausragende Dämmwirkung erzielen, die mit einem U_g-Wert von $< 0{,}5\ W/(m^2 \cdot K)$ vergleichbar mit den besten Dreischeibenverglasungen sind. Allerdings beträgt die Dicke der Verglasung mit 9 mm Gesamtstärke nur ca. ⅓ derer von Dreischeibenverglasungen und man spart eine Scheibe. Das ist Energie- und Ressourceneffizienz in Einem.

In einem ebenfalls vom Bundesministerium für Wirtschaft und Technologie im Förderschwerpunkt »Forschung für Energieoptimiertes Bauen« geförderten Forschungsvorhaben wurden niedrig-emittierende Textilien entwickelt, d.h. Textilien mit einer Funktionsbeschichtung, die

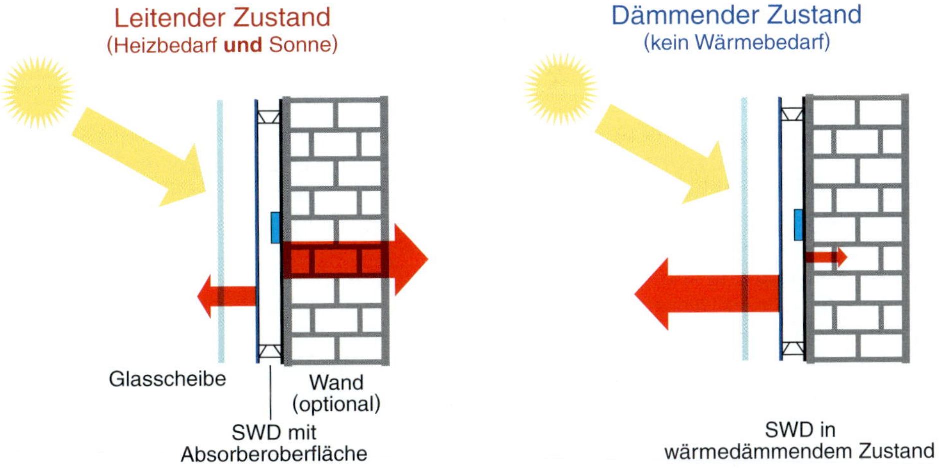

Abb. 5. Prinzipskizze der Funktionsweise einer schaltbaren Wärmedämmung (SWD). – ZAE Bayern.

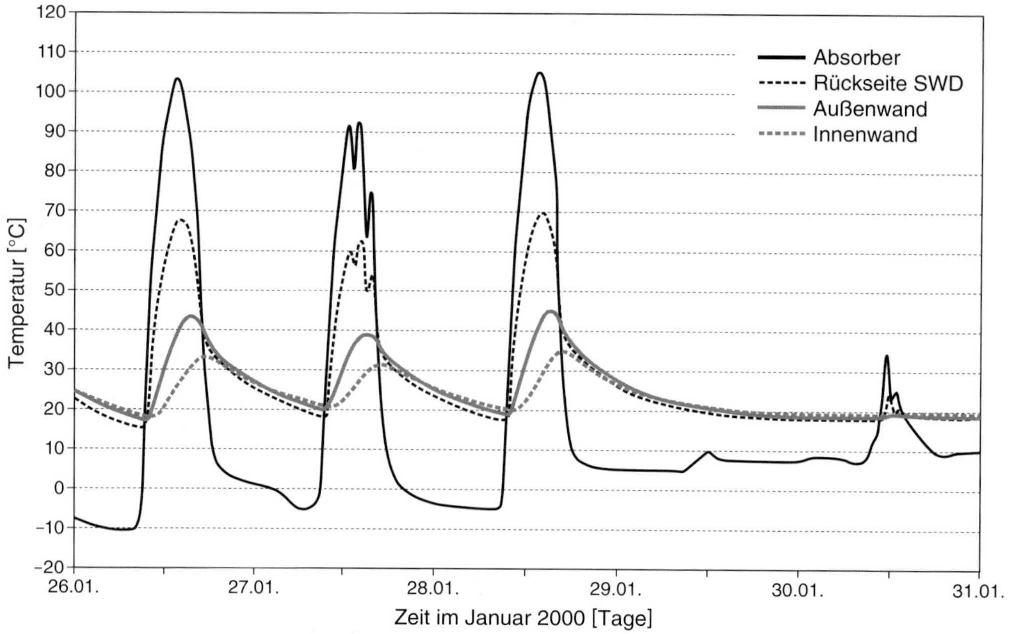

Abb. 6. Temperaturentwicklung (in °C) im Querschnitt der Fassade des ZAE-Gebäudes mit schaltbarer Wärmedämmung während fünf Tagen in Januar 2000. – ZAE Bayern.

Wärmestrahlung reflektiert und damit gleichzeitig bei einer gegebenen Temperatur nur wenig Wärmestrahlung abgibt (Meyer 2009). Damit kann ebenfalls eine Steigerung der Energieeffizienz im Gebäudebereich realisiert werden. Die Besonderheit an diesen Materialien ist, dass die Farbgebung im sichtbaren Wellenlängenbereich durch die Art der Beschichtung von den Infrarot-optischen Eigenschaften, d.h. im Bereich der Wärmestrahlung, entkoppelt werden konnte. Normalweise lassen sich Aluminiumschichten sehr gut als niedrigemittierende Beschichtung einsetzen, allerdings fügt sich das metallische Erscheinungsbild nicht immer in das gewünschte Farbschema der Architekten – eine Frage der Ästhetik. Durch die Möglichkeit der weitgehend freien Farbgestaltung wird der Einsatz dieser funktionellen Textilien auf eine breite Anwendungsbasis gestellt. Ein aktuelles Beispiel ist die Anwendung eines solchen Textils in der Eissporthalle von Landsberg. Das Textil wurde unterhalb der Decke eingezogen und reduziert somit den Wärmeaustausch zwischen der kalten Eisbahnfläche und dem warmen Dach, und damit den Energiebedarf für die Kühlung der Eisfläche (Abb. 4).

Raumheizung und Wärmespeicherung durch adaptive Gebäudekomponenten

Besonders smart sind adaptive Gebäudekomponenten, die in Zukunft eine höhere Energieeffizienz von Gebäuden ermöglichen sollen. Zwei Beispiele seien an dieser Stelle erwähnt: die schaltbare Wärmedämmung (SWD) und Wärmespeichersysteme auf der Basis von Phasenwechselmaterialien (PCM). In Abbildung 5 ist das Prinzip einer schaltbaren Wärmedämmung dargestellt. Das System besteht aus einem Dämmpaneel, dessen Wärmeleitfähigkeit elektrisch geschalten werden kann – von hoch wärmeleitend bis hoch isolierend. Die elektrische Schaltleistung liegt dabei im Bereich weniger Watt pro Quadratmeter SWD. Das Paneel wird als Solarabsorber an die Hauswand angebracht. So wird sich beispielsweise an einem sonnigen Wintertag die Vorderseite des Paneels erwärmen. Das Paneel wird dann auf hoch wärmeleitend geschaltet, die Wärme wird über das Paneel und den dahinter liegenden Wandaufbau (z. B. Mauerwerk) in das Gebäudeinnere transportiert und unterstützt damit das Gebäudeheizungssystem. In der Nacht, bei Bewölkung oder im Sommer bleibt das Paneel passiv im hoch isolierenden

Zustand und das Gebäude ist sehr gut wärmegedämmt (Horn 2001).

Abbildung 6 stellt die ermittelte Temperaturentwicklung im Querschnitt der Fassade des Würzburger ZAE-Gebäudes mit schaltbarer Wärmedämmung während fünf Tagen im Januar 2000 dar. An den sonnigen Wintertagen vom 26. bis 29. Januar wurden hohe Absorbertemperaturen erreicht, die sich über das auf hoch wärmeleitend geschaltete Wärmedämmpaneel über den Querschnitt der Fassade abgebaut haben. Die Innenwände erreichten Temperaturwerte um die 38 °C und gaben dabei Wärme an den Innenraum ab und unterstützten so die Raumheizung. Nachts waren in diesem Zeitraum die Außentemperaturen niedrig. Die SWD war im wärmedämmenden Zustand und verhinderte damit übermäßige Wärmeverluste. Am 30. Januar war keine direkte Sonneneinstrahlung zu verzeichnen und die SWD verblieb im hoch wärmedämmenden Zustand.

Ein zweites Beispiel für die Entwicklung adaptiver Materialien ist der Einsatz von Phasenwechselmaterialien (PCM = phase change materials) zur Wärmespeicherung in Gebäuden. Die Materialien können beim Schmelzen im Phasenübergang fest-flüssig bei ihrer Phasenumwandlungstemperatur große Energiemengen speichern, die sie während des Erstattungsvorgangs reversibel wieder abgeben. Für Gebäudeanwendungen werden überwiegend Paraffine oder Salzhydrate verwendet, deren Schmelztemperatur im Komforttemperaturbereich liegt. Die PCM werden in Gebäudekomponenten integriert, so in Kühldecken, in innenliegenden Blendschutz oder in Gipsbauplatten. Man kann somit solare Wärmelasten puffern, die durch einen solaren Eintrag über die Verglasungen oder durch temporäre Wärmelasten (z. B. von Personen in Besprechungsräumen) entstehen, und dadurch konventionelle Kälteanlagen niedriger dimensionieren, im Idealfall auf diese Anlagen verzichten (Mehling & Cabeza 2008).

In Würzburg erstellt derzeit das ZAE Bayern ein neues Forschungs- und Demonstrationsgebäude (ZAE Bayern 2011). Hier wird eine Vielzahl von innovativen Technologien im Bereich des energieeffizienten Bauens integriert und demonstriert. Dieses Forschungsinstrument ermöglicht es in Zukunft, neue Gebäudetechniken in ihrem Zusammenwirken noch besser untersuchen zu können. Dieser Ansatz »Forschung und Entwicklung sowie Demonstration an einem Ort« und die Betrachtung der ganzen Bandbreite der Gebäudetechnologien ermöglichen es, Innovationsprozesse effizienter zu gestalten und Entwicklungszyklen zu verkürzen.

Fazit

Die energetische Sanierung des Gebäudebestands in Deutschland ist eine der zentralen Herausforderungen für die Erreichung der energiepolitischen Ziele. Für eine optimale Effizienzsteigerung in diesem Handlungsfeld müssen sich innovative Gebäudetechnologien synergetisch mit intelligenter Gebäudeautomation ergänzen. Vor dem Hintergrund langer Sanierungszyklen im Bereich der Gebäude ist es wünschenswert, Produktentwicklungszyklen im Baubereich zu beschleunigen, um Innovationen schneller in die Anwendung zu bringen.

Literatur

BMWi & BMU (Hrsg.). 2010. Energiekonzept für eine umweltschonende, zuverlässige und bezahlbare Energieversorgung, vom 28. September 2010. – Bundesministerium für Wirtschaft und Technologie & Bundesministerium für Umwelt, Naturschutz und Reaktorsicherheit, Berlin, 32 S. (Stand Oktober 2011) www.bmu.de/files/pdfs/allgemein/application/pdf/energiekonzept_bundesregierung.pdf

Ebert, H.-P., H. Weinläder, J. Manara & S. Weismann. 2007. Wärmedämmung von Fensterflächen. – Spektrum GebäudeTechnik, 1/07: 112–113.

EU. 2010. Directive 2010/31/EU of the European Parliament and of the Council of 19 May 2010 on the energy performance of buildings. – EUR-Lex. Official Journal of the European Union, L 153, Vol. 53, 18.06.2010.

Fricke, J., U. Heinemann & H.-P. Ebert. 2008. Vacuum insulation panels – From research to market. – Vacuum, 82 (7): 680–690.

Horn, R. 2001. Entwicklung und Untersuchung einer schaltbaren Wärmedämmung zur Solarenergienutzung. – Dissertation, Julius-Maximilians-Universität Würzburg. Edition Wissenschaft: Physik, 105 (Mikrofiche). Tectum Verlag, 116 S.

Mehling, H. & L. F. Cabeza. 2008. Heat and cold storage with PCM – An up to date introduction into basics and applications. – Springer, Berlin, Heidelberg, 324 pp.

Meyer, F. 2009. Low-e Beschichtungen: Softe Hülle für hohe Ansprüche. – BINE Informationsdienst, Projektinfo 05/09, FIZ Karlsruhe, 4 S.

VDI. 2011. Positionspapier Klimaschutz und Energiepolitik: Kriterien für die Bewertung der Nachhaltigkeit von Gebäuden. – Verein Deutscher Ingenieure e. V., Düsseldorf.

ZAE Bayern. 2011. www.energy-efficiency-center.de [15. März 2012].

Rundgespräche der Kommission für Ökologie, Bd. 41 »Die Zukunft der Energieversorgung«, S. 79–86.
 – ISSN 0938-5851 – ISBN 978-3-89937-150-5

Was bewegt uns in Zukunft? – Neue Verkehrs- und Energiesysteme für umweltschonende Mobilität

Ulrich Wagner*

Zusammenfassung

Der Beitrag beschreibt eingangs die Entwicklung des Mobilitätsbedarfs und der verkehrsbedingten Emissionen, als Ursache am Anfang der Wirkungskette aller umweltrelevanten Einflüsse des Verkehrs. Es folgen ausgewählte Beispiele aus der Verkehrsforschung. In der Bahntechnik werden neue Leichtbau-Fahrzeuge entwickelt, mit Spitzengeschwindigkeiten von 400 km/h bei nur dem halben spezifischen Energieverbrauch heutiger Züge. Im Flugzeugbereich spielen neben der aerodynamischen Optimierung Biotreibstoffe und Brennstoffzellen in Zukunft eine wichtige Rolle. Schließlich werden Beispiele aus der Pkw-Forschung genannt, von Leichtbau-Karosserieoptimierung über innovative elektrische und hybride Antriebssysteme bis hin zur Fahrerassistenz für teilautomatisiertes Fahren. Die wichtigsten Ziele der Verkehrsforschung sind Energieeffizienz, Schadstoffarmut, hochgradige Vernetzung zwischen Fahrzeugen und Infrastruktur sowie multimodale Verkehrssysteme. Diese Ziele lassen sich nur durch in höchstem Maße interdisziplinäre Forschung und Entwicklung erreichen.

Summary

Mobility in the future – new transport and energy systems for ecological mobility. The paper first describes the development of transport and its resulting emissions. Then selected examples from transport research are shown: In railway engineering, new lightweight trains are designed with a top speed of 400 km/h at only half the specific energy consumption of today's trains. In the airplane research improved aerodynamics, biofuels and fuel cells play an important role. Finally, examples from automotive research are shown, like optimization of lightweight body, innovative electric and hybrid drive systems as well as driver and travel assistance and partially automated driving. The main objectives of transport research are efficiency increase, emission and noise reduction, communication between vehicles and infrastructure, and multimodal transport systems. These goals can only be achieved through highly interdisciplinary research and development.

Entwicklung des Mobilitätsbedarfs und der verkehrsbedingten Emissionen

Über die langfristige Entwicklung des Mobilitätsbedarfs im Personen- und im Güterverkehr gibt es viele Szenarien verschiedener Zukunftsforscher. Eine vergleichsweise plausible Annahme bis 2030 geht für Deutschland beim Personenverkehr von einer langsamen und kontinuierlichen Steigerung von etwa 15 % aus und beim Güterverkehr mit

* Wagner, Ulrich, Prof. Dr.-Ing., Deutsches Zentrum für Luft- und Raumfahrt e. V. in der Helmholtz-Gemeinschaft (DLR), Vorstand Energie und Verkehr, Linder Höhe, 51147 Köln. E-Mail: ulrich.wagner@dlr.de

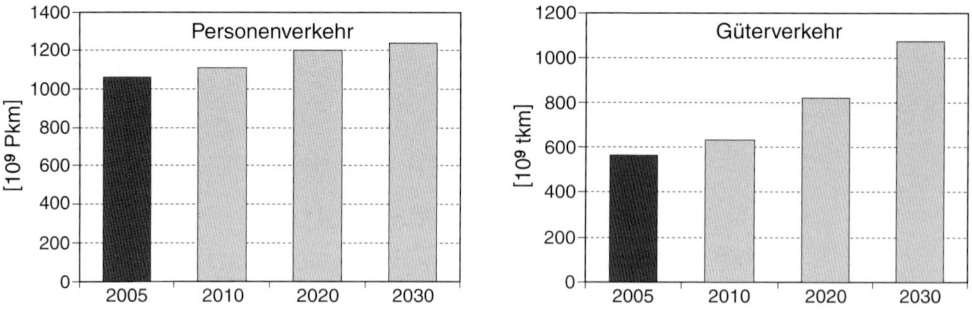

Abb. 1. Prognose zur künftigen Entwicklung des Personen- (in Mrd. Personen-km) und Güterverkehrs (in Mrd. Tonnen-km) in Deutschland von 2005 bis 2030. – Eigene Berechnungen.

deutlich höheren Steigerungsraten (Abb. 1). Das hat viele Gründe, u.a. produktionstechnischer Art, globalisierte Märkte und andere Verkehrslogistik. Für die zu erwartenden verkehrsbedingten CO_2-Emissionen rechnet man mit einer Verdreifachung bis zum Jahr 2050 gegenüber 2000 (OECD 2011). CO_2 ist zwar ein wichtiger Leitindikator, aber nur ein Stellvertreter für die vielen Fragen und Probleme, die wir in diesem Kontext lösen müssen, z.B. für gesundheitsschädliche Emissionen, für Naturschutz und für die Diversifizierung von Energieträgern im Verkehr.

Vor der Entwicklung neuer Verkehrsträger und Verkehrssysteme müssen wir sehr gut verstehen, wie viel Mobilität in Zukunft zu erwarten sein wird, und um welche Art und Qualität von Mobilität es sich handeln wird. Dazu werden verschiedene Verkehrszwecke wie Freizeit, Einkauf, Arbeit usw. regelmäßig statistisch erfasst (Tab. 1). Etwa die Hälfte der Verkehrsleistung (in Personenkilometern) ist demnach Zwecken zugeordnet, über die wir in jedem Einzelfall individuell entscheiden können (Freizeit, Urlaub und Einkauf), während andere Verkehrszwecke wie Wohnen, Arbeiten oder dienstliche Aufgaben extern durch soziodemografische Faktoren bestimmt sind. Dies sei betont, weil der Verkehr einen großen Anteil an der Energiebilanz hat und es nicht allein der ungünstige Wirkungsgrad von Verbrennungsmotoren ist, der die Emissionen und die Umweltprobleme verursacht.

Tab. 1. Anteile (in %) der Wegezwecke am Verkehrsaufkommen (Personenkilometer) in Deutschland 2010. – Daten aus infas & DLR (2010).

Fahrzweck	Anteil (%)
Freizeit	32
Einkauf	21
Arbeit	14
Erledigungen	12
Begleitung	8
Dienstlich	7
Ausbildung	6

Bahn: Vom »Avant-Train« zum »Next Generation Train«

Dem »Avant-Train« aus dem Jahr 1898 mit elektrischem Antrieb (System Heilmann) ist noch eindeutig die Kreuzung aus Kutsche, Eisenbahn und Automobil anzusehen (Abb. 2 oben). Das Gefährt war offensichtlich vollgepackt mit Akkus und hatte schon Mehrnabenantrieb.

Heute sehen die Verkehrsmittel der Zukunft etwas anders aus. Das neueste Design ist der »Next Generation Train« (Abb. 2 unten), der deutlich leistungsfähiger, effizienter und sicherer sein soll als die heutige Bahngeneration. Dies soll über die folgenden Ziele erreicht werden:

- Die zugelassene Höchstgeschwindigkeit soll auf 400 km/h gesteigert werden (was schon relativ nah an die Daten des Transrapids herankommt).
- Gleichzeitig soll der spezifische Energieverbrauch gegenüber dem heutigen Stand der Technik (ICE 3) halbiert werden. Dazu sind viele Einzelmaßnahmen wie z.B. die aerodynamische Optimierung, die Verwendung anderer Materialien für eine leichtere Bauweise und verbesserte Antriebstechniken mit Einzelradaufhängung erforderlich.

Abb. 2. »Avant-Train« von 1898 (oben) und »Next Generation Train« (Simulation, unten). – Archiv des Deutschen Museums München; DLR (CC-BY 3.0).

- Die Geräuschemission bei 400 km/h soll auf das ICE-3-Niveau bei 300 km/h gesenkt werden. Das hört sich zwar wenig anspruchsvoll an, aber die »Lautstärke« in Dezibel steigt logarithmisch an, sodass hierfür eine ganze Reihe aktiver und passiver technischer Maßnahmen nötig ist.
- Die Verbesserung der fahrdynamischen Stabi-

lität bei Seitenwind und Tunneldurchfahrten ist besonders wichtig bei Hochgeschwindigkeitszügen mit deutlich weniger Gewicht als heutige Züge. Bei den großen einwirkenden Seitenkräften muss eine entsprechende Intelligenz im Fahrwerk stecken, um den Zug nicht zu destabilisieren und zum Entgleisen zu bringen.

- Um solche Züge bauen zu können und sie konkurrenzfähig zu machen, sind Effizienzsteigerung der Fahrzeugbauweisen durch Modularisierung und Systemintegration nötig. Nachdem es in dem gesamten Prozess sehr viele beteiligte Akteure gibt, von der Bahnentwicklung bis hin zum Bahnbetrieb, spielt die Optimierung der Entwicklungsprozesse eine sehr große Rolle.
- Schließlich ist eine Vereinfachung der Zulassungsprozesse nötig. Wenn man sich um diesen Aufgabenkomplex nicht kümmert, werden diese neuen Ideen nicht schnell genug in die Praxis umsetzbar sein.

Konkrete laufende Forschungen beziehen sich z. B. auf die aerodynamische Optimierung und Vermessung, auf den Entwurf von Einzelrad-Einzelfahrwerken und auf eine crashtaugliche Triebzugnase. Die Innenraumoptimierung muss ebenfalls systematisch durchgeführt werden, einschließlich Geräuschdämmung, Klimatisierung und Druckstößen bei Tunneldurchfahrten. Angepasste Infrastrukturen müssen entwickelt (es handelt sich z. B. um doppelstöckige Züge, für die doppelstöckige Bahnhöfe gebraucht werden) und Einsatzpotenziale von Hochgeschwindigkeitszügen ermittelt werden.

Insgesamt spielen also sehr viele einzelne Faktoren zusammen, und jeder einzelne hat Einfluss auf das energetische Verhalten dieser Verkehrsträger.

Flugzeug: Biotreibstoffe und Brennstoffzellen

Bei den folgenden Beispielen aus der Luftfahrt geht es um Forschungsaktivitäten im Bereich der Energieeinsparung und der Emissionsminderung konventioneller Flugzeuge. Daneben gibt es weitere wichtige Pläne wie die Konstruktion von so genannten Nur-Flüglern oder die komplette Neugestaltung einer neuen Generation von Überschallflugzeugen.

Ein einfaches Beispiel, wie relativ schnell mit bereits vorhandener Technologie Energie und Emissionen eingespart werden können, ist der Zusatz von Biokraftstoffen zu normalem Flugbenzin (Kerosin). Hier ist die Entwicklung schon so weit fortgeschritten, dass Biokraftstoffe probehalber im regulären Linienverkehr der Lufthansa eingesetzt werden. Über einen Zeitraum von 6 Monaten ist viermal täglich auf der Strecke Hamburg–Frankfurt eine Maschine ohne Störungen mit Biokraftstoff geflogen. Damit hat man jetzt Gelegenheit, die technischen Auswirkungen auf das System in der Praxis zu untersuchen. Man war noch etwas vorsichtig und hat vorerst nur bei einem Triebwerk 50 % Biokraftstoff zugesetzt, aber die bisherigen Erkenntnisse sprechen dafür, dass es keine technischen Probleme gab. Dieses Flugzeug hat immerhin 1500 Tonnen CO_2 über 6 Monate eingespart. Das DLR ist mit Emissionsmessungen direkt am Triebwerk (Partikel, NO_x, CO, unverbrannte Kohlenwasserstoffe) beteiligt, die auch für die Klimaforschung von besonderem Interesse sind, sowie mit rechnerischen Vergleichen der Emissionen von Kerosin und Biokraftstoffen.

Ein weiterer aktueller Forschungsschwerpunkt betrifft die Anwendung von Brennstoffzellen in der Luftfahrt, allerdings vorerst nicht zum Fliegen, sondern für das Manövrieren der Flugzeuge am Boden. Ein Flugzeug am Boden ist nicht bzw. nur mit einem erheblichen Energieaufwand imstande, sich von selbst aus dem Stand heraus am Gate in Bewegung zu setzen und aus eigener Kraft auf die Startbahn zu rollen. Daher wurde ein brennstoffzellenbetriebenes Bugrad entwickelt, das über ein wasserstoffversorgtes Brennstoffzellensystem versorgt wird. Es handelt sich dabei um enorme Einsparungen: Ein Flugzeug, das innerdeutsch unterwegs ist, 3–5 Flüge pro Tag absolviert und jedes Mal 1–2 Kilometer von der Landebahn bis zum Gate fahren muss, legt gute 2000 km/Jahr zurück und ist etwa 20 Jahre in Betrieb. Das neue System hat zudem große Vorteile für die Logistik (da man das Flugzeug nicht mehr rangieren muss), für den Energieverbrauch und es schont das Triebwerk. Für den A320 werden Einsparungen an Triebwerkszeit von bis zu 1000 Betriebsstunden pro Jahr und Flugzeug erwartet, und das ist aus Sicht des Betreibers der größte Kostenfaktor, da sich damit u. a. die Wartungsintervalle verlängern.

Ein nächster großer Schritt ist das Fliegen mit regenerativ erzeugtem Wasserstoff. Beim DLR hat man dies erstmalig realisiert mit der Antares DLR H2 (Abb. 3), dem weltweit ersten Wasserstoff-Brennstoffzellenflugzeug (Abb. 4). Es handelt sich um einen Einsitzer mit beeindruckenden Flugeigenschaften. Das Testflugzeug hat eine Leistung von 33 kW_{el}, ist alleine startfähig und dient als Testplattform für Brennstoffzellensysteme in der Luftfahrt, ganz ohne lokale CO_2- und Partikelemissionen. Die Flugdauer von Antares H2 beträgt bis 5 Stunden, bei ihrem Nachfolger, der Antares H3, wird eine Flugzeit von 15 bis 50 Stunden angestrebt (abhängig von der Wasserstoffspeicherart). Wird in einem nächsten Schritt die Payload von der derzeit maximal 200 kg noch etwas erhöht, sind das interessante erste Schritte zu ganz neuen Wegen der Motorisierung in der Luftfahrt.

Personenkraftwagen der Zukunft

Abbildung 5 zeigt links ein Elektrofahrzeug aus dem Jahr 1900, von Lohner und Porsche konstruiert, mit zwei in den Vorderrädern integrierten Radnabenmotoren, also trotz Vollgummireifen und Bleiakku teilweise Stand der Technik. Daneben (Abb. 5 rechts) die neueste Entwicklung des DLR, ein ebenfalls elektrisch angetriebenes Demonstratorfahrzeug, das aus einem umgebauten Marsmobil entstanden ist. Es ist schon frappierend, wie ähnlich das Grunddesign der beiden Fahrzeuge ist. Dass bei dem Robomobil die beiden Vorderräder so seltsam stehen, ist gewollt: es handelt sich um einzeln steuerbare Räder, mit denen sich sehr interessante Manöver auf engstem Raum durchführen lassen.

Was sind die großen Themen in der Forschung nach dem energieeffizienten, emissionsarmen Fahrzeug? Im Wesentlichen geht es a) um Material- und Konstruktionsfragen für leichte, effiziente Fahrzeuge, b) um den Komplex Elektro- und Hybridantrieb sowie alternative Kraftstoffe und c) um Verkehrsmanagement, z. B. kognitive Assistenz- und Automationssysteme.

Zu den neuartigen Fahrzeugstrukturen gehört die Verringerung der Fahrzeugmasse. Sich heute allein in Fahrzeugen zu bewegen mit 1 oder 2 Tonnen Masse ist nicht effizient. Leichtere, kleinere Fahrzeuge erfordern jedoch mehr aktive Sicherheitssysteme, die Crashsicherheit muss durch Strukturintegrität erhöht werden. Durch den Einsatz kostenattraktiver modularer Technologien muss das Fahrzeug bezahlbar werden. Das Fünf-Liter-Fahrzeug vor 20 Jahren war längst verfügbar und in allen Schaufenstern und Automessen ausgestellt, ist aber am Geschmack der Kunden und am Preis gescheitert.

Als aktuelle Beispiele aus der Automobilforschung sind zu nennen:

- Leichtbaufahrzeuge 5/500, d. h. für 5 Passagiere bei einer Fahrzeugleermasse von 500 kg. In den 1960er/70er Jahren konnte man das zwar bereits, aber die Ansprüche an Komfort, Sicherheit, Leistung und Geschwindigkeit waren damals noch deutlich geringer.
- Multi-Material-Design mit z. B. faserverstärkten Kunststoffbauweisen, Funktionsmaterialien, intelligenten und hybriden Materialien. Hier gibt es erheblichen Forschungsbedarf und viele gute Ideen.
- Funktionsintegrative, insbesondere metallische Gussbauweisen.

Bei den neuen Fahrzeugenergiesystemen sei an erster Stelle die Motorenentwicklung, also auch die der konventionellen Aggregate, im Hinblick auf die Optimierung für unterschiedliche Kraftstoffe (biogene Kraftstoffe, Wasserstoff) genannt. Im DLR denken wir aber auch über neuartige Systeme nach, wie z. B. den Freikolben-Lineargenerator für Hybridantriebe und Mikrogasturbinen. Verbrennungsmotorische Aggregate entwickeln aufgrund der Verluste viel Abwärme. Hier gibt es interessante Wege, diese Abwärme intelligent zu nutzen, z. B. durch thermoelektrische Generatoren, und den deutlich gestiegenen Bordstromverbrauch der modernen Fahrzeuge durch diese Technologie zu decken. Die elektrischen Wirkungsgrade sind mit etwa 10 % zwar recht gering, aber es ist mehr, als diese Technologie nicht einzusetzen.

Des Weiteren ist ein optimiertes Energiemanagement für die Motorkühlung und für die Klimatisierung zu nennen; Brennstoffzellen und Akkus müssen beheizt oder gekühlt werden. Ein Ansatz liegt im integrierten Energiemanagement für alle Komponenten. Brennstoffzellen sind im Grunde seit vielen Jahrzehnten bekannt. Aber es macht einen großen Unterschied, ob eine Brennstoffzelle in einem Haus steht und stationär ein Gebäude mit Strom und mit Wärme versorgt, oder ob sie mit 200 km/h unterwegs ist, crashsicher sein und hohe Temperaturunterschiede aushalten muss. Dafür ist eine ganz andere Technologie erforderlich, die mit der stationären

Abb. 3. Antares DLR H2, das weltweit erste Wasserstoff-Brennstoffzellenflugzeug. – DLR (CC-BY 3.0).

Brennstoffzelle nur noch den Namen gemeinsam hat.

Die Fahrerassistenz hat eine ebenso große Bedeutung wie die o. g. Komponentenentwicklung, weil sich hier der Faktor Mensch mit seinem Fahrverhalten und der Bedienung von Fahrzeugen positiv beeinflussen lässt. Hierzu zählen sicheres, effizientes und hochautomatisiertes Fahren sowie eine kooperative Unfallvermeidung

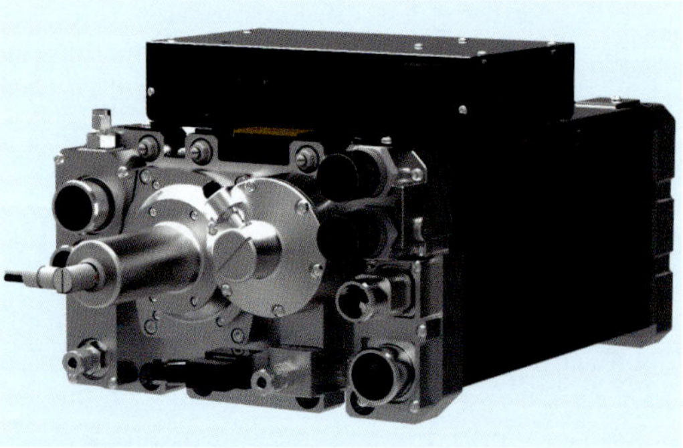

Abb. 4. Optimiertes Brennstoffzellensystem der dritten Generation. – DLR (CC-BY 3.0).

durch Optimierung des individuellen Entscheidungsverhaltens.

Ein wichtiges Beispiel aus dem Bereich der Fahrerassistenz ist die Navigation. Richtig massentauglich wurde sie erst im Jahr 2000 mit noch einfachen Funktionen. Mittlerweile sind diese Geräte sehr komplex und liefern eine Fülle von Informationen, auf die man über Fahrerassistenzsysteme jederzeit und sehr einfach zugreifen kann. Im Lauf der Zeit kamen z. B. situationsabhängige Routenempfehlungen dazu, wie die Kombination mit dem Verkehrsfunk oder mit Wetterprognosen. Für die Elektromobilität ist die energieoptimierte Routenempfehlung besonders wichtig, einschließlich Infrastrukturangaben zu Lade- oder Batteriewechselmöglichkeiten. Dem Autofahrer ist nicht zuzumuten, dass er laufend analysiert, wie hoch die Restreichweite ist und wo die nächste Ladestation liegt – wenn es bei dem heutigen Stand bliebe, gäbe es für die Elektromobilität kein großes Potenzial. Durch Assistenzsysteme kann dafür gesorgt werden, dass das elektrische Fahren nicht nur energieeffizienter, sondern auch logistisch wesentlich einfacher und unkomplizierter als heute wird. Für das Elektrofahrzeug können unter Berücksichtigung

Abb. 5. Elektromobil von Lohner und Porsche von 1900 (links) und Robomobil des DLR von 2011 (rechts). – Archiv des Deutschen Museums München; DLR (CC-BY 3.0).

all dieser Einflussfaktoren und des Akkuladezustandes situationsangepasste Empfehlungen für die Routenwahl getroffen werden, über das Maß hinaus, wie es bei konventionellen Fahrzeugen nötig und möglich ist.

Verkehrsmanagement, multimodaler Verkehr

Das Verkehrsmanagement verbindet Mensch, Fahrzeuge und Infrastruktur wie Ampeln oder Ladestationen. Im Bereich des Straßenverkehrsmanagements haben wir in Bezug auf Ampel- und Verkehrsleitsysteme einen ziemlich hohen Stand, ärgern uns aber dennoch täglich darüber, dass er bei weitem noch nicht optimal ist. Es gibt Themen wie Parkraumbewirtschaftung, die noch nicht existent sind. Bei einem konventionellen Fahrzeug kostet es lediglich Zeit und Kraftstoff, wenn man am Samstagvormittag in der Innenstadt keinen Parkplatz findet, bei einem Elektrofahrzeug aber ist es ein größeres Problem, wenn die Batteriekapazität schneller als geplant zur Neige geht und für den Rückweg nicht mehr ausreicht. Eine Parkraumbewirtschaftung mit ordentlichen Verkehrsleitsystemen in den Städten ist daher ein unbedingtes Muss. Das Elektrofahrzeug ist nicht der eigentliche Grund, aber der dringende Anlass, diese Aufgabe endlich in Angriff zu nehmen.

Beim Schienenverkehrsmanagement geht es vor allem um die Optimierung der Auslastung von Strecken bei gleichzeitiger Maximierung der Sicherheitskriterien, um Antikollisionssysteme usw. Das Total Airport Management umfasst die Schnittstelle von anderen Verkehrssystemen, die Zufahrt zum Flughafen, das Management innerhalb des Flughafens (z. B. Security, Fußgängerfluss) bis hin zu dem ziemlich anachronistischen Ein- und Aussteigevorgang im Flugzeug selbst, der am meisten Zeit kostet.

Verkehrsmanagement bei Großereignissen und Katastrophen ist ebenfalls ein wichtiges Thema, da dort sehr oft und sehr schnell unübersehbare oder noch nie dagewesene chaotische Situationen entstehen können. Veranstaltungen, bei denen sich Hunderttausende von Menschen versammeln, bergen immer ein hohes Risiko. Auch dafür werden Maßnahmen und Methoden entwickelt, auf die ich hier nicht im Einzelnen eingehen kann.

Multimodale Mobilitätskonzepte, d. h. die sequenzielle Nutzung von mehreren Verkehrsmitteln für eine Reise, einschließlich der eigenen Füße oder von Fahrrädern, werden stark an Bedeutung gewinnen. Wir kennen das ansatzweise heute schon mit Park and Ride, Call a Bike oder mit dem Umstieg von Bahn auf Mietwagen. Diese Ansätze, die uns helfen können, Zeit, Wege und Energie zu sparen, werden wir für die Zukunft noch viel stärker entwickeln müssen. Es ist zugegebenermaßen ein gewisser Paradigmenwechsel in der Mobilität: Die Deutschen sind es gewöhnt, dass sie ihr eigenes Wohnzimmer auf Rädern immer mit dabei haben, mit persönlichen Utensilien in Kofferraum und Handschuhfach. Von diesen liebgewordenen Gewohnheiten werden wir uns ein Stück weit verabschieden müssen, um die Bahn freizumachen für solche neuen Konzepte, die auch langfristig eine ungehinderte, umweltfreundliche Mobilität ermöglichen.

Wir entwickeln im DLR diese Techniken

und Konzepte nicht nur im Labor oder auf dem Reißbrett, sondern haben mit Braunschweig, das eine typische Charakteristik und Struktur einer mittelgroßen Stadt aufweist, einschließlich aller Verkehrssysteme und eines mittelgroßen Flughafens, eine ganze Stadt zu einer Großforschungsanlage erklärt. Dort werden laufend Messungen durchgeführt an vielen tausend Fahrzeugen, an Ampelanlagen und anderen Einrichtungen der Verkehrsinfrastruktur. Unser Ziel ist, dass wir eines Tages in der Lage sein werden, den Verkehrsfluss nach vorgegebenen Optimierungskriterien zu steuern: intelligente Ampeln, die sich untereinander abstimmen, und intelligente Kreuzungen, die schon wissen, was in den nächsten 5 Minuten auf sie zukommt. Der Verkehr kann dann z.B. morgens und abends, wenn er in verschiedene Richtungen fließt, ganz anders gesteuert werden und damit kann die Vorgabe erfüllt werden, diese Verkehrsströme möglichst energie- und CO_2-arm zu steuern.

Fazit

Wie schon anfangs gezeigt, geht der Trend ganz klar in die Richtung von noch mehr Mobilität, noch mehr Personen- und Güterverkehr. Darauf müssen und können wir uns einstellen. Hieraus ergeben sich im Prinzip drei recht einfache Forderungen:

- nach energieeffizienteren, schadstoffärmeren Fahrzeugen,
- nach einer engen Vernetzung der Fahrzeuge mit der Verkehrs- und Energieinfrastruktur, gerade im Falle von Elektromobilität,
- nach multimodalen Verkehrssystemen, also der Gedanke, sich nicht nur mit einem Fahrzeug für alle Zwecke zu bewegen, sondern jeweils die verkehrszweckoptimierte Variante herauszusuchen.

Dafür ist in höchstem Maße interdisziplinäre Forschung und Entwicklung notwendig. Wir müssen nicht nur mit Technikern und Verkehrsforschern, sondern auch mit Soziologen, Bevölkerungsforschern, Soziodemografen, den Kommunen und allen möglichen Beteiligten sprechen. Das sind große Herausforderungen, aber auch lohnende, schließlich geht es um derzeit 30 % Anteil am Endenergiebedarf.

Literatur

Infas & DLR. 2010. Mobilität in Deutschland 2008 (MiD 2008). Ergebnisbericht Struktur – Aufkommen – Emissionen – Trends. – Studie im Auftrag des Bundesministeriums für Verkehr, Bau und Stadtentwicklung. infas Institut für angewandte Sozialwissenschaft GmbH, Bonn, DLR Deutsches Zentrum für Luft- und Raumfahrt, Berlin, PN 3849, 208 S.

OECD. 2011. Transport Outlook 2011. Meeting the needs of 9 Billion people. – International Transport Forum (ITF). Paris, France, 44 pp.

Rundgespräche der Kommission für Ökologie, Bd. 41 »Die Zukunft der Energieversorgung«, S. 87–90.
 – ISSN 0938-5851 – ISBN 978-3-89937-150-5

Was bewegt uns in Zukunft? Oder besser: Wie bewegen wir uns in Zukunft?

Kommentar zum Vortrag Was bewegt uns in Zukunft? – Neue Verkehrs- und Energiesysteme für umweltschonende Mobilität

Markus Lienkamp*

Statt der Frage »Was bewegt uns in Zukunft?« würde ich lieber die Frage »Wie bewegen wir uns in Zukunft?« stellen und ich möchte gleich zu Beginn Herrn Wagner widersprechen. Sie sagten, der Personen- und der Güterverkehr würden wachsen – aber sie müssten eigentlich sinken. Gleiches gilt für die CO_2-Emissionen: Wir können nicht ernsthaft annehmen, dass sich die Emissionen aus der Mobilität verdoppeln dürfen, während alle anderen Emissionen sinken müssen. Das Ziel der Bundesregierung lautet, 20 % der heutigen CO_2-Emissionen bis zum Jahr 2020 zu vermeiden. Auch die Ziele des »Next Generation Train«, Erhöhung der Höchstgeschwindigkeit auf 400 km/h und Halbierung des spezifischen Energieverbrauchs gegenüber dem ICE 3, sind die falschen: Vielmehr müssen wir den Verbrauch künftiger Züge auf die Hälfte senken, bei gleicher Geschwindigkeit wie ein ICE. Ähnliches gilt für Biokraftstoffe im Luftverkehr: Wir brauchen einen deutlichen Rückgang des Luftverkehrs, der dann z. B. in München die umstrittene geplante dritte Startbahn überflüssig machen würde.

Ölknappheit und ihre Folgen

Warum ist dies so? Die Bundesanstalt für Geowissenschaften und Rohstoffe, Hannover, geht davon aus, dass etwa 2020 das Fördermaximum (Peak Oil) für Rohöl überschritten sein wird und dann die Rohölproduktion sinkt (Rempel 2006). Wenn wir weitermachen wie bisher, werden wir wesentlich mehr Öl brauchen und die Schere zwischen Verbrauch und Förderung wird komplett auseinanderlaufen. Im Verkehr sind wir derzeit zu über 95 % auf Öl angewiesen – wie soll das zu schaffen sein, wenn wir weiter »Business as usual« betreiben? Das zeigt sich auch an den Preisen für Energie. Die Internationale Energieagentur hat für das Jahr 2010 im Jahr 2000 einen Preis von 16,5 US$/Barrel (IEA 2000) und im Jahr 2008 einen Preis von 100 US$/Barrel prognostiziert, für 2030 liegt die Prognose bei 122 US$/Barrel (IEA 2008).

Was wird bei einer Ölknappheit passieren? Stationäre Verbraucher können auf alternative Energieträger umsteigen (Holz-, Gasheizung, Fernwärme, Wärmepumpen, Dämmungsmaßnahmen), in der Pkw-Kurzstrecke ist Öl durch Strom prinzipiell substituierbar, in der Pkw-Langstrecke ist Öl jedoch nur durch Erdgas ersetzbar. Der Schwerlastverkehr wird weiterhin Öl brauchen, hier ist nur der Umstieg auf die Schiene möglich, ähnlich verhält es sich beim Flugverkehr. Bei Schiffen kann das Öl nur begrenzt durch Wind oder Kohle ersetzt werden.

* Lienkamp, Markus, Prof. Dr.-Ing., Technische Universität München, Lehrstuhl für Fahrzeugtechnik, Boltzmannstraße 15, 85748 Garching. E-Mail: lienkamp@ftm.mw.tum.de

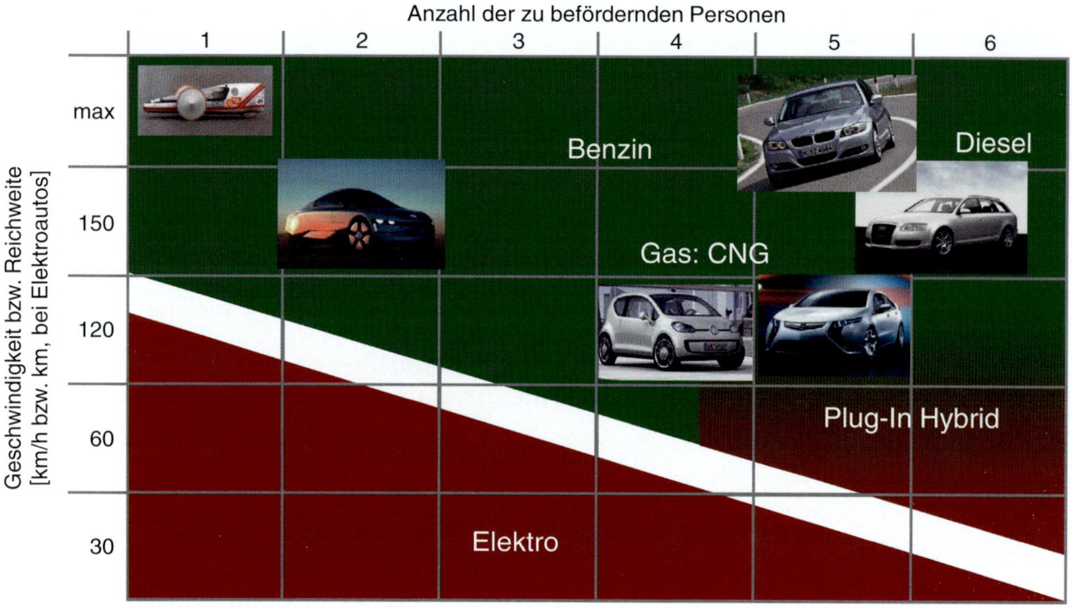

Abb. 1. Bereich Verbrennungsmotoren: Einteilung von Personenkraftwagen nach Verbrennungsmotoren und Elektromotoren in Bezug auf die Anzahl der zu befördernden Personen, Geschwindigkeit (in km/h) bzw. Reichweite (in km, bei Elektroautos). CNG: Compressed Natural Gas. – TUM, FTM.

Wie eine Vision der Mobilität aussehen könnte

Gut verdienende Leute, z. B. in München, werden auch weiterhin zwei Fahrzeuge haben, ein Langstrecken- und ein Kurzstreckenfahrzeug, das sie je nach Bedarf nutzen werden. Die meisten Leute wohnen aber in Wohnungen mit nur einem Stellplatz und werden nur noch ein kleines Elektrofahrzeug haben. Für längere Distanzen nutzen sie Autos in der Nachbarschaft über Carsharing oder Mietwagenangebote. Vielleicht hat man einmal gar kein Auto mehr und wenn man Mobilität braucht, nutzt man Busse und Bahnen oder bestellt ein Auto, das vor die Tür gefahren wird und nach Gebrauch wieder wegfährt.

Weiterhin wird die Welt im automobilen Bereich in Fahrzeuge mit Verbrennungsmotoren aufgegliedert sein, die mehr Personen über längere Strecken bei höherer Geschwindigkeit transportieren können, und in Elektrofahrzeuge für Kurzstrecken und wenige zu transportierende Personen (Abb. 1).

Eine sehr gute Option ist Erdgas, das heute schon für Fahrzeuge genutzt wird, mit einer Reichweite von bis zu 400 km und einer relativ gut ausgebauten Infrastruktur. Compressed Natural Gas (CNG) hat aufgrund seiner chemischen Zusammensetzung einen um 15 % geringeren CO_2-Ausstoß als Benzin. Es ist über Methanisierung[1] aus Strom erzeugbar und problemlos über mehrere Wochen im deutschen Erdgasnetz speicherbar. Zudem sind durch neue Verfahren größere Vorkommen erschließbar, als dies bei Öl der Fall ist.

Im Bereich der Kurzstreckenmobilität können wir heute schon für kurze Strecken und wenig Personen Elektrofahrzeuge anbieten (Abb. 2). Mehrere Autofirmen bringen ihre Elektrofahrzeuge gerade auf den Markt, z. B. die Z.E.-Modelle (Zero Emission) von Renault oder der Smart fortwo von Mercedes; mit dem zweisitzigen Tesla Roadster ist sogar ein Luxusprodukt dabei. Auch im Lieferverkehr werden verstärkt Elektrofahrzeuge kommen, z. B. Postfahrzeuge, und es wird auch Prämienfahrzeuge geben. Zu den Hybridfahrzeugen gehören z. B. der Plug-

1 Bei der Methanisierung wird Wasser elektrolytisch in Sauerstoff und Wasserstoff gespalten ($2\,H_2O \rightarrow O_2 + 2\,H_2$). Aus dem Wasserstoff und aus CO_2 kann Methan und Wasser gebildet werden ($CO_2 + 4\,H_2 \rightarrow 2\,H_2O + CH_4$).

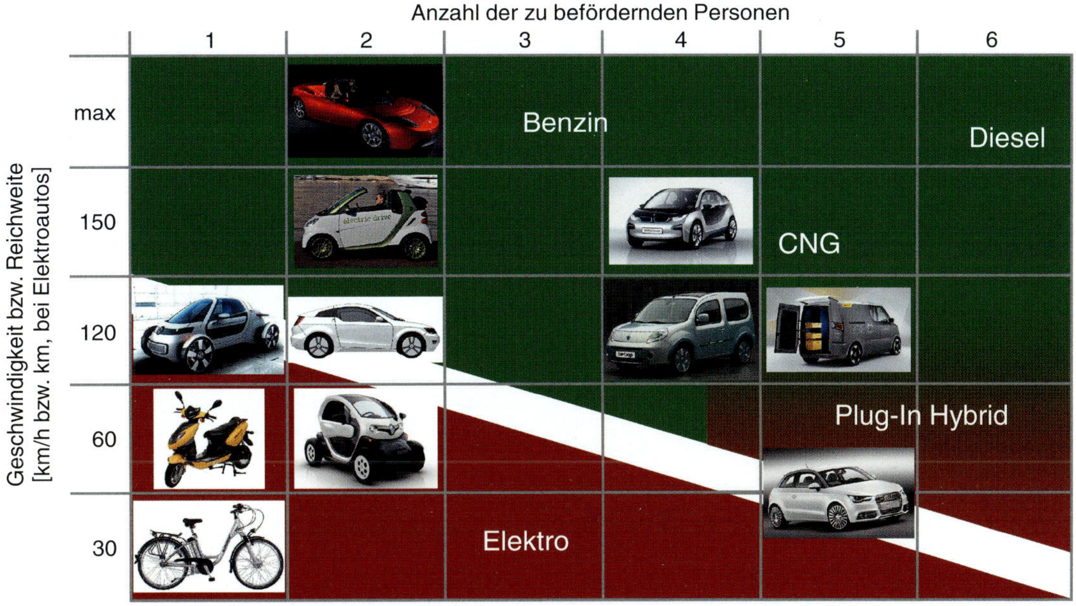

Abb. 2. Bereich Kurzstreckenmobilität mit Elektrofahrzeugen: Einteilung von Personenkraftwagen nach Verbrennungs- und Elektromotoren in Bezug auf die Anzahl der zu befördernden Personen, Geschwindigkeit (in km/h) bzw. Reichweite (in km, bei Elektroautos). – TUM, FTM.

in-Hybrid Audi A1 e-tron mit 50 km Reichweite sowie Postfahrzeuge.

An der Technischen Universität München wurde das Elektroauto Mute für Kurzstrecken entwickelt (Abb. 3, Tab. 1), das wir für einen technisch, ökologisch, aber auch ökonomisch sinnvollen Kompromiss halten. Elektromobilität darf nicht teurer sein als bisherige Mobilität, sonst wird sie nicht in die Breite gehen. Dieses Fahrzeug soll auch die Botschaft senden, dass

Abb. 3. Elektrofahrzeug Mute, entwickelt an der Technischen Universität München. – TUM, FTM.

Tab. 1. Grundgedanken zum Fahrzeugkonzept von Mute. TCO: Total Cost of Ownership, Gesamtbetriebskosten. – TUM, FTM.

Dimension	Kleinstwagen
Passagierzahl	2 Personen
Zuladung	2 Gepäckstücke
Reichweite	> 100 km
Kosten vor Kunde	TCO gleich heutigen Kleinwagen (z. B. Smart)
Markt	Mitteleuropa
Höchstgeschwindigkeit	120 km/h
Leistung	15 kW am Rad
Leermasse	400 kg + 100 kg Batterien

Mobilität künftig nicht mehr eine reine Luxusmobilität sein wird, sondern durchaus gewisse Einschränkungen und Verzichte haben wird. Zu diesem Kurzstreckenfahrzeug kann man sich ggf. bei Bedarf für längere Strecken ein Auto leihen, wenn es die Situation erfordert.

Künftig wird es auch mehr Fahrgemeinschaften geben, man wird sich über soziale Netze im Internet dazu verabreden, und wir erleben heute schon, dass verstärkt Bustouren angeboten werden.

Wir als Techniker sind zum Teil am Ende unserer Möglichkeiten, jetzt muss sich der Kunde ändern.

Literatur

DERA. 2011. Reserven, Ressourcen und Verfügbarkeit von Energierohstoffen 2011. Kurzstudie. – DERA Rohstoffinformationen, 8. Deutsche Rohstoffagentur (DERA) in der Bundesanstalt für Geowissenschaften und Rohstoffe, Hannover, 89 S.

IEA. 2000. World Energy Outlook 2000. – International Energy Agency, Paris, 457 pp., www.iea.org/weo/archives.asp.

– 2008. World Energy Outlook 2008. – International Energy Agency, Paris, 578 pp., www.iea.org/weo/2008.asp.

Rempel, H. 2006. Konventionelles Erdöl vor dem Aus? Fördermaximum ist spätestens 2020 erreicht. – scinexx, 06.10.2006, www.scinexx.de/wissen-aktuell-5454-2006-10-06.html [27.03.2012].

Rundgespräche der Kommission für Ökologie, Bd. 41 »Die Zukunft der Energieversorgung«, S. 91–102.
 – ISSN 0938-5851 – ISBN 978-3-89937-150-5

Unverzichtbare fossile Energieträger – Wahrnehmung und Wirklichkeit

Dietrich H. Welte*

Zusammenfassung

Es besteht breiter politischer und gesellschaftlicher Konsens, dass die Versorgung mit Primärenergie eine wichtige Grundlage jeder hochentwickelten Industrienation ist und dass sie den Kriterien des Zieldreiecks Versorgungssicherheit, Wirtschaftlichkeit und Umweltverträglichkeit genügen muss. Ein faktenbegründetes Einvernehmen, wie diese Eckpunkte zu bewerten sind, gibt es jedoch nicht. Mit der so genannten »Energiewende« und dem sofortigen Herunterfahren der ersten Kernkraftwerke ist die Verfügbarkeit von Primärenergie in Deutschland deutlich unsicherer geworden. Die Überbetonung erneuerbarer Energieträger ist nachteilig für die Entwicklung einer realistischen und bezahlbaren Energiestrategie. Obwohl fossile Energieträger zurzeit ca. 80 % der Primärenergie liefern, sollen sie in ein bis zwei Dekaden weitgehend durch erneuerbare ersetzt werden. Kosten/Nutzen-Überlegungen und die Versorgungssicherheit scheinen dabei kaum eine Rolle zu spielen.

Die Hauptargumente für eine solche »Energiepolitik« sind: (1) eine angeblich absehbare Verknappung fossiler Energieträger, (2) die deutsche Importabhängigkeit und (3) die These von der Erderwärmung durch das anthropogene CO_2. Das erste Argument ist ungültig, da es für die nächsten 30+ Jahre (und weit darüber hinaus) keine Verknappung der Reserven oder Ressourcen an Öl, Gas und Kohle geben wird. Das zweite Argument der Importabhängigkeit kann, wie die Vergangenheit gezeigt hat, durch eine entsprechende Handels- und Wirtschaftspolitik und die verstärkte Nutzung nationaler fossiler Reserven und Ressourcen wie Braunkohle, Schiefergas und Kohleflözgas »CBM« (Coal Bed Methane) deutlich gemildert werden. Das dritte Argument sollte sehr kritisch überprüft werden. Zum einen handelt es sich nur um eine Hypothese, die auf Resultaten ehrgeiziger numerischer Simulationsrechnungen komplexer klimarelevanter natürlicher Prozesse basiert, die zum Teil nur ungenügend verstanden sind. Darüber hinaus sind uns aus den Paläoklimadaten keine Hinweise bekannt, dass das atmosphärische CO_2 der Hauptfaktor der Klimagestaltung gewesen sei. Dies stimmt mit der Beobachtung überein, dass mit ansteigenden atmosphärischen CO_2-Gehalten die Globaltemperaturen in den letzten 10 Jahren gesunken sind.

Deutschland wäre daher gut beraten, erneut einen sehr kritischen und unvoreingenommenen Blick auf das wichtige Thema »Energie und Klima« zu werfen und das energetische Zieldreieck sinnvoll und faktenbasiert auszubalancieren, auch wenn dies in der gegenwärtigen emotionalen öffentlichen Diskussion schwierig und delikat sein dürfte. Im Hinblick auf die Rolle des anthropogenen CO_2 muss die Wissenschaft offenlegen, was sie sicher weiß, und auch, was sie nicht weiß. Die Akademien der Wissenschaften sind wohl die bestgeeignete anerkannte und kompetente Plattform, um als neutrale Vermittler zwischen Politik, Medien und Gesellschaft auf der einen und Wissenschaft, Technologie und Wirtschaft auf der anderen Seite zu vermitteln.

* Welte, Dietrich H., em. o. Prof. Dr. Dr. h.c., Ritterstraße 23, 52072 Aachen. Vormals RWTH Aachen, Forschungszentrum Jülich, Jacobs-University Bremen, IES Integrated Exploration Systems Inc.
E-Mail: dhwelte5@t-online.de

Summary

Indispensable fossil energy: perception and reality. There is broad political and societal consensus that the provision of primary energy is an important prerequisite for any highly developed industrial nation and that it must satisfy the requirements of the so-called energy triangle, i.e. security of energy provision, economic viability and environmental friendliness. However, there is no fact-based agreement in politics or society about how to evaluate the individual corners of the energy triangle. With the so-called «Energiewende" and the immediate phasing out of nuclear energy, the availability of primary energy in Germany has become more uncertain. Renewable energy sources are overemphasized and hence detrimental to the development of a realistic, affordable energy strategy. Although fossil energy sources provide about 80 % of our primary energy at present, they are supposed to be reduced substantially within one to two decades and replaced with renewables. Cost/benefit-considerations and security of energy supplies seem to be of no concern.

The main arguments for this kind of energy policy are: (1) a "foreseeable end to the availability of fossil energy", (2) the large dependency on imports, and (3) the alleged threat of "global warming" supposedly caused by anthropogenic CO_2 emissions. Argument number one is invalid, because there will be no shortages in reserves or resources of oil, gas and coal within the next 30+ years (and beyond). The second argument concerning a high import dependency is valid and must be taken care of. But as experience has shown, measures can be taken to minimize and/or avoid critical situations, for example adequate economic trade policies and a reinforcement of national fossil energy reserves and resources such as brown coal, shale gas and coalbed methane (CMB). The third argument must be critically reviewed. It must be reduced to what it is – a hypothesis based on the results of ambitious numerical simulations of complex climate related natural processes, many of which are insufficiently understood. In addition, there is no evidence from paleoclimate records that atmospheric CO_2 was the main climate controlling parameter. This is in line with the observation that with increasing atmospheric CO_2-concentrations global temperatures have been decreasing during the last 10 years.

Germany would be well advised to have a critical fresh look at the very important issue of "energy and climate". However, regarding the present emotionally charged atmosphere, balancing the energy triangle based on facts is a very complex and delicate task. With respect to the central issue of the role of anthropogenic CO_2, science must clearly tell us what we know for sure and what we do not know. The academies of sciences are probably best suited to act as a neutral mediator between politics, media and society on one side and science, technology and the economy on the other.

Vorbemerkung

Die tragische Dreifachkatastrophe im Hochtechnologieland Japan im März 2011, bestehend aus Erdbeben, Tsunami und dem Reaktorunfall, hat weltweit zu einer Neubewertung der Kernenergietechnologie geführt. In Deutschland wurde von der Politik als Folge die »Energiewende« ausgerufen und der schnelle Atomausstieg beschlossen. In der komplexen Welt der Bereitstellung von Primärenergie ist dieser Reaktorunfall ein reales Problem und eine Herausforderung, die zu einem Umdenken hin zu mehr Realitätsbezogenheit in Sachen Energieversorgung führen muss. Neben diesem aktuellen und ganz realen »Kernenergie-Problem« wird speziell in Deutschland seit Jahrzehnten ein weiteres, eher diffuses Problem bezüglich der Energieversorgung gesehen: die durch die Nutzung fossiler Energieträger frei werdende, anthropogene CO_2-Emission. Das anthropogene CO_2 gilt in der öffentlichen Meinung und in der offiziellen Politik als Hauptursache für die Erderwärmung und wird besonders in den Medien als Grund einer drohenden »Klimakatastrophe« hochstilisiert. In diesem Zusammenhang sollte man sich darüber im Klaren sein, wie diese, teilweise sehr polemisch-demagogisch geführte Debatte über Klima und Energie in unserem Lande entstanden ist und welchen Weg sie genommen hat.

Die letzte, längerfristige Energiestrategie für die Bundesrepublik Deutschland wurde vor ca. 40 Jahren unter der Regierung von Bundeskanzler Helmut Schmidt vorgestellt. Neben den »klassischen« fossilen Primärenergieträgern spielte die Kernenergie dabei eine wichtige Rolle. In den frühen 1980er Jahren, vor der Reaktorkatastrophe in Tschernobyl (1986), wurde das »klimaschädliche, anthropogene CO_2« aus fossilen Energieträgern als Grund für einen notwendigen Ausbau der Nutzung von Kernenergie in Stellung gebracht. Selbiges geschah auch in England. In Deutschland warnten dann 1987 die Deutsche Physikalische Gesellschaft und die Deutsche Meteorologische

Gesellschaft in einem gemeinsamen Aufruf vor weltweiten, menschengemachten Klimaveränderungen (DPG & DMG 1987). Grundlage für die Warnungen waren Rechenmodelle zur Rolle des anthropogenen CO_2 als Grund für die Erderwärmung.

Die Politik zeigte sich beeindruckt und von nun an hatte staatlich finanzierte Klimaforschung Hochkonjunktur. Es ist sicherlich kein Zufall, dass unter massiver deutscher Beteiligung ein Jahr später (1988) das bei der UN angesiedelte »Intergovernmental Panel on Climate Change« (IPCC) gegründet wurde. Bald standen der Klimaforschung in den führenden Wissenschaftsnationen die besten und schnellsten Supercomputer zur Verfügung. Der Siegeszug der Rechenmaschinen verlief schneller als die notwendige Erfassung weltweiter Daten, um Computer und Modelle zu füttern. Außerdem fehlten, und fehlen noch heute, fundierte Prozesskenntnisse für Teile der Wirkungskette im Klimageschehen in Vergangenheit und Gegenwart (vgl. S. 99 und Hagedorn 2005). Die Gründungen des Potsdam-Instituts für Klimafolgenforschung (PIK) und des Wissenschaftlichen Beirats der Bundesregierung Globale Umweltveränderungen (WBGU) fallen beide in diese Zeit (1991/1992).

Im Jahr 1995 erschien eine weitere Studie der Deutschen Physikalischen Gesellschaft, das »Energiememorandum 1995« (DPG 1995). Sie trug den Titel »Zukünftige klimaverträgliche Energienutzung und politischer Handlungsbedarf zur Markteinführung neuer emissionsmindernder Techniken«. Darin wurde u. a. davor gewarnt, dass durch die menschengemachte Temperaturerhöhung ein Meeresspiegelanstieg um einen halben Meter zu erwarten ist und damit »ein Verschwinden von sieben Staaten der Weltgemeinschaft«. Auch wurde auf das Schicksal von Klimaflüchtlingen aus südlichen Ländern hingewiesen, »die den fortdauernden Ausstoß von Treibhausgasen am wenigsten zu verantworten haben«.

Solche Mitteilungen aus bestimmten Teilen der Wissenschaftsgemeinde wurden von Politik und Medien begierig aufgenommen und zum eigenen Nutzen instrumentalisiert. Die nahende »Klimakatastrophe« wurde zu einem eifrig verfolgten Talkshow-Thema. Die deutsche Politik und die Gesellschaft begannen, sich nun auch international als Vorreiter eines strengen Klimaschutzes zu positionieren. Kosten/Nutzen-Überlegungen waren in dieser Debatte nicht gefragt. Deutschland wollte um jeden Preis Schrittmacher

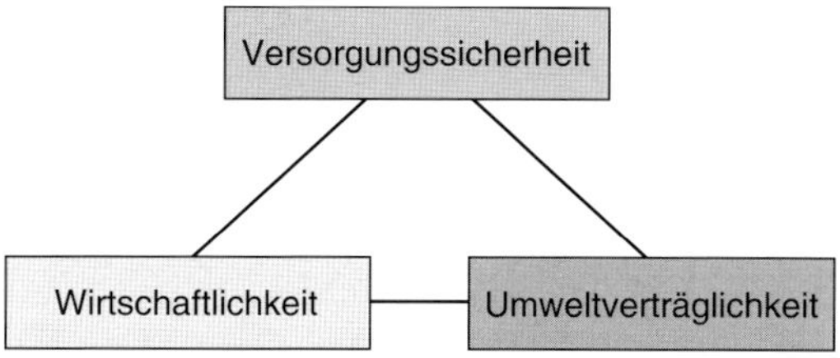

Abb. 1. Energiepolitisches Zieldreieck. Bei der Versorgung mit Primärenergie muss das Zieldreieck ausbalanciert sein.

beim Klimaschutz und einer »Entkarbonisierung« der Energieversorgung sein. Die Entwicklung um »die menschengemachte Erderwärmung« fand ihren vorläufigen Höhepunkt im Jahr 2007 mit der Verleihung des Friedensnobelpreises an das IPCC und Al Gore, Jr., den ehemaligen Vizepräsidenten der USA.

Die zukünftige Versorgung mit Primärenergie und die Rolle fossiler Energieträger

Es besteht breiter politischer und gesellschaftlicher Konsens, dass die Versorgung mit Primärenergie eine wichtige Grundlage jeder Industrienation ist und dass sie den Kriterien des Zieldreiecks Versorgungssicherheit, Wirtschaftlichkeit und Umweltverträglichkeit genügen muss (Abb. 1). Ein faktenbegründetes Einvernehmen, wie diese Eckpunkte zu bewerten sind, gibt es jedoch nicht. Das komplexe Spannungsfeld der Energiepolitik wird auf der einen Seite von der Politik, den Medien und der Gesellschaft bestimmt und auf der anderen von Technologie, Wissenschaft und Wirtschaft (Abb. 2). Der gegenwärtige und zurückliegende Zustand der deutschen Energiepolitik zeigt überdeutlich, wie schwierig es ist, eine realistische, zukunftsweisende Energiestrategie für den Standort Deutschland (und Europa) in diesem Spannungsfeld zu entwickeln. Es gilt daher zu allererst, sich auf die für die Primärenergieversorgung wichtigen Fakten zu besinnen und Ideologien hintanzustellen.

Die erste und wohl auch wichtigste Tatsache ist die Anerkennung der gegenwärtigen Dominanz der fossilen Energieträger (Abb. 3), die zwangsläufig durch den Atomausstieg noch zunehmen wird. Der zweite Gesichtspunkt ist die sehr hohe Importabhängigkeit Deutschlands von über 80 % bei Erdöl und Erdgas (Abb. 4, DERA 2011a).

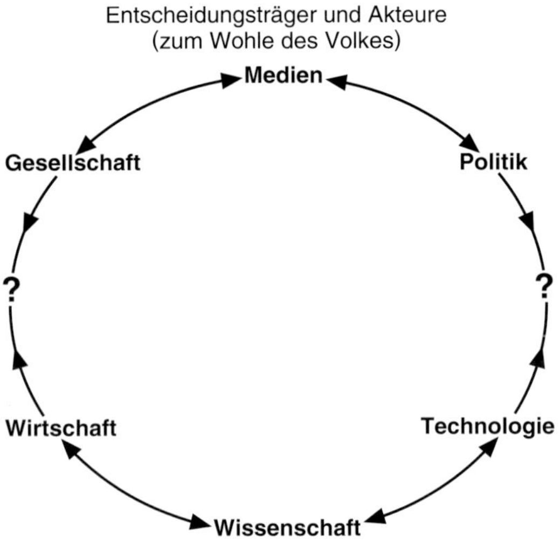

Abb. 2. Deutsche Energiepolitik im Spannungsfeld zwischen Gesellschaft, Medien und Politik einerseits und Technologie, Wissenschaft und Wirtschaft andererseits.

Drittens muss realisiert werden, dass erneuerbare Energieträger auf absehbare Zeit nicht in der Lage sein werden, den Hauptanteil unserer Versorgung mit Primärenergie zu decken, ganz zu schweigen von ihrer Wirtschaftlichkeit. Im Jahr 2009 betrug der kumulative Anteil der erneuerbaren Energieträger am Primärenergieverbrauch nur etwa 9 % (Abb. 3), trotz der gefühlten Allgegenwart in der Öffentlichkeit. Es gibt zahlreiche, vor allem politisch motivierte Studien, die den zukünftig möglichen Anteil erneuerbarer Energieträger hochrechnen. Jedoch selbst die optimistischsten Szenarien sehen die Erneuerbaren im Jahr 2030 bei nicht über 20 % des Primärenergieverbrauchs (Abb. 5, DERA 2011b) – es sei denn, man lässt jedwede Kosten/Nutzen-Überlegungen und realistische Technologieszenarien außer Acht.

Entgegen den Wahrnehmungen, vermittelt durch Medien und Politik, mit ihrer Überbetonung erneuerbarer Energieträger, wird Deutschland und die Welt auch in den nächsten Dekaden auf Erdgas, Erdöl und Kohle in hohem Maße angewiesen sein. Ohne ihre intensive Nutzung ist der Standort Deutschland im globalen Wett-

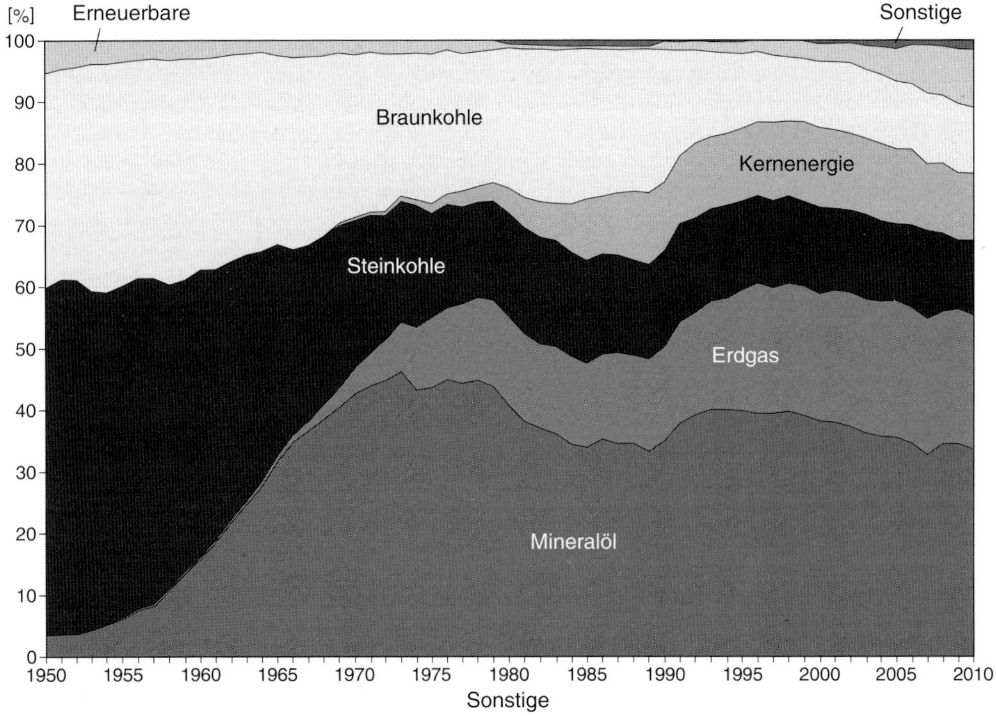

Abb. 3. Anteil verschiedener Energieträger (in %) am Primärenergieverbrauch in Deutschland. – @ BGR, AG Energiebilanzen.

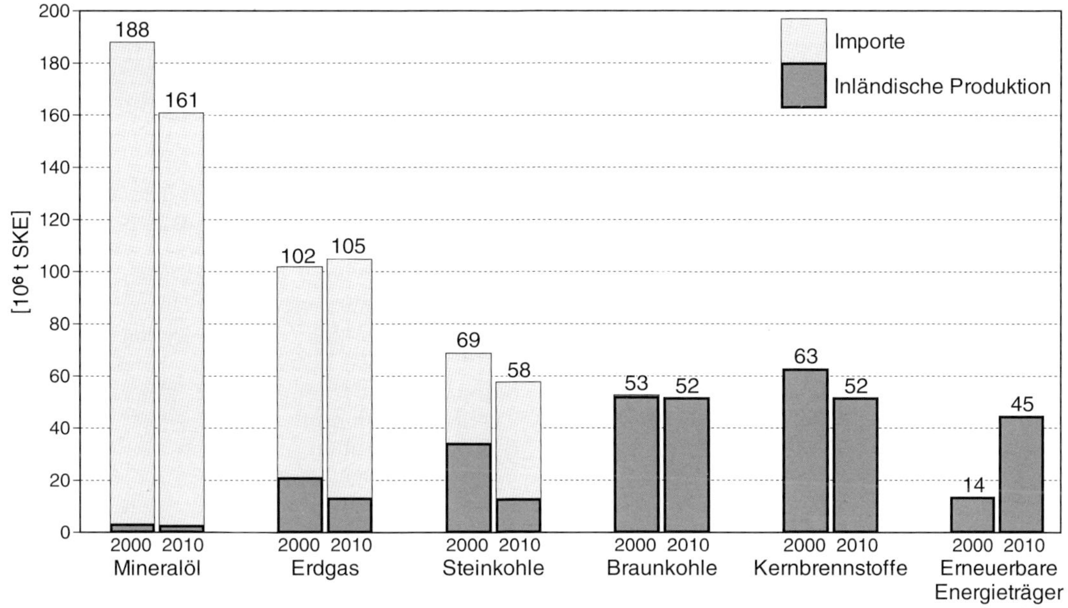

Abb. 4. Inländische Produktion und Importe verschiedener Energieträger in Deutschland (in Mio. t Steinkohleeinheiten/Jahr) 2000 und 2010. – DERA (2011a).

bewerb mit seinem heutigen Lebensstandard in den nächsten Dekaden nicht zu halten. Eine politisch motivierte, überhastete weitere Erhöhung des Anteils an Erneuerbaren, etwa auf der Basis des Erneuerbare-Energien-Gesetzes (EEG) würde den deutschen Steuerzahler, z. B. über die Stromrechnung, noch mehr belasten als schon jetzt. Allein 2010 beliefen sich die Vergütungen für die »Ökoenergien« auf 12,8 Mrd. Euro (Stratmann 2011). Die höheren Energiekosten würden

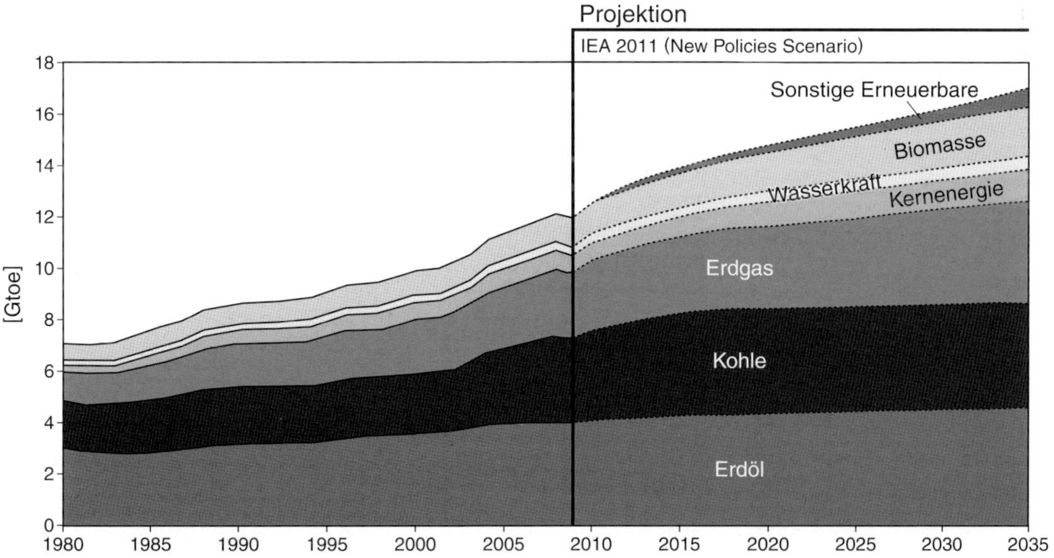

Abb. 5. Globaler Primärenergieverbrauch nach benötigten Energieträgern (in Gtoe, Giga-tonnes of oil equivalent) seit 1980 und Projektion in die Zukunft (»New Policies Scenario« der IEA). – DERA (2011b), IEA (2011).

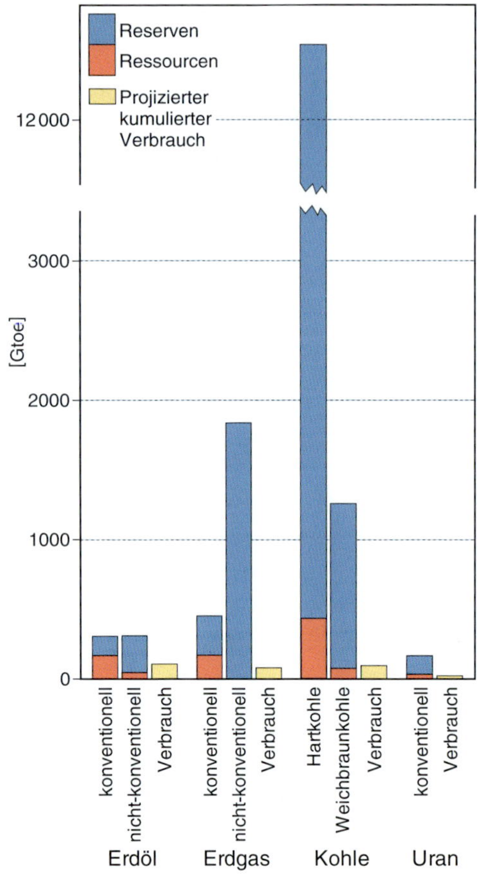

◁ **Abb. 6.** Energiereserven und -ressourcen sowie prognostizierter kumulierter Verbrauch 2011–2035 (in Gtoe, Giga-tonnes of oil equivalent). – DERA (2011), IEA (2011).

außerdem die Konkurrenzfähigkeit der deutschen (energieintensiven) Industrie schwächen.

Der von der Politik postulierte Weg, die Abhängigkeit von fossilen Energieträgern zu reduzieren, ist langfristig richtig, aber bitte mit Augenmaß, realistisch und nicht mit gravierenden Nachteilen für den Standort Deutschland. Die Politik, die zwar behauptet, für den Ausbau der Nutzung erneuerbarer Energieträger eine breite Zustimmung in der Bevölkerung (80 %) zu finden (FAZ 2011), sollte endlich die faktengestützte Wirklichkeit der Primärenergieproblematik besser berücksichtigen und nicht so sehr die durch sie und die Medien selbsterzeugten trügerischen Wahrnehmungen.

Als Argumente für den forcierten Ausbau der Nutzung erneuerbarer und die rasche Rückführung der Nutzung fossiler Energieträger werden eine angeblich absehbare Verknappung fossiler Brennstoffe (Erdgas, Erdöl), die deutsche Importabhängigkeit und insbesondere die These von der Erderwärmung durch das anthropogene CO_2 ins Feld geführt.

Hinsichtlich des Argumentes der absehbaren

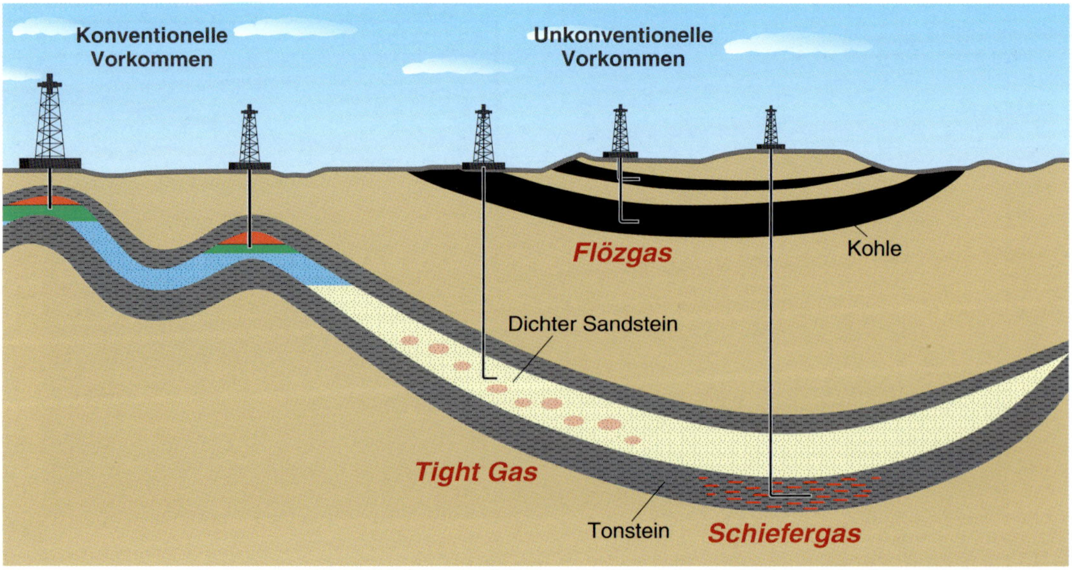

Abb. 7. Darstellung der Förderung von konventionellem und nicht konventionellem Erdgas. – © BGR.

Verknappung von Erdöl und Erdgas ist festzuhalten, dass beide fossilen Energieträger in sehr großer Menge vorhanden sind, auch gemessen am derzeitigen globalen Verbrauch, der z. B. bei Erdöl ca. 4 Mrd. t/Jahr beträgt. Beide fossilen Energieträger sind jedoch irgendwann in ferner Zukunft endlich. Eine effiziente und sparsame Nutzung ist unbedingt notwendig, schon aus Gründen der Ressourcenschonung. Der »Club of Rome« hat in den 1970er Jahren im Hinblick auf die »um die Jahrtausendwende zu Ende gehenden Erdölvorkommen« (Meadows et al. 1972) eine eklatante Fehlprognose gemacht. Wesentlich dazu beigetragen haben die ständigen Verbesserungen in der Erdöl-/Erdgas-Exploration und -Produktion, die im Bericht des »Club of Rome« kaum eine Rolle spielten, und die durch einen Preisanstieg höhere Produktrentabilität. Weiterhin erhöhte die Erschließung neuer Sedimentbecken und tieferer Gesteinsstockwerke bis etwa 10 km Tiefe das Ressourcenpotenzial beträchtlich. Aus ähnlichen Gründen ist es auch heute sehr schwierig, eine einigermaßen sinnvolle Prognose über den Zeitpunkt des Endes des Erdölzeitalters zu machen. Aus geologischer Sicht und auf Basis der verfügbaren Explorations- und Produktionstechnologien gehen alle seriösen Verfügbarkeitsszenarien für Erdöl davon aus, dass in den nächsten 30+ Jahren kein Mangel an Erdöl zu erwarten ist (Abb. 6, DERA 2011b). Aufschlussreich ist in diesem Zusammenhang die Zunahme der ausgewiesenen Erdölreserven seit 1980 gegenüber der Zeitspanne an Jahren, die nötig gewesen wäre, um diese Reserven aufzubrauchen (statische Reichweite). In den letzten 20 Jahren schwankte die statische Reichweite zwischen 35 und über 45 Jahren. Für eine absehbare Verknappung gab es keine Anzeichen, genauso wenig wie heutzutage.

Beim Erdgas bestehen aus geologischer und technischer Sicht noch wesentlich längere Verfügbarkeitszeiträume (Abb. 6, Einzelheiten in DERA 2011b). Daneben hat es gegenüber Erdöl weitere Vorteile, die es im gegenwärtigen Spannungsfeld der Energieversorgung besonders attraktiv erscheinen lassen. Da es als Hauptkomponente Methan (CH_4) enthält, mit meist nur geringen Beimengungen höherer Kohlenwasserstoffe, und/oder Kohlendioxid (CO_2) oder Schwefelwasserstoff (H_2S) oder Stickstoff (N_2), gilt es als (relativ) umweltverträglich. Bei seiner Verbrennung (Oxidation) wird im Vergleich zu anderen fossilen Energieträgern nur wenig CO_2 gebildet und wesentlich mehr Wasser (H_2O). Besonders interessant aus deutscher und europäischer Sicht ist zukünftig die Erschließung und Nutzung der nichtkonventionellen Schiefergas-Ressourcen (Shalegas) und des in Steinkohle gebundenen Gases CBM (Coal Bed Methane). Beide Gasarten sind auch auf deutschem Staatsgebiet zu finden und können deshalb unsere Importabhängigkeit mildern. Aus diesen Gründen soll im Folgenden auf dieses Gaspotenzial näher eingegangen werden.

Als unkonventionelles Gas werden Erdgasvorkommen bezeichnet, die nicht in hochporösen Trägergesteinen (Reservoirgesteinen) unter einer dichten Abdeckschicht in einer geologischen Hochlage (Fallenstruktur), sondern in dichten flächigen Tonsteinen (»Schiefergesteinen«) oder in höher inkohlten Kohleflözen vorkommen (Abb. 7). Dieses Gas wird als Schiefergas (Shalegas) bzw., wenn es in Kohle vorkommt, als Flözgas (Coal Bed Methane, CMB) bezeichnet. Dieses unkonventionelle Erdgas besteht i. W. ebenfalls aus Methan und hat eine identische Entstehungsgeschichte wie das Erdgas konventioneller Lagerstätten. Zum Unterschied vom konventionellen Erdgas sind die unkonventionellen Gase an ihrem Entstehungsort geblieben, d. h. in Tonsteinen mit viel organischem Material (organischem Kohlenstoff) oder in Kohleflözen.[1] Wenn solche Tonsteine in größere Erdtiefen versenkt werden, bildet sich aus ihrem organischen Material Erdgas. Das Gleiche gilt für die Kohle: Wenn »unreife« Kohle, d. h. Braunkohle, in größere Tiefe versenkt und dadurch aufgeheizt wird, entsteht daraus Steinkohle und als Nebenprodukt wird Erdgas (CMB) gebildet. Dieses Erdgas wird weltweit im Steinkohlebergbau als Grubengas wegen seiner Explosionsgefahr gefürchtet.

Beide unkonventionellen Gasarten, Schiefergas und CMB, müssen durch aufwändige technische Verfahren erschlossen und gefördert werden. Es müssen, wie in der Erdölindustrie üblich, Bohrungen niedergebracht werden. Unter Hochdruck wird dann das Gestein (und die Kohle) hydraulisch gefrackt, um ein künstliches Risssystem zu erzeugen, das zum Abfluss und Gewinnen der Gase dient. Diese Verfahren sind

1 Zu derartigen Tonsteinen gehören etwa die berühmten Holzmadener Jura-Tonsteine in der Nähe von Stuttgart oder die Ölschiefer in der Grube Messel, die aufgrund ihres phantastischen Reichtums an Fossilien in einzigartiger Erhaltung zu einem UNESCO-Weltkulturerbe ernannt wurden.

weltweit millionenfach bewährt und etablierter Stand der Technik. Das Potenzial (Ressourcen) an unkonventionellem Erdgas ist um ein Vielfaches größer als bei konventionellem Erdgas (Abb. 6, DERA 2011b). Auch Deutschland hat auf eigenem Territorium ein beachtliches unkonventionelles Erdgaspotenzial. Es ist nur zu hoffen, dass dieses im Zuge einer realistischen, zukunftsweisenden Energiestrategie im Zeichen der »Energiewende« sinnvoll genutzt wird. In allen europäischen Energieportfolios wird dem Erdgas eine zunehmend wichtige Rolle als Energieträger zugewiesen.

Unter den fossilen Energieträgern wird Kohle global auch in Zukunft eine zunehmend bedeutende Rolle spielen. Nach dem Erdöl ist die Kohle der zweitwichtigste Lieferant von Primärenergie. Dies wird auch in der Projektion der Internationalen Energie-Agentur (IEA) im »New Policy Scenario« deutlich (vgl. Abb. 5). Für Deutschland ist aus Sicht der Vermeidung von zu viel Importabhängigkeit und aus Gründen der Wirtschaftlichkeit die Braunkohle von besonderer Bedeutung. Insbesondere an der Braunkohle entzünden sich aber wegen des CO_2-Ausstoßes heftig die Gemüter. Dies soll hier zum Anlass genommen werden, um zurückzublicken und um einen kritischen Blick auf die These (des IPCC) zu werfen »das anthropogene CO_2 ist die Hauptursache für die Erderwärmung«.

Energie und Klima

Wir erinnern uns an die 1980er und 1990er Jahre (s. o.). Aufgrund von Rechenmodellen warnten die Deutsche Physikalische und die Deutsche Meteorologische Gesellschaft vor weltweiten menschengemachten Klimaveränderungen; das IPCC wurde gegründet; Politik und Medien bemächtigten sich der Thematik. Die politische und mediale Dynamik ist geblieben, aber die »Rechenmodell-Erwartungen«, die zur Veränderung der Gesellschaft führten und weiterhin führen sollen, sind bisher nicht bestätigt. Der Einfluss des anthropogenen Treibhauseffektes auf den Klimawandel wird wesentlich überschätzt (Malberg 2012). Hier kann davon abgesehen werden, auf die bekannte komplexe Klimageschichte der Erde mit wechselnden Kalt- und Warmzeiten sowie auf die vielfältigen Parameter (allen voran die Sonne), die das Klima bestimmen, einzugehen (vgl. dazu Berner & Streif 2004, Welte & Böcker 2007, Böcker et al. 2010, Ganteför 2010, Singer 2011 u. a.).

Weder gibt es einen weltweiten Trend zu mehr Stürmen und Sturmfluten, noch ist ein anthropogenes Signal des Meeresspiegelanstiegs zu finden (Puls 2008). Auch das IPCC hat seine Prognosen zum Meeresspiegelanstieg deutlich zurückgenommen. Bemerkenswert ist auch, dass trotz weiter ansteigender CO_2-Konzentrationen in Richtung auf 400 ppm die globalen Temperaturen in den letzten 10 Jahren nicht gestiegen, sondern gesunken sind (Easterling & Wehner 2009, Scafetta 2011). Spätestens hier sollte man sich kritisch mit der Rolle der Rechenmodelle befassen, die neben den vielen klimabeeinflussenden Parametern hauptsächlich auf das anthropogene CO_2 fokussiert haben.

In dem hier angesprochenen Zusammenhang dienen Rechenmodelle z. B. dazu, die außerordentlich komplexen Prozessketten des CO_2-Transports zwischen den globalen Kompartimenten Atmosphäre, Hydrosphäre, Biosphäre und Geosphäre miteinander zu verknüpfen und die Auswirkungen des Spurengases CO_2 (neben der Wirkung anderer Treibhausgase) auf den Energiehaushalt der Erde, insbesondere der Atmosphäre, zu verstehen und, soweit möglich, zu quantifizieren. Voraussetzung dafür ist ein sehr gutes Verständnis der vielen beteiligten Einzelprozesse und ihrer gegenseitigen Wechselwirkung in der Prozesskette sowie die Verfügbarkeit einer Vielzahl von Messdaten rund um den Globus zum Füttern der Modelle. Da sowohl das Prozessverständnis insgesamt beachtliche Mängel aufweist als auch die Datenlage alles andere als optimal ist, müssen für die Modellläufe viele Annahmen gemacht werden. Jeder, der mit komplexen Modellen arbeitet, weiß, dass damit Justierungsmaßnahmen Tür und Tor geöffnet sind.[2] Obwohl Rechenmodelle ein sehr wichtiges Instrument der modernen Wissenschaft sind, muss daher deutlich gesagt werden, dass sie für die Simulation sehr komplexer Naturprozesse sehr leicht an ihre Grenzen stoßen. Noch dazu,

2 Die Komplexität von Klimamodellen gehört zum Anspruchsvollsten bei der numerischen Simulation natürlicher Prozessketten. Es soll hier nachdrücklich bestätigt werden, dass die Klimaforschung in der numerischen Simulation von Naturprozessen Enormes geleistet hat. Die Frage im Zusammenhang mit dem Thema »Energie und Klima« ist aber: Taugen solche Modelle als Vorlage für massive Eingriffe in die Gesellschaft? Die Antwort dazu muss primär von der Wissenschaft gegeben werden.

wenn, wie beim Klimageschehen, chaotische Prozesse im Spiel sind. Es gibt zu viele und gravierende Unsicherheiten, die man beim Namen nennen sollte (vgl. dazu Hagedorn 2005). Dazu gehören:

- Wolkenbildung im Allgemeinen;
- Einflüsse kosmischer Strahlung auf die Wolkenbildung;
- Wasserdampf- und Energietransport;
- Einflüsse von Aerosolen, Ruß etc.;
- Thermohaline Zirkulation in den Ozeanen;
- Quantifizierung von Quellen und Senken des CO_2;
- Wechselwirkung zwischen CO_2 und Wasserdampf im Infrarotbereich und das Problem der Sättigung (logarithmische Abnahme des Wärmeeffekts mit steigender Konzentration des CO_2).

Einen geowissenschaftlich wichtigen Punkt sollte man hier besonders erläutern: die mangelnde Quantifizierung von Größen und Wirkungsmechanismen der CO_2-Quellen und -Senken innerhalb und zwischen den einzelnen Kompartimenten. Die Fehlerbreite bzw. die Unsicherheiten bei der Quantifizierung des gesamten natürlichen CO_2-Kreislaufs (Senken und Quellen) liegen bei mehr als ±10 %. Da der zum natürlichen Kreislauf hinzugefügte globale anthropogene CO_2-Beitrag nur etwa 6 % des natürlichen Gesamtkreislaufs ausmacht, ergibt sich ein prinzipielles Problem für die Interpretation bezüglich der Wirkungen des anthropogenen CO_2. Die Wirkungsgröße des anthropogenen CO_2 auf das Weltklima verschwimmt in den Unsicherheiten.

Neben den inhärenten Unsicherheiten der Rechenmodelle sollte man sich auch daran erinnern, dass die häufig gehörte Behauptung, die heutige CO_2-Konzentration in der Erdatmosphäre von etwa 380 ppm stelle einen erdgeschichtlichen Rekord dar, schlichtweg falsch ist. Die CO_2-Konzentrationen schwankten im Laufe der Erdgeschichte beträchtlich und waren vor dem Miozän/Oligozän, also vor etwa 20 Millionen Jahren, meist höher als heute (Berner & Steif 2004, Abb. 8). Zudem gab es im Silur und an der Grenze Karbon/Perm bei deutlich höheren CO_2-Konzentrationen großflächige Vereisungen auf der Erde sowie Kälteperioden in der Unterkreide. Dies steht im Widerspruch zu der Vorstellung, dass das CO_2 einen dominierenden Einfluss auf das Klima gehabt hätte. Zu den wesentlichen Einflussgrößen auf den atmosphärischen CO_2-Gehalt im Verlauf der Erdgeschichte gehören vielmehr

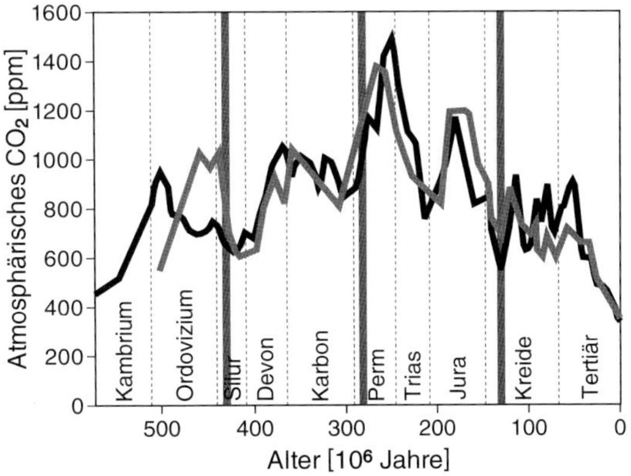

Abb. 8. Zwei Beispiele für Rekonstruktionen (Erdalter in Mio. Jahre) der früheren CO_2-Gehalte in der Erdatmosphäre ($CO_{2\,atm.}$ in ppm; ▬, ▬) und wichtige Eiszeiten bzw. Kälteperioden (▮) bei höheren CO_2-Gehalten als heute. – Ergänzt nach Berner & Steif (2004).

die jeweilige Photosyntheserate, die Oxidation organischen Materials, der Vulkanismus (auch submarin), die Lösung und Entgasung in und aus Ozeanen, die Bindung von CO_2 durch Silikatverwitterung und die Karbonatbildung und -lösung.

Alles in allem sehen wir, dass die öffentliche Wahrnehmung der Rolle des anthropogenen CO_2 keineswegs mit der Wirklichkeit übereinstimmt. Hier gibt es viele offene Fragen, über die Öffentlichkeit und Politik informiert werden müssen. Die Politik muss wissen, dass Rechenmodelle mit so vielen Unsicherheiten nicht dazu geeignet sind, um mit vielen Milliarden von Steuergeldern eine intakte Volkswirtschaft zu belasten und im globalen Wettbewerb in eine ungewisse Zukunft zu führen.

Energiewende und CO_2-Einsparung

Die von der Politik beschlossene »Energiewende« beinhaltet als feste Größen eine baldige Abwendung von der Kernenergienutzung und das vehemente Streben, fossile Energieträger so rasch wie möglich durch erneuerbare zu ersetzen. Zu diesem Zweck sollten alle Beteiligten das energiepolitische Zieldreieck (Abb. 1) im Lichte der obigen Ausführungen erneut bewerten und auf Faktenbasis in eine sinnvolle Balance bringen.

Die Faktenlage muss von Seiten der Wissenschaft und Technologie und der Wirtschaft geliefert werden. Dieses ist eine Bringschuld! Weiter muss diese Faktenbasis, auch mit der Benennung bestehender Unsicherheiten, unüberhörbar vermittelt werden. Ohne Kenntnis der tatsächlichen Faktenlage und ohne transparente Offenlegung der Wege, die zu ihr geführt haben, wird eine politische Durchsetzung einer vernünftigen Energiestrategie in dem bekannten Spannungsfeld Deutschlands (Abb. 2) nicht möglich sein. Eine zukunftsweisende, sinnvolle Energiestrategie muss auch global orientiert sein.

Wichtige Eckpunkte der Versorgung mit und der Nutzung von Primärenergie sollen hier in Erinnerung gerufen werden. Die in Europa und ganz besonders in Deutschland mit sehr hohen Subventionskosten betriebene CO_2-Einsparungspolitik findet im Rest der Welt kaum Gefolgschaft. Dieses gilt unter Einschluss des Handels mit CO_2-Emissionszertifikaten. Die Kosten für die Einsparung einer Tonne CO_2 werden unterschiedlich bewertet. Nach einer vom Bundesverband der Deutschen Industrie e. V. beauftragten Studie müssen für die Einsparung einer Tonne CO_2 durch Biosprit, Photovoltaik oder Windenergie um oder über 100 Euro ausgegeben werden (McKinsey 2007). Die Belastung für den deutschen Steuerzahler und die Wirtschaft beträgt dadurch viele Milliarden Euro. Dabei muss man sich vor Augen halten, dass Deutschland ohnehin schon jetzt eines der energieeffizientesten Länder der Welt ist und dass sein Ausstoß an anthropogenem CO_2 nur etwa 3 % des weltweiten ausmacht. Da die CO_2-Emission weltweit weiter ansteigt, und die größten Emittenten USA, China, Indien etc. nur minimale bis keine Anstrengungen unternehmen, ihren anthropogenen CO_2-Ausstoß zu reduzieren, steht Deutschland mit seinen eigenen (übertriebenen) Reduktionsmaßnahmen auf verlorenem Posten. Die Botschaft, die wir daraus für die Energiewende ableiten, heißt: Ein überhastetes Erhöhen des Anteils erneuerbarer Energieträger ist sinnlos – insbesondere dann, wenn dies nicht auf Basis rigoroser Kosten/Nutzen-Analysen und seriöser Treibhausgasbilanzen geschieht. Der teure Unfug des auf Agrarflächen angebauten Biosprits, den jetzt auch die Europäische Umweltagentur kritisiert, sollte uns eine Lehre sein. Die kritiklose Überförderung der Nutzung von Solarenergie ist ein weiteres Negativbeispiel.

Aus solchen Beispielen leitet sich die Notwendigkeit ab, im energiepolitischen Zieldreieck die Gewichtung des Eckpunktes »Umweltverträglichkeit« neu zu bewerten. Dies ist umso wichtiger, als dadurch eine deutliche Entlastung für den Eckpunkt »Wirtschaftlichkeit« resultieren wird und eine Erhöhung der »Versorgungssicherheit«.

Energiewende und das Spannungsfeld deutscher Energiepolitik: Was ist zu tun?

Wie wir gelernt haben, führten Signale aus der Wissenschaft (DPG & DMG 1987, DPG 1995) mit Warnungen vor einer »menschengemachten Erderwärmungen mit potenziell katastrophalen Folgen für die Menschheit« in den 1980er und 1990er Jahren zu massiven Reaktionen in Politik, Medien und Gesellschaft. Der ausgelöste Aktionismus für Klimaschutz und Eingriffe in die Energiewirtschaft überholten mit Wucht in wenigen Jahren den Teil der Wissenschaft, der nach Fakten und indirekten Hinweisen für solch eine drohende Klimakatastrophe suchte. Fortan und bis heute war die Wissenschaft gespalten in »Treibhaustheoretiker« und »Klimaskeptiker«, wobei Erstere die öffentlichen und politischen Debatten dominierten. So nimmt es nicht Wunder, dass Politik und Gesellschaft sich weitgehend einig sind in ihrer Meinung um einen menschengemachten Klimawandel. Die sehr problematischen und komplexen wissenschaftlichen Hintergründe für diesen »Mainstream-Glauben« werden aber von den Wenigsten verstanden. Im Klartext: Die Politik in Sachen Energiewende wird mehr durch Gefühle und Halbwissen als durch naturwissenschaftliche, technische und wirtschaftliche Fakten und Überlegungen bestimmt (Abb. 2). Die wissenschaftskritischen Stimmen zur These von der menschengemachten Erderwärmung werden noch immer in der öffentlichen Diskussion bewusst unterdrückt oder polemisch angegriffen.

Aus diesem Dilemma muss im Zeichen einer vernünftigen und sinnvollen Energiepolitik ein für die Gesellschaft tragfähiger Ausweg gefunden werden, um auf der Basis von Fakten und dem realistisch Möglichen zum Wohle unseres Volkes eine robuste und bezahlbare Energieversorgung zu gewährleisten bei gleichzeitiger Berücksichtigung der notwendigen Umweltverträglichkeit. Angesichts des gegenwärtigen Spannungsfeldes bedarf es eines glaubwürdigen und neutralen Mediators bzw. eines Vermittlers. Diese Rolle könnte und sollte eine Plattform der Akademien der Wissenschaften übernehmen (Abb. 9). Hier ist wissenschaftlicher, technischer und wirtschaftlicher Sachverstand gefragt. Überlegungen in Bezug auf »political correctness« sollten gegenüber der fachlichen Objektivität hintangestellt werden.

Dabei sollte die Ausbalancierung des energiepolitischen Zieldreiecks die primäre Aufgabe sein. Es geht hier letztlich um drei wichtige Fragen:

1. Wie soll eine sichere und bezahlbare, robuste Energieversorgung aussehen?
2. Wie kann die Fehlallokation von vielen Milliarden deutscher Steuergelder für einen falsch verstandenen global wirksamen Klimaschutz verhindert oder zumindest eingeschränkt werden?
3. Wie kann man die Öffentlichkeit glaubwürdig über die tatsächlichen, objektiven Sachverhalte in Sachen Energie und Klima informieren?

Fazit

Alles in Allem können folgende Feststellungen getroffen und Empfehlungen gegeben werden:

- Die weltweiten Reserven und Ressourcen lassen zu, dass Deutschland noch über Jahrzehnte fossile Energieträger nutzen kann und wird. Versorgungssicherheit und Wirtschaftlichkeit können auf absehbare Zeit nur bei intensiver Weiternutzung fossiler Energieträger gewährleistet werden.
- Alle sinnvollen Maßnahmen zur Begrenzung des Verbrauchs fossiler Energieträger sind zu nutzen. Dazu gehören auch Maßnahmen zur Weiterentwicklung des Einsatzes erneuerbarer Energieträger. Kosten/Nutzen-Überlegungen müssen dabei aber verstärkt berücksichtigt werden.
- Unsicherheiten in den Rechenmodellen zum Verständnis des anthropogenen CO_2 als Klimatreiber und die geowissenschaftlich unsinnige Zwei-Grad-Grenze zur »Rettung des Weltklimas« verlangen eine Neuorientierung im Klimaschutz und im Nachgang eine neue Energiestrategie. Die Wissenschaft muss sichtbar und unüberhörbar in Sachen »Klima und CO_2« endlich zu erkennen geben, was sie weiß und was sie nicht weiß.
- Die jetzt propagierte Energiewende lässt viele Fragen offen. Sie muss mit Augenmaß und Realitätssinn für zeitlich/technische Machbarkeit, für Wirtschaftlichkeit und Kosten/Nutzen-Relationen geplant und danach ohne Hast und mit der notwendigen Transparenz umgesetzt werden.
- Angedachte Anpassungen an den Klimawandel sind wesentlich sinnvoller als die überzogenen, unsinnigen »deutschen Maßnahmen zur Vermeidung einer Klimakatastrophe«. Anpassungen (Adaption) sind aber keineswegs ein Ersatz für die dringend notwendige Ausbalancierung des energiepolitischen Zieldreiecks. Diese Ausbalancierung ist eine Gemeinschaftsaufgabe für Politik, Wirtschaft und Wissenschaft.

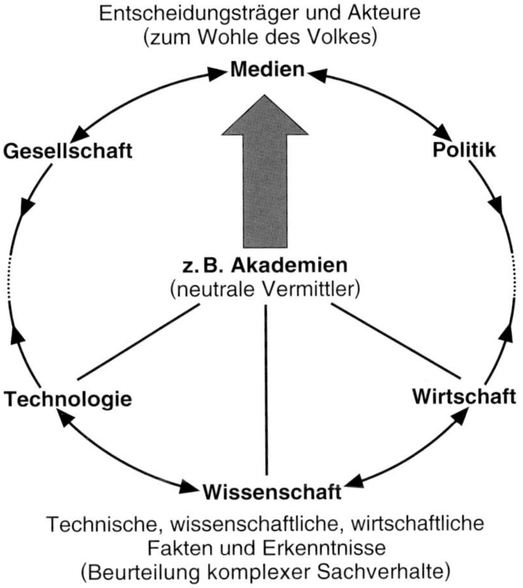

Abb. 9. Deutsche Energiepolitik im Spannungsfeld: Bedeutung neutraler Vermittler (vgl. Abb. 2).

Nachbemerkung

Im Zusammenhang mit der hier abgehandelten Problematik »Energie und Klima« will ich abschließend einige persönliche Bemerkungen machen. Seit den 1970er Jahren und meiner Veröffentlichung über »Organischer Kohlenstoff und die Entwicklung der Photosynthese auf der Erde« (1970, Naturwissenschaften, 57: 17–23) habe ich den Themen »Kohlenstoffkreislauf« und »Quantifizierung komplexer Geoprozesse« in meiner beruflichen Laufbahn als Geowissenschaftler besondere Aufmerksamkeit gewidmet. So wurde auch später neben der Thematik fossiler Energieträger die numerische Simulation komplexer Geoprozesse eines meiner Hauptinteressensgebiete. Durch meine Tätigkeit im Forschungszentrum Jülich (FZJ, früher Kernforschungsanlage, KFA), war ich seit den 1980er Jahren ständig mit dem Themenkomplex »Energie und Klima« direkt oder indirekt befasst. Die zunächst rein wissenschaftlich-technischen Diskussionen wurden nach und nach politisch und medial stark beeinflusst.

So entwickelte sich die heutige »Mainstream-These« von der Hauptschuld des anthropogenen CO_2 an der Erderwärmung. Unabhängige, kritische Stimmen aus der Wissenschaft, die dies bezweifelten, waren nicht willkommen.

Die jetzt politisch gewollte »Energiewende« gibt diesem Thema eine besondere Brisanz, mit potenziell tiefen Einschnitten in die Wirtschaftskraft und Struktur unserer Gesellschaft. Eine der Hauptursachen für Ausprägung und Zielsetzung der Energiewende ist unzweifelhaft die These vom anthropogenen CO_2 als Hauptursache der Erderwärmung. Dabei steht die wissenschaftliche Begründung dieser These keineswegs auf festen Beinen. Es liegt im Selbstverständnis moderner Akademien der Wissenschaft, die unabhängig und nur der wissenschaftlichen Objektivität verpflichtet sind und sein sollen, dass sie Politik und Gesellschaft über ihr Wissen informieren und in Fragen der Gestaltung der Zukunft unseres Landes beraten. Dieses aber ist nach meiner Erfahrung im Hinblick auf das Mega-Thema »Energie und Klima« bisher nicht mit der notwendigen kritischen Distanz und objektiven wissenschaftlichen Breite geschehen.

Die kritische Einwirkung der Akademien als neutrale, gesellschaftlich legitimierte Vermittler halte ich bei einem so wichtigen und komplexen Thema sowohl aus sachlichen als auch aus Gründen der gesellschaftlichen Verantwortung für dringend notwendig. Dies auch deshalb, damit nicht für die durchaus umstrittene und oft nicht zielführende Förderung von »Ökoenergie«-Vorhaben mehr Steuergelder (12,8 Mrd. €/Jahr, 2010, mit drastischem Zuwachs) ausgegeben werden, als für alle Hochschulen des Landes zusammen (2010: 12,7 Mrd. €; Leibfried 2012). Ein so groteskes Missverhältnis in der Verwendung von Steuergeldern für die »Sicherung der Zukunft unseres Landes« darf nicht zur Normalität werden und bedarf der Korrektur.

Literatur

Berner, U. & H. Streif (Hrsg.). 2004. Klimafakten. Der Rückblick – ein Schlüssel für die Zukunft. – 4. Aufl., E. Schweizerbart, Stuttgart, 259 S.

Böcker, D., B. J. Breloer, P. Neumann-Mahlkau & D. Welte. 2010. Zum Einfluss des Menschen auf den Klimawandel – Sind Zweifel erlaubt? – VGB PowerTech, 3/2010: 87–92.

DERA. 2011a. Deutschland Rohstoffsituation 2010. – DERA Rohstoffinformationen, 7. Deutsche Rohstoffagentur (DERA) in der Bundesanstalt für Geowissenschaften und Rohstoffe (BGR), Hannover, 175 S.

– 2011b. Reserven, Ressourcen und Verfügbarkeit von Energierohstoffen 2011. Kurzstudie. – DERA Rohstoffinformationen, 8. Deutsche Rohstoffagentur (DERA) in der Bundesanstalt für Geowissenschaften und Rohstoffe (BGR), Hannover, 89 S.

DPG (Deutsche Physikalische Gesellschaft). 1995. Energiememorandum 1995 der DPG. – Physikalische Blätter, 51: 388–390.

DPG (Deutsche Physikalische Gesellschaft) & DMG (Deutsche Meteorologische Gesellschaft). 1987. Warnung vor drohenden weltweiten Klimaänderungen durch den Menschen. – Physikalische Blätter, 43 (8): 347–349.

Easterling, D. R. & M. F. Wehner. 2009. Is the climate warming or cooling? – Geophysical Research Letters, 36, L08706, doi:10.1029/2009GL037810.

FAZ. 2011. Energiewende macht Strom noch teurer. – FAZ.NET, 07.09.2011. www.faz.net/frankfurter-allgemeine-zeitung/energiewende-macht-strom-noch-teurer-11133151.html [04.03.12]

Ganteför, G. 2010. Klima – Der Weltuntergang findet nicht statt. – Wiley-VCH, Weinheim, 289 S.

Hagedorn, H. 2005. Zusammenfassung des Rundgesprächs. – In: Bayer. Akademie der Wissenschaften (Hrsg.): Klimawandel im 21. Jahrhundert: Welche Rolle spielen Kohlendioxid, Wasser und Treibhausgase wirklich? Rundgespräche der Kommission für Ökologie, 28. Pfeil, München: 133–136.

IEA (International Energy Agency). 2011. World Energy Outlook 2011. – IEA Publications, Paris, 659 pp.

Leibfried, S. 2012. Nach dem letzten Akt kommt der nächste Pakt. – FAZ, 147 (27.06.12): N5.

Malberg, H. 2012. Über sprunghafte Anstiege von CO_2 und globaler Temperatur. – In: Beiträge zur Berliner Wetterkarte, 31.01.2012. wkserv.met.fu-berlin.de/Beilagen/2012/CO2-T-El%20Nino.pdf [04.03.12]

McKinsey. 2009. Kosten und Potenziale der Vermeidung von Treibhausgasemissionen in Deutschland. Eine Studie von McKinsey & Company, Inc., erstellt im Auftrag von »BDI initiativ – Wirtschaft für Klimaschutz«. – McKinsey & Company, Inc., 11 S.

Meadows, D. H., D. L. Meadows, J. Randers & W. W. Behrens III. 1972. Die Grenzen des Wachstums. Bericht des Club of Rome zur Lage der Menschheit. – Heck, H.-D. (Übers.). Deutsche Verlags-Anstalt, Stuttgart, 183 S. (Originalausgabe: The Limits to Growth. Universe Books, New York.)

Puls, K.-E. 2008. »Anthropogener« Meeresspiegelanstieg – Vom Konstrukt zur Panik? – Naturwissenschaftliche Rundschau, 11/2008: 566–574.

Scafetta, N. 2011. Energiewende: Bedrohung, Herausforderung oder Chance für das Ruhrgebiet? – Podiumsgespräch auf der Zeche Zollverein, Initiativkreis Ruhr, 20.06.2011.

Singer, S. F. 2011. Falsche Klimaprognosen – Interim Science Update; Vortrag Majorana-Konferenz, Erice (Sizilien), August 2011. TvR Medienverlag, Jena, 32 S.

Welte, D.& D. Böcker. 2007. Klimawandel ist nichts Neues. – FAZ, 86 (13.04.07): 8.

Stratmann, K. 2011. Grüner Strom wird teurer. – Handelsblatt Online (Politik), 02.10.2011. www.handelsblatt.com/politik/deutschland/eeg-umlage-gruener-strom-wird-teurer/4678086.html [04.03.12]

Rundgespräche der Kommission für Ökologie, Bd. 41 »Die Zukunft der Energieversorgung«, S. 103–106.
© 2012 by Verlag Dr. Friedrich Pfeil, München – ISSN 0938-5851 – ISBN 978-3-89937-150-5

Die fossilen Energieträger im deutschen Energiekonzept

Kommentar zum Vortrag
Unverzichtbare fossile Energieträger – Wahrnehmung und Wirklichkeit

Dietrich Böcker*

Einer politisch gewollten, drastischen Reduzierung der fossilen Energieträger in Deutschland steht ein deutlicher Verbrauchsanstieg in der Welt gegenüber. Wahrnehmung und Wirklichkeit laufen auseinander. Das Zwei-Grad-Klimaziel wird fraglich, die Fokussierung auf CO_2-Reduktion und Dekarbonisierung bewirkt eine konzeptionelle Schieflage. In einem ausbalancierten, an der Wirklichkeit orientierten Energiekonzept müssen Versorgungssicherheit, Wirtschaftlichkeitsfragen und Kosten/Nutzen-Orientierung verstärkt Eingang finden. Hierbei hat die Wissenschaft eine wichtige Aufgabe.

Umweltverträglichkeit

Das Hauptziel des deutschen Energiekonzeptes ist der verbesserte Umwelt- und Klimaschutz. Für das Jahr 2050 sind deshalb drastische Minderungsziele für Primärenergieverbrauch (ca. 50 %), CO_2-Emission (ca. 80–95 %) und Stromproduktion (ca. 50 %) fixiert (BMWi & BMU 2010). Um diese Ziele zu erreichen, soll der Anteil der erneuerbaren Energieträger am Endenergieverbrauch und bei der Stromproduktion (> 80 %) sehr stark gesteigert werden. Frau Bundeskanzlerin Merkel hat hierzu erläutert, »das Zeitalter von Kohle und Öl geht zu Ende«. Wie sieht die weltweite Realität aber aus, was sagen die Prognosen, z. B. die der Internationalen Energieagentur IEA (IEA 2011)?

- Der weltweite Primärenergieverbrauch wird nach einem mittleren Szenario bis 2035 um 40 % steigen, wobei 80 % des Zuwachses auf Entwicklungs- und Schwellenländer entfallen.
- Der weltweite CO_2-Ausstoß wird um 26 % steigen; allein der jährliche Zuwachs an CO_2-Emissionen in China und Indien (855 Mio. t) ist größer als die gesamten deutschen CO_2-Emissionen (818 Mio. t/a).
- Der Einsatz fossiler Energieträger wird bis 2035 nicht abnehmen, sondern deutlich um 30 % zunehmen (nur ihr relativer Anteil sinkt von 81 auf 74 %).

Die Umwelt- und Klimaziele des deutschen Energiekonzeptes und die tatsächlichen Entwicklungen in der Welt laufen zunehmend auseinander. Das Zeitalter von Kohle, Öl und Gas geht noch nicht zu Ende; die Ressourcen stehen zur Verfügung, sie werden zur Deckung des weltweit steigenden Bedarfs auch benötigt.

Wenn CO_2 der Haupttreiber der Temperatur ist, dann wird sich allein wegen des steigenden Energieverbrauchs das Zwei-Grad-Ziel nicht erreichen lassen, gleiches gilt für das Ziel, die CO_2-Emissionen auf zwei Tonnen pro Kopf und Jahr zu begrenzen. Der europäische Emissionshandel ist Stückwerk, solange Länder wie China, USA, Russland oder Brasilien unbeteiligt zuschauen. Hinzu kommen gewichtige offene Fragen aus Sicht der Wissenschaft: Die Komplexität des Klimasystems mit seinen zahlreichen Einflussgrößen und den damit verbundenen Wechselwirkungen machen

* Böcker, Dietrich, Dr.-Ing., ehem. Vorstand RWE/Rheinbraun, Bereich Energieerzeugung; Auguste-Viktoria-Straße 26, 50321 Brühl. E-Mail: dietrich.boecker@gmx.de

die Antwort schwer, ob anthropogenes CO_2 einen großen, mittleren oder eher kleinen Einfluss auf den tatsächlich stattfindenden Klimawandel hat. Dies und die Unsicherheiten der Klimamodellierung, die Ergebnisse der Paläoklimaforschung (Berner & Streif 2004) und andere geowissenschaftliche Gründe (Böcker et al. 2010) führen in der Wissenschaft zu ernst zu nehmenden Stimmen, die die Verfolgung des Zwei-Grad-Ziels als geowissenschaftlichen Unsinn bezeichnen. Es wäre gut, die sich daraus ergebenden Fragen nicht länger zu negieren, sondern sie zuzulassen und sich dennoch, aber anders als bisher, mit dem Klimawandel zu beschäftigen. Brauchen wir mehr Offenheit, die Themen zu benennen, von denen wir noch zu wenig wissen?

Es stellen sich aber auch wirtschaftspolitische Gestaltungsfragen, z. B. nach den Folgen des strikten so genannten Dekarbonisierungskonzeptes. Wie weit führt eine Dekarbonisierung in eine Deindustrialisierung, wenn bewährte Wertschöpfungsketten von der Grundstoffindustrie bis zur High-Tech-Industrie bewusst durchtrennt werden?[1]

Nehmen wir den Kioto-Prozess richtig wahr? Schon bisher wurde nur ein kleiner Teil der weltweiten CO_2-Emissionen vom Kioto-Protokoll erfasst (Ziesing 2011). Jetzt steigen große Emittenten aus dem Kioto-Klimazug aus; die ganz großen Emittenten steigen gar nicht erst ein, zahlreiche Unterzeichnerstaaten verfehlen die vereinbarten Ziele. Was lernen wir aus Kopenhagen und Durban?

Die weltweite Wirklichkeit steht der Sehweise des Energiekonzeptes entgegen. Überschätzen wir uns vielleicht? Was wird aus dem Vorreiter, wenn keiner hinterherreitet?

Versorgungssicherheit

Im deutschen Energiekonzept spielt das Thema Versorgungssicherheit praktisch keine Rolle. Das Konzept hat hier einen blinden Fleck. Aber auch wenn der deutsche Verbrauch an fossiler Energie zurückgefahren wird, sollten die Fakten sprechen.

- Wir sind und bleiben sehr stark von Energieimporten abhängig (Öl 98 %, Gas 87 %, Steinkohle 77 %) (GVSt 2011); nur die heimische Braunkohle steht sicher und konkurrenzfähig zur Verfügung.
- Der Weltmarkt für Öl verändert sich: Die Nachfrage verschiebt sich in Regionen mit wachsenden geopolitischen Risiken; nur 1/7 der Ölförderung wird von multinationalen Unternehmen gewonnen, 6/7 von nationalen Gesellschaften. Sie folgen in Krisenzeiten sicher eher nationalen Interessen.
- Wir haben zwar Öl- und Gasspeicher für einige Wochen; wir haben aber keine wirkliche Strategie zum Auf- und Ausbau der Versorgungssicherheit. Hier ist an außenpolitische und entwicklungspolitische Maßnahmen zur Herstellung belastbarer Marktbeziehungen zu denken, vielleicht auch in Zusammenarbeit mit anderen Partnern aus der EU.

Nicht nur die Zuverlässigkeit der Energiebezüge von außen spielt im Energiekonzept keine Rolle. Auch die Folgen der Energiewende für die sichere Stromversorgung sind unterbelichtet.

- Wind und Sonne bieten ohne groß dimensionierte zusätzliche Speicher keine Liefersicherheit. Hierfür gibt es noch keine Konzepte und Lösungen.
- Ohne Großspeicher muss die fluktuierende Stromerzeugung aus regenerativen Energieträgern durch neue Gas- und Kohlekraftwerke zur Deckung der Grundlast ergänzt werden. Das läuft fast auf eine Verdopplung der Erzeugungsstruktur mit deutlichen Folgen für die Kosten hinaus.

Mit anderen Worten: Die Geschwindigkeit der politisch gewollten Wende in der Stromerzeugung hängt – anders als wahrgenommen – nicht von der Erreichung von Klimazielen, sondern vom Erhalt der Versorgungssicherheit ab.

Wirtschaftlichkeit

Das Energiekonzept hat »bezahlbare« Energie zum Ziel. Die einzige (nachträgliche) Konkretisierung hierzu ist, dass die Fiskalbelastung durch das EEG kleiner als 3,5 ct/kWh sein soll. Alle anderen finanziellen Folgen des Umbaus der Energieversorgung und des Ausbaus der Nutzung erneuerbarer Energieträger sind nicht beziffert.

1 Nicht nur die Forderung nach dem Kappen konkurrenzfähiger Prozessketten, sondern auch der Begriff Dekarbonisierung sollten vermieden werden, denn Kohlenstoffumwandlung und Leben stehen in engem Zusammenhang.

- Die fiskalisch verursachten Belastungen des Stroms, insbesondere durch die Subventionen für Strom aus erneuerbaren Energieträgern, liegen bei ca. 30 Mrd. €/Jahr (EEG: 14 Mrd. €/Jahr; Kraft-Wärme-Kopplung, Stromsteuer und Konzessionsabgabe: 10 Mrd. €/Jahr (GVSt 2011, Daten nach BDEW Bundesverband der Energie- und Wasserwirtschaft e.V.); CO_2-Abgabe: 5–15 Mrd. €/Jahr). Nur nebenher sei erwähnt, dass das Limit von 3,5 ct/kWh bereits nach einem Jahr überschritten ist, Tendenz deutlich steigend.
- Die zukünftige durch den Fiskus ausgelöste Zusatzbelastung wird allein beim Strom auf 40–50 Mrd. €/Jahr (ohne Mehrwertsteuer!) geschätzt; umgerechnet sind das 10 ct/kWh. Das ist immerhin mehr als doppelt so hoch wie die Erzeugungskosten von Grundlaststrom (man könnte mit dieser Geldsumme auch alternativ die Bundesausgaben für Forschung und Bildung vervierfachen).
- Hinzu kommen die technischen Folgekosten der Energiewende, z.B. für Netze, Reserve- und Besicherungskraftwerke, Speicher. Sie werden beträchtlich sein.

Strom wird durch diese Belastungen in Zukunft deutlich teurer. Sonne und Wind, scheinbar kostenlos, schicken eben doch ihre Rechnung. Angesichts der künftigen Kosten wird die Bevölkerung vielleicht Fragen zu dem geplanten Energiekonzept stellen wie:

- Kann die Nutzung regenerativer Energieträger als Partner der fossilen Energieträger sich an deren Konkurrenzfähigkeit orientieren und in die Marktwirtschaft überführt werden?
- Wohin laufen die Kosten, wenn ⁴/₅ des Stroms auf regenerativer Basis erzeugt wird, wenn die bis jetzt fehlenden Stromleitungen gebaut sind und die Besicherung von Strom aus Solar- und Windkraftanlagen durch Kraftwerke mit fossilen Brennstoffen (bei weitgehend fehlenden Energiespeichertechniken) erfolgt?
- Kann die Überförderung, z.B. von Photovoltaik, beendet werden? Was ist mit Energiemais, Biosprit etc. und mit anderen sehr teuren Alternativ-Energieträgern?
- Kann die Kosten/Nutzen-Logik revitalisiert werden?

Im Energiekonzept ist die Kosten/Nutzen-Frage ausgeklammert. Sie wird aber für den einzelnen Bürger bei enger werdenden Finanzspielräumen wichtiger werden. Ob dann die Erklärung ausreicht, dass diese hohen Belastungen eben zur Vermeidung einer »Klimakatastrophe« und wegen der Vorreiterposition gezahlt werden müssen, ist unsicher. Sicher ist aber, dass diese Frage beim Vergleich der weltweiten Konkurrenzfähigkeit von Volkswirtschaften nicht ausgeklammert werden darf (McKinsey 2010). Die vom Energiekonzept bewirkte Fehlallokation von Finanzmitteln hat deshalb große Bedeutung. Es ist fraglich, ob wir, 1 % der Weltbevölkerung, erwarten können, dass die restlichen 99 % dem äußerst kostenintensiven CO_2-Reduktionsweg folgen.

Interaktion von Politik und Wissenschaft

Die zu den Eckpunkten Umweltverträglichkeit, Versorgungssicherheit und Wirtschaftlichkeit angesprochenen Fragen zielen nicht auf Nichts-Tun, Weiter-so-wie-bisher oder die Negierung der Herausforderungen durch den tatsächlich stattfindenden Klimawandel. Weniger Klimakatastrophen-Reden, mehr vernünftiges Ausbalancieren der Eckpunkte einer Langfriststrategie und mehr Augenmaß sind das Ziel.

Bisher ist das Zwei-Grad-Ziel der zentrale Bezugspunkt für Politik und Klimawissenschaft. Es hat eine Doppelfunktion:

- Die Politik benutzt es als einprägsames Ziel für eine Klimaagenda und übersetzt es in exakte Emissionsbudgets.
- Die Wissenschaft benutzt es als Ausgangspunkt für aufwändige Rechenoperationen, globale Modelle und daraus abgeleitete Warnungen.

Dabei »Befeuern« sich Politik und Wissenschaft gegenseitig und stützen sich in ihrem Klimasteuerungsoptimismus. Hierdurch entsteht eine Mitverantwortung der Wissenschaft. Die Wissenschaft, gemeint ist der »Mainstream«, vermittelt der Politik und der Bevölkerung die hohen mit dem Klimawandel verbundenen Risiken und die weitreichenden Folgen und betont gleichzeitig die nur noch geringen Unsicherheiten in der wissenschaftlichen Deutung. Der »Minority Stream« weist auf hohe Risiken *und* hohe Unsicherheiten sowie offene geowissenschaftliche Fragen hin.

Nun ist aber weltweit keine Umkehr der Energieverbrauchs- und Emissionstrends zu erwarten. Das Zwei-Grad-Ziel wird fraglich. Das Gewicht der offenen Fragen über die tatsächlichen

Möglichkeiten der Klimabeeinflussung wird zunehmen. Das wird zu einem Auseinanderlaufen der politisch/symbolischen Dimension und der wissenschaftlich/kalkulatorischen Dimension führen. Absatzbewegungen vom »Zwei-Grad-Ziel« werden immer wahrscheinlicher, nachdem das »Zwei-Tonnen-Ziel« ohnehin nicht vermittelbar ist. Was folgt daraus?

- Die gegenseitige Stützung von Politik und Klimawissenschaft wird sich ändern.
- Die Klimaforschung kann und sollte sich verändern. Es ist ja deutlich, dass beim Thema Klimawandel hohe Risiken und hohe Unsicherheit gekoppelt sind. In solchen Fällen sagt die Theorie die Konkurrenz bzw. Koexistenz von verschiedenen Wissensformen und Erklärungsmustern voraus. Wenn mehr Kenntnisse über den tatsächlichen Einfluss des anthropogenen CO_2 im Vergleich zu anderen Faktoren (Sonne, Wolken, Ozean) vorliegen, wenn auch mehr Kenntnisse über die Beeinflussbarkeit des Klimageschehens vorliegen, können daraus auch mehr Offenheit für andere Positionen und darauf aufbauend breitere Lösungsansätze entstehen, die z. B. die Kosten/Nutzen-Frage oder den »No-Regret-Gedanken« stärker berücksichtigen.

Die inhaltlichen Schwerpunkte der Klimadebatte können dann verändert werden, wenn der Satz von Karl Jaspers – »Niemand hat die Wahrheit. Wir alle suchen sie« – auch für die Klimaforschung gilt und in die Arbeit des IPCC Eingang findet. Die Wissenschaft hat eine Mitverantwortung für die bisherige Fokussierung auf CO_2-Verminderung und den hohen Druck bei der Ablösung der fossilen Energieträger. Diese Fokussierung und die Umsetzungshast sollten zugunsten einer Verbreiterung der Lösungssuche mit zugleich mehr Augenmaß zurückgenommen werden. Verbreiterung heißt:

- Strategien zur Anpassung an den Klimawandel entwickeln,
- Anstrengung zur Entwicklung neuer Technologien verstärken,
- Energieeinsparung weiterführen und verstärken,
- Kosten/Nutzen-Abwägung verstärken.

Aber: Mehr Verbreiterungs- und Anpassungsaktivitäten ohne Korrektur der bisherigen Fehlsteuerung wären falsch. Damit würde die Wissenschaft ihrer Mitverantwortung nicht gerecht. Das Gewicht der finanziellen Fehlallokation, des Umfangs der offenen Fragen zum Klimawandel und der erkennbaren Schieflage der deutschen Energiekonzeption erfordern eine neue Justierung für das Zieldreieck. Geld und Arbeit, auch wissenschaftliche Arbeit, würden dann verstärkt da investiert, wo sie erkennbar etwas bewirken. Hier liegen eine Chance und eine besondere Verantwortung der beteiligten Wissenschaft und wohl auch der Wissenschaftsakademien.

Das Energieprogramm der Bundesregierung geht für Deutschland fest von einer Beendigung des fossilen Zeitalters aus. Wir sollten aber daran denken: Das fossile Zeitalter wird nicht enden, weil es keine fossilen Rohstoffe mehr gibt, sondern weil es neue Technologien gibt. Und dafür sollten wir arbeiten.

Literatur

Berner, U. & H. Streif (Hrsg.). 2004. Klimafakten. Der Rückblick – ein Schlüssel für die Zukunft. – 4. Aufl., E. Schweizerbart, Stuttgart, 259 S.

BMWi & BMU (Hrsg.). 2010. Energiekonzept für eine umweltschonende, zuverlässige und bezahlbare Energieversorgung, vom 28. September 2010. – Bundesministerium für Wirtschaft und Technologie & Bundesministerium für Umwelt, Naturschutz und Reaktorsicherheit, Berlin, 32 S. (Stand Oktober 2011) www.bmu.de/files/pdfs/allgemein/application/pdf/energiekonzept_bundesregierung.pdf

Böcker, D., B. J. Breloer, P. Neumann-Mahlkau & D. Welte. 2010. Zum Einfluss des Menschen auf den Klimawandel – Sind Zweifel erlaubt? – VGB PowerTech, 3/2010: 87–92.

GVSt. 2011. Steinkohle 2011. Energie für neue Wege. – Steinkohle 2011 Jahresbericht. Gesamtverband Steinkohle e. V., Herne, 65 S.

IEA (International Energy Agency). 2011. World Energy Outlook 2011. – IEA Publications, Paris, 600 pp.

McKinsey. 2010. Transformation of Europe's power system until 2050. – McKinsey & Company, Inc., Düsseldorf, 12 S.

Ziesing, H.-J. 2011. Kräftiger Anstieg der CO_2-Emissionen in Deutschland. – Energiewirtschaftliche Tagesfragen, 4/11: 61–68.

Rundgespräche der Kommission für Ökologie, Bd. 41 »Die Zukunft der Energieversorgung«, S. 107–118.
© 2012 by Verlag Dr. Friedrich Pfeil, München – ISSN 0938-5851 – ISBN 978-3-89937-150-5

CO_2-Minderungskosten für Technologien und Energieszenarien im Vergleich

Ulrich Fahl*

Zusammenfassung

Der Aspekt des Klimaschutzes hat in den vergangenen Jahren in der deutschen, europäischen und internationalen Energiepolitik stark an Bedeutung gewonnen. In Bezug auf die Vermeidungsmaßnahmen besteht das klimapolitische Entscheidungskalkül eines einzelnen Landes (theoretisch) darin, den eingeschlagenen Emissionsreduktionspfad möglichst kosteneffizient umzusetzen. Derartige CO_2-Minderungskosten lassen sich entweder über einen Technikvergleich oder mittels einer Energiesystemmodellanalyse bestimmen. Die Grenzvermeidungskosten sind in solchen Energiesystemanalysen jedoch auch abhängig von den weiteren energiepolitischen Rahmenbedingungen, die unterstellt werden. So kann z. B. die Vorgabe eines bestimmten Anteils von Strom aus erneuerbaren Energieträgern am Bruttostromverbrauch als ein dritter Markt neben dem Emissionshandelssystem und dem eigentlichen Strommarkt interpretiert werden. Somit sind für eine Interpretation der Ergebnisse von Energiesystemmodellen die gesamten Kostenwirkungen zu betrachten, die sich in den kumulierten energiebedingten Systemmehrkosten widerspiegeln. Im Falle eines Ausstiegs aus der Kernenergienutzung in Deutschland sind z. B. die Systemmehrkosten in Europa fast doppelt so hoch wie in Deutschland, d. h., unsere europäischen Partnerländer werden den Ausstieg aus der Nutzung der Kernenergie Deutschlands mitzufinanzieren haben.

Summary

Comparison of CO_2 reduction costs of technologies and energy scenarios. In the past years, the aspect of climate protection gained strongly significance in the German, European and international energy policy. Regarding the mitigation measures, the decision base of an individual country consists of managing the emission reduction path as cost-efficiently as possible. Such CO_2 reduction costs can be determined either by technology comparison or by means of an energy system model analysis. However, the marginal mitigation costs resulting from such an energy system analysis also depend on further frame conditions regarding energy policy, which are part of the scenario definition. E. g., the setting of a certain amount of electricity from renewable energies as share of the gross electricity consumption can be interpreted as a third market beside the European Emission Trading System (ETS) and the real electricity market. Thus, the entire cost effects are to be regarded in order to interpret the results of energy system models, reflected by the cumulated energy system costs differences. For the case of a nuclear phase-out in Germany the system costs differences in Europe are nearly twice as high as in Germany. Our European partner countries will have to co-finance the nuclear phase-out of Germany.

* Fahl, Ulrich, Dr. rer. pol., Universität Stuttgart, Institut für Energiewirtschaft und Rationelle Energieanwendung (IER), Heßbrühlstraße 49a, 70565 Stuttgart. E-Mail: ulrich.fahl@ier.uni-stuttgart.de

Einleitung

Der Aspekt des Klimaschutzes hat in den vergangenen Jahren in der deutschen, europäischen und internationalen Energiepolitik stark an Bedeutung gewonnen. Auch wenn es der Weltgemeinschaft auf dem letzten UN-Klimagipfel in Durban (2011) wieder nicht gelungen ist, sich auf ein »Post-Kioto«-Abkommen mit verbindlichen Zielen zur Treibhausgasreduktion zu einigen, wurde bereits auf dem UN-Klimagipfel in Cancún (2010) zumindest das Ziel formuliert, die Erderwärmung auf maximal 2 °C zu begrenzen. Unter diesen Gesichtspunkten spielen Klimaschutzanforderungen auch bei der Ausgestaltung des zukünftigen deutschen Energiesystems eine entscheidende Rolle. Bisher besteht die Klimapolitik in Deutschland aus einer Vielzahl von Zielen, Maßnahmen und Instrumenten. So werden in dem 2011 verabschiedeten Energiekonzept der Bundesregierung (BMWi & BMU 2010) u. a. folgende Ziele genannt:

- Senkung der Treibhausgasemissionen (gegenüber 1990): 40 % bis 2020, 55 % bis 2030, 80–95 % bis 2050;
- Senkung des Primärenergieverbrauchs (gegenüber 2008): 20 % bis 2020 und 50 % bis 2050;
- Senkung des Stromverbrauchs (gegenüber 2008): 10 % bis 2020 und 25 % bis 2050;
- Senkung des Wärmebedarfs der Gebäude um 20 % bis 2020; klimaneutrale Gebäude bis 2050;
- Eine Million Elektroautos bis 2020 und sechs Millionen bis 2030;
- Anteil der Stromerzeugung aus erneuerbaren Energieträgern am Bruttostromverbrauch: 35 % in 2020, 50 % in 2030, 80 % in 2050.

Schon diese unterschiedlichen Zielsetzungen können die Effizienz der Klimaschutzpolitik beeinträchtigen, da a priori nicht gewährleistet ist, dass die einzelnen Zielsetzungen sich konsistent in das übergeordnete Ziel der kosteneffizienten Emissionsminderung einordnen.

Ganz prinzipiell stehen der Klimapolitik zwei Optionen zur Verfügung, auf den drohenden Klimawandel zu reagieren (Fahl et al. 2005): Vermeidungsmaßnahmen, welche die in die Atmosphäre abgegebenen Netto-Treibhausgasemissionen reduzieren, und Anpassungsmaßnahmen zur Minderung regionaler und lokaler Klimaschäden. Gemäß einer globalen Kosten/Nutzen-Analyse müssten weltweit so viele Emissionsvermeidungsmaßnahmen durchgeführt werden, bis deren Grenzvermeidungskosten dem (globalen) Grenznutzen aus der Reduktion von Klimaschäden entsprechen.[1]

Das ökonomisch optimale Niveau der Anpassungsmaßnahmen in einem Land hängt davon ab, in welchem Umfang – auf globaler Ebene – Maßnahmen zur Vermeidung von Treibhausgasemissionen unternommen werden bzw. wie groß die Auswirkungen des Klimawandels auf die entsprechende Region sind. Da die eigenen Vermeidungsanstrengungen des Landes aufgrund des ubiquitären Charakters der Treibhausgase keinen Einfluss auf die von ihm zu tragenden Klimaschäden haben, bedarf es auch keinerlei Koordinierung von Vermeidungs- und Anpassungsmaßnahmen. In Bezug auf die Vermeidungsmaßnahmen besteht das klimapolitische Entscheidungskalkül eines einzelnen Landes (theoretisch) darin, den eingeschlagenen Emissionsreduktionspfad möglichst kosteneffizient umzusetzen. Das heißt, es sind diejenigen Vermeidungsmaßnahmen zu wählen, die dem Land den geringsten wirtschaftlichen Schaden bzw. den größten Nutzen garantieren.

Grundsätzlich gibt es drei Möglichkeiten, energiebedingte CO_2-Emissionen zu reduzieren (Abb. 1): (1) Einsparung und (2) Substitution fossiler Energieträger sowie (3) die Abscheidung und Verpressung von CO_2 (CO_2-Entnahme, CCS). Letztere ist zwar technisch möglich, wird jedoch in den nächsten zehn Jahren noch nicht als großtechnisch realisierbare Minderungsoption angesehen. Nach dem Energiewendekonzept der Bundesregierung gibt es eine klare Prioritätensetzung: Oberste

1 Die globale Kosten/Nutzen-Analyse weist somit auf einen Trade-off von Anpassungs- und Vermeidungsmaßnahmen hin, den es allerdings in der klimapolitischen Praxis in der Weise nicht gibt. Über den Umfang von Vermeidungsmaßnahmen entscheiden nationale, in internationale Abkommen eingebundene Regierungen; für die Durchführung sind die entsprechenden Bundesministerien (z. B. für Umwelt und Energie) verantwortlich. Vermeidungsmaßnahmen sind zudem kurzfristig ausgerichtet mit dem Ziel, langfristig auftretende schädliche Klimafolgen zu verringern. Die Implementierung von Anpassungsmaßnahmen findet dagegen auf der Ebene lokaler und individueller Akteure statt. Auch sie sind kurzfristig ausgerichtet, aber mit dem Ziel, kurz- bis mittelfristigen Entwicklungen entgegenzusteuern.

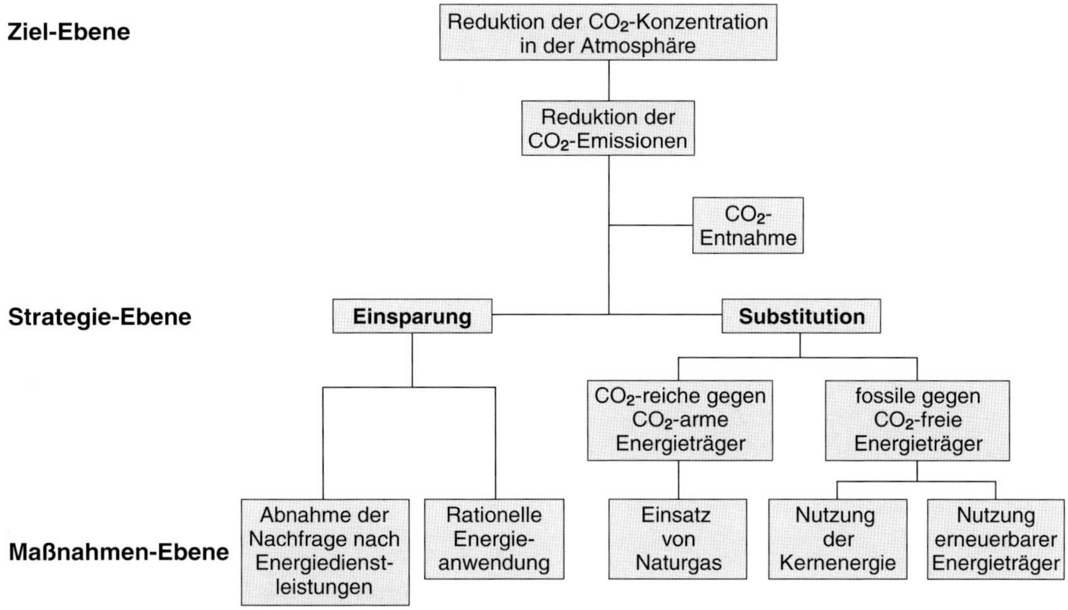

Abb. 1. Strategien und Maßnahmen zur Reduktion von CO_2-Emissionen. Erläuterungen s. Text.

Priorität bei den CO_2-Minderungsoptionen hat die Nutzung erneuerbarer Energieträger, gefolgt von der rationellen Energienutzung[2] und -einsparung. Als Drittes folgt die Abtrennung und Entsorgung von CO_2, als Viertes die Substitution fossiler Brennstoffe untereinander, z. B. Kohle verstärkt durch Erdgas zu ersetzen. Die Option Konsumverzicht kommt im Energiewendekonzept der Bundesregierung dagegen nicht vor; die Option der Kernenergienutzung wird explizit ausgeschlossen.

Das wichtigste Bewertungskriterium für den volkswirtschaftlich zweckmäßigen Beitrag von CO_2-Minderungsoptionen sind die damit verbundenen Kosten. Die spezifischen Minderungskosten einer bestimmten Maßnahme oder Technik sind definiert als (Fahl 2006):

Minderungskosten =

$$\frac{\text{Kosten}_{\text{Maßnahme}} - \text{Kosten}_{\text{Referenz}}}{\text{Emissionen}_{\text{Referenz}} - \text{Emissionen}_{\text{Maßnahme}}}$$

Die CO_2-Minderungskosten werden demnach umso höher, je höher die Zusatzkosten einer neuen oder verbesserten Technologie sind und je geringer die damit einhergehende Emissionsreduktion ist.

Bei einer solchen Kostenbetrachtung ist grundsätzlich darauf zu achten, ob es sich um eine einzel- oder eine gesamtwirtschaftliche Sichtweise handelt, da die Berücksichtigung oder Vernachlässigung von Backup-Kosten für das elektrische Netz, von Subventionen oder Steuern einen großen Einfluss auf die Ergebnisse haben. Eine weitere wesentliche Annahme für die Abschätzung der spezifischen CO_2-Minderungskosten ist die unterstellte Preisentwicklung der Primärenergieträger, die sowohl statisch (heutige Preise) als auch dynamisch (über einen Preispfad) erfolgen kann.

Bei der Interpretation und der Verwendung von spezifischen CO_2-Minderungskosten als Effizienzmaß sind die folgenden Gesichtspunkte zu beachten:

- Bei additiven CO_2-Minderungsmaßnahmen sollten unter dem Gesichtspunkt einer maxi-

2 Der viel gebrauchte Begriff »Energieeffizienz« ist bisher nie klar definiert worden (Blesl et al. 2011a). Ökonomen haben dafür ein ganz anderes Verständnis als Techniker. Daher ist der Terminus »rationelle Energienutzung« an dieser Stelle wesentlich eingängiger und sinnvoller.

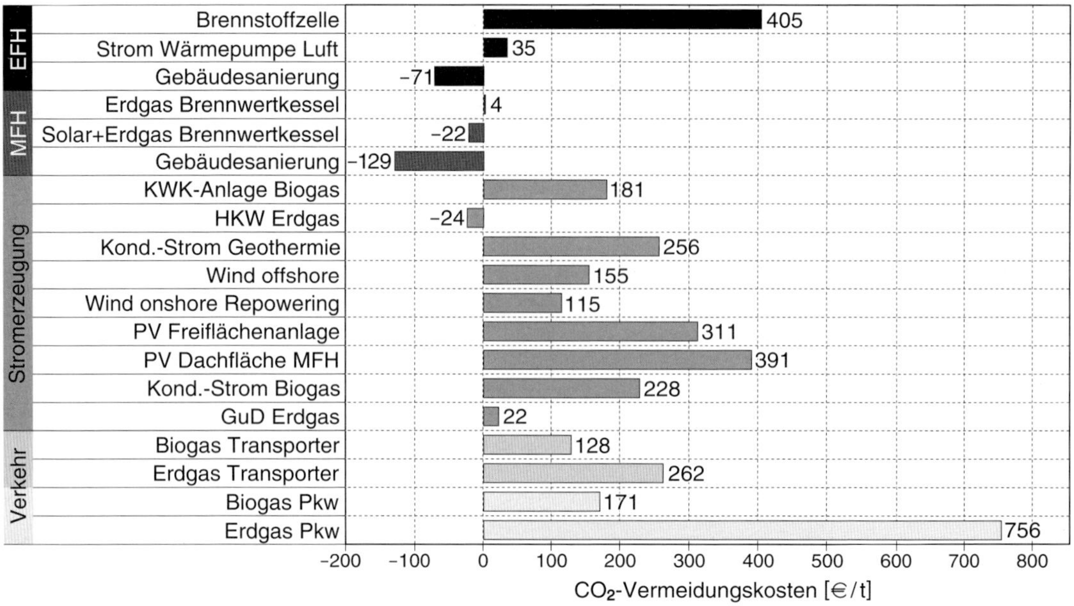

Abb. 2. CO_2-Vermeidungskosten (in €/t CO_2) ausgewählter Vergleichstechnologien in Abhängigkeit der Versorgungsaufgabe (Bereiche Gebäude, Strom, Verkehr). Eine negative Zahl ist ein Indikator für eine ökonomisch Gewinn bringende Minderungsmaßnahme. Weitere Erläuterungen s. Text. EFH/MFH: Ein-/Mehrfamilienhaus; KWK: Kraft-Wärme-Kopplung; HKW: Heizkraftwerk; PV: Photovoltaik; GuD: Gas-und-Dampfturbinen-Kraftwerk.

malen CO_2-Minderung zunächst alle Maßnahmen mit negativen Minderungskosten durchgeführt werden.

- Bei alternativen (konkurrierenden) CO_2-Minderungsmaßnahmen sollte vorrangig die Maßnahme mit dem höchsten Minderungspotenzial verwirklicht werden. Bei positiven Minderungskosten liefern die spezifischen Minderungskosten in Verbindung mit den Minderungspotenzialen die Informationen für eine erste Einordnung der Maßnahmen. Die Untersuchung einer effizienten Gesamtminderungsstrategie sollte dabei jedoch unbedingt als weiterer Analyseschritt nachfolgen.

Typisierter Technikvergleich

Für die beispielhafte Bewertung von verschiedenen Techniken zur Energiebereitstellung werden im Folgenden charakteristische Versorgungsfälle ausgewählt (Bruchof & Voß 2010, Kober & Blesl 2010, Kuder & Blesl 2010). Im Fokus stehen dabei Erdgastechniken, um einen generellen Bezug herstellen zu können. Neben einem Einfamilienhaus (EFH) mit einem spezifischen Wärmebedarf von 187 kWh/m², einem Mehrfamilienhaus (MFH) mit einem spezifischen Wärmebedarf von 159 kWh/m² sowie verschiedenen Technologien zur Stromerzeugung werden auch ein Pkw der Passat-Klasse und ein Transporter der Sprinter-Klasse näher untersucht. Als Vergleichssystem werden im Fall des Ein- bzw. Mehrfamilienhauses der Heizöl-Brennwertkessel der entsprechenden Leistungsgröße, für die Stromerzeugungstechnologien der Strommix des Jahres 2010 in Deutschland, im Fall des Pkw ein Benzinfahrzeug und für den Transporter ein entsprechendes Dieselfahrzeug definiert. Im Weiteren werden für die Beurteilung die entsprechenden Lebensdauern der Technologien, die Energieträgerpreise entsprechend den vom Bundesministerium für Wirtschaft und Technologie veröffentlichten Werten für das Jahr 2010 und ein Zinssatz von 5 % für die Analyse zugrunde gelegt.

Aufgrund der deutlich gestiegenen Energieträgerpreise und des in den letzten Jahren erzielten Fortschritts in der Materialeigenschaft von Baumaterialien bzw. -komponenten zur energetischen Sanierung von Wohngebäuden

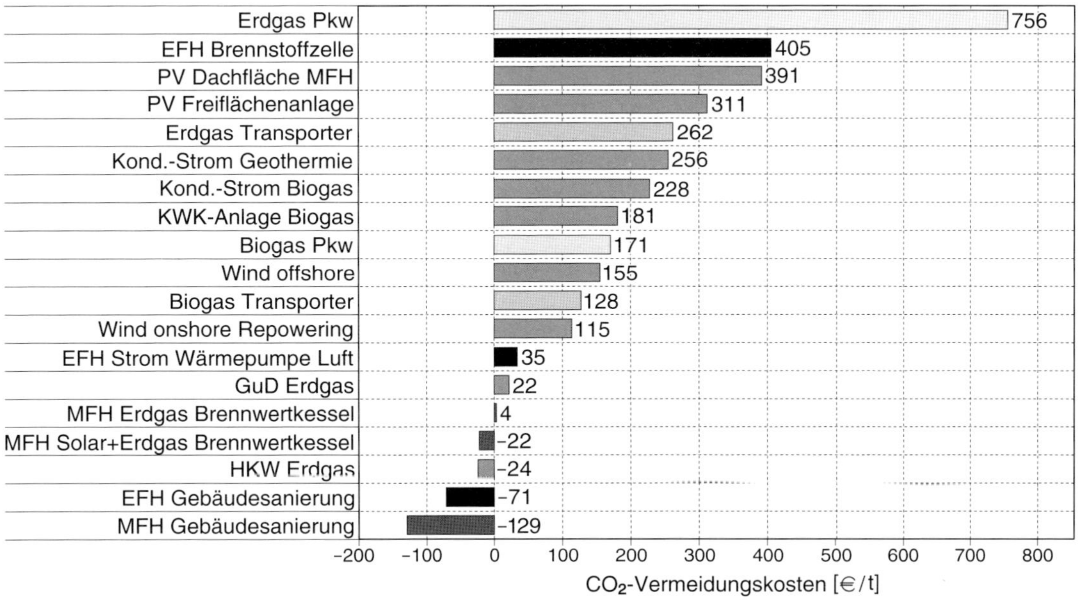

Abb. 3. Geordnete CO_2-Vermeidungskosten (in €/t CO_2) ausgewählter Vergleichstechnologien; Abkürzungen s. Legende zu Abb. 2.

sind die Maßnahmen der Gebäudesanierung bei Ein- und Mehrfamilienhäusern mit negativen CO_2-Minderungskosten verbunden (Abb. 2 oben). Brennstoffzellen, die mit Erdgas betrieben werden, weisen für Einfamilienhäuser, basierend auf dem derzeitigen energietechnischen und wirtschaftlichen Entwicklungsstand, relativ hohe CO_2-Minderungskosten auf. Die Raumwärmebereitstellung in Mehrfamilienhäusern auf Basis von Erdgas-Brennwertkesseln ist mit geringen CO_2-Minderungskosten bzw. in Kombination mit solarer Brauchwarmwassererwärmung sogar mit negativen Minderungskosten verbunden.

Im Bereich der Stromerzeugung bietet die Nutzung von Erdgas im Vergleich zu den Technologien auf Basis erneuerbarer Energieträger günstigere CO_2-Minderungskosten (Abb. 2 Mitte). Der Einsatz von Biogas zur Stromerzeugung ist aufgrund der derzeitigen Kosten für die Gaserzeugung bzw. der gewählten derzeit charakteristischen Anlagengröße von 370 kW_{el} teurer als die Windstromerzeugung, jedoch günstiger als die Stromerzeugung über Photovoltaikanlagen auf Mehrfamilienhäusern oder auf Freiflächen. Dies steht im Widerspruch zu dem Energiewendekonzept der Bundesregierung, nach dem gerade Photovoltaikanlagen am meisten gefördert werden. Wird Erdgas nicht nur zur reinen Stromerzeugung, sondern in Kraft-Wärme-Kopplungs-Anlagen zur gleichzeitigen Wärmeerzeugung eingesetzt, ergeben sich unter den Referenzbedingungen des Jahres 2010 sogar negative CO_2-Minderungskosten.

Im Verkehrssektor erweist sich der Einsatz von Erdgas als Kraftstoff für Pkw oder Transporter als vergleichsweise teure Alternative zur CO_2-Vermeidung (Abb. 2 unten). Die Ursachen für die hohen CO_2-Minderungskosten der Erdgasfahrzeuge liegen primär in den höheren Fahrzeuginvestitionskosten sowie in der vergleichsweise geringen spezifischen CO_2-Einsparung je zurückgelegtem Fahrzeugkilometer. Ein Betrieb der Erdgasfahrzeuge mit Biogas führt zu einer deutlich höheren CO_2-Einsparung als im Erdgasbetrieb und bewirkt sowohl beim Pkw als auch beim Transporter ein Absinken der CO_2-Minderungskosten auf unter 200 €/t CO_2.

Im gesamten Ranking der betrachteten CO_2-Vermeidungstechnologien (Abb. 3) gehören unter den Referenzbedingungen des Jahres 2010 die konventionellen bzw. derzeitigen Standardeinsatzfelder des Erdgases in Erdgas-GuD-Anlagen, Erdgas-Brennwertkessel ohne und in Kombination mit Solaranlagen sowie in Erdgas-Heizkraftwerken zu den kosteneffizientesten

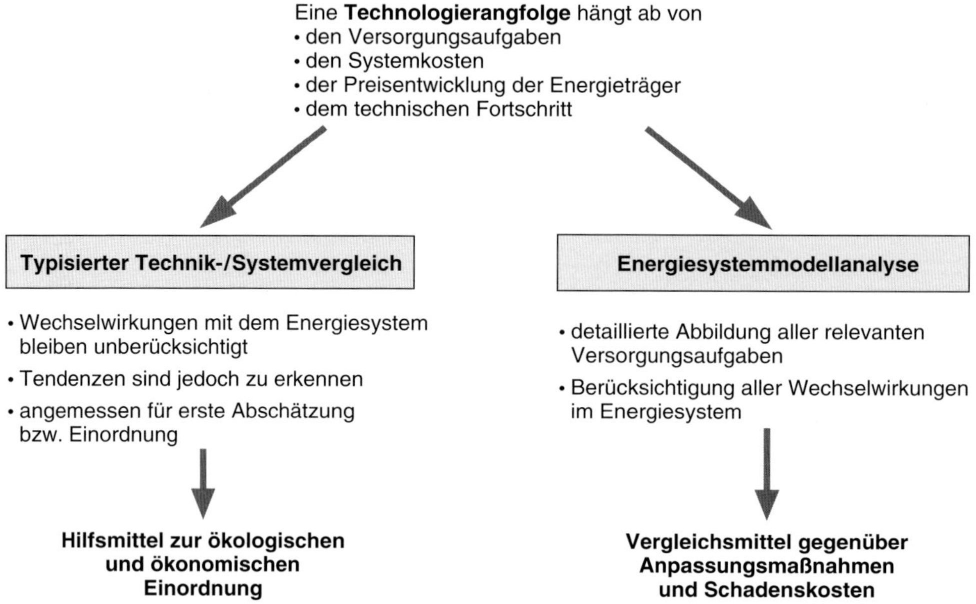

Abb. 4. Probleme bei der Bestimmung von Technologierangfolgen und Vergleich von typisiertem Technik-/Systemvergleich mit Energiesystemmodellanalyse.

Klimaschutzoptionen. Der erdgasbetriebene Pkw verfügt aufgrund der hohen Zusatzinvestitionen mit mehr als 700 €/t CO_2 gar über die höchsten CO_2-Vermeidungskosten aller analysierten Technologien. Auch beim Erdgas-Transporter ergeben sich CO_2-Vermeidungskosten von weit über 200 €/t CO_2, die außer vom Erdgas-Pkw lediglich von der Brennstoffzelle als Heizungstechnologie für Einfamilienhäuser sowie von Photovoltaikanlagen auf Mehrfamilienhäusern oder auf Freiflächen übertroffen werden. Generell ist aber als Ergebnis des Technikvergleichs festzuhalten, dass derzeit die mit Erdgas betriebenen Technologien im Vergleich zu den Technologien auf Basis erneuerbarer Energieträger wesentlich günstigere Ansatzpunkte liefern, die Reduktion der CO_2-Emissionen in Deutschland weiter voranzubringen.

Am 23. Januar 2012 lag der Preis für Emissionszertifikate an der Stromhandelsbörse EEX bei 6,87 €/t CO_2. Das heißt, die CO_2-Vermeidungskosten der meisten hier vorgestellten Technologien gehen weit über das hinaus, was eine CO_2-Minderung im Emissionshandel wert ist.

Energiesystemmodellanalyse

Mit den spezifischen CO_2-Minderungskosten eines Technikvergleichs kann, wie in Abbildung 4 dargestellt, jedoch nur eine erste Einordnung vorgenommen werden, da dabei v. a. die Wechselwirkungen und eventuell auftretende Konkurrenzsituationen (wie z. B. Effizienzsteigerung in der Wärmeerzeugung gegenüber Wärmedämmmaßnahmen im Gebäudebestand) zwischen den einzelnen Techniken unberücksichtigt bleiben.

Einen umfassenderen Ansatz bietet eine Gesamtminderungsstrategie mittels einer Energiesystemmodellanalyse, mit der auch die marginalen Grenzkosten zu verschiedenen Zeitpunkten bestimmt werden können. Mögliche Wechselwirkungen zwischen Maßnahmen werden in der Energiesystemanalyse adäquat berücksichtigt. Innerhalb eines optimierenden Energiesystemmodells werden die Entscheidungen unter einem wirtschaftlichen Optimierungskalkül getroffen, wobei grundsätzlich auch Steuern und Subventionen berücksichtigt werden können. Als Ergebnis einer solchen Energiesystemanalyse ergeben sich alle Energieflüsse, die Mehrkosten des Gesamtsystems sowie eine Grenzkostenkurve der CO_2-Minderung. Dabei kann auch die jeweilige Grenztechnologie, das heißt die letzte zu ergreifende Maßnahme, identifiziert werden.

Die Grenzvermeidungskosten sind in solchen Energiesystemanalysen jedoch auch abhängig von den weiteren energiepolitischen Rahmenbedingungen, die unterstellt werden. Um dies aufzuzeigen, werden im Folgenden drei Szenarien betrachtet (Blesl et al. 2011b), die die Restlaufzeiten der deutschen Kernkraftwerke variieren (Tab. 1). Das Szenario EKO-2010 repräsentiert den Fall einer Laufzeitverlängerung deutscher Kernkraftwerke auf 44 Jahre gemäß den im **E**nergie**ko**nzept der Bundesregierung vom September **2010** getroffenen Vorschlägen (BMWi & BMU 2010). Das Szenario AtG-2002 geht von einer Beibehaltung der im **At**omausstiegs**g**esetz aus dem Jahr **2002** beschlossenen Ausstiegsregelung aus, welche einer durchschnittlichen Kernenergielaufzeit von 32 Jahren entspricht, und gibt damit auch nahezu die aktuelle gültige Regelung wieder. Im dritten Szenario mit dem Kürzel AUS-2017 ist ein vorgezogener vollständiger **Aus**stieg aus der Kernenergienutzung in Deutschland bis zum Jahr **2017** unterstellt.

Da die deutsche Energiepolitik in zunehmendem Maße auch von den energie- und klimapolitischen Rahmenbedingungen seitens der EU beeinflusst wird, ist eine isolierte Analyse des deutschen Energiesystems im Rahmen der hier betrachteten Problemstellung ungeeignet. EU-Ziele zur Reduzierung der Treibhausgasemissionen, zur Energieeffizienzsteigerung oder zum Ausbau der Nutzung erneuerbarer Energieträger, wie sie beispielsweise im 2008 vorgestellten Klima- und Energiepaket der Europäischen Kommission für das Jahr 2020 festgelegt wurden, sollen durch gemeinschaftliche Anstrengungen aller Mitgliedsstaaten erreicht werden und wirken somit direkt auf die Entwicklungen im deutschen Energiesystem. Zudem stehen die Energiemärkte Deutschlands und der übrigen EU-Mitgliedsländer durch den länderübergreifenden Handel mit Emissionszertifikaten und mit Energieträgern, insbesondere über den Stromaustausch, miteinander in Beziehung. Um diese Wechselwirkungen zu erfassen, wird Deutschland im Rahmen dieser Analyse als Teil des Energiesystems der EU betrachtet, sodass zum einen die von der EU vorgegebenen energie- und klimapolitischen Rahmenbedingungen und zum anderen die Wechselbeziehungen zwischen den einzelnen EU-Staaten Berücksichtigung finden. Für die übrigen EU-27-Mitgliedsstaaten wurden daher ebenfalls länderspezifische Annahmen zur zukünftigen Nutzung der Kernenergie getroffen, die sich an den derzeitigen politischen Diskussionen orientieren.[3]

3 Bezüglich der THG-Emissionen in Deutschland wird analog zum Energiekonzept eine Reduktion um 40 % bis 2020 und 85 % bis 2050 bezogen auf 1990 unterstellt (im Energiekonzept wird für das Jahr 2050 eine Reduktion zwischen 80 % und 95 % gefordert). Auf EU-Ebene wird bei den THG-Emissionen ein Rückgang um 30 % bis 2020 gegenüber dem Kioto-Basiswert vorgegeben, wie es die EU für den Fall, dass andere Staaten sich ebenfalls zu ambitionierten Minderungszielen verpflichten, angekündigt hat. Im weiteren Zeitverlauf verschärft sich die Reduktionsvorgabe bis auf 75 % im Jahr 2050. Zusätzlich ist in allen Szenarien eine Reduktion

Tab. 1. Übersicht über die betrachteten Szenarien des Energiesystemmodells TIMES PanEU. THG: Treibhausgas.

<table>
<tr><th>Szenario</th><th>Kernenergienutzung</th><th>Anteil erneuerbarer Energieträger am Bruttostromverbrauch</th><th>Klimaschutzziel (THG-Einsparung)</th></tr>
<tr><td>EKO-2010</td><td>– Deutschland: 44 Jahre
– Ausstieg in Spanien, Belgien
– Sonstige EU-Staaten: Kapazitätshaltung bzw. Ausbau</td><td rowspan="3">Deutschland:
40 % bis 2020
60 % bis 2035
80 % bis 2050
EU-27:
30 % bis 2020
45 % bis 2035
60 % bis 2050</td><td rowspan="3">Deutschland:
40 % bis 2020
62,5 % bis 2035
85 % bis 2050
EU-27:
30 % bis 2020
52,5 % bis 2035
75 % bis 2050
(alle Werte bezogen auf die Kioto-Basis)</td></tr>
<tr><td>AtG-2002</td><td>– Deutschland: 32 Jahre
– Übrige EU-Staaten wie in Szenario EKO-2010</td></tr>
<tr><td>AUS-2017</td><td>– Ausstieg in Deutschland bis zum Jahr 2017
– Übrige EU-Staaten wie in Szenario EKO-2010</td></tr>
</table>

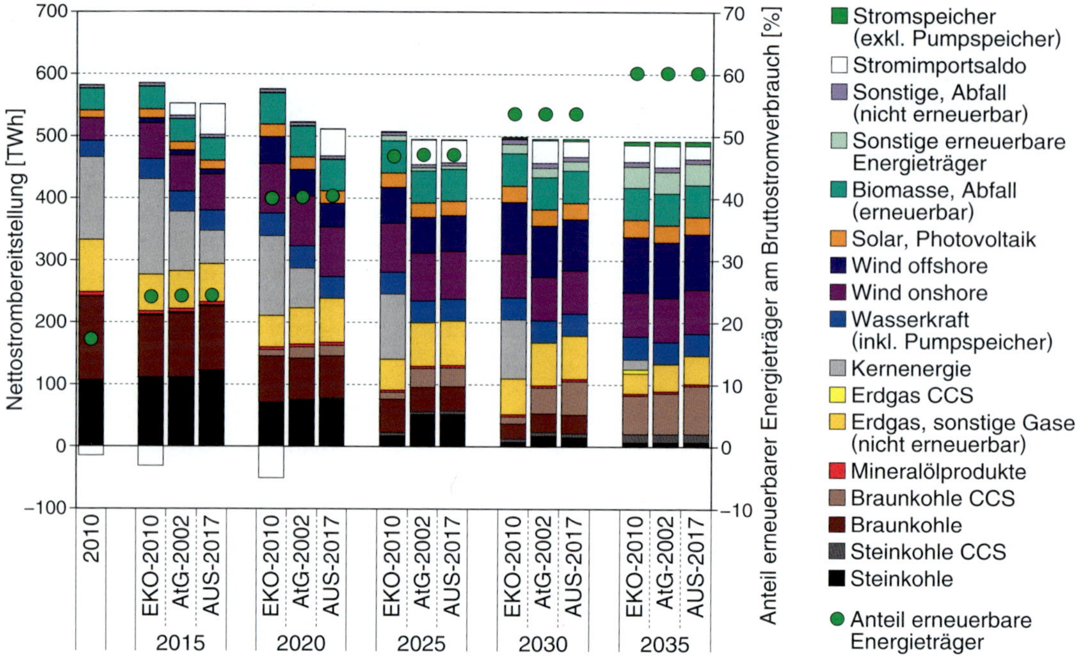

Abb. 5. Nettostrombereitstellung (in TWh) sowie Anteil erneuerbarer Energieträger am Bruttostromverbrauch (in %) in Deutschland im Szenarienvergleich (Tab. 1) für 2015 bis 2035.

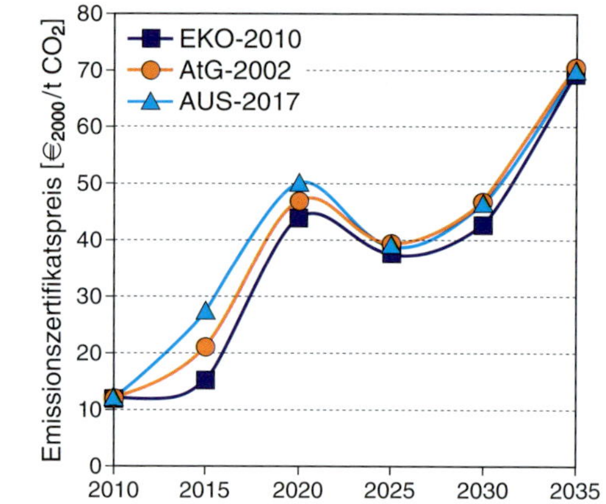

Abb. 6. Entwicklung des Emissionszertifikatspreises (in $€_{2000}$/t CO_2) in Europa im Szenarienvergleich (Tab. 1) für 2015 bis 2035.

Wesentliche Änderungen in der Struktur des Energiesystems zeigen sich im Szenarienvergleich insbesondere in der Strombereitstellung. Die Verkürzung der Laufzeiten für Kernkraftwerke in Deutschland hat für Deutschland eine Zunahme der Nettostromimporte zur Folge (Abb. 5). Bei Ausstieg aus der Kernenergienutzung bis 2022 (AtG-2002) bzw. bis 2017 (AUS-2017) entwickelt sich Deutschland bereits ab 2015 zum Nettoimporteur für Strom, wohingegen bei einer durchschnittlichen Laufzeit deutscher Kernkraftwerke von 44 Jahren (EKO-2010) Deutschland auch bis zum Jahr 2030 Nettostromexporteur bleibt. Im Jahr 2015 werden bei einer durchschnittlichen Kraftwerkslaufzeit von 44 Jahren 32 TWh Strom netto exportiert. Demgegenüber stehen Nettostromimporte bei einem Ausstieg bis 2022 in

---

der im europäischen Emissionshandelssystem erfassten Emissionen um 21 % bis zum Jahr 2020 gegenüber 2005 unterstellt, mit einer anschließenden jährlichen Fortschreibung um 1,74 %.
Für die Durchführung der Szenarienanalyse wird das europäische Energiesystemmodell TIMES PanEU verwendet. Hierbei handelt es sich um ein mehrperiodisches, lineares Optimierungsmodell, das auf einem prozesstechnischen Ansatz basiert, bei dem einzelne Anlagen im Energiesystem aggregiert abgebildet werden. Ziel ist die Ermittlung der wirtschaftlich optimalen Energieversorgungsstruktur bei einem vorzugebenden Nutzenergiebzw. Energiedienstleistungsbedarf und gegebenenfalls energie- und umweltpolitischen Vorgaben.

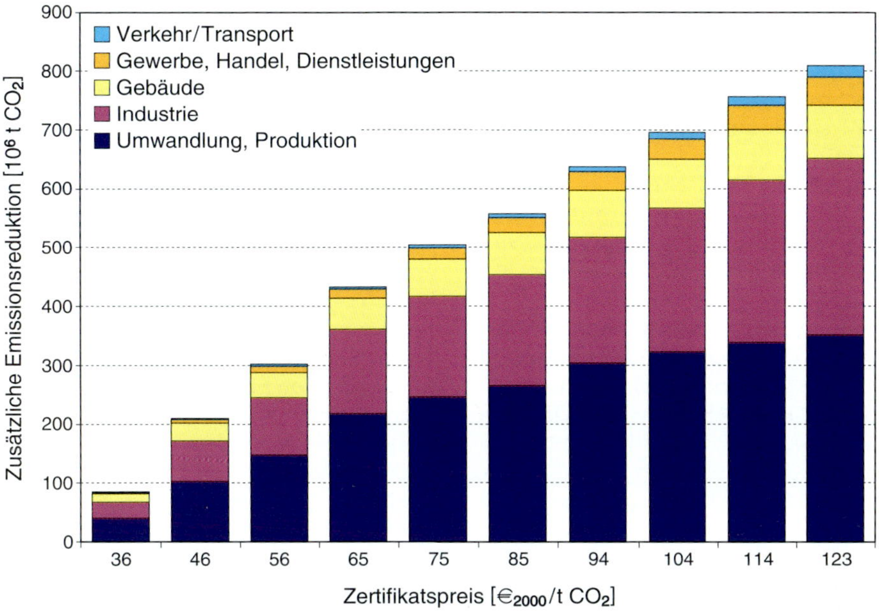

Abb. 7. Zusätzliche CO_2-Reduktion in Deutschland (in Mio. t CO_2) in 2030 nach Sektoren in Abhängigkeit vom Zertifikatspreis (in $€_{2000}$/t CO_2) im Vergleich zum geringsten Preis (27 €/t CO_2 in 2030).

Höhe von 12 TWh und bei einem Ausstieg bis 2017 in Höhe von 44 TWh. Im weiteren Verlauf nehmen die Nettostromimporte bei Ausstieg bis 2022 auf knapp 30 TWh im Jahr 2020 und auf 45 TWh in 2025 zu. Bei einem Ausstieg aus der Kernenergienutzung bis 2017 bleiben die Nettostromimporte in den Jahren 2020 und 2025 auf dem Niveau des Jahres 2015 von ca. 45 TWh. In

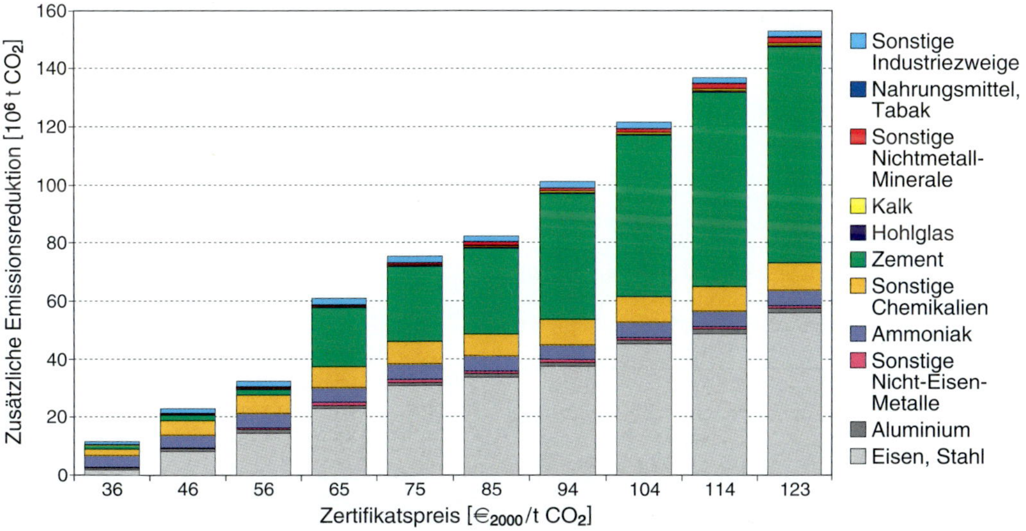

Abb. 8. Zusätzliche CO_2-Reduktion in Deutschland (in Mio. t CO_2) in 2030 durch Verbesserung, Wechsel in den Produktionsverfahren in der Industrie nach Sektoren in Abhängigkeit vom Zertifikatspreis (in $€_{2000}$/t CO_2) im Vergleich zum geringsten Preis (27 €/t CO_2 in 2030).

2030 kommt es in den beiden Fällen (AtG-2002 und AUS-2017) zu einem leichten Rückgang der Nettostromimporte gegenüber 2025, was auf die Zunahme der Stromerzeugung durch erneuerbare Energieträger sowie aus CCS-Kraftwerken bei leicht rückläufiger Stromnachfrage zurückzuführen ist. In 2035 ist Deutschland in allen drei Szenarien Nettostromimporteur mit 36 TWh bei Ausstieg bis 2022 und 2017 (AtG-2002 und AUS-2017) sowie 26 TWh bei Ausstieg bis 2036 (EKO-2010; Abb. 5).

Mit optimierenden Energiesystemmodellen, wie TIMES PanEU, lassen sich die marginalen CO_2-Vermeidungskosten, die auch als Emissionszertifikatspreise interpretiert werden können, ermitteln (Abb. 6). Ein Preisanstieg ist im Szenarienvergleich vor allem in den Perioden 2015 und 2020 zu beobachten. 2015 steigen die Zertifikatspreise bei einem Ausstieg aus der Kernenergienutzung bis 2017 (AUS-2017) um 12 $€_{2000}$/t CO_2, 2020 um 6 $€_{2000}$/t CO_2 (jeweils verglichen mit EKO-2010: Laufzeit deutscher Kernkraftwerke von 44 Jahren). Bei einem Ausstieg bis 2022 (AtG-2002) fällt der Preisanstieg moderater aus und beläuft sich auf 6 $€_{2000}$/t CO_2 in 2015 bzw. 3 $€_{2000}$/t CO_2 in 2020. Langfristig (bis zum Jahr 2035) gleichen sich die Preise für die europaweit gehandelten Zertifikate an und bewegen sich auf einem Niveau von etwa 70 $€_{2000}$/t CO_2. Da sich der Zertifikatspreis in einem europäischen Handelssystem ergibt, sind die gesamteuropäischen Auswirkungen eines deutschen Ausstiegs aus der Kernenergienutzung mit zu berücksichtigen.

Neben den Vorgaben zur Reduktion der Treibhausgasemissionen sind in den Szenarien noch weitere Restriktionen formuliert (Tab. 1), wie z. B. die Vorgabe eines bestimmten Anteils von Strom aus erneuerbaren Energieträgern am Bruttostromverbrauch (s. auch Abb. 5). Für Deutschland geht dabei die Vorgabe eines Beitrags von 40 % der »Erneuerbaren Energien« am Bruttostromverbrauch für das Jahr 2020 noch über die Zielsetzung des Energiekonzepts von 35 % für 2020 hinaus. EU-weit liegen die Ziele im Hinblick auf den Anteil erneuerbarer Energieträger am Bruttostromverbrauch bei 30 % in 2020, gefolgt von einem linearen Anstieg auf 60 % in 2050. Für diese Vorgaben, die in allen Szenarien bindend sind, ergibt sich im optimierenden Energiesystemmodell ein eigener Schattenpreis bzw. Zertifikatspreis. Da dies als ein dritter Markt neben dem Emissionshandelssystem und dem eigentlichen Strommarkt interpretiert werden kann, ergeben sich auch Wechselwirkungen zwischen diesen Teilmärkten. Je stärker die erneuerbaren Energieträger über ihren Teilmarkt in das System eingebracht werden, desto niedriger werden die Zertifikatspreise im Emissionshandelssystem. Dieser Effekt zeigt sich bereits heute. Im Vergleich zu den Emissionszertifikatspreisen in der Größenordnung von 10 bis 15 €/t CO_2 an der EEX sind die über die EEG-Umlage resultierenden CO_2-Minderungskosten wesentlich höher. Werden für das Jahr 2010 die aus der EEG-Förderung und den dadurch vermiedenen CO_2-Emissionen resultierenden CO_2-Minderungskosten der erneuerbaren Energieträger Sonne, Wind und Biomasse ermittelt (Tab. 2), so weist insbesondere die photovoltaische Energienutzung mit CO_2-Minderungskosten von rund 600 €/t sehr hohe Werte auf. Jedoch liegen auch die CO_2-Minderungskosten der Windenergie und der Biomasse weit über den derzeitigen Werten des Zertifikatspreises im Emissionshandelssystem.

Somit sind für eine Interpretation der Modellergebnisse hinsichtlich der Auswirkungen unterschiedlicher Laufzeiten der Kernkraftwerke die marginalen CO_2-Minderungskosten nur bedingt

Tab. 2. CO_2-Vermeidung (in Mio. t), CO_2-Vermeidungskosten (in €/t CO_2) und EEG-Förderung (in Mio. €) der Nutzung von Windenergie, Biomasse und Photovoltaik zur Stromerzeugung in Deutschland im Jahr 2010. Die EEG-Förderung ist bereits um den Stromwert vermindert.

	CO_2-Vermeidung [10^6 t]	CO_2-Vermeidungskosten [€/t CO_2]	EEG-Förderung [Mio. €]
Windenergie	25,6	87	2213
Biomasse	17,1	204	3486
Photovoltaik	7,9	597	4739

(Preis für Emissionszertifikate an der Stromhandelsbörse EEX (23.01.12): 6,87 €/t CO_2.)

Tab. 3. Kumulierte energiebedingte Systemmehrkosten (in Mrd. $€_{2000}$) der verschiedenen Szenarien (Tab. 1) in Deutschland und in der EU-27 (Werte in Klammern).

Kumulierte Systemmehrkosten ab 2010 gegenüber EKO-2010 [Mrd. $€_{2000}$]	bis 2025	bis 2035
AtG-2002	14,5 (46,2)	38,2 (74,3)
AUS-2017	26,4 (76,5)	54,1 (140,9)

geeignet. Vielmehr sind die gesamten Kostenwirkungen zu betrachten, die sich in den kumulierten Kostendifferenzen (kumulierte energiebedingte Systemmehrkosten) widerspiegeln. Kumuliert, mit Basis 2010, ergeben sich für den Fall mit durchschnittlich 32 Jahren Laufzeit der Kernkraftwerke (AtG-2002) gegenüber durchschnittlich 44 Jahren Laufzeit (EKO-2010) energiebedingte Systemmehrkosten von 14,5 Mrd. $Euro_{2000}$ bis 2025 und 38,2 Mrd. $Euro_{2000}$ bis 2035 (Tab. 3). Für den Ausstieg aus der Kernenergienutzung in Deutschland bis 2017 betragen die zusätzlichen Systemkosten 26,4 Mrd. $Euro_{2000}$ bis 2025 und steigen bis 2035 auf 54,1 Mrd. $Euro_{2000}$ an. Es ist zu unterstreichen, dass mehr als die Hälfte der gesamten energiebedingten Kosten für die Verkürzung der Laufzeiten der Kernkraftwerke um 12 bzw. 18 Jahre gegenüber der im Energiekonzept 2010 beschlossenen Betriebsdauer für verstärkte Stromimporte (bis zu 38 Mrd. $Euro_{2000}$ bis 2035 in AUS-2017) aufzuwenden sind. Für Investitionen in Ersatztechnologien für Kernkraftwerke fallen bis zum Jahr 2035 knapp 16 Mrd. $Euro_{2000}$ an. Bei einem Ausstieg bis 2017 sind zudem Mehrkosten für den Zukauf von Emissionszertifikaten in Höhe von etwa 5 Mrd. $Euro_{2000}$ bis zum Jahr 2035 gegenüber einem Ausstieg bis 2036 zu erwarten. Bei einem Ausstieg bis 2022 betragen die Mehrkosten für Emissionszertifikate knapp 3 Mrd. $Euro_{2000}$ bis 2035. Die Systemmehrkosten sind in Europa fast doppelt so hoch wie in Deutschland (Tab. 3), d. h., unsere europäischen Partnerländer werden den Ausstieg Deutschlands aus der Kernenergienutzung mitzufinanzieren haben.

Im Gegensatz zu reinen Technikvergleichen lässt sich aus den Energiesystemmodellanalysen auch ableiten, bis zu welchem Minderungsziel welcher Sektor beitragen sollte bzw. welche CO_2-Minderungskosten zu Reaktionen in welchem Sektor führen. Hierfür wurden für das Szenario EKO-2010 die Zertifikatspreise für das Jahr 2030 zwischen 27 und 123 $€_{2000}$/t CO_2 variiert (Abb. 7). Dabei zeigt sich, dass in dem vorliegenden Variationsbereich der Umwandlungssektor und die Industrie die größten Potenziale für eine zusätzliche Emissionsreduktion vorweisen können, während der Verkehrsbereich bei dem betrachteten Zertifikatspreisniveau nur geringe zusätzliche Beiträge zur Emissionsreduktion leisten kann.

Die Energiesystemmodelle bieten dabei die Möglichkeit, entsprechend der Modellierungstiefe die Emissionsreduktion bis auf einzelne Sektoren, Anwendungen und Technologien zurückzuführen. Beispielhaft zeigt Abbildung 8 für das Jahr 2030 die Grenzvermeidungskostenkurve der Emissionsreduktion durch die Verbesserung bzw. den Wechsel in den Produktionsverfahren in der deutschen Industrie nach Sektoren in Abhängigkeit vom CO_2-Preis. Insgesamt können dadurch in Deutschland 154 Mio. t CO_2 eingespart werden, falls der CO_2-Preis von 27 $€_{2000}$/t CO_2 auf 123 $€_{2000}$/t CO_2 steigen würde. Die wichtigsten Branchen, in denen ein Wechsel der Produktionsverfahren stattfinden würde, sind dabei die Zement-, die Eisen/Stahl- und die chemische Industrie.

Fazit

Zusammenfassend lässt sich festhalten, dass Technik- bzw. Systemvergleiche für eine erste Einordnung von CO_2-Minderungsoptionen einen sinnvollen Ansatz darstellen. Um jedoch alle relevanten Versorgungsaufgaben konsistent und im Vergleich abbilden zu können und gleichzeitig auch die Wechselwirkungen erfassen zu können, ist für die Herleitung von Grenzvermeidungskostenkurven der Einsatz von Energiesystemmodellen notwendig. Diese bieten auch die Möglichkeit einer zeitintegralen Betrachtung, sodass zeitliche Entwicklungspfade berücksichtigt werden können. In diesem Zusammenhang sind jedoch die unterstellten energiepolitischen Rahmenbedingungen eine wichtige zusätzliche Stellgröße, die die Interpretation der CO_2-Minderungskosten wesentlich beeinflussen.

Literatur

Blesl, M., D. Bruchof, U. Fahl, T. Kober, R. Kuder, B. Götz & A. Voß. 2011a. Integrierte Szenarioanalysen zu Energie- und Klimaschutzstrategien in Deutschland in einem Post-Kyoto-Regime. – Institut für Energiewirtschaft und Rationelle Energieanwendung (IER), Universität Stuttgart, Forschungsbericht Band 106, Februar 2011.

Blesl, M., D. Bruchof, U. Fahl, T. Kober, R. Kuder, R. Beestermöller, B. Götz & A. Voß. 2011b. Auswirkungen veränderter Laufzeiten für Kernkraftwerke in Deutschland – Szenarioanalysen bis zum Jahr 2035. – Institut für Energiewirtschaft und Rationelle Energieanwendung (IER), Universität Stuttgart, Arbeitsbericht Nr. 10, Juni 2011.

BMWi & BMU (Hrsg.). 2010. Energiekonzept für eine umweltschonende, zuverlässige und bezahlbare Energieversorgung, vom 28. September 2010. – Bundesministerium für Wirtschaft und Technologie & Bundesministerium für Umwelt, Naturschutz und Reaktorsicherheit, Berlin, 32 S. (Stand Oktober 2011) www.bmu.de/files/pdfs/allgemein/application/pdf/energiekonzept_bundesregierung.pdf

Bruchof, D. & A. Voß. 2010. Analysis of the Potential Contribution of Alternative Fuels and Power Trains to the Achievement of Climate Targets in the EU27. – Fullpaper. International Energy Workshop (IEW). Stockholm, 21.–23. Juni 2010.

Fahl, U. 2006. Optimierter Klimaschutz: CO_2-Vermeidungskosten von Maßnahmen im Vergleich. – In: Metz, N. & U. Brill (Hrsg.): Abgas- und Verbrauchsverringerung – Auswirkungen auf Luftqualität und Treibhauseffekt. Expert Verlag, Renningen; Haus der Technik Fachbuch, 72: 73–94.

Fahl, U., H. Koschel, A. Löschel, B. Rühle & H. Wolf. 2005. Regionale Klimaschutzprogramme – Zur integrierten Analyse von Kosten des Klimawandels und des Klimaschutzes auf regionaler Ebene. – Vierteljahreshefte zur Wirtschaftsforschung, 74 (2): 286–309.

Kober, T. & M. Blesl. 2010. Report work package 4: Regional analysis at North Sea level. – In: Fidje, A., K. Espegren, M. Wangen, P. Seljom, A. Ramirez, R. Hoefnagels, Z. Wu, M. van den Broek, N. Strachan, M. Blesl, T. Kober, P. E. Grohnheit & M. Lüthje: Analysis of potentials and costs of storage of CO2 in the Utsira aquifer in the North Sea. Institutt for energiteknikk IFE (Institute for Energy Technology), Kjeller, Norway: 32–44.

Kuder, R. & M. Blesl. 2010. Technology orientated analysis of emission reduction potentials in the industrial sector in the EU-27. – Fullpaper. International Energy Workshop (IEW). Stockholm, 21.–23. Juni 2010.

Rundgespräche der Kommission für Ökologie, Bd. 41 »Die Zukunft der Energieversorgung«, S. 119–120.
 – ISSN 0938-5851 – ISBN 978-3-89937-150-5

Ist die Energiewende machbar und finanzierbar?

Kommentar zum Vortrag CO_2-Minderungskosten für Technologien und Energieszenarien im Vergleich

Hartmut Spliethoff*

Der Beschluss der Bundesregierung zum Ausstieg aus der Kernenergie hat zwar die Diskussion über die friedliche Nutzung der Kernenergie wieder aufflammen lassen, aber das wesentliche Ziel nicht geändert. Schon in dem »Energiekonzept 2050« der Bundesregierung vom Herbst 2010 war der Ausstieg aus der Kernenergienutzung langfristig das Ziel.[1] Möchte man sich mit der Zukunft der Energieversorgung auseinandersetzen, so sollte man dieses Energiekonzept genauer analysieren.

Das Energiekonzept setzt Ziele zur Minderung der CO_2-Emission, zur Energieeinsparung und zur Erhöhung des Anteils erneuerbarer Energieträger. 2050 sollen 80 % der Stromerzeugung aus erneuerbaren Energieträgern erfolgen, weitere wesentliche Säulen sind Stromeinsparung und -import. Den Stromimport kann man kritisieren, die Einsparungen kann man anzweifeln und bei den erneuerbaren Energieträgern muss man die derzeit in Deutschland aus Erneuerbaren erzeugte Strommenge betrachten: Der Anteil von 80 % Erneuerbaren an dem in 2050 in Deutschland produzierten Strom (unter Berücksichtigung von Stomimport und -einsparung) entspricht, auf den in 2008 erzeugten Strom bezogen, etwa einem Anteil von 40–45 %. Man kann also umgekehrt schließen, dass das Energiekonzept der Bundesregierung die Begrenztheit der Möglichkeiten für eine Stromproduktion aus erneuerbaren Energieträgern in Deutschland aufzeigt.

Als Techniker und Ingenieur kann ich sagen, dass eine Versorgung, auch eine Vollversorgung mit Strom aus erneuerbaren Energieträgern machbar ist. Das entspricht auch dem Meinungsbild in der Bevölkerung. Dies gilt allerdings nur, solange man die Kosten außer Acht lässt. Eine Diskussion der Kosten erfolgt in z. B. in Wirtschaftszeitungen und setzt ein Fragezeichen hinter eine Vollversorgung. In dem Energiekonzept der Bundesregierung sind keine Aussagen zu Kosten zu finden.

Welche Kosten werden verursacht? Der Beitrag von Herrn Fahl beschäftigt sich mit der Bestimmung und der Vorhersage von Kosten. Dies ist eine entscheidende Aufgabe bei der Entwicklung von zukünftigen Konzepten. Es taucht aber eine Reihe von Fragen auf, denn Modelle benötigen Annahmen und Parameter, mit denen maßgeblich das Ergebnis bestimmt wird. Dazu zwei Beispiele:

– Bei vielen Energiekonzepten ist die Erhöhung der Energieeffizienz die entscheidende Stellschraube; schon der Unterschied zwischen 1 und 2 % dominiert das Ergebnis.

1 Bundesministerium für Wirtschaft und Technologie & Bundesministerium für Umwelt, Naturschutz und Reaktorsicherheit (Hrsg.). 2010. Energiekonzept für eine umweltschonende, zuverlässige und bezahlbare Energieversorgung, vom 28. September 2010. Berlin, 32 S. www.bmu.de/files/pdfs/allgemein/application/pdf/energiekonzept_bundesregierung.pdf

* Spliethoff, Hartmut, Prof. Dr.-Ing., Technische Universität München, Lehrstuhl für Energiesysteme, Boltzmannstraße 15, 85748 Garching, und Bayerisches Zentrum für Angewandte Energieforschung (ZAE Bayern), Walther-Meißner-Straße 6, 85748 Garching. E-Mail: spliethoff@tum.de

- Bei den Kosten ist vielfach die Lernkurve bzw. die Kostendegression die wesentliche Größe und bestimmt damit auch die Bedeutung der verschiedenen Energieträger.

Weitere Fragen, die bei der Modellierung auftauchen, sind:
- Kann man das System modellieren? Die Kosten bestimmen die Entwicklung und die Entwicklung letztendlich wieder die Kosten.
- Kennen wir das Energiesystem in 2050? Werden die Netze für einen Stromtransport zur Verfügung stehen? Welche Technologien stehen für die Speicherung zur Verfügung?
- Kann man die Kosten für ein Land überhaupt bestimmen, muss man das nicht in einem Gesamtsystem sehen?

Trotz dieser Vielzahl von Fragen ist die Modellierung notwendig, um die Wechselwirkungen zu betrachten und den Einfluss eines einzelnen Parameters auf das Gesamtsystem zu beurteilen. Die Modellierung ist notwendig, um Fehlentwicklungen zu vermeiden und Lösungswege aufzuzeigen. Sie darf aber nie als eine Prognose aufgefasst werden, sondern wir müssen uns mit der Abhängigkeit der Ergebnisse von den Annahmen beschäftigen.

Herr Fahl hat sich mit den verschiedenen Techniken befasst und sehr schön aufgezeigt, wo die entsprechenden sinnvollsten Optionen liegen – nämlich im Gebäudebereich – und dass die Stromgestehungskosten bei den erneuerbaren Energieträgern noch zu hoch sind. Er hat das Gesamtsystem modelliert und richtigerweise auch in den europäischen Kontext gestellt, und es ist klar, dass der Ausstieg aus der Kernenergienutzung auch zu höheren Kosten führen wird. Ich stimme daher mit vielen dieser Ergebnisse überein, sie geben notwendige Hinweise für die Entwicklung unseres Gesamtsystems und sie leisten einen Beitrag zu der Frage, die wir uns alle stellen: Können wir die Energiewende realisieren und zu welchen Kosten? Die Antwort darauf wird uns letztlich erst das Jahr 2050 geben.

Rundgespräche der Kommission für Ökologie, Bd. 41 »Die Zukunft der Energieversorgung«, S. 121–132.
 – ISSN 0938-5851 – ISBN 978-3-89937-150-5

Das energiepolitische Zieldreieck und die Energiewende

Karen Pittel*

Zusammenfassung

Der Umbau des deutschen Energiesystems im Zuge der Energiewende wirkt sich in vielfältiger Weise auf die Ziele des energiepolitischen Zieldreiecks – Wirtschaftlichkeit, Umweltverträglichkeit und Versorgungssicherheit – aus. Diese Auswirkungen werden in der politischen und wissenschaftlichen Diskussion in der Regel nur punktuell aufgegriffen, eine systematische Darstellung der Ziele wie auch der Auswirkungen erfolgt jedoch selten. Der vorliegende Aufsatz gibt zunächst eine Übersicht über den heutigen Stand der Realisierung der verschiedenen Ziele und betrachtet im Anschluss die Implikationen unterschiedlicher energiepolitischer Maßnahmen auf die Zielerreichung. Abgeschlossen wird der Beitrag durch einige grundsätzliche Überlegungen zum Design eines optimalen Energiesystems.

Summary

The energy policy triangle and the transformation of the German energy system. The transformation of the German energy system affects the goals of the energy policy triangle – cost-effectiveness, environmental sustainability, and security of supply – in a multitude of ways. These effects are usually only selectively considered by the political and scientific discussion while a comprehensive overview of the goals and the effects of the system transformation is rarely given. This paper provides an overview first with respect to the current state and then with respect to the implications of different energy-political measures. The paper closes with some general thoughts on the design of optimal energy systems.

Das Zieldreieck der Energiepolitik

Das so genannte Zieldreieck der Energiepolitik wird in Deutschland aus §1 des Energiewirtschaftsgesetzes (EnWG) abgeleitet, welches eine »möglichst sichere, preisgünstige, verbraucherfreundliche, effiziente und umweltverträgliche leitungsgebundene Versorgung der Allgemeinheit mit Elektrizität und Gas« fordert. Über die reine Versorgung mit Elektrizität und Gas hinaus werden die in §1 formulierten Ziele dabei häufig als allgemeine Ziele der Energiepolitik interpretiert. Aus diesen Zielen leiten sich wiederum die Eckpunkte des Zieldreiecks der Energiepolitik – Wirtschaftlichkeit (Bezahlbarkeit), Umweltverträglichkeit und Versorgungssicherheit (Abb. 1) – ab, wobei die drei Eckpunkte, wie in Abbildung 1 durch Pfeile angedeutet, durchaus in Wechselwirkung miteinander stehen. Im Folgenden werden die drei Ziele kurz bezüglich ihres Inhalts und des aktuellen Stands ihrer Realisierung beleuchtet und im folgenden Abschnitt in

* Pittel, Karen, Prof. Dr., ifo Institut – Leibniz-Institut für Wirtschaftsforschung an der Universität München e. V., Bereich Energie, Umwelt und erschöpfbare Ressourcen, Poschingerstraße 5, 81679 München.
E-Mail: pittel@ifo.de

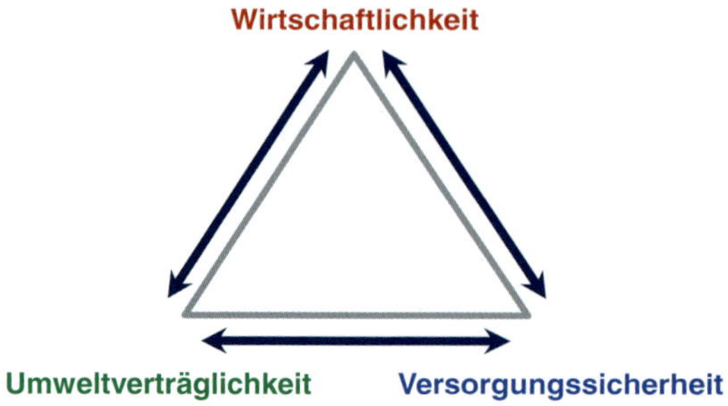

Abb. 1. Das Zieldreieck der Energiepolitik.

Bezug auf die Auswirkungen der Energiewende untersucht.

Umweltverträglichkeit

Obwohl allgemein formuliert, wird das Ziel der Umweltverträglichkeit der Energieversorgung häufig allein im Sinne einer Reduktion der Kohlendioxid- bzw. (allgemeiner) Treibhausgasemissionen interpretiert. Auswirkungen der Energieversorgung auf die Umweltverträglichkeit, die über die CO_2-Emssionen hinausgehen und auch durch die Nutzung der erneuerbaren Energieträger entstehen, werden zwar teilweise thematisiert, jedoch in weit geringerem Umfang als die zu erwartenden Klimaschäden.

In Bezug auf die anthropogen verursachten CO_2-Emssionen, deren weitaus größter Teil aus der Verbrennung fossiler Energieträger stammt, scheinen die Bemühungen Deutschlands und der EU um eine Reduktion bisher global kaum Früchte zu tragen. Trotz aller Bemühungen steigen die mit der Nutzung fossiler Energieträger verbundenen Emissionen auch nach einem kurzen Einbruch als Folge der globalen Wirtschaftskrise im Jahr 2009 unvermindert an (Abb. 2). Die Ursachen dieses Anstiegs liegen zum einen im wirtschaftlichen Wachstum außereuropäischer Länder und zum anderen – und dieses Argument ist keinesfalls trivial – in einer regionalen Verlagerung der Produktion. Werden die europäischen Einsparungen an Emissionen von entsprechenden Steigerungen der Emissionen in anderen Ländern kompensiert (wie z. B. Aichele & Felbermayr (2011) gefunden haben), sind die Wirkungen auf den Klimawandel gleich Null. Insofern müssen positive Wirkungen europäischer Emissionsreduktionen eigentlich mit einer Fußnote »unter der Voraussetzung, dass …« versehen werden.

Die Liste der über die CO_2-Emissionen hinausgehenden Umweltschäden aus der Energieversorgung ist vielfältig und eine Schätzung insbesondere im Bereich der Kernenergie nicht immer einfach. Abbildung 3 zeigt einen Versuch, diese Schäden zu monetarisieren und den (durch Klimawandel bedingten) Schäden aus CO_2-Emissionen gegenüberzustellen (Näheres s. DLR & ISI 2006). Die Kernenergie fehlt in der Abbildung aufgrund der angesprochenen Schwierigkeiten, die Risiken bzw. die Kosten im Falle eines Unfalls

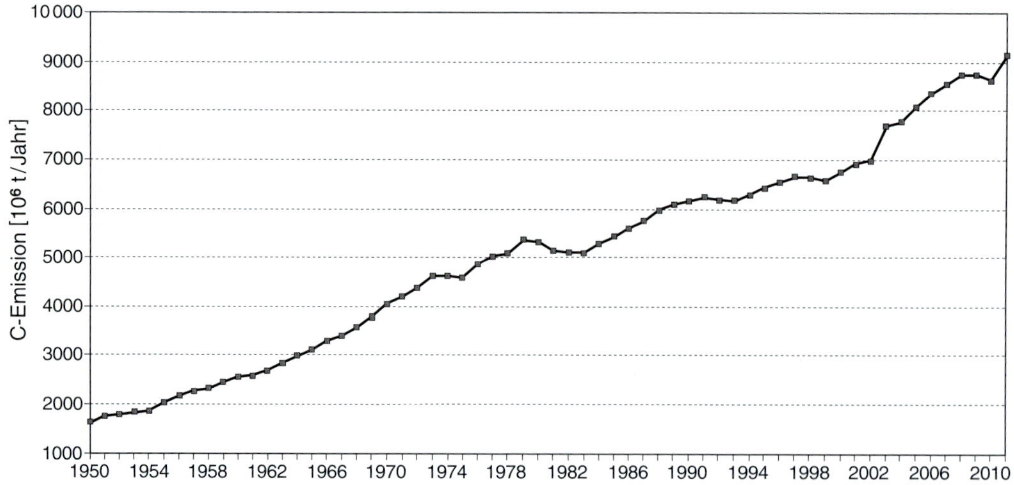

Abb. 2. Weltweite Kohlenstoffemissionen (in Mio. t C/Jahr) aus fossilen Energieträgern von 1950 bis 2010. 1 t C entspricht 3,67 t CO_2. – Nach Daten von CDIAC (2011).

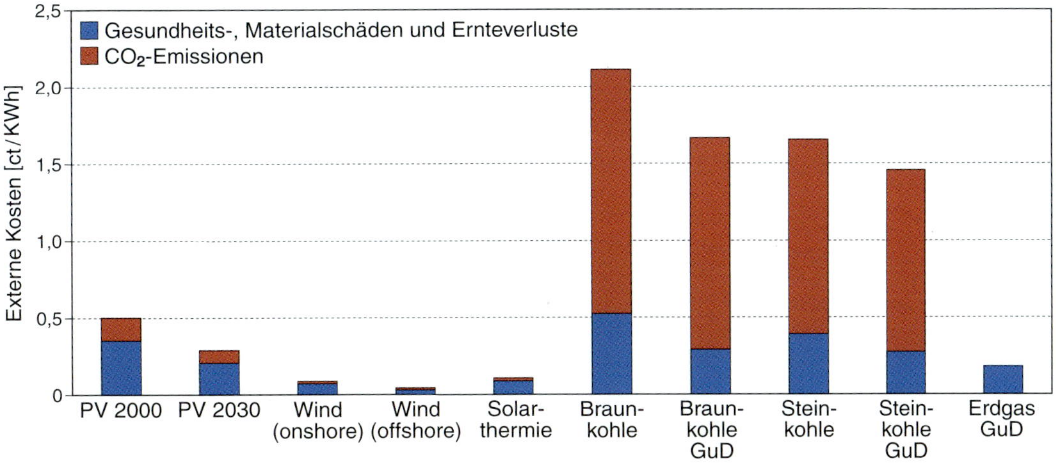

Abb. 3. Externe Kosten (in ct/kWh) aus Gesundheits-, Materialschäden und Ernteverlusten sowie aus CO_2-Emissionen (durch Klimawandel bedingt) für verschiedene Technologien zur Stromerzeugung (Annahme: Schadenskosten von 15 €/t CO_2). GuD: Gas- und Dampfturbinen-Kraftwerk; PV: Photovoltaik. – DLR & ISI (2006).

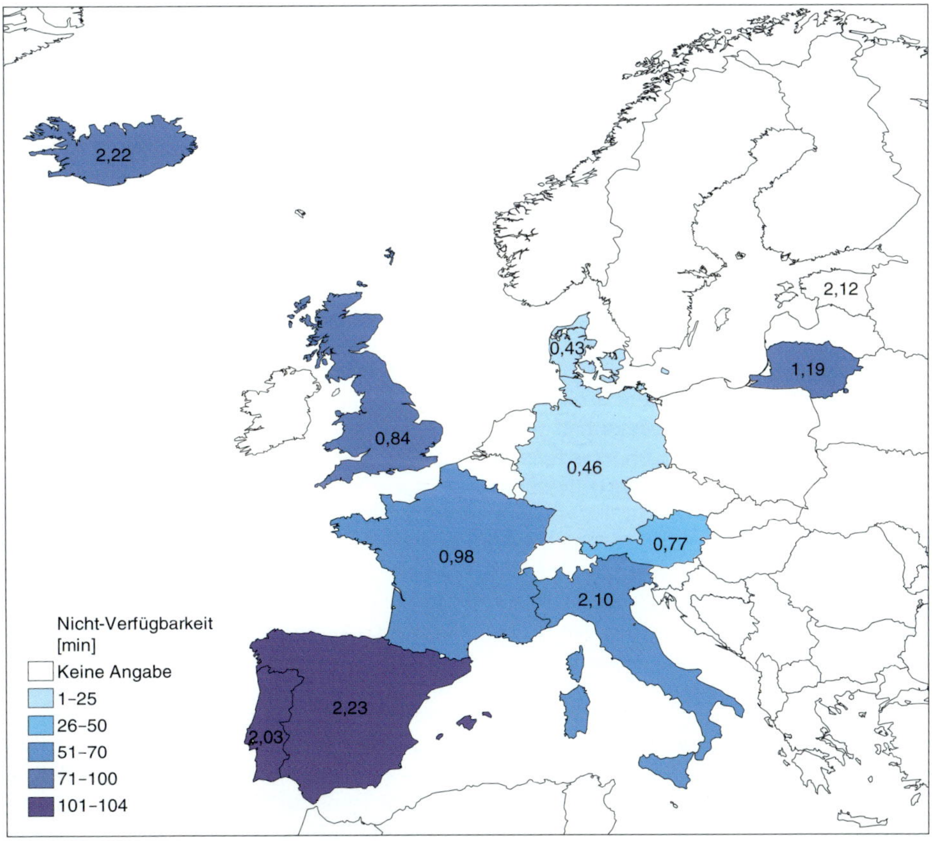

Abb. 4. Durchschnittliche Nicht-Verfügbarkeit von Strom je Endverbraucher (Blaustufen; in Minuten) und durchschnittliche Stromausfälle je Endverbraucher (Werte; Anzahl) in verschiedenen europäischen Ländern im Jahr 2007. – Roepke & Lippelt (2011).

abzuschätzen. Den Schätzungen der externen Kosten aus CO_2-Emissionen liegt eine Lebenszyklusanalyse zugrunde, die auch die Emissionen aus fossilen Energieträgern einbezieht, welche z. B. bei der Produktion von Photovoltaik- und Windkraftanlagen entstehen. Die Schadenskosten durch CO_2-Emissionen wurden mit 15 €/t CO_2 bewertet. Dieser Betrag liegt zwar über den aktuellen Preisen für CO_2-Zertifikate im europäischen Emissionshandelssystem (ETS), stellt in Bezug auf CO_2-Schadensschätzungen aber einen eher geringen Wert dar. Über die Kosten aus CO_2-Emissionen hinaus wurden Gesundheitsschäden (v. a. durch Feinstaubbelastung), Materialschäden (z. B. Korrosion durch Einwirkung von SO_2 und sauren Niederschlägen) und Ernteverluste (z. B. durch erhöhte Luftschadstoffkonzentrationen) in die Evaluierung einbezogen. Die Abbildung zeigt, dass die Kosten für nicht CO_2-bezogene Umweltschäden im Durchschnitt unter den prognostizierten Kosten für Schäden aus CO_2-Emissionen liegen. Berücksichtigt werden muss allerdings, dass externe Kosten aufgrund von geänderter Flächennutzung, Landschaftsverschandelung oder anderen sozialen oder kulturellen Effekten nicht in den Schätzungen berücksichtigt wurden.

Versorgungssicherheit

In Bezug auf das Ziel der Versorgungssicherheit muss zunächst zwischen technischer und politischer Versorgungssicherheit unterschieden werden.[1] Technische Versorgungssicherheit bezieht sich dabei darauf, wie gut ein System geeignet ist, zu jedem Zeitpunkt mit Zuverlässigkeit Strom zu liefern und auf technische Störungen zu reagieren. Hier schneidet Deutschland im europäischen Vergleich sehr gut ab (Abb. 4).

Zur politischen Versorgungssicherheit gehört die Frage nach der Abhängigkeit der Versorgung mit Energieträgern vom Ausland oder, allgemeiner, nach der Verflechtung der Energieversorgungsstruktur mit dem Ausland. Diese Abhängigkeit manifestiert sich beispielsweise in einer Konzentration von Energieträgerimporten aus bestimmten Ländern. Um die Gefährdung der Versorgungssicherheit insgesamt einschätzen zu können, muss zudem berücksichtigt werden, wie hoch der Anteil der Importe eines Energieträgers am Gesamtverbrauch ist und wie wichtig dieser Energieträger für die Energieversorgung eines Landes ist. Ebenso müssen die Zuverlässigkeit und politische Stabilität der Handelspartner berücksichtigt werden. Bei Rohöl und Gasimporten z. B. ist die Abhängigkeit Deutschlands von insbesondere einem Land, der Russischen Föderation, seit 1991 stark gestiegen (Abb. 5). Dies ist als problematisch zu bewerten, da Rohöl und Gas die höchsten Anteile aller Energieträger am Primärenergieverbrauch in Deutschland haben.

Zur Abschätzung und Quantifizierung der Versorgungssicherheit werden häufig auch preis- und mengenbezogene Indikatoren herangezogen, die Risiken bewerten, die z. B. aus Marktkonzentration und Preisvolatilitäten resultieren (für einen Überblick siehe Löschel et al. 2010). Nicht als Versorgungsrisiko per se angesehen wird dabei, dass die Preise für fossile Energieträger im Trend ansteigen und ihre Vorkommen endlich sind, da diese Preissteigerungen und Knappheiten langfristig prognostizierbar sind und ein Energiesystem darauf reagieren kann. Problematisch sind allerdings Preise, die entweder volatil und nicht prognostizierbar sind und/oder Knappheiten nicht korrekt widerspiegeln. Hier kann es kurzfristig zu Engpässen in der Versorgung kommen, auf die das Energiesystem nicht ausgelegt ist und die die Planbarkeit erschweren.

Beispielhaft sei hier auf zwei Indikatoren der Internationalen Energie-Agentur verwiesen, von denen einer die Preisrisiken und der andere die Mengenrisiken verschiedener Energieträger abzubilden versucht (IEA 2007). In den preisbezogenen Indikator fließen Faktoren ein, die sich auf die Volatilität der Preise auswirken und die Implikationen dieser Volatilität für die Energieversorgung eines Landes widerspiegeln. Zu diesen Faktoren gehören die politische Stabilität der Exportländer, Verzerrungen wettbewerblicher Preise und der Grad der Abhängigkeit von bestimmten Energieträgern. In Bezug auf den mengenbezogenen Indikator wird berücksichtigt, welches Risiko besteht, dass sich Angebot und Nachfrage auf den Märkten nicht ausgleichen. Dies kann z. B. der Fall sein, wenn der Gaspreis an den Preis für Rohöl gekoppelt ist und damit Knappheiten auf den Märkten nicht reflektiert. Interessant sind in Bezug auf die beiden Indizes weniger die absoluten Werte als die Auswirkungen der Energiewende auf diese Werte. Auf

1 Für einen Überblick über verschiedene Konzeptionalisierungen der unterschiedlichen Aspekte von Versorgungssicherheit siehe auch Winzer (2011).

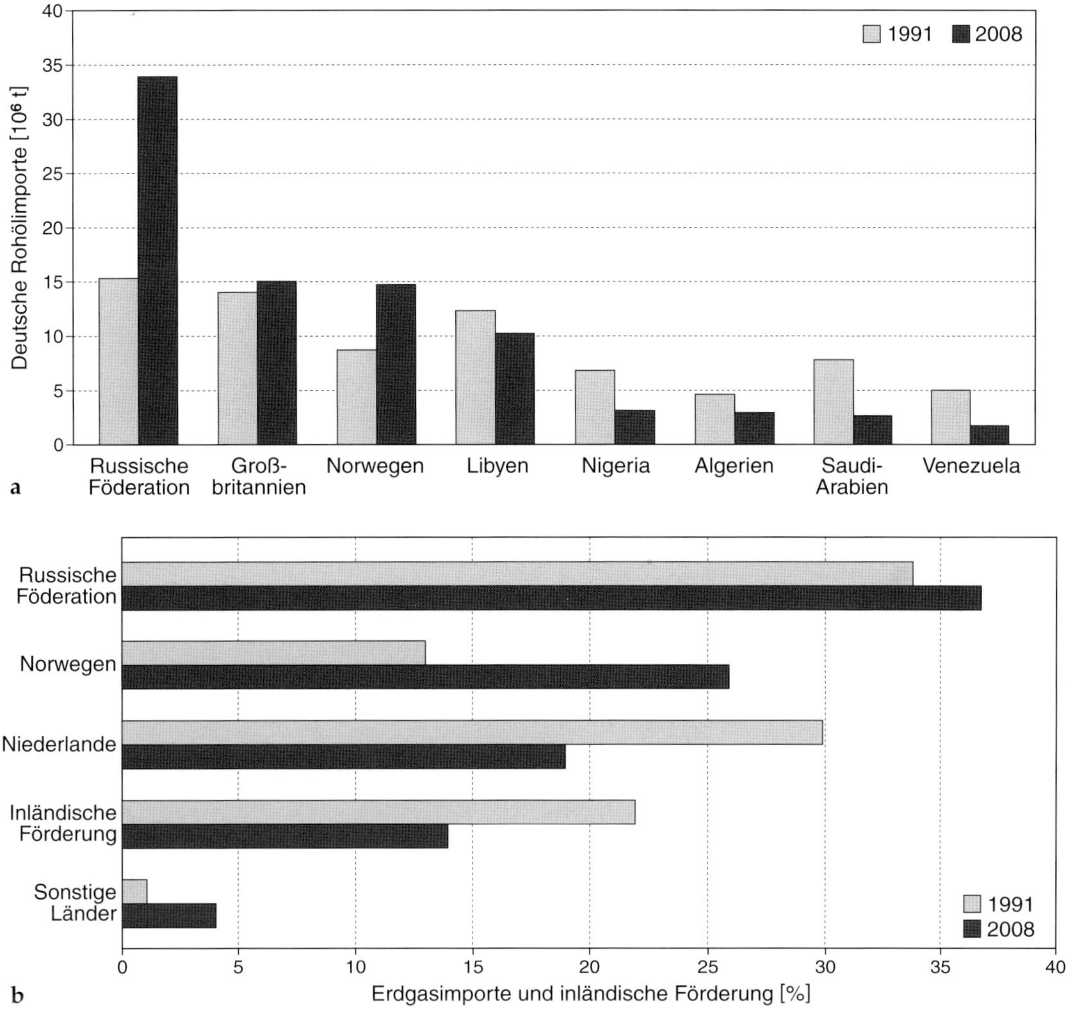

Abb. 5. Deutsche Rohölimporte (**a**, in Mio. t) und Gasimporte bzw. inländische Förderung (**b**, in %) nach Ländern, 1991 und 2008. – Statistisches Bundesamt (2009).

diese Auswirkungen wird im Abschnitt zu den Implikationen der Energiewende eingegangen.

Wirtschaftlichkeit

Die Wirtschaftlichkeit der Energieversorgung wird häufig im Sinne einer preisgünstigen und/oder kosteneffizienten Stromversorgung interpretiert. Bei der Beurteilung der Wirtschaftlichkeit liegt der Fokus entsprechend auf Marktkonzentration, staatlicher Regulierung (insbesondere auf Steuern und Subventionen) und – im Falle des Elektrizitätsmarktes – den Stromgestehungskosten. Wirtschaftlichkeit kann allerdings auch in einem weiteren Sinne interpretiert werden, auf den im letzten Abschnitt dieses Aufsatzes kurz eingegangen wird.

Betrachtet man den heutigen Stand der Technologie, so schneiden in Bezug auf die Stromgestehungskosten (also Investitions- und laufende Kosten) Kernkraft und Braunkohle am besten ab, gefolgt von Steinkohle, Erdgas, Wind- und Wasserkraft und schließlich der Photovoltaik (vgl. Abb. 6 sowie Wissel et al. (2008) bzgl. der Stromgestehungskosten für Kernenergie). Aus gesamtwirtschaftlicher Perspektive müssen zusätzlich zu den Stromgestehungskosten auch

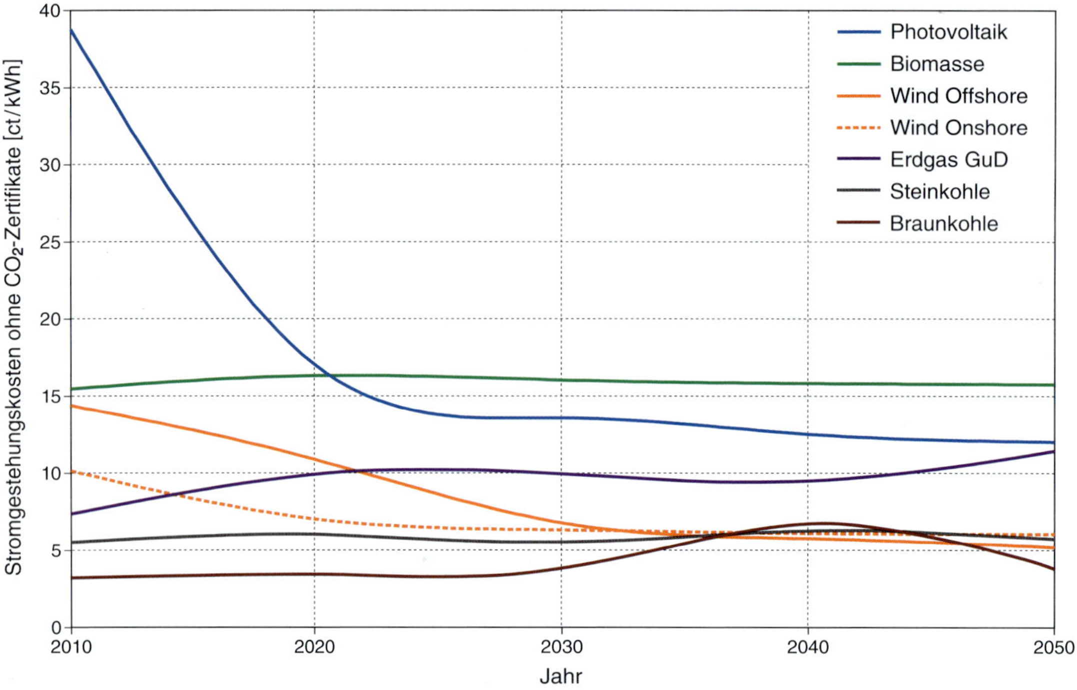

Abb. 6. Prognose über die Entwicklung der Stromgestehungskosten (in ct/kWh) bis 2050. – ifo & FfE (2012).

die Systemkosten in eine Beurteilung der Wirtschaftlichkeit einfließen. Systemkosten umfassen insbesondere Investitionen, die bei einem Ausbau der verschiedenen Erzeugungstechnologien zusätzlich anfallen, z. B. für Investitionen in Stromnetze und -speicher. Allerdings werden Systemkosten ebenso wie andere Rückwirkungen energiepolitischer Maßnahmen (beispielsweise auf die Wirtschaftsstruktur und die Beschäftigung in anderen Wirtschaftssektoren) bei der Betrachtung der Wirtschaftlichkeit häufig vernachlässigt. Eine solche Partialanalyse des Subsystems Energieproduktion muss notwendigerweise zu Fehleinschätzungen hinsichtlich der gesamtwirtschaftlichen Wirkungen führen.

Wie bereits eingangs betont, können die drei Ziele der Energiepolitik nicht isoliert voneinander betrachtet werden. Änderungen in der Versorgungsstruktur werden sich nicht nur auf eines der Ziele auswirken, sondern sich in allen Zielen widerspiegeln. Maßnahmen, die im Zuge der Energiewende ergriffen werden, müssen entsprechend hinsichtlich ihrer Wirkungen auf alle Ziele betrachtet werden. Bevor diese verschiedenen Maßnahmen genauer betrachtet werden, soll kurz rekapituliert werden, worin das Zieldreieck der Energiewende eigentlich besteht.

Das Zieldreieck der Energiewende

Ausgangspunkt der Energiewende und der darauf aufbauenden Energiepolitik Deutschlands sind und waren klimapolitische Zielsetzungen. Bis zum Jahr 2020 sollen die deutschen Treibhausgasemissionen um 40 % im Vergleich zu 1990 reduziert werden, bis 2050 um mindestens 80 %. Folgt man der öffentlichen und politischen Debatte, so scheint die Energiewende allerdings auch weitere Zielsetzungen zu verfolgen. Zwei dieser Ziele beziehen sich insbesondere auf die Maßnahmen, mit denen die vorgegebenen CO_2-Reduktionsziele erreicht werden sollen (BMWi & BMU 2010), das dritte Ziel ist erst im Zuge der Ereignisse nach Fukushima in dieser Form hinzugekommen:

(1) **Ausbau der Nutzung erneuerbarer Energieträger**
Steigerung des Anteils erneuerbarer Energieträger am Bruttoendenergieverbrauch auf 18 % bis 2020, 60 % bis 2050 (bzw. Anteile am

Bruttostromverbrauch von 35 % bis 2020, 80 % bis 2050),

(2) **Steigerung der Energieeffizienz**
Verdopplung der Energieeffizienz bis 2020 (im Vergleich zu 1990),

(3) **Ausstieg aus der Kernenergienutzung**
Stilllegung der deutschen Kernkraftwerke bis 2022.[2]

Obwohl es sich bei den ersten beiden Zielen um Maßnahmen zur Erreichung der Emissionsreduktion handelt, haben diese inzwischen ebenfalls den Rang von eigenen Zielen erreicht. Alle drei »Ziele« gemeinsam werden daher im Folgenden als »Zieldreieck der Energiewende« bezeichnet. Die Liste der Ziele, mit denen die Energiewende überfrachtet wird, ließe sich durchaus verlängern. Die Schaffung von Arbeitsplätzen, die Förderung der Innovationstätigkeit und die Verbesserung der internationalen Wettbewerbsfähigkeit sind nur die wichtigsten dieser so genannten Ziele. Da sich diese allerdings nicht konkret auf das energiepolitische Zieldreieck beziehen, werden sie im Folgenden nicht näher betrachtet.

Implikationen der Energiewende

Wie sich die Umsetzung der Maßnahmen des Zieldreiecks der Energiewende auf das energiepolitische Zieldreieck auswirkt, ist keine einfach zu beantwortende Frage. Eine umfassende Aussage im Sinne einer Steigerung oder Senkung des Zielerreichungsgrades ist schon aufgrund der Vielfalt der Auswirkungen schwer möglich. Im Folgenden sollen daher die Auswirkungen der drei oben identifizierten Maßnahmen diskutiert werden, ohne ein abschließendes Urteil über die Nettoeffekte zu fällen.

(1) Ausbau der Nutzung erneuerbarer Energieträger

Der Ausbau der Nutzung erneuerbarer Energieträger ist in Bezug auf die **Wirtschaftlichkeit** zumindest kurzfristig kritisch zu sehen. Die Stromgestehungskosten erneuerbarer Technologien liegen heute zum Teil weit höher als diejenigen fossiler Energieträger und der Kernenergie, allerdings werden in Bezug auf Windkraft und Photovoltaik auch die höchsten Kostensenkungspotenziale prognostiziert (Abb. 6). Trotz hoher Lerneffekte bei der Photovoltaik wird aber auch geschätzt, dass die Stromgestehungskosten aus Photovoltaikanlagen im Jahr 2050 immer noch über denen aus Windkraftanlagen liegen. Das Argument der Kostendegression für eine spezielle Förderung der Photovoltaik heranzuziehen, wie es beispielsweise im Rahmen des Erneuerbare-Energien-Gesetzes (EEG) geschieht, ist daher kritisch zu sehen. Da die Stromproduktion aus Windkraft- und Photovoltaikanlagen sehr schwankend ist, werden zudem erhebliche Backup-Kapazitäten notwendig sein (sollten in den kommenden Jahren keine erheblichen Fortschritte in den Speichertechnologien gemacht werden), sodass das Investitionsvolumen in der Energiewirtschaft im Zuge eines Ausbaus von Windkraft und Photovoltaik stark ansteigen wird. Fossile Kraftwerke, welche Reservekapazitäten bereitstellen, werden eine wesentliche geringere Auslastung im Vergleich zu heute haben, was die nötigen Investitionen in diese Kraftwerke unattraktiv macht. Durch die geringere Auslastung bedingt werden die Stromgestehungskosten steigen, da die Investitionskosten auf eine geringere Menge Strom umgelegt werden. Dieser Effekt ist in Abbildung 6 bereits berücksichtigt. Entsprechend würden die Stromgestehungskosten aus fossilen Energieträgern in einem Szenario ohne Ausbau der Erneuerbaren niedriger ausfallen.

Wie sich die Wirtschaftlichkeit erneuerbarer Energieträger im Verhältnis zu fossilen Energieträgern entwickelt, hängt zudem maßgeblich von der Entwicklung der Erdgas- und Kohlepreise in den kommenden Jahrzehnten ab. Bei Annahme eines moderaten Anstiegs der Preise[3] würden die Stromgestehungskosten von Windkraft ab 2030 im Bereich der Stromgestehungskosten für Kohle und bereits ab ca. 2020 unter denen der Stromgestehungskosten für Gas liegen. Nicht in die Abbildung eingeflossen sind die bereits oben angesprochenen Systemkosten, die aufgrund des erforderlichen Ausbaus der Netze und Speicher bei der Nutzung von Sonnen- und Windkraft höher als bei fossilen Energieträgern ausfallen werden. Ebenfalls nicht berücksichtigt sind die Kosten für CO_2-Zertifikate, welche insbesondere

2 Deutsche Bundesregierung. Dreizehntes Gesetz zur Änderung des Atomgesetzes, vom 31. Juli 2011.

3 Für das Jahr 2050 wurde ein Anstieg des Erdgaspreises auf 32 €/MWh und des Steinkohlepreises auf 13,5 €/MWh bei Konstanz des Braunkohlepreises (1,4 €/MWh) angenommen.

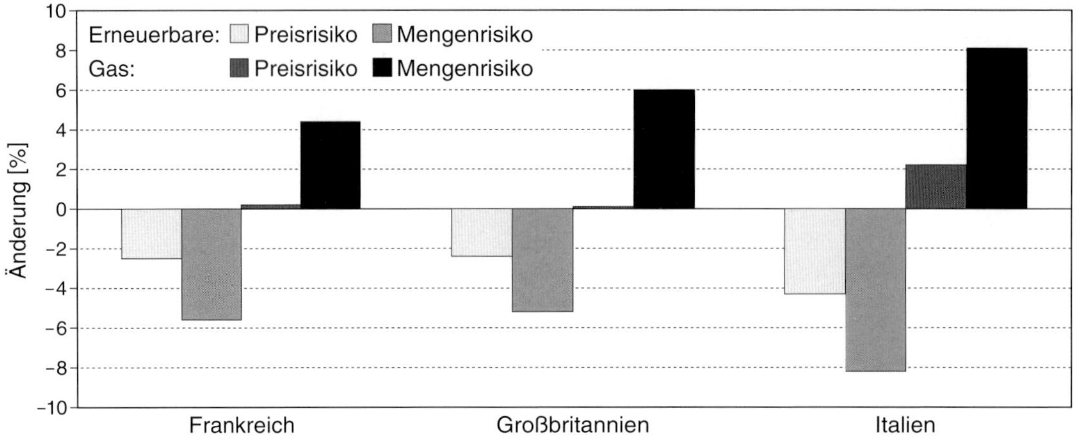

Abb. 7. Auswirkungen (Änderung in %) auf das Preis- und Mengenrisiko bei einer 5-prozentigen Reduktion von CO_2-Emissionen durch Ersatz von Kohle durch erneuerbare Energieträger oder Erdgas im Stromsektor. Erläuterungen s. Text. – IEA (2007).

die Kosten für Energiebereitstellung aus Braunkohle erhöhen werden.

Aus gesamtwirtschaftlicher Perspektive müssen des Weiteren die Rückwirkungen von Investitionen in die Nutzung erneuerbarer Energieträger auf andere Sektoren der Volkswirtschaft berücksichtigt werden. Grundlegend wäre zu erwarten, dass Unternehmen hohe Wertschöpfungspotenziale in einem Sektor erkennen und marktwirtschaftliche Prozesse zu einer Re-allokation der Investitionen in den entsprechenden Sektor führen. Verschiedene Marktfehler wie Lernkurveneffekte oder Kurzsichtigkeit auf Seiten der Unternehmensplanung können zwar zu Fehlallokationen führen und Staatseingriffe sinnvoll machen, die Frage besteht allerdings, inwiefern der Staat in der Lage ist, langfristige Profit-, Beschäftigungs- und Exportpotenziale besser als private Unternehmen zu erkennen und zu fördern. Ist dies nicht der Fall, wird eine Umlenkung der Investitionsströme durch staatliche Anreizinstrumente nicht zu einer positiven gesamtwirtschaftlichen Nettowirkung führen.

Die Wirkungen einer verstärkten Nutzung erneuerbarer Energieträger auf die **Umweltverträglichkeit** wären für sich genommen (d.h. ohne Existenz des Emissionshandelssystems) grundsätzlich positiv zu sehen, da die eingesparten CO_2-Schäden die Umweltschäden, die bei einer verstärkten Nutzung erneuerbarer Energieträger entstehen, überkompensieren würden (vgl. Abb. 3). Da allerdings die CO_2-Emissionen des Energiesektors bereits zu 99 % durch das Emissionshandelssystem erfasst werden, wird die Reduktion der Emissionen aus dem Ausbau der Erneuerbaren lediglich zu einer Verlagerung der Emissionen in andere Sektoren und Länder führen. Eine Nettoreduktion der Emissionen wird entsprechend nicht erreicht.

In Bezug auf die **Versorgungssicherheit** ist die verstärkte Nutzung erneuerbarer Energieträger relativ ergebnisoffen. Ein Minus kann sich in technischer Hinsicht aufgrund der hohen Fluktuation der Einspeisung aus Sonnen- und Windkraftanlagen ergeben, wenn die Netz- und Speicherkapazitäten nicht entsprechend ausgebaut werden. Ein Ausbau der Erneuerbaren in dem Ausmaß, wie er für die kommenden Jahrzehnte geplant ist, kann nur dann ohne Abstriche bzgl. der Versorgungssicherheit gelingen, wenn die Integration in das bestehende Energiesystem gelingt.

Ein Plus bezüglich der Versorgungssicherheit ergibt sich aus der Reduktion der Abhängigkeit von fossilen Energieträgern, d.h., das politische Versorgungsrisiko nimmt ab. Die Auswirkungen einer verstärkten Nutzung erneuerbarer Energieträger auf die oben bereits kurz eingeführten IEA-Indikatoren für Preis- und Mengenrisiken sind in Abbildung 7 beispielhaft für Frankreich, Großbritannien und Italien dargestellt. Im Speziellen zeigt die Abbildung, wie sich Preis- und Mengenrisiken bei einer Reduktion der CO_2-Emissionen um 5 % ändern, wenn diese Reduktion durch den Ersatz von Kohle durch erneuerbare Energieträger erreicht würde. Zum Vergleich sind zusätzlich die Auswirkungen eines Kohleersatzes durch Erdgas dargestellt. Wird Kohle durch erneuerbare Energieträger ersetzt, sinkt in allen drei Ländern sowohl das Preis- als auch das Mengenrisiko deutlich (Abb. 7). Kohle hat zwar im Vergleich zu Gas oder Erdöl ein wesentlich geringeres Preis- und Mengenrisiko, weil die Märkte und die Preisbildung dezentraler sind und z.T. inländische Vorkommen zur Sicherung der Stromproduktion herangezogen werden können, durch den Umstieg von Kohle auf erneuerbare Energieträger, die überwiegend heimisch produziert werden, ergibt sich insgesamt aber eine Reduktion des Risikos. Soll Kohle aber durch Gas ersetzt werden, führt dies zu einem Anstieg des Risikos, insbesondere des Mengenrisikos. Zum einen ist der Preis für importiertes Gas häufig an den Erdölpreis gekoppelt und zum anderen ist die Versorgung mit Gas in vielen Ländern Europas sehr stark von einer einzigen Lieferart, nämlich Pipelines, abhängig. Der Anstieg des Risikos bei einer Substitution durch Gas ist für die Versorgungssicherheit bei einem Ausbau Erneuerbarer insofern relevant, da Gaskraftwerke aufgrund ihrer hohen Flexibilität als gute Ergänzung zur fluktuierenden Stromeinspeisung aus erneuerbaren Energieträgern gesehen werden.

(2) Steigerung der Energieeffizienz

Eine Steigerung der Energieeffizienz hat in Bezug auf die **Wirtschaftlichkeit** zunächst einen positiven Effekt, da pro eingesetzter Einheit Energie mehr produziert werden kann bzw. weniger Energieeinsatz notwendig ist, um ein gegebenes Produktions- oder Konsumniveau zu halten. Andererseits sind zur Steigerung der Energieeffizienz Investitionen notwendig, welche diesen positiven Effekt auf die Gesamtkosten zumindest partiell kompensieren. Zudem dürfen in einer gesamtwirtschaftlichen Betrachtung – ebenso wie bei der verstärkten Nutzung erneuerbarer Energieträger – die Rückwirkungen auf andere volkswirtschaftliche Sektoren nicht außer Acht gelassen werden, die sich zum Beispiel aus der Verdrängung von Investitionen oder aus dem Verlust von Arbeitsplätzen ergeben. In der Diskussion um die Wirkungen von energiepolitischen Maßnahmen werden diese intersektoralen Auswirkungen wiederum oft vernachlässigt.

In Bezug auf die **Umweltverträglichkeit** ist eine Steigerung der Energieeffizienz grundsätzlich positiv zu sehen, da eine geringere Energienachfrage zu weniger Produktion bzw. Produktionskapazitäten und damit geringeren Umweltschäden im Energiesektor führt. Allerdings muss auch hier berücksichtigt werden, dass die Verwendung alternativer Technologien neue Umweltschäden induzieren kann und dass im Strombereich ein Rückgang der Nachfrage wiederum lediglich zu einer Re-allokation der Zertifikate in Europa führt. Da Potenziale für Steigerungen der Energieeffizienz allerdings auch in anderen Bereichen wie Wärme- oder Kraftfahrzeugtechnologien gegeben sind, kann eine Energieeffizienzerhöhung durchaus positive Effekte auf die europäischen CO_2-Emissionen induzieren – unter der Voraussetzung, dass der geringere Einsatz an Energie und die damit geringeren Kosten und Preise keine überkompensierenden Nachfragesteigerungen hervorrufen.

Die **Versorgungssicherheit** steigt bei einer höheren Energieeffizienz, da bei einer geringeren nachgefragten Energiemenge die Abhängigkeit von fossilen Energieträgern ebenso wie von erneuerbaren Energieträgern sinkt. Allerdings wird bei höherer Energieeffizienz pro eingesetzter Einheit Energie mehr an Wertschöpfung produziert, sodass jede Einheit, die aufgrund eines Energieausfalls nicht produziert werden kann, umso wertvoller ist. Entsprechend werden die Verluste an Wertschöpfung, die z.B. aus einem Stromausfall resultieren, bei höherer Energieeffizienz nicht notwendigerweise geringer ausfallen.

(3) Ausstieg aus der Kernenergienutzung

Ein Wegfall der Kernenergienutzung reduziert zunächst die **Wirtschaftlichkeit**, da die Stromgestehungskosten für Atomkraft im Vergleich zur Nutzung erneuerbarer Energieträger wesentlich günstiger sind.

Hinsichtlich des Kriteriums **Umweltverträglichkeit** sind die Wirkungen eines Ausstiegs aus der Kernenergienutzung zweischneidig. Einerseits entstehen durch die Nutzung der Kernkraft keine direkten CO_2-Emissionen, was die Erreichung der 1997 im Kioto-Protokoll formulierten Ziele erleichtert, andererseits können die potenziellen Kosten eines Reaktorunfalls in dicht besiedelten Regionen immens sein. Fassen wir den Begriff der Umweltverträglichkeit weiter und schließen nicht nur Umweltschäden, sondern auch Schäden bezüglich des Produktivkapitals und der Gesundheit der Bewohner in die Betrachtung ein, so können die Schäden eines einzelnen Unfalls extrem hoch werden (siehe z. B. Versicherungsforen Leipzig (2011) für eine Übersicht über entsprechende Studien). Da die Wahrscheinlichkeit eines solchen Unfalls allerdings sehr niedrig ist, wird seit Jahren trefflich über die Höhe der zu erwartenden Schäden gestritten. Als weitere Schwierigkeit ergibt sich im Falle der Kernenergie, dass die langfristige Lagerung der Abfälle bis heute ungeklärt ist. Positiv sei anzumerken, dass eine Reihe negativer Externalitäten, die mit der Nutzung erneuerbarer Energieträger einhergehen (wie z. B. Landschaftsverschandelung und Konkurrenz bei der Flächennutzung) bei der Kernenergie in geringerem Maße entstehen.

In Bezug auf die **Versorgungssicherheit** wirkt sich ein Ausstieg aus der Kernenergienutzung unterschiedlich auf technische und politische Versorgungssicherheit aus. Ein Umstieg von Kernkraft auf Kohle würde bzgl. der technischen Versorgungssicherheit keine negativen Konsequenzen mit sich bringen, während ein Umstieg auf erneuerbarer Energien das Risiko erhöht. Hinsichtlich der politischen Versorgungssicherheit würde sich ein Ersatz der Kernkraft durch erneuerbare Energieträger oder Kohle allerdings positiv auswirken. Die Abhängigkeit von Importen aus dem Ausland ist bei der Kernenergie höher als bei Erneuerbaren und die Verteilung der Uranvorkommen in der Welt konzentrierter als bei Kohle, sodass ein Wegfall der Kernenergienutzung in Bezug auf die politische Versorgungssicherheit einen positiven Effekt hätte.

Die obigen Ausführungen machen deutlich, dass keine Alternative sich ausschließlich positiv oder negativ auf die Ziele des energiepolitischen Dreiecks auswirkt. Es ist entsprechend zu erwarten, dass ein Mix der verschiedenen Maßnahmen gesamtwirtschaftlich zu bevorzugen wäre. Nun sieht das Zieldreieck der Energiewende ja auch eine Parallelität der verschiedenen Maßnahmen vor. Die Frage, die sich daher stellt, ist, ob der gewählte Mix und die Festschreibung der Einzelziele optimal sind.

Ein optimales Energiesystem?

Bei Diskussionen über das Thema optimale Energiesysteme stehen häufig die Auswirkungen der Energiewende auf das energiepolitische Dreieck im Mittelpunkt der Betrachtung. Energiepolitische Ziele stellen jedoch immer nur wirtschaftspolitische Teilziele dar. So wichtig jedes einzelne Ziel für sich genommen auch ist, führt die Fokussierung auf einzelne Ziele doch häufig dazu, dass die gesamtwirtschaftliche Perspektive aus den Augen verloren wird. Ein besonders hohes Niveau an Versorgungssicherheit und Bezahlbarkeit bei der Energieversorgung kann Rückwirkungen negativer Art auf andere Teilsysteme der Volkswirtschaft haben, die häufig außer Acht gelassen werden. Ein optimales Energiesystem sollte zur Maximierung der Wohlfahrt beitragen und sollte dementsprechend so gestaltet sein, dass es allen Aspekten wirtschaftlicher Aktivität Rechnung trägt. Dies beinhaltet, dass bei einer Evaluierung energiepolitischer Maßnahmen nicht die Zielerreichung in Bezug auf jedes einzelne Ziel des Dreiecks im Mittelpunkt steht, sondern das Zusammenspiel der drei Ziele und ihr gemeinsamer Beitrag zur Wohlfahrt. Hier ist es sinnvoll, sich vor Augen zu führen, dass »Wirtschaftlichkeit« nicht nur im Sinne der Bezahlbarkeit, also im Sinne des Preises für Energie, interpretiert werden kann. Wirtschaftlichkeit kann in einem weiteren Sinn alle Kosten und Nutzen der Energieversorgung – also auch die Kosten und Nutzen von Umweltverträglichkeit und Versorgungssicherheit – umfassen. Diese Interpretation hat den Vorteil, dass alle Wirkungen einer energiepolitischen Maßnahme in einem einheitlichen System beurteilt werden. Das grundlegende Ziel der Energiepolitik kann damit auch als Maximierung des gesamtwirtschaftlichen Nettonutzens des Energiesystems durch eine optimale Kombination von Wirtschaftlichkeit, Versorgungssicherheit und Umweltverträglichkeit bei entsprechender Wahl der Energieträger und Technologien interpretiert werden.

Der beschriebene gesamtheitliche Ansatz beinhaltet, dass es zwischen den einzelnen Zielen des Energiedreiecks durchaus Trade-off geben kann. So kann beispielsweise eine Steigerung der Umweltverträglichkeit zu Lasten der Versorgungssicherheit gehen. Solange der zusätzliche Nutzen aus dem Anstieg der Umweltverträglichkeit die Kosten eines Rückgangs der Versorgungssicherheit überkompensiert, würde die betrach-

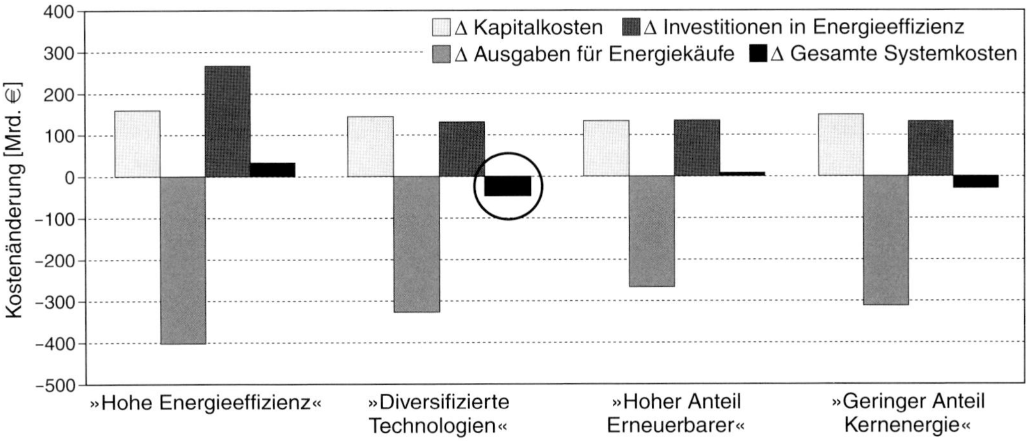

Abb. 8. Änderung einzelner Kostenfaktoren sowie der gesamten Systemkosten (in Mrd. €) für vier verschiedene Szenarien aus dem Energiefahrplan 2050 der EU (Energy Road Map) gegenüber dem Referenzszenario. Weitere Erläuterungen s. Text. – EC (2011).

tete Maßnahme nichtsdestotrotz zu einem Anstieg der Gesamtwohlfahrt führen. Trade-offs dieser Art implizieren, dass es nicht immer optimal in Bezug auf die Wohlfahrt ist, ein gegebenes Niveau an Wirtschaftlichkeit, Versorgungssicherheit oder Umweltverträglichkeit um jeden Preis aufrechtzuerhalten. Vielmehr sollten bezüglich jedes einzelnen der Ziele Kosten und Nutzen sorgfältig abgewogen werden. Dass Trade-offs dieser Art existieren, haben die Beispiele im vorangegangenen Abschnitt gezeigt.

Durch die derzeitigen energiepolitischen Vorgaben wird das gerade beschriebene allgemeine Maximierungsproblem mit zusätzlichen Nebenbedingungen und Einschränkungen versehen, indem versucht wird, bestimmte Technologie- und Ausbaupfade ex ante vorzugeben (Mindestanteil Nutzung erneuerbarer Energieträger, Mindestmaß an Energieeffizienz, Ausstieg aus der Kernenergienutzung). Diese Vorgaben führen zu einer Reduktion der Kombinationsmöglichkeiten verschiedener Maßnahmen. Ist die optimale Kombination an Maßnahmen (im Sinne einer effizienten Abwägung aller Trade-offs) nun nicht mehr realisierbar, wird dies die Kosten der Energiewende ansteigen lassen.

Ein gutes Beispiel für diesen Effekt liefert die Energy Road Map 2050 der Europäischen Kommission (EC 2011). Die Road Map vergleicht die Kosten einer mindestens 80-prozentigen Reduktion der CO_2-Emissionen bis 2050 bei unterschiedlichen energiepolitischen Szenarien im Vergleich zu einem Referenzszenario. Die energiepolitischen Szenarien umfassen zum einen Varianten, bei denen der Schwerpunkt der Energiepolitik auf eine bestimmte Maßnahme gelegt wird (z.B. die Steigerung der Energieeffizienz, verstärkte Nutzung erneuerbarer Energieträger oder die Reduktion des Kernenergieanteils). Zum anderen wird ein »diversifiziertes Technologien«-Szenario betrachtet, in dem der Fokus auf keiner speziellen Technologie liegt. Abbildung 8 zeigt, dass bei einem Vergleich der gesamten Systemkosten das diversifizierte Szenario am besten abschneidet.[4] Dies bestätigt den oben postulierten Zusammenhang, dass eine offene Wahl der Technlogien die geringsten Kosten verursacht.

Fazit

Die wichtigsten Punkte der vorangegangenen Diskussion um das energiepolitische Zieldreieck und die Implikationen verschiedener energiepolitischer Maßnahmen seien hier nochmals kurz zusammenfasst:

– Die Auswirkungen der Energiewende auf das energiepolitische Zieldreieck sind in hohem Maße abhängig von der energiepolitischen Rahmensetzung.

4 Die Kostenschätzungen der Energy Road Map sind allerdings nur beschränkt aussagekräftig, da die Road Map keine Aussagen über die regulatorische Implementierung der Reduktionspfade macht.

- Die Wechselwirkungen zwischen den Zielen des energiepolitischen Dreiecks dürfen nicht vernachlässigt werden.
- Die Ziele (Emissionsminderung) und Instrumente (verstärkte Nutzung erneuerbarer Energieträger, Steigerung der Energieeffizienz, Ausstieg aus der Kernenergienutzung) der Energiewende sollten nicht vermischt werden.
- Die Vorgaben durch das »Zieldreieck der Energiewende« implizieren eine Einschränkung der Technologiewahl und damit potenziell überhöhte Kosten.

Zuletzt sei schließlich noch auf ein Thema hingewiesen, welches hier zwar nicht aufgegriffen wurde, für die Kosten der Energiewende aber ebenso wie für die Erreichung der Ziele des energiepolitischen Dreiecks von hoher Wichtigkeit ist: die Integration der Energieversorgung und Koordination der Energiepolitik auf europäischer Ebene. Die Vernachlässigung der Implikationen der europäischen Integration ist ein großes Problem der derzeitigen Politik. Insbesondere in Deutschland wird versucht, einen Sonderweg inmitten liberalisierter Strommärkte zu beschreiten. Dies mag zwar potenziell technisch machbar sein, wird aber nicht zuletzt durch ungenutzte Diversifizierungspotenziale im Bereich erneuerbarer Energieträger zu überhöhten Kosten führen und damit zu einer Gefährdung der Energiewende beitragen.

Literatur

Aichele, R. & G. Felbermayr. 2011. Auswirkungen der Kyoto-Verpflichtungen auf Emissionen und Carbon Footprints. – ifo Schnelldienst, 64 (22): 23–26.

BMWi & BMU (Hrsg.). 2010. Energiekonzept für eine umweltschonende, zuverlässige und bezahlbare Energieversorgung, vom 28. September 2010. – Bundesministerium für Wirtschaft und Technologie & Bundesministerium für Umwelt, Naturschutz und Reaktorsicherheit, Berlin, 32 S. (Stand Oktober 2011) www.bmu.de/files/pdfs/allgemein/application/pdf/energiekonzept_bundesregierung.pdf

CDIAC. 2011. Fossil-fuel CO_2 emissions. – Carbon Dioxide Information Analysis Center, Oak Ridge, Tennessee, USA. http://cdiac.ornl.gov/trends/emis/meth_reg.html [24.03.2012].

DLR & ISI. 2006. Externe Kosten der Stromerzeugung aus erneuerbaren Energien im Vergleich zur Stromerzeugung aus fossilen Energieträgern. – Gutachten im Rahmen von Beratungsleistungen für das Bundesministerium für Umwelt, Naturschutz und Reaktorsicherheit, April 2006 (im Mai 2007 ergänzt). Deutsche Gesellschaft für Luft- und Raumfahrt, Karlsruhe, und Fraunhofer-Institut für System- und Innovationsforschung, Stuttgart, 55 S. www.bmu.de/erneuerbare_energien/downloads/doc/37085.php [24.03.2012]

EC (Europäische Kommission). 2011. Energy Roadmap 2050. Impact Assessment, Part 2/2. – Commission Staff Working Paper, SEC(2011) 1565, Brussels, 113 pp.

IEA. 2007 Energy security and climate policy: Assessing interactions. – International Energy Agency, Paris, 145 pp.

Ifo & FfE. 2012. Die Zukunft der Energiemärkte – Ökonomische Analyse und Bewertung von Potentialen und Handlungsmöglichkeiten. – unveröffentlichter Zwischenbericht für das Bundesministerium für Wirtschaft und Technologie. Ifo-Institut, München, und Forschungsstelle für Energiewirtschaft e. V., München.

Löschel, A., U. Moslener & D. T. G. Rübbelke. 2010. Indicators of energy security in industrialised countries. – Energy Policy, 38 (4): 1665–1671.

Roepke, L. & J. Lippelt. 2011. Kurz zum Klima: Sichere und umweltfreundliche Stromversorgung – ein Zielkonflikt? – ifo Schnelldienst, 64 (02): 32–34.

Statistisches Bundesamt. 2009. Energie auf einen Blick. Ausgabe 2009. – Wiesbaden, 47 S.

Versicherungsforen Leipzig. 2011. Berechnung einer risikoadäquaten Versicherungsprämie zur Deckung der Haftpflichtrisiken, die aus dem Betrieb von Kernkraftwerken resultieren. – Studie im Auftrag des Bundesverband Erneuerbare Energie e. V. (BEE). Leipzig, 104 S. + Anhang, www.bee-ev.de/Publikationen/Studien.php [24.03.2012].

Winzer, C. 2011. Conceptualizing Energy Security. – University of Cambridge. Electricity Policy Research Group. EPRG Working Paper 1123 and Cambridge Working Paper in Economics 1151, 36 pp.

Wissel, S., S. Rath-Nagel, M. Blesl, U. Fahl & A. Voß. 2008. Stromerzeugungskosten im Vergleich. – Arbeitsbericht, Institut für Energiewirtschaft und Rationelle Energieanwendungen der Universität Stuttgart. Bericht Nr. 4, 38 S.

Rundgespräche der Kommission für Ökologie, Bd. 41 »Die Zukunft der Energieversorgung«, S. 133–135.
© 2012 by Verlag Dr. Friedrich Pfeil, München – ISSN 0938-5851 – ISBN 978-3-89937-150-5

Die Energiewende – Fernziele und Nahwirkungen aus ökonomischer Sicht

Kommentar zum Vortrag Das energiepolitische Zieldreieck und die Energiewende

Wolfgang Buchholz*

Der Vortrag von Karen Pittel hat unter anderem aufgezeigt, wie sich die im Rahmen der Energiewende verfolgten Ziele als Teilziele des viel umfassenderen und für die Ökonomie zentralen Ziels der Wohlfahrtsmaximierung begreifen lassen. Zwischen den Teilzielen bestehen Konflikte, sodass die Aufgabe des Staates bei der Gestaltung der Energiepolitik vor diesem Hintergrund zunächst einmal darin zu bestehen hat, einen optimalen, d.h. die Wohlfahrt maximierenden Kompromiss zwischen den einzelnen Zielen zu finden und das auf diese Weis ermittelte Zielbündel dann durch die Wahl geeigneter Maßnahmen in die Tat umzusetzen. In meinem Kommentar möchte ich kurz darzustellen versuchen, welche spezifischen Charakteristika die mit der Energiewende verfolgten Ziele aufweisen und welche Konsequenzen sich aus diesen Zieleigenschaften für eine an ökonomischen Maßstäben orientierte Energiepolitik ergeben.

Die Energiewende als Übergang zu einem mittel- bis längerfristig weitgehend auf der Nutzung erneuerbarer Energieträger basierenden Versorgungssystem ist in erster Linie umweltpolitisch motiviert. Dabei geht es – anders als noch vor 25 Jahren – nicht »einfach« darum, dass die von uns eingeatmete Luft spürbar besser wird und die Zahl und Schwere der durch Luftverschmutzung verursachten Atemwegserkrankungen sinkt. In dieser Hinsicht hat die seit den 1970er Jahren in Deutschland wie auch den anderen entwickelten Industrieländern betriebene Umweltpolitik deutliche Erfolge vorzuweisen. Vielmehr besteht das umweltpolitische Ziel der Energiewende darin, die durch die Emission von Treibhausgasen, und dabei vor allem durch Kohlendioxid, verursachte Erwärmung der Erdatmosphäre zu stoppen und längerfristig auf einen bestimmten Wert (wie das auf dem Klimagipfel in Kopenhagen 2009 lose vereinbarte »Zwei-Grad-Ziel«) zu beschränken.

Die Nutznießer klimapolitischer Maßnahmen in Deutschland sind aber – ganz im Gegensatz zur klassischen Luftreinhaltepolitik – nicht primär wir selber, d.h. die zurzeit lebenden Bundesbürger, sondern die zukünftigen Generationen auf der ganzen Welt. Eine solche Globalisierung der umweltpolitischen Zielsetzung spricht natürlich keineswegs gegen klimapolitische Aktivitäten und die Übernahme der damit verbundenen Kosten. Wenn die Welt vor einer in zukünftigen Jahrzehnten oder auch Jahrhunderten drohenden Klimakatastrophe gerettet werden soll, erscheinen Maßnahmen zur Reduktion der Treibhausgasemissionen aus ethisch-moralischen Gründen sogar dringend geboten.

Allerdings hat der Umstand, dass zeitliche und räumliche Fernziele die treibenden Motive für die Energiewende sind, nicht unerhebliche Auswirkungen auf die von der Politik zur konkreten Durchführung der Energiewende ergriffenen Maßnahmen. Aus ökonomischer Sicht sind – und das ist die eher negative Botschaft – diese Auswirkungen alles andere als erfreulich. Weshalb dies so ist, möchte ich jetzt etwas näher ausführen.

* Buchholz, Wolfgang, Prof. Dr., Universität Regensburg, Institut für Volkswirtschaftslehre und Ökonometrie, Universitätsstraße. 31, 93053 Regensburg. E-Mail: wolfgang.buchholz@wiwi.uni-regensburg.de

Dass die Zukunft unsicher ist und mit zunehmendem zeitlichem Abstand immer unsicherer wird, ist eine Binsenweisheit. In Fall der Energiewende heißt das konkret, dass angesichts der Dominanz der Fernziele und der daraus folgenden Länge der Planungszeiträume das Investitionsrisiko bei vielen Klimaschutzmaßnahmen (von Offshore-Windkraftanlagen über CCS bis hin zu DESERTEC) sehr groß ist. Zu den üblichen technologischen und ökonomischen Risiken, mit denen innovative Unternehmen immer schon umzugehen gewohnt sind, treten dabei politische Risiken besonderer Art und besonderen Ausmaßes hinzu. So hängt die Erreichung der klimapolitischen Fernziele von zahlreichen Bedingungen ab, über die nationale Regierungen nur höchst begrenzte Kontrolle haben und die schon deshalb besonders schwer einzuschätzen sind. Auf internationaler Ebene gehören dazu die Erfolge bei der Entwicklung klimafreundlicher Technologien in anderen Regionen der Welt oder ganz allgemein die Kooperationsbereitschaft anderer Staaten beim Klimaschutz selber oder aber auch bei der Bereitstellung von Kapazitäten für Energiespeicher (z. B. Speicherkraftwerke in den norwegischen Fjorden) oder zur effektiven Nutzung der Sonnenenergie (z. B. Solarstrom aus der Sahara). Auf nationaler Ebene muss damit gerechnet werden, dass aufgrund von Änderungen in den Wählerpräferenzen ein einmal eingeschlagener klimapolitischer Kurs nicht über die erforderlichen langen Zeiträume durchgehalten werden kann. Dass die Wähler sehr hochgesteckte klimapolitische Ziele nicht auf Dauer akzeptieren werden, ist dabei alles andere als unwahrscheinlich: So werden zum einen die vollständigen Kosten der Energiewende von den Bürgern erst wahrgenommen, wenn sie tatsächlich anfallen – und erst dann ist politischer Widerstand zu erwarten. In der ökonomischen Theorie der Politik ist dieses Phänomen schon vor vierzig Jahren durch Anthony Downs beschrieben und als »Issue-Attention Cycle« bezeichnet (Downs 1972). Auf der anderen Seite werden die Bürger ihr Interesse am Klimaschutz verlieren, wenn ihr eigenes Vorbildverhalten keine Nachahmung in anderen Ländern findet und ihre Anstrengungen somit verpuffen. Ist man bereit, für die gute Sache des Klimaschutzes Opfer zu bringen, erhofft man sich Reziprozität und die Herstellung von Vertrauen als Grundlage einer stabilen Kooperationsbeziehung, was sich als allgemeines Merkmal menschlichen Verhaltens im Übrigen auch in zahlreichen verhaltensökonomischen Experimenten bestätigt hat (vgl. als eine grundlegende Arbeit hierzu Fehr et al. 2002). Als ein von anderen ausgebeuteter »Depp« möchte nach gescheiterten Kooperationsbemühungen jedenfalls niemand dastehen! Aus dieser allgemeinen Einschätzung folgt insbesondere, dass der schwer vorhersehbare Fortgang der globalen Klimaverhandlungen erhebliche Rückwirkungen auf die nationalen Wählerpräferenzen haben kann.

Dass man im Zusammenhang mit der Energiewende mit sehr hohen Risiken konfrontiert ist, hat zwangsläufig Auswirkungen auf die Investitionsneigung in diesem Bereich. Die Bereitschaft zur Übernahme von Risiken ist ein knapper Produktionsfaktor, der natürlich umso höher entlohnt werden muss, je mehr man ihn benötigt (vgl. Konrad 1992). Weil der Staat aber besonders gut in der Lage ist, Risiken auf viele Schultern zu verteilen, scheint er zur Übernahme der mit der Energiewende verbundenen Risiken prädestiniert. Dabei steckt er allerdings in einem Dilemma: Entweder fördert der Staat breitflächig (durch direkte Subventionen oder großzügige Verlustausgleichsregelungen) Projekte privater Unternehmer, denen dann aber durch die staatliche Risikobeteiligung ein Teil der finanziellen Projektverantwortung abgenommen wird. Dem ineffizienten Moral-Hazard-Verhalten der privaten Akteure – etwa in Form mangelnder Sorgfalt bei Projektauswahl und -durchführung – wird damit der Weg bereitet (vgl. hierzu Buchholz & Konrad 2000). Oder aber der Staat pickt sich, wie es beim Erneuerbaren-Energien-Gesetz in Deutschland typischerweise der Fall ist, spezielle Technologien heraus, bei denen er dann durch garantierte Zahlungen an die Investoren das von ihnen zu tragende Risiko stark vermindert. Dadurch wird aber der auf längere Sicht effizienzfördernde »Wettbewerb als Entdeckungsverfahren« erheblich ausgehöhlt. Es droht eine Verschwendung öffentlicher Mittel, weil der Staat bei der Auswahl der zukunftsträchtigen Technologien in der Regel überfordert sein wird und einmal eingeführte Subventionen sich – aufgrund verfestigter Interessen bei den Empfängern und deren politischer Einflussnahme – nur schwer wieder abbauen lassen (vgl. hierzu z. B. Buchholz & Pfeiffer 2011). In beiden Fällen einer auf Risikominderung abzielenden Politik sind Ineffizienzen vorprogrammiert, und der Staat muss sich in risikopolitischer Hinsicht zwangsläufig zwischen Skylla und Charybdis hindurch manövrieren.

Die Langfristigkeit der Ziele der Energiewende birgt aber noch andere Gefahren für die ökonomische Effizienz, die auf eine »Paradoxie der Kurzsichtigkeit bei Fernzielen« zurückzuführen ist (vgl. hierzu bereits Buchholz 1989). Die Bürger können die tatsächlichen erst nach Jahrzehnten eintretenden Erfolge oder Misserfolge sehr langfristig ausgerichteter Politikmaßnahmen logischerweise heute noch nicht überprüfen und zum Kriterium für ihre Entscheidung bei der kommenden Wahl machen. Den auf Wiederwahl bedachten Politikern geht es jedoch in erster Linie darum, die nächste Wahl zu gewinnen. Deshalb haben sie den Anreiz, durch ihre aktuelle Politik sichtbare Signale zu setzen, die zumindest vordergründig in Zusammenhang mit den Langfristzielen stehen und deren erfolgreiche Umsetzung suggerieren. Es kommt auf diese Weise zu einem Bias zugunsten einer symbolischen und in erster Linie auf die nächste Wahl schielenden Politik im Sinne eines »So tun als ob«, die mit einer am Effizienzziel ausgerichteten Politik des langen Atems allenfalls zufällig übereinstimmt. Dieser Effekt wird noch verstärkt, wenn der Stimme wirtschaftlicher Vernunft das Etikett des kalten und umweltethisch verantwortungslosen Neoliberalismus angeheftet wird!

Ich hoffe, dass ich als Ergänzung des Beitrags von Karen Pittel zumindest einige Bausteine zusammen getragen habe, die verständlich machen, wie die Ziele der Energiewende im politischen Prozess behandelt werden und welche ökonomisch teilweise bedenklichen Folgen daraus erwachsen können. Ich kann mir vorstellen, dass einige der folgenden Beiträge weiteres Material zu diesem Thema liefern.

Literatur

Buchholz, W. 1989. Umweltschutz als Kollektiventscheidungsproblem. – Wirtschaftspolitische Blätter, 36: 382–394.

Buchholz, W. & K. Konrad. 2000. Risiko und Steuern. – In: Andel, H. (Hrsg.): Probleme der Besteuerung III. Duncker & Humblot, Berlin: 63–139.

Buchholz, W. & J. Pfeiffer. 2011. Energiepolitische Implikationen einer Energiewende. – ifo-Schnelldienst, 64 (18): 30–39.

Downs, A. 1972. Up and down with ecology – The issue-attention cycle. – In: The Public Interest, 28: 38–50.

Fehr, E., U. Fischbacher & S. Gächter. 2002. Strong reciprocity, human cooperation, and the enforcement of social norms. – Human Nature, 13 (1): 1–25.

Konrad, K. A. 1992. Risikoproduktivität. – Studies in Contemporary Economics, Springer, Berlin, Heidelberg, New York, 149 S.

Rundgespräche der Kommission für Ökologie, Bd. 41 »Die Zukunft der Energieversorgung«, S. 137–152.
 – ISSN 0938-5851 – ISBN 978-3-89937-150-5

Die Nutzung globaler Gemeinschaftsgüter: Polit-ökonomische Herausforderungen an die Klimapolitik

Ottmar Edenhofer* und Christian Flachsland**

Zusammenfassung

Wenn die internationale Staatengemeinschaft ein ambitioniertes Klimaschutzziel erreichen will, muss sie die Nutzung der Atmosphäre als Deponie für CO_2-Emissionen begrenzen und die Nutzungsrechte neu verteilen. Das hat unweigerlich verteilungspolitische Konsequenzen: Die Besitzer fossiler Ressourcen würden einen Großteil ihrer bisherigen Ressourcenrente verlieren.

Darüber hinaus beinhaltet die Klimapolitik ein soziales Dilemma. Obwohl Emissionsreduktionen für alle Staaten vorteilhaft wären, bieten sie diesen einen Anreiz, als Trittbrettfahrer zu handeln. Theoretisch könnte ein »grüner Weltleviathan« die völkerrechtliche Durchsetzung eines solchen Abkommens im Interesse aller Verhandlungsparteien garantieren und somit die effiziente und effektive Stabilisierung des Weltklimas gewährleisten. Eine Weltregierung oder eine entsprechend enge Koordination nationaler Politiken existiert allerdings nicht. Daher müssen die Nationalstaaten und subnationale politische Initiativen Institutionen und Abkommen identifizieren, mit denen sich das Kooperationsproblem anreizkompatibel überwinden lässt.

Summary

Managing the global commons: Political economy challenges to climate policy. In order to attain ambitious climate policy goals, the international community needs to limit the use of the atmosphere as a CO_2-disposal space and has to redistribute the usage rights. This would have inevitable distributional consequences: The owners of fossil resources would lose a large fraction of their resource rents.

In addition, climate policy entails a social dilemma. While emission reductions are profitable for all countries, there is an incentive to act as a free-rider. In theory, a "Green Leviathan" could guarantee the enforcement of such a contract in the interest of all parties, thus enabling effective and efficient stabilization of the global climate. However, a world government or corresponding level of policy coordination is not in place. Therefore, national states and subnational initiatives need to identify institutions and agreements that can enable them to overcome the cooperation problem in an incentive-compatible manner.

* Edenhofer, Ottmar, Prof. Dr., Potsdam-Institut für Klimafolgenforschung, Telegrafenberg A31, 14473 Potsdam. E-Mail: ottmar.edenhofer@pik-potsdam.de, christian.flachsland@pik-potsdam.de

** Flachsland, Christian, Dr., Mercator Research Institute on Global Commons and Climate Change, Torgauer Straße 12–15, 10829 Berlin. E-Mail: flachsland@mcc-berlin.net

Klimapolitik als Versicherung gegen katastrophalen Klimawandel

Kaum jemand bezweifelt ernsthaft, dass der derzeitige Anstieg der globalen Mitteltemperatur hauptsächlich durch den Menschen und die Verbrennung von Kohle, Öl und Gas verursacht wird. Seit der Industrialisierung hat sich die Erde bereits um 0,7 °C erwärmt und ohne klimapolitische Maßnahmen sind bis 2100 weitere 4 °C oder sogar mehr zu erwarten (Solomon et al. 2007). Der Ursachenskeptizismus in der Klimadebatte ist durch eine erdrückende Evidenz zurückgewiesen worden. Bestritten wird jedoch nun, dass die Folgen des Klimawandels wirklich Anlass zur Sorge geben. Dieser Klimafolgenskeptizismus hat in Teilen der Öffentlichkeit an Zustimmung gewonnen (z. B. Focus 2010). Der Weltklimarat (Intergovernmental Panel on Climate Change, IPCC) wurde gerade darum kritisiert, weil er angeblich systematisch die Folgen des Klimawandels übertreiben und die so genannten »Worst-Case«-Szenarien bevorzugt darstellen würde. Diese Kritik wurde zwar durch mehrere Expertengremien zurückgewiesen[1], richtig ist aber, dass das Wissen über die Folgen des Klimawandels noch unsicher ist.

Diese Unsicherheit führt etwa zu dem Plädoyer, keine einschneidenden CO_2-Emissionsreduktionen vorzunehmen. Denn, so das Argument, Klimaschutz sei kostspielig, während man sich an den Klimawandel anpassen könne. Anpassungsmaßnahmen ließen sich auf lokaler Ebene bewältigen und müssten nicht in komplizierten internationalen Vereinbarungen abgestimmt werden. Höhere Deiche, neue Bewässerungssysteme und gegen Trockenheit resistente Saatsorten könnten den lokalen Gegebenheiten entsprechend angepasst werden und die Betroffenen hätten ein Eigeninteresse an der Durchführung solcher Maßnahmen (Prins et al. 2010). Auf den ersten Blick klingt dieses Argument vernünftig. Allerdings kann es nur gelten, wenn es sicher ist, dass die Anpassung an den Klimawandel auch bei einem Anstieg der globalen Mitteltemperatur von möglicherweise deutlich mehr als 4 °C noch zu akzeptablen Kosten möglich ist. Ist dies jedoch nicht sicher, dann würde ein Verzicht auf Klimapolitik bedeuten, die Menschheit einem irreversiblen Klimawandel auszusetzen, mit dem sie nicht mehr umgehen könnte. Hier sind Szenarien denkbar, die einer Zerstörung des Planeten gleichkommen.

Man kann allerdings einwenden, dass die Wahrscheinlichkeit hierfür sehr gering ist. Dann stellt sich die Frage, wie in rationaler Weise mit Ereignissen umgegangen werden soll, deren Eintrittswahrscheinlichkeit gering, deren Schadenspotenzial jedoch sehr groß ist. Weitzman (2009, 2010) zeigt, dass die herkömmlichen Methoden der Risiko- und Entscheidungstheorie versagen, wenn mit Klimafolgen gerechnet werden muss, die den Planeten zerstören können und wenn diese Zerstörung unbedingt verhindert werden soll. Unter diesen Voraussetzungen kann man den zusätzlichen Schaden einer Tonne CO_2 nicht mehr gegen die zusätzlichen Kosten der Vermeidung einer Tonne CO_2 abwägen, denn dieses Kalkül garantiert nicht die Einhaltung des Ziels, eine »Katastrophe« unbedingt zu vermeiden.

Die Klimaforschung hat solche möglicherweise katastrophalen Ereignisse bereits identifiziert: Die teilweise irreversiblen »Kippschalter« im Erdsystem. Dazu gehören unter anderem das Abschmelzen des Grönland- und des westantarktischen Eisschildes, die jeweils zu einem Anstieg des globalen Meeresspiegels um mehrere Meter führen können, ein Umkippen der thermohalinen Zirkulation im Nordatlantik und der resultierende Abfall der Durchschnittstemperaturen in Europa oder ein Austrocknen des Amazonasregenwaldgebietes (Lenton et al. 2008).

1 Der Inter-Academy Council (IAC) – die internationale Organisation der nationalen Wissenschaftsakademien – hat das ausführlichste Gutachten zu Management und Verfahren des IPCC vorgelegt (IAC 2010). Der IAC hat eine Reihe von Vorschlägen zur Verbesserung des Managements vorgelegt. Diese Vorschläge wurden sowohl von der Führung des IPCC als auch von der Plenarsitzung des IPCC, die im Oktober 2010 in Busan (Südkorea) stattfand, positiv aufgenommen. Darüber hinaus haben 2010 mehrere Gremien die Arbeit des IPCC bewertet. Die niederländische Umweltbehörde PBL kommt in ihrem im Juli 2010 veröffentlichten Bericht zu dem Ergebnis, dass trotz kleinerer Fehler in Einzelfragen die Hauptaussagen des Vierten Sachstandsberichts zu den Folgen des Klimawandels alle korrekt sind (PBL 2010). Der PBL-Bericht weist jedoch auch darauf hin, dass die Zusammenfassung (nicht der Haupttext) des Vierten Sachstandsberichts – unter Zustimmung der am IPCC beteiligten Regierungen – vor allem die Risiken des Klimawandels in den Blick genommen hat. Die inhaltliche Robustheit der IPCC-Aussagen wurde zudem durch eine umfassende Untersuchung der US-Umweltschutzbehörde bestätigt (EPA 2010).

Die Aktivierung eines jeden dieser Kippschalter könnte das Habitat, in dem die Menschheit seit Beginn des Holozäns lebt, schwer schädigen oder ganz zerstören. Der genaue Schwellenwert, an dem diese Kippschalter aktiviert werden, ist jedoch ungewiss.

Aus der Unsicherheit über die Folgen des Klimawandels ergibt sich unter der Annahme eines auf Vermeidung von zivilisatorischen Katastrophen orientierten Kalküls eine andere Schlussfolgerung: Der Klimawandel sollte zumindest so weit begrenzt werden, dass irreversible und potenziell unendlich große Schäden weitgehend ausgeschlossen werden können. Die Kosten des Klimaschutzes sind dann als eine Versicherung gegen einen katastrophalen Klimawandel zu betrachten. Auch wenn sich in der Zukunft herausstellen sollte, dass gefährlicher Klimawandel weniger wahrscheinlich ist als befürchtet und die Kosten des Klimaschutzes höher sind als erhofft, ist es angesichts des besten heute verfügbaren Wissens rational, sich gegen eine Menschheitskatastrophe zu versichern. Das in den Vereinbarungen von Kopenhagen und Cancún[2] erwähnte globale Zwei-Grad-Ziel hat genau diese Funktion. Wenn die Menschheit ihre kumulativen Emissionen im 21. Jahrhundert auf eine mit diesem Ziel vereinbare Menge begrenzt, wird das Risiko eines Temperaturanstiegs von mehr als 4 °C immerhin auf ein gewisses Mindestmaß reduziert (Stern 2008, Weitzman 2010). Erst wenn katastrophale Risiken ausgeschlossen sind, kann man fordern, dass sich Menschen an den unvermeidlichen Restklimawandel anpassen (vgl. Edenhofer et al. 2010a).

Darüber hinaus wird es in den nächsten Jahren zu einer heftigen Debatte darüber kommen, wie viel die Menschheit zusätzlich für einen solchen »minimalen Versicherungsschutz« zu zahlen bereit ist. So argumentieren die Inselstaaten bereits jetzt, dass das Zwei-Grad-Ziel unzureichend ist, weil damit bereits das Verschwinden kleinerer Inseln wie Tuvalu oder der Malediven praktisch in Kauf genommen wird. Die Industrie- und Schwellenländer dagegen befürchten, dass die Einhaltung dieses Ziels ihre wirtschaftliche Entwicklung beschränkt. Ökonomische Analysen beziffern die Kosten des Klimaschutzes zur Einhaltung eines Zwei-Grad-Ziels, das mit etwa 70 % Wahrscheinlichkeit erreicht wird, auf 0,5 bis 2 % des gesamten globalen Bruttosozialproduktes bis 2050 (Knopf et al. 2011). Sollten einige Vermeidungstechnologien nicht zu Verfügung stehen oder die globalen klimapolitischen Bemühungen etwa durch zeitliche Verzögerungen ineffizient sein, können diese Kosten allerdings auch höher ausfallen (Edenhofer et al. 2009a, 2010b).

Vom fünften Sachstandsbericht des IPCC, der 2014 veröffentlicht werden soll, wird erwartet, dass er die wissenschaftlichen Grundlagen für diese Abwägungen bereitstellt. Freilich werden auch im nächsten IPCC-Bericht zahlreiche Unsicherheiten nicht eindeutig geklärt werden können. Ein global optimales Stabilisierungsziel kann daher – auch wenn keine Differenzen über normative Fragen bestehen würden – wegen der verbleibenden Unsicherheiten nicht zweifelsfrei festgelegt werden. Deshalb muss man das Zwei-Grad-Ziel auch als möglichen Fokuspunkt einer globalen gesellschaftspolitischen Debatte verstehen, mit dem die erforderliche Übereinkunft von Erwartungen und abgestimmtem kollektiven Handeln auf globaler Ebene überhaupt erst möglich wird (Schelling 1960, Jaeger & Jaeger 2010).

Transformation der fossilen Ressourcenrente in die Klimarente

Die Festlegung eines globalen Klimaziels hat tiefgreifende ökonomische Konsequenzen: Die Eigentums- bzw. Nutzungsrechte an der Atmosphäre werden nun Gegenstand eines Verteilungsprozesses. In einer Welt ohne Klimaschutz konnte jeder die Atmosphäre kostenlos nutzen. Mit der verbindlichen Festlegung eines globalen klimapolitischen Ziels wird der Deponieraum »Atmosphäre« rechtlich begrenzt und zum Eigentum der gesamten Menschheit erklärt. In der Sprache der Theorie öffentlicher Güter ausgedrückt wird die Nutzung der globalen Allmende Atmosphäre durch Klimapolitik in einem selbstorganisatorischen Prozess reguliert.

Diese Begrenzung hat eine wichtige Implikation: Die Besitztitel der Eigentümer von Kohle, Öl und Gas werden entwertet, da global ein höherer Bestand an fossilen Energieträgern im Boden liegt, als die Menschheit nach Abschluss einer solchen Klimazielvereinbarung in der Atmosphäre noch ablagern darf. So sind noch etwa 12 000 Gigatonnen Kohlenstoff als fossile Brennstoffe vorhanden,

2 UN-Klimakonferenzen 07.–18.12.2009 in Kopenhagen, Dänemark, und 29.11.–10.12.2010 in Cancún, Mexiko.

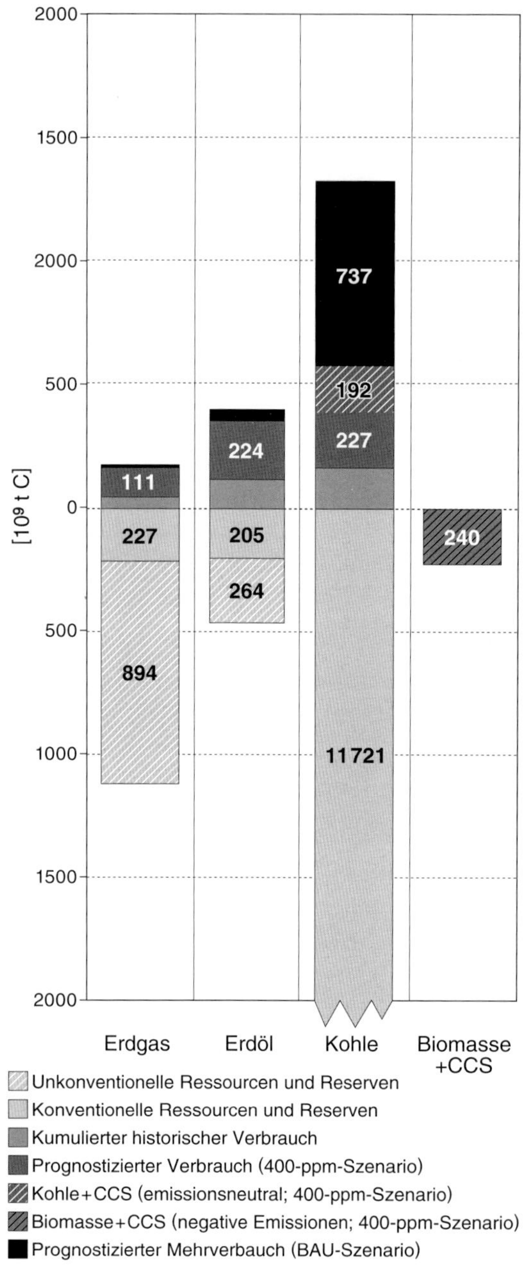

Abb. 1. Bereits verbrauchte (1750–2004) und noch vorhandene fossile Energieträger (2007) sowie der prognostizierte Verbrauch bis 2100 (in Gigatonnen Kohlenstoff) im BAU-Szenario (ohne Klimaschutzmaßnahmen) bzw. im 400-ppm-CO_2äq-Szenario (Zwei-Grad-Ziel). Der Einsatz von Kohlenstoffabscheidung und -lagerung (CCS) führt zu Null-Emissionen bei der Kohleverbrennung bzw. zu Negativ-Emissionen bei Biomassenutzung (CCS bindet insgesamt 432 Gt C). – Edenhofer et al. (2009b).

es dürfen aber nur noch die Rückstände von wenigen Hundert Gigatonnen in der Atmosphäre abgelagert werden, wenn das Zwei-Grad-Ziel erreicht werden soll. Auch zur Einhaltung eines Drei-Grad-Ziels könnten die Rückstände nur weniger Hundert verbrannter Gigatonnen zusätzlich in der Atmosphäre abgelagert werden. Der Rest der Bestände an Kohle, Öl und Gas müsste ungenutzt im Boden bleiben und würde somit entwertet (Abb. 1). Aus ökonomischer Sicht führt die kollektive Begrenzung der Nachfrage nach fossilen Ressourcen zudem zu einer deutlichen Senkung der fossilen Rohstoffpreise (Leimbach et al. 2010).

Da also der atmosphärische Deponieraum zu einer knappen Ressource geworden ist, deren Wert steigt, solange fossile Energieträger genutzt werden, können die Besitzer fossiler Ressourcen einen Teil ihrer im Boden lagernden Bestände nicht mehr verwerten. Damit kommt es zu einer Umverteilung von Vermögen und Einkommen zwischen den Eigentümern der fossilen Ressourcenbestände und den noch zu definierenden Eigentümern der Atmosphäre. Die aus der Knappheit der fossilen Energieträger resultierende Ressourcenrente wird in die aus der Knappheit des Deponieraums Atmosphäre entstehende Klimarente transformiert. Diese Umverteilung ist eine Konsequenz der Tatsache, dass die Atmosphäre nicht mehr kostenlos genutzt werden kann, und hat nichts mit der Frage zu tun, ob die Klimapolitik zum Zweck der Umverteilung von Vermögen durchgeführt wird. Dieser Zusammenhang macht aber auch deutlich, warum es gegen jede ambitionierte Klimapolitik von den betroffenen Gruppen erhebliche Widerstände geben wird und warum es für die Besitzer dieser Ressourcen vorteilhaft wäre, wenn es keinen Klimawandel und keine Klimapolitik gäbe. Es ist also verständlich, wenn die Besitzer von Kohle, Öl und Gas zu zeigen versuchen, dass der Klimawandel nicht vom Menschen verursacht ist oder warum seine Folgen nicht gravierend sind.

Gegen die Transformation der Ressourcen- in die Klimarente kann jedoch auch ein sozialethisches Argument in Anschlag gebracht werden. So könnte die Klimapolitik aus liberaler Perspektive als illegitimer Angriff auf die zu schützende Institution des Privateigentums verstanden werden. Befürworter einer ambitionierten Klimapolitik müssten zeigen, dass es ethisch legitim ist, Nutzungsrechte an der Atmosphäre festzulegen, auch wenn dadurch die Eigentumsrechte an Kohle-, Öl- und Gasressourcen entwertet werden. Wir diskutieren kurz zwei Gründe, die einen solchen Eingriff auch ethisch rechtfertigen. Erstens kann unter Rückgriff auf die sozialphilosophisch wohl etablierte Argumentationsfigur der Sozialpflichtigkeit des Privateigentums gezeigt werden, dass die Institution des Privateigentums nur dann ethisch begründbar ist, wenn sie dem Gemeinwohl mehr dient als die Institution des Gemeineigentums. Wenn Emissionen aus der Verbrennung fossiler Ressourcen schädlich sind und durch Klimaschutz großskalige Risiken, die aus diesen Verbrennungsprozessen resultieren, abgewendet werden, dann lässt sich die Überführung der privaten Ressourcenrente in die Klimarente auch ethisch begründen (Edenhofer et al. 2011a). Dieses Argument wird zweitens durch die Einsicht gestützt, dass eine Besteuerung von Renteneinkommen aus begrenzt verfügbaren Produktionsfaktoren grundsätzlich ökonomisch sinnvoll ist. Diese Steuern verursachen – im Gegensatz etwa zu Steuern auf Kapital, Arbeit oder Markttransaktionen – geringere oder keine Effizienzverluste und können daher bevorzugt zur Finanzierung öffentlicher Güter verwendet werden. In Übereinstimmung mit dieser Perspektive argumentiert etwa Collier (2010), dass private Einkommen aus Ressourcenrenten im Gegensatz zu Einkommen aus produktiver Arbeit prinzipiell abgeschöpft werden sollten. Die Klimapolitik eröffnet damit die Möglichkeit der Abschöpfung von Renten, die aus politischen Gründen bisher unterblieben ist. Die unproduktive Verwendung von Ressourcenrenten wird in der Entwicklungsökonomik ohnehin als ein häufiger Grund für geringes Wirtschaftswachstum, Korruption und schwache Institutionen gesehen (van der Ploeg 2010). Grundsätzlich könnte also die Abschöpfung der Ressourcenrente im Rahmen der Klimapolitik auch im Hinblick auf entwicklungspolitische Ziele sinnvoll sein. Es müsste dann allerdings gewährleistet sein, dass der Erlös, der etwa im Fall eines internationalen Emissionshandelssystems aus Emissionszertifikaten gewonnen wird, sinnvoll eingesetzt wird und die Probleme »natürlicher« Ressourcenrenten vermeidet.

Es stellt sich also die Frage, wie die Klimarente verteilt werden soll. Es ist gerade dieser Verteilungskonflikt, der in der Diskussion bislang zu sehr vernachlässigt wurde und der Grund dafür ist, warum internationalen Abkommen bislang wenig Erfolg beschieden war.

Politische Ökonomie und ethische Herausforderungen in der Allokation der Klimarente

Eine effiziente Nutzung des atmosphärischen Deponieraums kann entweder mit einer CO_2-Steuer oder durch ein Emissionshandelssystem gesteuert werden. In letzterem Falle wird die Gesamtmenge der Emissionen direkt durch die Ausgabe von Emissionsrechten begrenzt, die zwischen den Marktteilnehmern handelbar sind. Jeder, der Kohle, Öl oder Gas verbrennen will, muss dann nicht nur den Preis dieser Brennstoffe zahlen, sondern zugleich das entsprechende Emissionsrecht erwerben. Da das Angebot durch das Emissionsbudget fixiert ist, wird bei steigender Nachfrage am Emissionsmarkt der Preis der Emissionsrechte steigen. Dadurch werden Verfahren marktfähig, die keine fossilen Energieträger nutzen und auf den Zukauf von Emissionszertifikaten nicht angewiesen sind. Wir betrachten hier nur die Option eines solchen Emissionshandelssystems, zum einen, weil der Emissionshandel 1997 im Kioto-Protokoll festgelegt wurde und in der EU verankert ist, und zum anderen, weil der Emissionshandel gegenüber einer CO_2-Steuer einige Vorteile hat (Edenhofer & Kalkuhl 2009).

Die praktische Durchführung eines solchen globalen Emissionshandelssystems könnte einer globalen Klimazentralbank oder einem Netzwerk regionaler Klimazentralbanken übertragen werden. Ein System von Klimazentralbanken könnte das verbleibende Kohlenstoffbudget für die Menschheit treuhänderisch verwalten (Barnes et al. 2008). Ähnlich der Aufgabe von Zentralbanken in der Geldpolitik wäre eine der zentralen Aufgaben der Klimazentralbank die Stabilisierung von Erwartungen, um einen Anreiz für technologische Innovationen und eine effiziente Planung von Emissionsreduktionen über die Zeit zu ermöglichen.

Zur Einführung eines globalen Programms zur Begrenzung von und zum Handel mit Emissionsrechten (engl.: cap-and-trade) sind aber zunächst zwei fundamentale politische Aufgaben zu bewältigen. Erstens muss ein globales Kohlenstoffbudget vereinbart werden, also die »Deponiegröße« definiert werden. Mit der Einigung auf das Zwei-Grad-Ziel in Kopenhagen und Cancún könnte man diese Aufgabe als erledigt betrachten, da sich mit der Einigung auf ein Temperaturziel das kumulative Emissionsbudget – unter Berücksichtigung von Unsicherheiten – ableiten lässt

(Meinshausen et al. 2009). Zweitens muss die regionale Verteilung der Nutzungsrechte festgelegt werden. Daran aber sind die Verhandlungen von Kopenhagen gescheitert und in Cancún wurde dieser sensible Punkt nicht einmal mehr angesprochen.

Die Industrieländer plädieren für eine Aufteilung des verbleibenden Deponieraums nach Maßgabe gegenwärtiger Emissionen. Sie argumentieren, dass sie ein größeres Emissionsbudget für den Betrieb ihrer energieintensiven Wirtschaftssysteme benötigen. Wenn aber – wie in Kopenhagen vorgeschlagen – die Industrieländer ihre Emissionen bis zum Jahr 2050 auf 80 % des Niveaus von 1990 reduzieren wollen, dann bedeutet dies für die Entwicklungs- und Schwellenländer, dass für sie vom ohnehin kleinen Kuchen eines Zwei-Grad-Emissionsbudgets kaum noch etwas übrig bleibt. Daher war China in Kopenhagen nicht bereit, auf die Vorschläge der Industrienationen einzugehen und mit der Festschreibung des 80-Prozent-Ziels einer Vorentscheidung über die regionale Verteilung der Emissionsrechte zuzustimmen.

Die Entwicklungs- und Schwellenländer, darunter vor allem China, fordern einen anderen Verteilungsschlüssel für die Emissionsrechte: Je mehr ein Land in der Vergangenheit emittiert hat, desto weniger Rechte soll es in der Zukunft zur Verfügung haben. Für das Prinzip der historischen Verantwortung werden hauptsächlich zwei Argumente vorgebracht: Erstens wird unter Berufung auf das Verursacherprinzip von den für die bisherigen Emissionen verantwortlichen Staaten eine direkte Kompensation für die schon jetzt und in Zukunft anfallenden Klimaschäden gefordert. Zweitens wird argumentiert, dass über die Menschheitsgeschichte hinweg alle Menschen, und damit alle Weltregionen, das gleiche Recht auf die Nutzung der Atmosphäre haben sollten. Menschen in reichen Ländern müssten aufgrund der schon verbrauchten hohen Emissionen ihrer Vorfahren diese vergangenen Emissionen von ihrem Budget abgezogen werden. Die Forderung nach historischer Verantwortung der Industrieländer ist auf den ersten Blick nachvollziehbar. Bei näherer Betrachtung ist dieses Argument allerdings problematisch, denn heute und in der Zukunft lebende Personen können wohl kaum direkt für die Handlungen (wie z. B. Emissionen) von Verstorbenen haftbar gemacht werden. Zudem ist früheren Generationen zuzugestehen, dass sie noch wenig über die schädlichen Folgen von Emissionen wussten. Schon deswegen sind direkte Kompensationsforderungen für historische Emissionen etwa vor 1995 problematisch. Hinzu kommt, dass es grundsätzlich schwierig ist, die für historische Emissionen Verantwortlichen, den Umfang der Verantwortung oder die den Emissionen zurechenbaren Schäden klar zu bestimmen. Das gilt gleichermaßen für die Forderung, gegenwärtige wirtschaftliche Vor- und Nachteile aufgrund unterschiedlicher historischer Emissionen auszugleichen.

Die Besitzer von Öl und Gas, wie etwa Saudi-Arabien, fordern dagegen, dass der Verteilungsschlüssel für Emissionsrechte sie für den Wertverlust kompensiert, der ihnen durch die Festlegung von Nutzungsrechten an der Atmosphäre entsteht. Zwar spielt diese Forderung in den Klimaverhandlungen keine zentrale Rolle, aber sie verweist darauf, dass auch die regionalen Kosten des Klimaschutzes bei der Verteilung von Emissionsrechten eine legitime Rolle spielen könnten, etwa wenn die Wirtschaftssysteme einiger Länder besonders auf die Verwendung fossiler Brennstoffe angewiesen sind, während andere Regionen großzügig mit erneuerbaren Ressourcenpotenzialen (Sonnen-, Wind-, Wasserkraft) ausgestattet sind.

Bei der Frage nach der gerechten Verteilung von Emissionsrechten sollten daher weniger die Fragen von Schuld und Kompensation noch bestimmte wirtschaftliche Interessen im Vordergrund stehen. Besondere Aufmerksamkeit verdienen dagegen aus ethischer Sicht die Möglichkeiten zur Erweiterung von Handlungschancen der global ärmsten Bevölkerungsgruppen (vgl. ausführlicher Edenhofer et al. 2010b, Kap. 6). Die Gleichverteilung von Emissionsrechten für jeden Menschen ist vor diesem Hintergrund eine vergleichsweise einfache und pragmatische Lösung. Es lässt sich zeigen, dass ein solcher Verteilungsschlüssel in einem globalen Emissionshandel zu einer Nettoverteilung der Vermeidungskosten führt, bei der die Entwicklungsländer die geringsten Lasten zu tragen haben oder sogar profitieren. Dies ist möglich, weil Entwicklungsländer ihre nicht benötigten Emissionsrechte an die Industrieländer verkaufen können und dafür Ingenieursdienste, Güter und Kapital kaufen können. Zudem fallen bei einer Gleichverteilung der Emissionsrechte die Unterschiede der regionalen Vermeidungskosten relativ gering aus.

Prinzipiell lassen sich auch andere Verteilungsschlüssel konstruieren, die der Forderung einer Erweiterung der Handlungschancen insbesondere der Ärmsten näher kommen könnten. Eine Möglichkeit wäre, den ärmeren Entwicklungsländern für einen Übergangszeitraum überproportional viele Emissionsrechte pro Einwohner zuzusprechen. Mittel- bis langfristig aber erscheint aus ethischer und verhandlungspolitischer Perspektive die Gleichbehandlung aller Menschen bei der Verteilung des neu zu schaffenden Vermögens aus »Rechten an der Erdatmosphäre« als überzeugendste Option und hilfreicher Fokuspunkt in den Verhandlungen. Dennoch sollte weiter über die Frage nachgedacht werden, wie die Emissionsrechte so verteilt werden können, dass zum einen das Handlungsvermögen der Armen erhöht, zum anderen aber auch – über eine rein ethische Perspektive hinaus – ein wirksames Abkommen erzielt werden kann. Denn eine der Schlüsselfragen der internationalen Klimapolitik ist letztlich, ob sich der bei einem ambitionierten Zwei-Grad-Ziel ergebende Verteilungs- und Interessenkonflikt überhaupt lösen lässt.

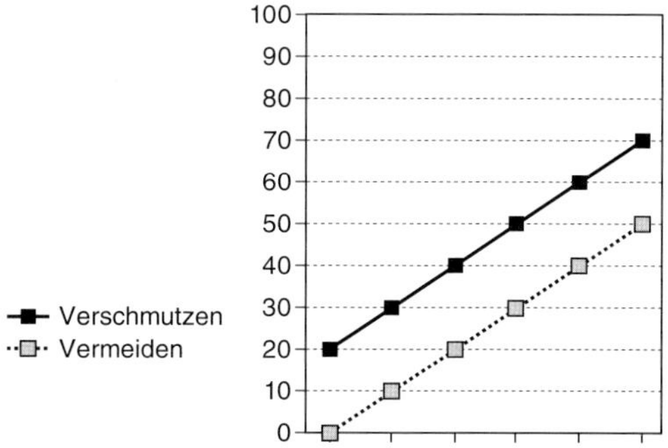

Anzahl Spieler, die vermeiden	0	1	2	3	4	5
Auszahlung »Vermeiden«	0	10	20	30	40	50
Auszahlung »Verschmutzen«	20	30	40	50	60	70

Abb. 2. Klimapolitik als Gefangenendilemma. Spieltheoretische Analyse. Erklärungen s. Text. – Flachsland et al. (2012).

Internationale Klimaverhandlungen: Klimastabilisierung als öffentliches Gut

Die Bewirtschaftung der Atmosphäre als »Emissionsdeponie« hat also erhebliche Konsequenzen für die Verteilung von Vermögen und Einkommen. Aber selbst wenn es prinzipiell gute Gründe für eine ambitionierte Klimapolitik gibt, muss die Frage gestellt werden, wie es in politischen Verhandlungen zu einer Einigung über die Begrenzung und Aufteilung der Eigentumsrechte an der Atmosphäre kommen kann. Dabei müssen die Möglichkeiten eines internationalen Klimaabkommens unter der Annahme diskutiert werden, dass sich die Staaten nicht primär an ethischen Erwägungen, sondern an ihrem nationalen Interesse orientieren – das Gewaltmonopol und die Legitimationsquellen zur verbindlichen Formulierung von Politiken befinden sich nach wie vor und auf absehbare Zeit in der Hand souveräner Nationalstaaten. Diese aber handeln erfahrungsgemäß vor allem eigennützig. Spieltheoretische Analysen zeigen, dass dies in der Klimapolitik zu einem typischen sozialen Dilemma führt. Das Problem der Stabilisierung des globalen Klimas durch Emissionsreduktionen weist nämlich alle Eigenschaften eines öffentlichen Gutes auf: Die Reduktionen eines Landes kommen allen Ländern zugute, und keines lässt sich von den Vorteilen eines stabileren Klimas ausschließen. Die Kosten der Reduktion fallen aber zunächst nur für dasjenige Land an, das klimapolitische Anstrengungen unternimmt. Dann aber hat jedes sich rational-egoistisch verhaltende Land einen Anreiz, als Trittbrettfahrer aufzutreten und die Anderen reduzieren zu lassen. Am Ende reduziert keiner seine Emissionen, obwohl dies im gemeinsamen Interesse aller wäre. Die Menschheit befindet sich nach dieser Theorie in einem klassischen Gefangenendilemma: Nationalstaatliche Schläue führt zu globaler Ignoranz (vgl. etwa Barrett 2003).

Diese Grundstruktur des Gefangenendilemmas wird in Abbildung 2 in einem Beispiel mit sechs symmetrischen Spielern illustriert. Sie zeigt Auszahlungen an einen Spieler als Funktion der Anzahl der Spieler, die bereits zum Klimaschutz beitragen. Der Einfachheit halber gibt es nur zwei Wahlmöglichkeiten: Verschmutzen oder Vermeiden. In dem in Abbildung 2 illustrierten Spiel ist es für einen nutzenmaximierenden Spieler immer rational, zu verschmutzen: Die Auszahlung für diese Entscheidung ist immer höher als bei der Vermeidung, egal wie viele andere Spieler Emissionen vermeiden. Daher vermeidet keiner der Spieler (Auszahlung an alle Spieler: 20). Dabei wäre es für jeden Spieler vorteilhafter, wenn alle vermeiden würden (Auszahlung an alle Spieler: 50). Vermeiden aber alle, würde jeder der Spieler lieber Trittbrett fahren und die höhere Auszahlung realisieren (wenn alle anderen vermeiden: 70), was sich fortsetzt, bis kein Spieler mehr kooperiert.

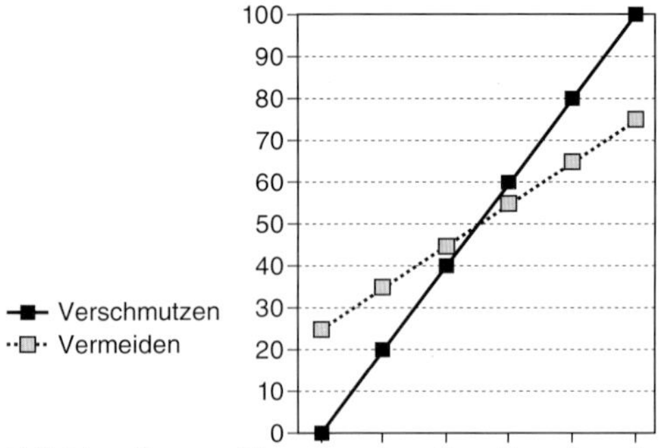

Anzahl Spieler, die vermeiden	0	1	2	3	4	5
Auszahlung »Vermeiden«	25	35	45	55	65	75
Auszahlung »Verschmutzen«	0	20	40	60	80	100

Abb. 3. Klimapolitik als Hazardspiel. Spieltheoretische Analyse. Erklärungen s. Text. – Flachsland et al. (2012).

Natürlich wissen die Staaten, dass sie in ein Dilemma verstrickt sind. Da es aber keinen Weltleviathan gibt, der Politiken auf globaler Ebene beschließen und durchsetzen oder wenigstens die Einhaltung von Verträgen überwachen und erzwingen kann, ist der Abschluss von Verträgen freiwillig. Daher muss sich ein internationales Klimaabkommen aus spieltheoretischer Sicht für jeden der Nationalstaaten lohnen, denn diese vergleichen ihren individuellen Gesamtnutzen als Teilnehmer einer solchen Koalition mit ihrem Nutzen als Trittbrettfahrer außerhalb der Koalition (vgl. Barrett 2003, Finus 2001). Nur wenn sie innerhalb der Koalition besser gestellt sind, treten sie einem Abkommen bei. Spieltheoretische Analysen zeigen, dass bei Verhandlungen mit wenigen Akteuren stabile Abkommen mit relativ hoher Teilnehmerzahl auch zwischen egoistischen Staaten möglich sind (Carraro & Siniscalco 1993). Problematischer sind jedoch Verhandlungen mit vielen Akteuren (an den Verhandlungen unter der Klimarahmenkonvention etwa nehmen 194 Vertragsstaaten teil). Zwar ist es für einige wenige Länder auch bei einer großen Zahl von Spielern noch rational, eine Klimaschutzkoalition zu bilden, für den Großteil der übrigen Länder ist es jedoch vorteilhafter, sich als Trittbrettfahrer zu verhalten. Sobald einige andere Länder bei der Emissionsminderung in Vorleistung treten, lohnt es sich nicht mehr, die Kosten zusätzlicher Emissionsreduktionen auf sich zu nehmen. Der zusätzliche individuelle Nutzen der eigenen Anstrengungen ist, verglichen mit den zusätzlichen Kosten, zu gering. Dieser Fall wird in Abbildung 3 illustriert.

Der Anreiz zum Trittbrettfahren wird dadurch erhöht, dass Länder durch Klimaschutz Wettbewerbsnachteile erleiden können, wenn sie Emissionen im nationalen Alleingang reduzieren. Wenn im Rahmen nationaler Klimapolitiken ein Preis für Treibhausgasemissionen eingeführt wird, dann führt dies dazu, dass der Preis von Produkten mit hohem Emissionsanteil auf den Weltmärkten steigt und die Nachfrage sinkt. Diese Angebotsreduktion wird bei international gehandelten Gütern teilweise durch eine Ausweitung der Produktion in Ländern mit weniger ambitionierter Klimapolitik ausgeglichen – ihr Anteil am Welthandel steigt. Außerdem fallen damit die globalen Emissionsreduktionen geringer aus als beabsichtigt. Zudem können sich dadurch die terms-of-trade – ein Maß für die Kaufkraft von Ländern im internationalen Güterverkehr – für Vorreiter verschlechtern. Zwar sind nur sehr wenige Güter und Sektoren von diesen Effekten betroffen, weil der Kostenanteil von Emissionen an den meisten Gütern gering ist, nicht alle Produkte international intensiv gehandelt werden und die Arbeitskosten für die Wettbewerbsfähigkeit wichtiger sind als die bislang noch eher geringen Emissionspreise. In der politischen Diskussion spielt dieser Effekt jedoch eine gewichtige Rolle und verstärkt mittelfristig den Anreiz zum Trittbrettfahren. Ein ähnlicher Effekt tritt auf den internationalen Ressourcenmärkten auf: Die Reduktion der Nachfrage nach fossilen Brennstoffen durch klimapolitische Vorreiter führt zu sinkenden fossilen Rohstoffpreisen. Länder, die sich nicht an der Klimapolitik beteiligen, weiten dann ihre Nachfrage nach den billigeren fossilen Brennstoffen aus, was die Effektivität der Klimapolitik unterminiert und zudem Wohlfahrtsgewinne für Trittbrettfahrer generiert.

Besteht angesichts einer solchen wenig ermutigenden Prognose der Spieltheoretiker die Aussicht, dass das soziale Dilemma des internationalen Klimaschutzes überwunden werden kann? Oder sind die internationalen Klimaverhandlungen unweigerlich zum Scheitern verurteilt?

Strategien zur Überwindung des sozialen Dilemmas

Bislang liegen keine überzeugenden Vorschläge für ein erfolgreiches internationales Klimaabkommen vor, mit denen ein globales Risikomanagement in dem oben skizzierten Sinne implementiert werden würde. Allerdings gibt es einige vielversprechende Ansätze, die zumindest andeuten, in welcher Richtung nach Lösungen gesucht werden kann. Gemeinsam ist diesen Ansätzen, dass sie das Verhältnis von Kosten und Nutzen von Klimaschutzmaßnahmen für die einzelnen Länder so modifizieren, dass sie zu mehr Klimaschutz und größerer Kooperation bereit sind und damit das Paradox internationaler Umweltabkommen unterlaufen werden kann.

Das Paradox internationaler Umweltabkommen kann folgendermaßen zusammengefasst werden (Barrett 1994): Immer dann, wenn von einem internationalen Abkommen alle Teilnehmer in hohem Maße profitieren würden, ist der Anreiz besonders hoch, sich als Trittbrettfahrer zu verhalten. Anders ausgedrückt: Je notwendiger internationale Umweltabkommen sind, desto unwahrscheinlicher ist es, dass sie zustande kommen. Je entbehrlicher sie dagegen sind, umso wahrscheinlicher ist es, dass sie zustande kommen. Abkommen, denen sich viele Länder anschließen, sind nur dann stabil, wenn ihnen über die nationalen Anstrengungen hinaus keine bedeutenden zusätzlichen Lasten aufgebürdet werden. Dann allerdings bleibt der Effekt solcher umfassenden Abkommen gering. Damit es zu einem ambitionierten Klimaschutz kommt, müssen die Staaten entweder die Kosten der Emissionsreduktion als relativ gering einschätzen, die Folgen des Klimawandels für ihr Land als relativ schwerwiegend erachten oder beides. Unter diesen Voraussetzungen würden sie ihre Emissionen auch ohne internationales Abkommen reduzieren. Liegen die wahrgenommenen Schäden jedoch in einer vergleichbaren Größenordnung wie die Kosten der Reduktion, tritt das Paradox der internationalen Abkommen besonders prononciert auf.

Wir diskutieren im Folgenden einige Ansätze, die das wahrgenommene Verhältnis von Kosten und Nutzen modifizieren könnten (vgl. auch Buchholz & Rübbelke 2011). Erstens können die Kosten des Klimaschutzes durch technische Innovationen, effiziente Klimapolitiken und positive Zusatzeffekte von Emissionsreduktionen vermindert werden. Zweitens kann der Nutzen klimapolitischer Abkommen für Nationalstaaten dadurch erhöht werden, dass diese mit anderen internationalen Verhandlungsthemen verknüpft werden. Hierzu gehören Transferzahlungen, Technologieabkommen und auch die Androhung von Handelssanktionen. Drittens könnten in einer zunehmend globalisierten und interdependenten Welt und jenseits eines verengten Verständnisses von nationalem Eigeninteresse Anreize zum Aufbau einer Reputation als kooperativer Verhandlungspartner sowie möglicherweise auch ethische Erwägungen relevante Faktoren sein, um die Verhandlungsinteressen von Staaten zu beeinflussen.

Effiziente Politiken und positive Zusatzeffekte

Das oben diskutierte Paradox der internationalen Umweltabkommen zeigt, dass eine Reduzierung der Vermeidungskosten die Bereitschaft zu Klimaschutz und Kooperation auch in der von Spieltheoretikern identifizierten sozialen Dilemmasituation der Klimapolitik erhöht. Daher ist es sinnvoll, über Maßnahmen nachzudenken, mit denen die Kosten von Emissionsreduktionen minimiert werden.

Die Entwicklung klimafreundlicher Technologien ist für eine kostengünstige Lösung des Klimaproblems unabdingbar. Je schneller und billiger die Alternativen zu Kohle, Öl und Gas verfügbar sind, umso geringer fallen die globalen und regionalen Klimaschutzkosten aus. Bereits heute sind die Kostenstrukturen einiger Technologien zur Nutzung erneuerbarer Energieträger mit denen traditioneller Technologien konkurrenzfähig (Edenhofer et al. 2011b). Damit verbessert sich auch die Aussicht auf internationale Kooperation (Heal 1994). Hierzu ist jedoch eine durchdachte Technologiepolitik notwendig, die den Emissionshandel ergänzt. Ein steigender CO_2-Preis allein würde nicht dazu führen, dass klimafreundliche Technologien schnell und effizient genug entwickelt werden (Kalkuhl et al. 2012).

Indem eine gute Technologiepolitik die wirtschaftliche Abhängigkeit von der knappen Ressource Atmosphäre vermindert, reduziert sie zudem den Wert der global verfügbaren Emissionszertifikate. Dadurch steht bei den internationalen Verhandlungen um Emissionsrechte weniger auf dem Spiel. Eine gute Technologiepolitik dürfte daher ein entscheidender Beitrag für eine Beilegung des oben beschriebenen Verteilungskonfliktes sein. Für eine Weltgesellschaft, die ausschließlich auf die Nutzung fossiler Energieträger angewiesen wäre, liefen die Klimaverhandlungen auf ein Nullsummen-

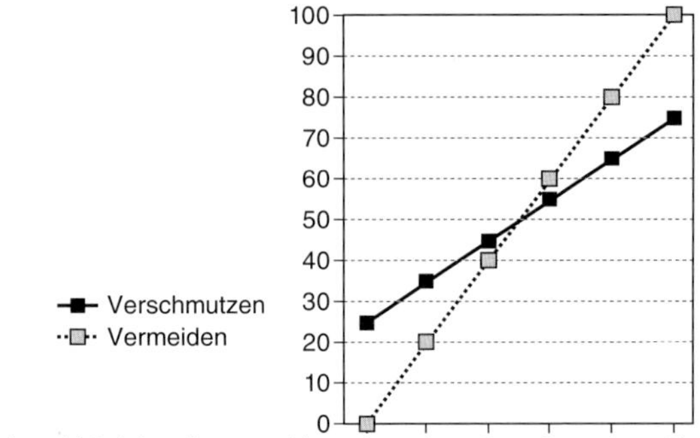

Anzahl Spieler, die vermeiden	0	1	2	3	4	5
Auszahlung »Vermeiden«	0	20	40	60	80	100
Auszahlung »Verschmutzen«	25	35	45	55	65	75

Abb. 4. Klimapolitik als Koordinationsspiel. Spieltheoretische Analyse. Erklärungen s. Text. – Flachsland et al. (2012).

spiel hinaus: Das Kohlenstoffbudget, das einem Staat zugewiesen wird, steht einem anderen Staat nicht zur Verfügung. Werden jedoch neue technische Möglichkeiten gefunden, die ähnlich kostengünstig sind wie fossile Energieträger, wird das Problem leichter lösbar (Kalkuhl et al. 2011). Klimapolitische Vorreiter könnten einen besonderen Fokus auf die Entwicklung kostengünstiger Vermeidungstechnologien legen, um so zögerliche Regionen zu mehr Klimaschutz zu bewegen. Wenn in der Zukunft tatsächlich weltweit ambitionierte Klimaziele eingeführt werden, könnten solche Vorreiterregionen möglicherweise auch vom Export bereits entwickelter Klimaschutztechnologien profitieren.

Ein weiterer wichtiger Faktor für die Minderung der Klimaschutzkosten sind effiziente Politikinstrumente. Das bis zum Jahr 2020 verabschiedete Klimapaket der Europäischen Union enthält zahlreiche sinnvolle Elemente einer effizienten Klimapolitik, so etwa ein Emissionshandelssystem für Unternehmen und Technologiepolitiken wie die Unterstützung von Pilotprojekten zur Abscheidung und Einlagerung von CO_2. Letztere sollen die Chancen, Kosten und Risiken dieser neuartigen Option untersuchen. Die Europäische Union spielt daher eine wichtige Vorreiterrolle beim Experimentieren und Lernen über Politiken zur Vermeidung von Emissionen. Besonders interessant ist dabei, dass die EU mit 27 zum Teil sehr unterschiedlichen Ländern bei jeder klimapolitischen Verhandlung kontroverse Verteilungsfragen lösen muss – ganz analog zu den globalen Verhandlungen. Gleichzeitig besteht auch in der EU-Klimapolitik noch Spielraum für Verbesserungen: So sollten etwa alle Sektoren, also auch der Transport- und Gebäudebereich, in das europäische Emissionshandelssystem einbezogen werden (Flachsland et al. 2011). Angesichts der geplanten Emissionshandelssysteme in Kalifornien, in China und in anderen OECD-Staaten wie etwa Australien und Südkorea ist die Verknüpfung solcher regionalen Systeme eine vielversprechende Option zur Minderung von Klimaschutzkosten (Flachsland et al. 2009). Mit der ICAP-Initiative (International Carbon Action Partnership) wurde auf Anregung Deutschlands und Kaliforniens eine Plattform gegründet, die solche Verknüpfungen durch einen Dialog auf operativer Ebene vorbereiten soll.

Eine effiziente Klimapolitik muss zudem alle Vermeidungsoptionen berücksichtigen, und zwar nicht nur im Energiesystem, sondern auch bei der Vermeidung der Entwaldung – immerhin 20 % der globalen Emissionen könnten vermieden werden, wenn die Abholzung beendet und der Waldbestand stabilisiert würde – sowie anderer Treibhausgase wie Lachgas und Methan. In Cancún wurde vereinbart, der Einrichtung von Mechanismen zum Waldschutz hohe Priorität einzuräumen, denn in der Vermeidung von Entwaldung werden besonders kostengünstige Emissionsvermeidungspotenziale gesehen. Dabei muss jedoch bedacht werden, dass durch die wachsende Nachfrage nach Energie aus Biomasse (etwa im Transportsektor) der Wert von Wald- und Agrarflächen wieder ansteigt, sodass die Kosten eines effektiven Schutzes der Regenwälder höher ausfallen könnten, als bisher berechnet wurde.

Schließlich erhöhen positive Zusatzeffekte wie etwa saubere Luft, verringerte Energieimporte oder auch die gesundheitlichen Wirkungen bei der Benutzung von Fahrrädern den Nutzen des Klimaschutzes. Interessanterweise treten solche Effekte typischerweise auf subnationaler Ebene auf, sodass auch politische Einheiten wie Bundesstaaten oder Kommunen einen Anreiz haben, sie zu implementieren. Sollten solche Zusatzeffekte größer sein als derzeit erwartet und die Kosten des Klimaschutzes überkompensieren, und sollten zudem die Klimaschutzanstrengungen von Staaten positive Effekte auf andere Länder zeitigen (z. B. indem die Kosten von alternativen Energietechnologien durch Lerneffekte und steigende Skalenerträge reduziert werden), könnten solche positiven Effekte im Extremfall sogar dazu führen, dass die Spielstruktur der Klimapolitik in ein Koordinationsproblem transformiert wird.

Die Länder müssten sich dann durch einen Klimavertrag nur in das Gleichgewicht globaler Kooperation koordinieren, in dem dann aufgrund des hohen heimischen Nutzens von Klimapolitik kein Staat mehr einen Anreiz zum Trittbrettfahren hätte (Abb. 4).

Elinor Ostrom (2010) weist darauf hin, dass ein mehrstufiger klimapolitischer Ansatz durch solche Zusatzeffekte anreizkompatibel und damit auch realistisch sein kann. Der offensichtliche Vorteil solcher individuellen und lokalen Initiativen sind Emissionsminderungen in möglicherweise global relevantem Umfang. Darüber hinaus kann argumentiert werden, dass solche subnationalen Anstrengungen die nationalen Kosten des Klimaschutzes aus Sicht international verhandelnder Politiker reduzieren, sodass diese ehrgeizigeren internationalen Abkommen zustimmen können. Zudem können individuelle und lokale Klimaschutzinitiativen – selbst wenn sie sich ökonomisch nicht auszahlen sollten – als politisches Signal bzw. als Abstimmung darüber verstanden werden, dass Teile der Bevölkerung eine ambitionierte Klimapolitik (z. B. aus moralischen Gründen) unterstützen. Schließlich können solche freiwilligen Initiativen durch Prozesse des Experimentierens und Lernens die Kosten künftiger Klimaschutzanstrengungen senken.

Seitenzahlungen und CO_2-Zölle

Die Theorie internationaler Umweltabkommen zeigt, dass eine gezielte Verknüpfung (»Issue Linking«) von Verhandlungen über Emissionsverminderungen mit finanziellen oder anderen Transfers sowie Themen der Entwicklungs- und Forschungszusammenarbeit die Chancen der Kooperation auch zwischen eigennützigen Staaten verbessern kann (Lessmann & Edenhofer 2011, Carraro et al. 2006). Der Beitritt Russlands zum Kioto-Protokoll etwa wurde durch die Zusage der EU forciert, Russland im Gegenzug bei seinen Bemühungen um einen WTO-Beitritt zu unterstützen. Mögliche künftige Optionen sind gemeinsame Forschungsabkommen sowie direkte Transfers von Geld, Technologien oder anderen Gütern. Das vielleicht greifbarste Ergebnis von Kopenhagen bestand in der Zusage finanzieller Transfers von Industriestaaten an die Entwicklungsländer in Höhe von 30 Mrd. US$ zwischen 2010 und 2012 sowie 100 Mrd. US$ jährlich ab 2020. Die letztgenannte Summe bezieht sich allerdings nicht nur auf öffentliche Finanzhilfen, sondern auch auf Privatinvestitionen. Eine von UN-Generalsekretär Ban Ki-Moon eingesetzte Beratergruppe, zu der etwa der Klimaökonom Nicholas Stern und der Investmentbanker George Soros gehörten, hat zahlreiche Vorschläge erarbeitet, wie solche Transfers mobilisiert und implementiert werden könnten (High-Level Advisory Group 2010). In Cancún wurde auf dieser Grundlage beschlossen, einen Green Climate Fund zu gründen, der die zugesagten Finanzflüsse koordinieren soll.

Diese Überlegungen werfen zudem ein anderes Licht auf die regionale Verteilung von Emissionsrechten in einem globalen Emissionshandelssystem. So ist neben der oben diskutierten Frage der ethisch wünschenswerten Verteilung von Emissionsrechten auch die Frage des Beitritts zu einem Klimaschutzabkommen zu berücksichtigen. In den internationalen Verhandlungen könnten Regionen mit relativ ambitionierten Klimazielen zurückhaltende Länder durch die Konzession von Emissionsrechten zur Übernahme von bindenden Emissionszielen bewegen (Keohane & Raustiala 2008). Der Zielkonflikt zwischen Effizienz (Abschluss eines globalen Abkommens) und Fairness (Gleichbehandlung) wird jedoch gelöst werden müssen, wenn Nationen mit großen fossilen Ressourcenvorkommen zumindest teilweise für den Verlust ihrer Ressourcenrenten kompensiert werden sollen. So erhielt Russland im Gegenzug für seine Teilnahme am Kioto-Protokoll eine großzügige Ausstattung mit Emissionsrechten. Dieser Erfolg wurde mit geringeren globalen Emissionsverminderungen erkauft. Darüber hinaus unterminierte dieser Deal die Akzeptanz des Kioto-Systems durch andere Staaten – insbesondere der USA –, nachdem die Verhandlungsdelegationen Kioto verlassen hatten. Bis heute ist unklar, ob andere Staaten Russland diese »Heiße Luft« abkaufen werden. Ein künftiger Deal wird eine für alle Verhandlungsparteien nachhaltig tragbare Lösung finden müssen.

Da die Anreizstrukturen der Länder in den realen Verhandlungen nicht immer bekannt sind, haben allerdings alle Länder einen Grund, ihre Bereitschaft zur Übernahme von Emissionszielen zu untertreiben, damit andere vorangehen und sie bessere Konditionen für sich aushandeln können. Die Bereitstellung von Informationen über regionale Kosten und Nutzen des Klimaschutzes könnte dazu beitragen, diese Unsicherheiten zu verringern und so das Spiel um den bestmöglichen Vertragsabschluss zu verkürzen.

Ein interessanter Vorschlag für ein Regime zur anreizkompatiblen Einhaltung eines Abkommens über Emissionsreduktionen in einem internationalen Emissionshandelssystem wird von Heitzig et al. (2011) analysiert. Die LinC-Strategie (LinC = Linear Compensations) sieht vor, dass ein in einzelnen oder mehreren Perioden trittbrettfahrendes Land, dessen Emissionen nicht vollständig durch die ihm zugeteilten oder am Weltmarkt erwerbbaren Emissionszertifikate abgedeckt werden, diese Mehremissionen zu einem späteren Zeitpunkt durch zusätzliche Emissionsreduktionen oder die entsprechende Abgabe von Emissionszertifikaten abgelten muss. Gleichzeitig wird das Zertifikatsbudget der anderen am Emissionshandel teilnehmenden Länder übergangsweise proportional zu den Mehremissionen des trittbrettfahrenden Landes ausgeweitet. Diese Kombination der Analyse von Klimapolitik als wiederholtes Spiel und der Einführung eines einfachen Mechanismus berechenbarer, gradueller Bestrafung – bei der die Untererfüllung des Emissionsziels durch Trittbrettfahrer eine nachfolgende Umverteilung der Reduktionslast zu Gunsten der anderen Spieler bewirkt – führt in der spieltheoretischen Analyse von Heitzig et al. (2011) zu einem stabilen Nash-Gleichgewicht und zur Einhaltung eines globalen Emissionsbudgets.

Sanktionsmechanismen wie etwa Handelszölle können ebenfalls die Kooperationschancen erhöhen (Lessmann et al. 2009). Diese Sanktionen verursachen allerdings auch bei den Staaten Kosten, die diese Maßnahmen androhen, sodass der Spielraum für glaubhafte Sanktionen begrenzt ist. Darüber hinaus sind Sanktionen gegen andere Staaten nur durchsetzbar, wenn sie ausschließlich klimapolitisch motiviert sind und nicht als protektionistische Maßnahmen mit den WTO-Regeln in Konflikt geraten. Zum Beispiel könnten, um Wettbewerbsnachteile durch Emissionsreduktionen zu vermeiden, Zölle an den CO_2-Anteil gehandelter Güter aus Regionen ohne CO_2-Bepreisung gekoppelt werden. Dies ist allein schon darum sinnvoll, weil der güterwirtschaftliche Außenhandel auch zu CO_2-Exporten führt. So ist China nicht nur Nettoexporteur von Gütern und Kapital, sondern gegenüber Europa und den USA auch ein Nettoexporteur von CO_2-Emissionen (Peters et al. 2011). Die EU zum Beispiel würde so gewährleisten, dass die Emissionskosten aller hier konsumierten Güter in den Preisen der Endprodukte enthalten sind, auch wenn diese importiert werden. Dies sollte im Lichte des Gleichbehandlungsprinzips prinzipiell auch mit WTO-Regeln vereinbar sein (Stiglitz 2006). Dafür müssten aber einerseits die damit verbundenen praktischen Herausforderungen der Berechnung der impliziten Emissionen bestimmter Handelsgüter gelöst werden, zum anderen zeigen Jakob et al. (2011), dass bei der Einführung solcher CO_2-Grenzzölle makroökonomische Anpassungsprozesse berücksichtigt werden müssen. Ein CO_2-Grenzzoll etwa auf chinesische Exportgüter würde zu einer Anpassung der Produktionsmuster in China führen, die zu einem Rückgang der relativ weniger emissionsintensiven chinesischen Exportsektoren zugunsten der stärker emissionsintensiven Produktion für den innerchinesischen Markt stattfindet. Werden solche Anpassungsprozesse berücksichtigt, könnten die globalen Emissionen durch solche Maßnahmen sogar steigen.

Jenseits des Homo oeconomicus

Auch wenn in den internationalen Beziehungen andere Legitimationsgrundlagen gelten als in der Beziehung zwischen Rechtsstaaten und ihren Bürgern, so heißt dies keineswegs, dass sich die internationalen Beziehungen in einem normativen Vakuum abspielen. Die Verhandlungsmacht von Staaten hängt in zunehmendem Maße auch von ihrer Reputation in der Weltöffentlichkeit ab. So ist in der Theorie internationaler Beziehungen ein Paradigmenwechsel zu beobachten, wie er sich analog seit geraumer Zeit in der modernen Ökonomik abzeichnet: Das restriktive Verhaltensmodell des »rationalen Egoisten« wird erweitert (z.B. Keohane & Ostrom 1995, Hasenclever et al. 1997, Ostrom 2003). Staaten können durch Vorleistungen und Reziprozität im Bereich Klimapolitik demonstrieren, dass sie international glaubwürdige Verhandlungspartner sind, was sich für sie im Sinne verbesserter Aussichten auf gewinnbringende zukünftige Kooperationen auch in anderen Politikfeldern auszahlen kann. Ein wichtiger Aspekt beim Aufbau von Reputation und Vertrauen im Rahmen der internationalen Klimaverhandlungen wird etwa die Einhaltung der in Kopenhagen zugesagten Finanztransfers seitens der Industrieländer sein (WBGU 2010).

Darüber hinaus ist es ein geradezu triviales

Ergebnis der Theorie öffentlicher Güter, dass ein gewisses Maß an Altruismus zu gesteigerten Anstrengungen in der Bereitstellung des öffentlichen Gutes führt. Die empirische Relevanz von Altruismus und Reputation in den internationalen Klimaschutzverhandlungen mag zwar angesichts der geringen Transferbereitschaft etwa beim Beispiel Entwicklungshilfe skeptisch beurteilt werden, aber auch über die Klimaverhandlungen hinaus wird eine intensive Diskussion darüber geführt, wie sich die Definition des nationalen Interesses unter den Bedingungen globaler Risiken erweitern lässt (Messner 2010).

Fazit

Die Klimapolitik ist untrennbar mit verteilungspolitischen Fragen verknüpft: fossile Ressourcenrenten werden in eine Klimarente transformiert. Ambitionierte Klimapolitik erfordert zudem einen Strukturwandel: Um die Dekarbonisierung, d.h. die Zurückdrängung fossiler Brennstoffe zugunsten alternativer Energieträger und die Vermeidung von CO_2-Emissionen, durch die Weltwirtschaft bis Ende des 21. Jahrhunderts politisch zu ermöglichen, müssen kostengünstige Alternativen zur Nutzung von Kohle, Öl und Gas entwickelt werden.

Nationale Klimapolitik kann langfristig nur erfolgreich sein, wenn globale Kooperation gelingt. Auf der globalen Ebene erscheint es zwar sehr unwahrscheinlich, dass es bereits auf einer der nächsten UNFCCC-Konferenzen[3] zu einer verbindlichen Zuteilung regionaler Emissionsbudgets im Rahmen des Zwei-Grad-Ziels kommt. Dennoch werden Nationalstaaten aus einer Reihe von Gründen – darunter positive Zusatzeffekte von Emissionsminderungen, wie etwa zusätzliche Kooperation bei Forschung und Entwicklung oder eine verminderte Abhängigkeit von Ressourcenimporten – erste Schritte zur Verminderung ihrer Emissionen unternehmen. Die Einrichtung des grünen Technologiefonds in Cancún ist ein weiterer Schritt in die richtige Richtung. Mechanismen zur Vermeidung der Entwaldung sowie der Aufbau von Anpassungskapazitäten an den trotz aller Maßnahmen verbleibenden unvermeidbaren Klimawandel sind weitere Felder, in denen sichtbare Fortschritte möglich sind.

Im Falle eines umfassenden und ambitionierten globalen Abkommens werden klimapolitische Maßnahmen letztlich lokal und regional auf mehreren Handlungs- und Regulierungsebenen koordiniert und durchgeführt werden müssen. Daher ist es sinnvoll, bereits jetzt die erforderlichen institutionellen Rahmenbedingungen zu schaffen, mit denen einerseits technologische Lösungsoptionen erforscht und bestehende Klimaschutzpotenziale ausgeschöpft werden können und die andererseits im Falle ambitionierter Beschlüsse in der Zukunft für eine zügige, effektive und effiziente Umsetzung bereitstehen. Daher sind die klimapolitischen Bemühungen in zahlreichen Regionen auch ohne ein internationales Abkommen zu begrüßen.

Mit Blick auf die Empirie der Verhandlungen muss nüchtern festgehalten werden, dass das Kioto-Protokoll von den USA, die darin die höchsten Kosten zu tragen gehabt hätten, nicht unterzeichnet wurde und die USA derzeit auch nicht an einem Kioto-II-Abkommen interessiert sind. Die Kopenhagener Vereinbarung über regionale Emissionsreduktionen von 2009 kann kaum als ein ernsthaftes Klimaabkommen betrachtet werden, da sich die nationalen Verhandlungspositionen in Kopenhagen kaum verändert haben. Immerhin aber haben sich die Nationalstaaten zu Emissionsreduktionen bereit erklärt, die die globale Erderwärmung bis 2100 mit 50-prozentiger Wahrscheinlichkeit auf etwa 3 °C relativ zum vorindustriellen Niveau begrenzen würden (Rogelj et al. 2010). Dieses Ergebnis gibt durchaus Anlass zur Hoffnung, weil sich hier zeigt, dass ein gewisses Mindestmaß an Klimaschutz offenbar auch ohne Abkommen im Interesse der Nationalstaaten liegt. Allerdings bleibt zum einen offen, ob die Ankündigungen der Länder glaubwürdig sind und sie ihre Zusagen auch tatsächlich einlösen werden. Die Zusage der USA etwa, ihre Emissionen bis 2020 um 17 % gegenüber dem Jahr 2005 zu reduzieren, ist im Kopenhagen-Akkord an die Bedingung geknüpft, dass es zu einer entsprechenden klimapolitischen Gesetzgebung in den USA kommt. Nach dem Scheitern der Verhandlungen über ein US-Emissionshandelssystem im Sommer 2010 gelten die Chancen dafür jedoch auf Jahre hinaus als gering. Es ist auch unklar, in welchem Ausmaß mit den Vereinbarungen von Kopenhagen das Risiko eines gefährlichen Klimawandels tatsächlich vermindert wird, denn

3 Rahmenübereinkommen der Vereinten Nationen über Klimaänderungen (engl: United Nations Framework Convention on Climate Change, UNFCCC).

eine 20-prozentige Wahrscheinlichkeit einer Erderwärmung zwischen 4 und 5 °C schon bis 2100 bleibt auch dann bestehen, wenn alle Länder ihre Emissionen auf diesem Niveau stabilisieren würden (Rogelj et al. 2010).

Die internationalen Klimaschutzanstrengungen sind freilich nicht allein auf die Verhandlungen im Rahmen der Vereinten Nationen begrenzt. Die Europäische Union hat sich das unilaterale Ziel gesetzt, ihre Emissionen im Jahr 2020 um 20 % gegenüber dem Niveau von 1990 zu begrenzen, und hat zur Erreichung dieses Ziels neben dem EU-Emissionshandelssystem ein umfassendes Paket klimapolitischer Maßnahmen verabschiedet. Deutschland hat mit dem Erneuerbare-Energien-Gesetz (EEG) technologische Lernprozesse eingeleitet und den Ausbau der Produktionskapazitäten für Technologien zur Nutzung erneuerbarer Energieträger und damit verbundene Kostendegressionen angestoßen und zahlreiche Länder sind dem deutschen Modell gefolgt. Im Nordosten der USA existiert auf bundesstaatlicher Ebene bereits ein Emissionshandelssystem für den Stromsektor im Rahmen der »Regional Greenhouse Gas Initiative« (RGGI) und Kalifornien – immerhin die achtgrößte Volkswirtschaft der Welt – plant die Einführung eines sektorenübergreifenden Emissionshandelssystems ab 2013. Auch China erwägt in seinem nächsten Fünfjahresplan die Einführung von Emissionshandelssystemen in Modellregionen. Es bleibt abzuwarten, in welchem Umfang klimapolitische Maßnahmen in den kommenden Jahren in den verschiedenen Weltregionen tatsächlich umgesetzt werden. Zynismus angesichts der Schwierigkeiten den UNFCCC-Verhandlungsprozesses ist jedoch nicht angebracht.

Die Klimapolitik erfordert zweifelsohne das »langsame Bohren harter Bretter«. Auf der internationalen Ebene stellen sich ähnliche Herausforderungen auch in anderen Bereichen, etwa bei der Koordination von Währungs- und Handelspolitiken oder in der Sicherheitspolitik. Klimapolitik wird mit neuen Formen internationaler Kooperation experimentieren müssen. Davon könnten möglicherweise auch jene Felder internationaler Kooperation profitieren, die durch die Chancen und Risiken der Globalisierung vor neue Herausforderungen gestellt wurden.

Literatur

Barnes, P., R. Costanza, P. Hawken, D. Orr, E. Ostrom, A. Umana & O. Young. 2008. Creating an Earth Atmospheric Trust. – Science, This Week's Letters, 319 (8. Feb. 2008): 724.

Barrett, S. 1994. Self-enforcing international environmental agreements. – Oxford Economic Papers, 46 (Suppl. 1): 878–894.

– 2003. Environment and statecraft. The strategy of environmental treaty-making. – Oxford University Press Inc., New York, 427 pp.

Buchholz, W. & D. Rübbelke. 2011. Vermeidungs- vs. Anpassungsstrategien in der zukünftigen Klimapolitik: Der Versuch einer realistischen Einschätzung. – ifo Schnelldienst, 64 (05): 11–16.

Carraro C. & D. Siniscalco. 1993. Strategies for the international protection of the environment. – Journal of Public Economics 52 (2): 309–328.

Carraro, C., J. Eyckmans & M. Finus. 2006. Optimal transfers and participation decisions in international environmental agreements. – The Review of International Organizations, 1 (4): 379–396.

Collier, P. 2010. The plundered planet. Why we must – and how we can – manage nature for global prosperity. – Oxford University Press Inc., New York, 288 pp.

Edenhofer, O. & M. Kalkuhl. 2009. Das grüne Paradoxon – Menetekel oder Prognose. – In: Beckenbach, F., C. Leipert, G. Meran, H. G. Nutzinger, J. Weimann & U. Witt (Hrsg.): Jahrbuch Ökologische Ökonomik, 6: Diskurs Klimapolitik. Metropolis, Marburg: 115–151.

Edenhofer, O., C. Carraro, J.-C. Hourcade, K. Neuhoff, G. Luderer, C. Flachsland, M. Jakob, A. Popp, J. Steckel, J. Strohschein, N. Bauer, S. Brunner, M. Leimbach, H. Lotze-Campen, V. Bosetti, E. de Cian, M. Tavoni, O. Sassi, H. Waisman, R. Crassous-Doerfler, S. Monjon, S. Dröge, H. van Essen, P. del Río & A. Türk. 2009a. The economics of decarbonization. Report of the RECIPE project. – Potsdam-Institute for Climate Impact Research, Potsdam, 96 pp.

Edenhofer, O., B. Knopf & M. Kalkuhl. 2009b. CCS – ein wirksamer Beitrag zum Klimaschutz? – ifo Schnelldienst, 62 (03): 3–6.

Edenhofer, O., H. Lotze-Campen, J. Wallacher & M. Reder (Hrsg.). 2010a. Global, aber gerecht: Klimawandel bekämpfen, Entwicklung ermöglichen. – Beck, München, 240 S.

Edenhofer, O., B. Knopf, T. Barker, L. Baumstark, E. Bellevrat, B. Chateau, P. Criqui, M. Isaac, A. Kitous, S. Kypreos, M. Leimbach, K. Lessmann, B. Magné, S. Scrieciu, H. Turton & D. P. van Vuuren. 2010b. The economics of low stabilisation: Model comparison of mitigation strategies and costs. – The Energy Journal, 31 (Special Issue): 11–48.

Edenhofer, O., C. Flachsland & K. Lessmann. 2011a. Wem gehört die Atmosphäre? Nach dem Klimagipfel in Cancún. – Stimmen der Zeit, 2: 75–88.

Edenhofer, O., R. Pichs-Madruga, Y. Sokona, K. Seyboth, P. Matschoss, S. Kadner, T. Zwickel, P. Eickemeier, G. Hansen, S. Schlömer & C. von Stechow (eds.). 2011b. IPCC Special Report on Renewable Energy Sources and Climate Change Mitigation. – Prepared by Working Group III of the IPCC. Cambridge University Press, Cambridge, UK, New York, NY, USA, 1075 pp.

EPA. 2010. Denial of petitions for reconsideration of the endangerment and cause or contribute findings for greenhouse gases under section 202(a) of the Clean Air Act. – U.S. Environmental Protection Agency, Washington, D.C., http://epa.gov/climatechange/endangerment/petitions.html [30.03.12]

Finus, M. 2001. Game theory and international environmental cooperation. – Edward Elgar Publ., UK, 432 pp.

Flachsland, C., R. Marschinski & O. Edenhofer. 2009. Global trading versus linking. Architectures for international emissions trading. – Energy Policy, 37(5): 1637–1647.

Flachsland, C., S. Brunner, O. Edenhofer & F. Creutzig. 2011. Climate policies for road transport revisited (II): Closing the policy gap with cap-and-trade. – Energy Policy, 39(4): 2100–2110.

Flachsland, C., K. Lessmann & O. Edenhofer. 2012. Climate policy in decentralized world. – In: Edenhofer, O., J. Wallacher, H. Lotze-Campen, M. Reder, B. Knopf & J. Müller (eds.): Climate change, justice and sustainability. Linking climate and development policy. Springer, Dordrecht, Heidelberg, New York, London: 257–268.

Focus. 2010. Prima Klima! Umdenken: Die globale Erwärmung ist gut für uns. – FOCUS, 48 (Titel 29.11.2010).

Hasenclever, A., P. Mayer & V. Rittberger. 1997. Theories of international regimes. – Cambridge Studies in International Relations. Cambridge University Press, Cambridge, UK, 264 pp.

Heal, G. 1994. Formation of international environmental agreements. – In: Carraro, C. (ed.): Trade, Innovation, Environment. Kluwer Academic Publ., Dordrecht, The Netherlands: 301–322.

Heitzig, J., K. Lessmann & Y. Zou. 2011. Self-enforcing strategies to deter free-riding in the climate change mitigation game and other repeated public good games. – Proceedings of the National Academy of Sciences, 108 (38): 15739–15744.

High-Level Advisory Group. 2010. Report of the Secretary-General's High-level Advisory Group on Climate Change Financing. – United Nations, New York, 5. Nov. 2010, 64 pp., www.un.org/wcm/content/site/climatechange/pages/financeadvisorygroup [30.03.12]

IAC. 2010. Climate change assessments. Review of the processes and procedures of the IPCC. – InterAcademic Council, Amsterdam, The Netherlands, 104 pp., http://reviewipcc.interacademycouncil.net/report.html [30.03.12]

Jaeger, C. C. & J. Jaeger. 2010. Three views of two degrees. – Climate Change Economics, 1(3): 145–166.

Jakob, M., R. Marschinski & M. Hübler. 2011. Between a rock and a hard place: A trade-theory analysis of leakage under production- and consumption-based policies. – Working Paper presented at the 2011 EAERE Annual Conference, 29.06.–02.07.2011, Rome, Italy.

Kalkuhl, M., O. Edenhofer & K. Lessmann. 2011. Renewable energy subsidies: Second-best policy or fatal aberration for mitigation? – FEEM Working Paper (Note di Lavoro), 48.2011, 35 pp.

– 2012. Learning or lock-in: Optimal technology policies to support mitigation. – Resource and Energy Economics, 34(1): 1–23.

Keohane, R. O. & E. Ostrom (eds.). 1995. Local Commons and Global Interdependence. – Sage Publications Ltd., London, UK, 272 pp.

Keohane, R. O. & K. Raustiala. 2008. Toward a post-Kyoto climate change architecture: A political analysis. – Discussion Paper 08-01, Harvard Project on International Climate Agreements, Cambridge, Mass., 26 pp.

Knopf, B., G. Luderer & O. Edenhofer. 2011. Exploring the feasibility of low stabilization targets. – Wiley Interdisciplinary Reviews of Climate Change, 2(4): 617–626.

Leimbach, M., N. Bauer, L. Baumstark, M. Lüken & O. Edenhofer. 2010. Technological Change and International Trade: Insights from REMIND-R. – The Energy Journal, 31 (Special Issue): 109–136.

Lenton, T. M., H. Held, E. Kriegler, J. W. Hall, W. Lucht, S. Rahmstorf & H. J. Schellnhuber. 2008. Tipping elements in the Earth's climate system. – Proceedings of the National Academy of Sciences of the USA, 105(6): 1786–1793.

Lessmann, K. & O. Edenhofer. 2011. Research cooperation and international standards in a model of coalition stability. – Resource and Energy Economics, 33(1): 36–54.

Lessmann, K., R. Marschinski & O. Edenhofer. 2009. The effects of tariffs on coalition formation in a dynamic global warming game. – Economic Modelling, 26(3): 641–649.

Meinshausen, M., N. Meinshausen, W. Hare, S. Raper, K. Frieler, R. Knutti, D. Frame & M. Allen. 2009. Greenhouse-gas emission targets for limiting global warming to 2 °C. – Nature, 458(7247): 1158–1163.

Messner, D. 2010. Wie die Menschheit die Klimakrise meistern kann. – Aus Politik und Zeitgeschichte, 32-33/2010: 28–34.

Ostrom, E. 2003. Towards a behavioral theory linking trust, reciprocity, and reputation. – In: Ostrom, E. & S. Walker (eds.): Trust and Reciprocity. Russell Sage Foundation, New York, NY: 19–79.

– 2009. A multi-scale approach to coping with climate change and other collective action problems. – The Solutions Journal, 1(2): 27–36.

PBL. 2010. Assessing an IPCC assessment. An analysis of statements on projected regional impacts in the 2007 report. – Netherlands Environmental Assessment Agency (PBL), The Hague, Bilthoven, The Netherlands, 100 pp.

Peters, J. P., J. C. Minx, C. L. Weber & O. Edenhofer. 2011. Growth in emission transfers via international trade from 1990 to 2008. – Proceedings of the National Academy of Sciences of the USA, 108 (21): 8903–8908.

Prins, G., I. Galiana, C. Green, R. Grundmann, A. Korhola, F. Laird, T. Nordhaus, R. Pielke Jr., S. Rayner, D. Sarewitz, M. Shellenberger, N. Stehr & H. Tezuko. 2010. Das Hartwell-Papier. Zur Neuausrichtung der Klimapolitik nach dem Zusammenbruch von 2009. – LSE (London School of Economics and Political Science) Research online, http://eprints.lse.ac.uk/27939/ [30.03.12]

Rogelj, J., J. Nabel, C. Chen, W. Hare, K. Markmann, M. Meinshausen, M. Schaeffer, K. Macey & N. Höhne. 2010. Copenhagen Accord pledges are paltry. – Nature, 464 (7292): 1126–1128.

Schelling, T. 1960. The Strategy of Conflict. – Reprint 1980, Harvard University Press, Cambridge, Mass., 309 pp.

Solomon, S., D. Qin, M. Manning, Z. Chen, M. Marquis, K. B. Averyt, M. Tignor & H. L. Miller (eds.). 2007. Climate Change 2007: The Physical Science Basis. – Contribution of Working Group I to the Fourth Assessment Report of the Intergovernmental Panel on Climate Change. Cambridge University Press, Cambridge, UK, and New York, NY, 996 pp.

Stern, N. 2008. The economics of climate change. – Richard T. Ely Lecture. American Economic Review, 98 (2): 1–37.

Stiglitz, J. E. 2006. Making globalization work. – Norton & Company, New York, London, 358 pp.

Van der Ploeg, R. 2010. Natural resources: curse or blessing? – CESifo Working Paper No. 3125, 64 pp.

WBGU. 2010. Klimapolitik nach Kopenhagen. Auf drei Ebenen zum Erfolg. – Politikpapier Nr. 6. Wissenschaftlicher Beirat Globale Umweltveränderungen, Berlin, 20 S.

Weitzman, M. 2009. On modelling and interpreting the economics of catastrophic climate change. – The Review of Economics and Statistics, 91 (1): 1–19.

– 2010. GHG target as insurance against catastrophic climate damages. – National Bureau of Economic Research (NBER) Working Paper, 16136, 26 pp.

Rundgespräche der Kommission für Ökologie, Bd. 41 »Die Zukunft der Energieversorgung«, S. 153–163.
 – ISSN 0938-5851 – ISBN 978-3-89937-150-5

Wie sinnvoll ist der klimapolitische Alleingang Deutschlands?

Joachim Weimann*

Zusammenfassung

Der deutsche Alleingang besteht darin, dass Deutschland, ohne dass damit eine internationale Kooperation verbunden wäre, massive Anstrengungen zum Klimaschutz unternimmt. Dabei werden wenig geeignete Instrumente eingesetzt, die dazu führen, dass die ökologischen Effekte sehr schwach, die ökonomischen Lasten aber sehr hoch sind. Der Alleingang könnte dadurch gerechtfertigt werden, dass er hilft, internationale Klimaschutzabkommen zu realisieren. Die spieltheoretische Analyse solcher Verhandlungen hat jedoch gezeigt, dass Leadership bei solchen Verhandlungen eher kontraproduktive Wirkungen hat. »Gute Beispiele« des vorausgehenden Landes verschlechtern die Verhandlungsposition dieses Landes und eröffnen zusätzliche Freifahreroptionen. Die verhaltensökonomische Analyse bestätigt die wesentlichen Ergebnisse der spieltheoretischen Ergebnisse. Damit lässt sich keine überzeugende Begründung für den deutschen Alleingang finden.

Summary

Does Germany's solo effort on climate policy make sense? Germany can be thought of as going solo on the climate change issue in the sense that its government is engaging in a massive unilateral effort to tackle climate change, without it being accompanied with any international cooperation. Furthermore, the tools being employed to achieve its goals are not fit for purpose as their ecological effect is minimal whilst their economic cost is substantial. The single handed approach could be defended on the bases that it may help lead to an international agreement to tackle climate change. The game theoretic analysis of these types of negations has shown, however, that leadership in negations of this kind tends to be counterproductive. By providing a "good example", a country weakens its bargaining position and creates further opportunities for free riding behavior. The decision theoretic analysis essentially confirms the conclusions drawn in the game theory literature and there is therefore no convincing explanation for Germany's solo effort on this issue.

Einleitung

Um klimapolitische Maßnahmen hinsichtlich ihrer Wirkung abschätzen und bewerten zu können, ist es hilfreich, sich die wichtigsten Charakteristika des Klimaproblems noch einmal ins Gedächtnis zu rufen. Klimapolitik zu betreiben bedeutet, ein global öffentliches Gut zur Verfügung zu stellen. Eine intakte Erdatmosphäre mit einem Treibhausgasanteil im tolerierbaren Bereich stabilisiert das gesamte Klimasystem der Erde und so dies ein Vorteil ist, kommt dieser allen Ländern der Erde zugute. Die klassischen Eigenschaften eines öffentlichen Gutes sind erfüllt: Niemand kann

* Weimann, Joachim, Prof. Dr., Otto-von-Guericke-Universität Magdeburg, Lehrstuhl für Wirtschaftspolitik, Postfach 4120, 39106 Magdeburg. E-Mail: joachim.weimann@ovgu.de

vom Konsum des stabilen Klimas ausgeschlossen werden und es besteht keinerlei Rivalität im Konsum. Der öffentliche-Gut-Charakter des Klimasystems hat eine Implikation, die für die Klimapolitik von großer Bedeutung ist: die Tatsache, dass es für die Klimaschutzwirkung einer Maßnahme gleichgültig ist, *wer* sie *wo* auf der Erde durchführt. Alle Länder profitieren, wenn ein Land unilateral vermeidet. Da kein Land ausgeschlossen werden kann, ist es in der Lage, die Freifahrerposition einzunehmen: Es kann die Vorteile eines stabilen Klimasystems nutzen, auch wenn es selbst keinen Beitrag zum Klimaschutz geleistet hat. Verschärft wird dieses Problem dadurch, dass die Möglichkeit eines kollektiven Beschlusses – beispielsweise auf der Basis einer Mehrheitsentscheidung – im internationalen Kontext ausgeschlossen ist, da keine supranationale Institution existiert, die in der Lage wäre, eine kollektive Entscheidung durchzusetzen.

Diese Charakterisierung des Klimaproblems ist weithin bekannt und inhaltlich unumstritten. Sie wird hier vorangestellt, weil die Beurteilung eines klimapolitischen Alleingangs unbedingt auf diese Besonderheiten des Klimaproblems Bezug nehmen muss. Im Folgenden wird die Frage gestellt, welche direkten ökologischen und ökonomischen Effekte ein Alleingang haben kann. Es wird sich dabei schnell zeigen, dass diese nicht in der Lage sind, einen solchen Alleingang zu begründen. Im Gegenteil, die unmittelbaren Effekte für das Land, das den Alleingang unternimmt, dürften negativ sein. Das Beispiel Deutschlands ist insofern ein besonderes, als zu der Entscheidung, Klimapolitik im Alleingang zu betreiben, noch andere Entscheidungen gekommen sind, die im Kontext der so genannten Energiewende insbesondere den Ausstieg aus der Kernenergie vorsehen.

Der deutsche Alleingang

Die klimapolitischen Entscheidungen der Bundesregierung sind im Wesentlichen Entscheidungen zugunsten bestimmter Technologien und damit verbunden die Entscheidung, auf andere Technologien zu verzichten. Obwohl nicht unmittelbar durch das Klimaproblem motiviert, ist der Ausstieg aus der Kernenergienutzung, wie er 2011 beschlossen wurde, unmittelbar in diesem Zusammenhang zu sehen, weil er die technologischen und ökonomischen Bedingungen, unter denen die Energiewende und die in ihr enthaltene Klimapolitik stattfinden, maßgeblich mit beeinflusst.

Ausstieg aus der Kernenergienutzung

Die Debatte um die Kernenergie ist in Deutschland seit je her sehr stark ideologisch und emotional aufgeladen und deshalb extrem schwer zu führen. Eine positive Haltung zur Nutzung von Kernenergie ist unter den gegebenen Bedingungen nicht vermittelbar und die politischen Entscheidungsträger sehen sich deshalb zu Recht in ihrem Handlungs- und Kommunikationsspielraum extrem eingeschränkt. Befürworter der Kernenergienutzung müssten mit massiven Bestrafungen durch die Wähler rechnen. Rationale Politiker entziehen sich dieser Bestrafung. Aus politischer Sicht ist deshalb nach dem Reaktorunfall in Fukushima der Rückzug aus der Kernenergienutzung tatsächlich alternativlos gewesen. Allerdings ist erstaunlich, dass allein Deutschland diese Konsequenz aus Fukushima gezogen hat. Mit dem Ausstieg aus der Kernenergienutzung wird in der Öffentlichkeit vor allem die Stilllegung der bereits vorhandenen Kernkraftwerke assoziiert. Aber der Ausstieg bedeutet nicht nur, dass vorhandene Produktionskapazitäten nicht mehr genutzt werden, sondern dass Deutschland darauf verzichtet, die Option auf neue Kernkraftwerke auch nur zu prüfen, geschweige denn, neue zu bauen. Beides, die Stilllegung vorhandener und der Verzicht auf neue Kernkraftwerke, hat erhebliche Folgen.

Ob vorhandene Kernkraftwerke abzuschalten sind, hängt davon ab, wie man die Risiken bewertet, die mit diesen Kraftwerken verbunden sind. Eine solche Bewertung kann und soll hier nicht vorgenommen werden. Unabhängig von jeder Bewertung der Risiken ist aber klar, dass mit der Stilllegung erhebliche Produktionspotenziale dauerhaft zerstört werden. Die vorhandenen Kernkraftwerke sind in der Lage, zu geringen Grenzkosten zuverlässig Strom in der Grundlast zu produzieren. Die mit den Werken verbundenen Investitionskosten, einschließlich der Investitionen in Forschung und Entwicklung und der Kosten für Zwischen- und Endlagerung von radioaktiven Abfällen[1], haben den Charakter

1 Gemeint sind die fixen Kosten für Erkundung, Sicherung und Ausbau von Endlagerstätten. Bei vorhandenen Lagerstätten dürften die variablen Kosten der Einlagerung vergleichsweise gering sein.

versunkener Kosten, d. h., sie fallen unabhängig davon an, ob weiter Atomstrom produziert wird oder nicht. Mit dem Abschalten des bestehenden Kraftwerkparks entscheidet sich Deutschland dafür, auf die treibhausgasfreie, kostengünstige Produktion von rund einem Viertel seines Strombedarfs dauerhaft zu verzichten. Es ist bis jetzt noch nicht absehbar, wie genau die Stromlücke geschlossen werden wird. Da Strom aus erneuerbaren Energieträgern aufgrund der hohen Volatilität der Einspeisung nicht grundlastfähig ist und rein quantitativ eine Substitution des Atomstroms allein durch erneuerbare Energieträger nicht möglich ist, wird es darauf hinauslaufen, dass die Lücke überwiegend durch neue Kraftwerke mit fossilen Brennstoffen und durch Atomstromimporte[2] geschlossen wird. Ceteris paribus bedeutet dies, dass mit der Stilllegung der vorhandenen Kernkraftwerke sowohl die Kosten für den Grundlaststrom als auch die CO_2-Emissionen steigen werden.

Deutlich schwerwiegender als die Stilllegung der vorhandenen Kernkraftwerke wird sich langfristig die Entscheidung auswirken, die technischen Optionen der Kernenergie in der Zukunft nicht weiter zu prüfen. Die Ausstiegsentscheidung ist allein auf der Grundlage der Erfahrungen getroffen worden, die in Japan mit einem 40 Jahre alten Kraftwerk gesammelt wurden, das einem Erdbeben der Stärke 9 und einem Tsunami ausgesetzt war. Dem Erdbeben hat es standgehalten, gegen den Tsunami war es nicht ausreichend gesichert. Das Unglück von Fukushima wäre, das ist sicher, nicht geschehen, wenn das Kraftwerk nach dem heutigen Stand der Sicherheitstechnik gebaut gewesen wäre. Die neueren Generationen von Kernkraftwerken sind in der Lage, Überhitzungen durch passive Kühlsysteme auszugleichen, und können so konstruiert werden, dass eine Kernschmelze physikalisch ausgeschlossen werden kann. Durch die in Fukushima gesammelten Erfahrungen ist weltweit das Bewusstsein für die Gefahren der Kernkraft gestiegen. Im Unterschied zu Deutschland hat man im Rest der Welt daraus allerdings die Konsequenz gezogen, dass es sinnvoll ist, in neue Kernkraftwerke zu investieren und die Sicherheitsforschung zu intensivieren. Deutschland hat sich entschlossen, die Option, dass die Kernkraft in der Zukunft zu einer vollständig beherrschbaren und sicheren Technologie werden könnte, a priori auszuschließen.

Sollte sich dennoch herausstellen, dass die Nutzung von Kernenergie eine sichere, kostengünstige Technologie werden kann, dann eröffnet dies die Chance, den Ausstieg aus der CO_2-Wirtschaft mit geringen Energiekosten bei sicherer Energieversorgung zu leisten. Nehmen andere Industrieländer diese Option wahr und verzichtet Deutschland darauf, entsteht unter Umständen ein Wettbewerbsnachteil, insbesondere gegenüber den Regionen, mit denen ein Stromhandel nicht möglich ist. Der europäische Strommarkt hat sich zwar in den letzten Jahren insofern positiv entwickelt, als die nationalen Netze und Märkte immer stärker integriert und damit die Voraussetzungen für einen funktionierenden Wettbewerb geschaffen worden sind. Gleichzeitig haben aber die Eingriffe der Nationalstaaten in den Strommarkt zugenommen. Insbesondere in den klassischen Atomländern (allen voran Frankreich) sind die Strommärkte bei weitem nicht so wettbewerblich organisiert wie in Deutschland. Zu welchen Konditionen Deutschland in (weiterer) Zukunft aus diesen Ländern Strom importieren kann, bleibt deshalb abzuwarten.

Förderung der Nutzung erneuerbarer Energieträger durch das EEG

Neben dem Ausstieg aus der Nutzung der Kernenergie beinhaltet der »Deutsche Weg« die konsequente Förderung und den massiven Ausbau der Nutzung erneuerbarer Energieträger. Die Förderung erstreckt sich dabei vor allem auf die klassischen erneuerbaren Energieträger Sonne, Wind und Biomasse. Das Förderinstrumentarium ist so konstruiert, dass der Einbau vorhandener Technik durch entsprechende Einspeisevergütungen subventioniert wird. Die Weiterentwicklung der Technik wird nicht staatlich gefördert. Vor diesem Hintergrund ist nicht verwunderlich, dass beispielsweise die Solarindustrie nur noch 1,7 % ihres Umsatzes in Forschung und Entwicklung investiert, ein Wert, der weit unter dem anderer Branchen liegt.

Während der Ausstieg aus der Kernenergienutzung mit den Risiken der Kerntechnik begründet wird, ist die Förderung der Nutzung erneuerbarer Energieträger eindeutig dem Ziel untergeordnet, einen Beitrag zum Klimaschutz zu

2 Wobei nicht gesichert ist, dass die Kernkraftwerke, die den importierten Strom erzeugen, sicherer sind als die, die im Zuge des Atomausstiegs in Deutschland abgeschaltet werden.

leisten. Welche ökologischen und ökonomischen Effekte hat dieser Beitrag? Eine ökologische Wirkung besteht dann, wenn durch die Förderpolitik eine spürbare Senkung der CO_2-Emissionen erreicht wird. Angesichts der Tatsache, dass der Anteil Deutschlands an den weltweiten Treibhausgasemissionen unter 2 % liegt, ist klar, dass durch einen deutschen Alleingang die Klimaveränderung nicht beeinflusst werden kann. Selbst der vollständige Verzicht auf weitere Emissionen würde den globalen Temperaturpfad nicht verändern. Insofern können Treibhausgasreduktionen, die in Deutschland erreicht werden, nur als Beispiel oder »best practice« dienen, an denen sich andere Länder orientieren können. Im günstigsten Fall hat der Alleingang Ansteckungseffekte, die dazu führen, dass schließlich eine große Zahl von Ländern freiwillig dem deutschen Beispiel folgt. Allerdings sprechen eine Reihe von Gründen dagegen, dass die Ausgestaltung der Klimapolitik in Deutschland geeignet ist, ein gutes Beispiel abzugeben:

1. Die ökologische Wirkung der Förderung der »Erneuerbaren« ist praktisch gleich Null, weil bei der Ausgestaltung des Instrumentariums die Wechselwirkung mit dem europäischen Emissionshandel nicht beachtet wurde. Eine durch die Nutzung erneuerbarer Energieträger erreichte Minderung des CO_2-Ausstoßes reduziert nicht die Menge der in Europa zirkulierenden Emissionsrechte. Die nicht wahrgenommenen Rechte werden nicht eingespart, sondern über den Emissionshandel verlagert.
2. Das Problem kann nur scheinbar dadurch gelöst werden, dass man den europäischen Cap, der die Gesamtmenge der Emissionsrechte festlegt und dadurch die Emissionsmenge steuert, nachträglich reduziert. Der Emissionshandel führt nur dann zu einer kostenminimalen Umsetzung des Caps, wenn die Entscheidungen über die Vermeidung (wer, wo, wie) den dezentralen Akteuren überlassen werden. Nur so entstehen die notwendigen Anreize für eine kostenminimale Vermeidung und nur so kann die dezentral vorliegende Information über die wahren Vermeidungskosten nutzbar gemacht werden. Die Festlegung des Caps, *nachdem* eine bestimmte Technologie administrativ festgelegt wurde, zerstört diesen Mechanismus.
3. Die ökologische Wirkung des Erneuerbare-Energien-Gesetzes (EEG) ist vernachlässigbar, aber die ökonomischen Effekte sind massiv. Dadurch, dass mit dem EEG bestimmten Technologien Vorrang eingeräumt wird, ohne dass dabei Rücksicht auf die CO_2-Vermeidungskosten genommen wird, werden die im Rahmen des europäischen Emissionshandels zu erbringenden CO_2-Vermeidungen zu dramatisch höheren Kosten bewerkstelligt, als dies ohne EEG möglich wäre. Böhringer und Rosendahl (2010) zeigen, dass bereits ein Anteil von 9 % Erneuerbarer zu einer Verdoppelung der Kosten für die Einhaltung des Caps führt. Die Ursache für diese massive Ressourcenverschwendung ist die Tatsache, dass die Grenzvermeidungskosten der Nutzung erneuerbarer Energieträger um ein Vielfaches über den Grenzkosten der CO_2-Vermeidung liegen, die im konventionellen Energiesektor anfallen. Beispielsweise kostet eine Tonne CO_2-Vermeidung beim Einsatz von Photovoltaik mindestens 500 Euro. Die Preise für CO_2-Emissionsrechte, die einen Anhaltspunkt für die Grenzvermeidungskosten im konventionellen Bereich liefern, liegen zwischen 7 und 10 Euro. Zwar sind die Kosten bei der Windkraft niedriger, aber sie liegen immer noch um den Faktor 5 höher als im konventionellen Bereich.[3]

Zusammenfassen kann damit festgestellt werden, dass die Förderung der Nutzung Erneuerbarer Energieträger in Deutschland dazu führt, dass ein ökologischer Scheineffekt mit einem extrem hohen Aufwand erzeugt wird. Die deutsche Klimapolitik verfehlt das Ziel, mit den eingesetzten Ressourcen ein Maximum an Klimaschutz zu erzielen, um Längen. Das hat erhebliche ökonomische Folgen.

Strompreise und Arbeitsplätze. Mitunter wird behauptet, dass durch die verstärkte Nutzung erneuerbarer Energieträger die Strompreise tendenziell sinken. Begründet wird dies mit dem Merit-Order-Effekt[4], der dadurch zustande kommt, dass der Strompreis an den Spotmärkten

3 Vergleiche zu den Grenzvermeidungskosten alternativer Klimaschutzmaßnahmen dena (2005) sowie Fahl (2012, in diesem Band).

4 Als Merit-Order bezeichnet man die Einsatzreihenfolge der Kraftwerke. Beginnend mit den niedrigsten Grenzkosten werden so lange Kraftwerke mit höheren Grenzkosten zugeschaltet, bis die Nachfrage gedeckt ist.

jeweils den Grenzkosten des zuletzt zugeschalteten Kraftwerks entspricht. Wird viel Wind- oder Solarstrom eingespeist, verschiebt das die Grenzkostenkurve nach rechts (weil die Grenzkosten der Erneuerbaren sehr niedrig sind) und das hat dann in der Tat einen preissenkenden Effekt. Allerdings werden dabei zwei Aspekte vernachlässigt. Erstens wird so getan, als sei Strom aus erneuerbaren Energieträgern grundlastfähig und konstant verfügbar. Da dies nicht der Fall ist, wird Regel- und Reserveenergie (z. B. über Gaskraftwerke) benötigt, deren Vorhaltung den Merit-Order-Effekt abschwächt und zusätzliche Kosten verursacht. Zweitens wird bei der Preisbildung am Spotmarkt die Einspeisevergütung vernachlässigt, die mit jeder Kilowattstunde fällig wird, welche aus erneuerbaren Quellen in Netz eingespeist wird. Es handelt sich dabei aber um einen Preisbestandteil, den die Stromnachfrager in jedem Fall zu tragen haben. Deshalb muss die Förderung der Nutzung erneuerbarer Energieträger notwendig zu einem Anstieg der Energiepreise führen, der umso stärker ausfällt, je höher der Anteil der Erneuerbaren an der Gesamtstrommenge ist. Höhere Energiekosten haben nicht nur unmittelbare Effekte für die privaten Haushalte, sondern beeinflussen die Produktionsbedingungen am Standort Deutschland, die Faktornachfrage und die langfristigen Wachstumsaussichten des Landes.

Als gewichtiges Argument für die Förderung der Nutzung erneuerbarer Energieträger wird immer wieder auf die Arbeitsplatzgewinne verwiesen, die in der Solar- und der Windbranche entstehen. Bis vor einiger Zeit wurde auch auf die Exportchancen verwiesen, die Deutschland hinzugewinne, weil es in neue Energietechniken investiere. Seitdem klar ist, dass die Solartechnik alles andere als ein Exportschlager geworden ist, weil die Produktion mehr und mehr in Länder mit günstigeren Produktionskosten verlagert wurde, ist es um dieses Argument still geworden. Das Arbeitsplatzargument wird allerdings immer noch vorgebracht und mit einer Auflistung der neu entstandenen Arbeitsplätze begründet. Dabei werden jedoch ausschließlich Bruttozahlen vorgelegt, d. h., es werden lediglich die im Sektor der erneuerbaren Energieträger gewonnenen Arbeitsplätze genannt. Um die letztlich entscheidenden Nettoeffekte zu erhalten, müsste natürlich berücksichtigt werden, dass die Investitionen und Ausgaben für die Nutzung erneuerbarer Energieträger zu einer Verdrängung anderer Investitionen führen und deshalb Arbeitsplätze kosten. Da die höheren Energiekosten ebenfalls negative Auswirkungen auf die Beschäftigung haben dürften, ist keineswegs klar, dass der Nettoeffekt positiv ausfallen muss. Es spricht vieles dafür, dass bei Berücksichtigung aller Effekte die Arbeitsplatzeffekte der Erneuerbaren negativ sein dürften.

Einem ökologischen Scheingewinn steht damit ein ökonomischer Schaden gegenüber, der, das zeigen die Berechnungen von Böhringer und Rosendahl (2010), erheblich sein dürfte. Damit ist klar, dass eine 1:1-Kopie der deutschen Klimapolitik keinem Land angeraten werden kann. Aber natürlich bleibt die Möglichkeit, dass allein die Tatsache, dass Deutschland bereit ist, erhebliche Ressourcen in Klimaschutz zu investieren (auch wenn es sich dabei nicht gerade geschickt anstellt), von anderen Ländern als ein »gutes Beispiel« angesehen wird und diese dazu anregt, selbst aktiv zu werden. Wie berechtigt ist diese Hoffnung? Die ökonomische Theorie hat sich intensiv mit dieser Frage befasst und ist dabei zu einem eher ernüchternden Ergebnis gekommen. Die experimentelle Analyse der gleichen Frage kommt zu etwas anderen Ergebnissen als die reine Theorie, bestätigt aber in der Tendenz ebenfalls, dass kaum mit der erhofften Ansteckungswirkung gerechnet werden kann.

Internationale Klimaverhandlungen

Spieltheoretische Analyse: das Membership-Modell

Wie eingangs bereits ausgeführt wurde, geht es beim Klimaschutz um die Bereitstellung eines global öffentlichen Gutes. Die an dieser Bereitstellungsaufgabe beteiligten Länder befinden sich in einem klassischen sozialen Dilemma. Alle würden besser gestellt, wenn jedes Land einen Beitrag zum Klimaschutz erbringt und das Klima dadurch stabilisiert werden kann. Gleichzeitig aber ist es für jedes einzelne Land vorteilhaft, selbst keinen Beitrag zu leisten und sich auf die Freifahrerposition zurückzuziehen. Im Nichtkooperativen Gleichgewicht kommt es deshalb nicht zur Kooperation der Staaten, sondern zu einer gravierenden Unterversorgung mit dem Kollektivgut Klimaschutz.

Aus diesem Dilemma können nur internationale Abkommen führen, in denen sich die beteiligten Länder *freiwillig* dazu verpflichten, Klimaschutzleistungen zu erbringen. Solche Abkommen müssen *self enforcing* sein, d. h., es muss im Interesse der Signatarstaaten sein, sich an das Abkommen zu halten, denn sie können von keiner Zentralregierung dazu gezwungen werden. Die zentrale Frage ist deshalb, wie das Zustandekommen solcher Abkommen erreicht werden kann. Aus der Antwort auf diese Frage lassen sich dann Schlüsse für eine optimale nationale Strategie ziehen, die das Ziel verfolgt, internationale Vereinbarungen zu befördern.

Die ökonomische Forschung hat sich diesem Problem intensiv gewidmet. Die Methodik erster Wahl ist dabei die Nicht-kooperative Spieltheorie, die es erlaubt, die strategischen Interaktionen zu analysieren, die zwischen den Ländern ablaufen. Das »Arbeitspferd« der diesbezüglichen Literatur ist ein so genanntes »Membership-Modell«, in dem das Zustandekommen eines Abkommens als ein zweistufiges Spiel modelliert wird. Auf der ersten Stufe entscheiden die Länder, ob sie der (Klimaschutz-)Koalition beitreten. Auf der zweiten Stufe wird dann entschieden, welche Vermeidungsanstrengungen die Signatarstaaten unternehmen. Freifahrer (Nicht-Signatarstaaten) treten der Koalition nicht bei.

Das zentrale Resultat dieser Modelle besteht darin, dass nur mit sehr kleinen Koalitionen gerechnet werden kann (Barrett 1994, Carraro & Siniscalco 1993). Der entscheidende Grund dafür ist, dass Koalitionen die Eigenschaft besitzen, dass sie die Freifahrerposition umso attraktiver machen, je größer sie werden. Das ist deshalb der Fall, weil die Vermeidungsanstrengungen, die in der Koalition unternommen werden, für die Nicht-Signatarstaaten ebenfalls von Vorteil sind. Je mehr Mitglieder die Koalition hat, umso stärker wird dieser Effekt und umso lohnender wird die Freifahrerposition. Jedes weitere Koalitionsmitglied verstärkt deshalb das Freifahrerproblem. Dazu kommt, dass Länder, die sich außerhalb der Koalition befinden, unter Umständen Anreize haben, ihre Emissionen zu verstärken, bzw. ihre Vermeidungsanstrengungen zurückzufahren. Solche Rebound-Effekte machen die bescheidenen Erfolge, die die kleinen Koalitionen feiern können, zum Teil wieder zunichte.

Seitenzahlungen. Die Membership-Modelle haben gezeigt, dass nicht ohne Weiteres mit dem Zustandekommen eines erfolgreichen Klimaabkommens zu rechnen ist. Daraus leitet sich die Frage ab, ob es Möglichkeiten gibt, zu größeren Koalitionen und damit zu Effizienzgewinnen zu kommen. Eine naheliegende Idee besteht darin, Seitenzahlungen einzusetzen: Die Signatarstaaten bezahlen die Nicht-Signatarstaaten dafür, dass sie der Koalition beitreten. Carraro und Siniscalco (1993) zeigen, dass mit solchen Zahlungen bei symmetrischen Ländern nicht zu rechnen ist. Vereinfacht gesagt: Im Gleichgewicht haben die Signatarstaaten keinen Anreiz, aus der Koalition auszutreten, und die Nicht-Signatarstaaten keinen Anreiz, einzutreten. Würde durch eine Seitenzahlung ein weiteres Land beitreten, ändert dies die Anreizsituation der Signatarstaaten, d. h., für einen Signatarstaat gibt es jetzt gute Gründe, *auszutreten*.

Damit Seitenzahlungen überhaupt erfolgreich sein können, müssen die Länder stark asymmetrisch sein. Barrett (2001) zeigt allerdings, dass Asymmetrie nur eine notwendige, aber nicht hinreichende Bedingung für den Erfolg von Seitenzahlungen ist. Es muss hinzukommen, dass es eine Gruppe von Ländern gibt, die glaubwürdig darauf verpflichtet ist, der Koalition *nicht* beizutreten. Für die Signatarstaaten hat dies zur Folge, dass ihre Kooperation unabhängig davon ist, was die Staaten dieser Gruppe tun, d. h., Signatarstaaten kooperieren auch dann, wenn ein Land aus dieser Gruppe doch der Koalition beitritt. Das bedeutet, dass ein zusätzlicher Beitritt, der durch eine Seitenzahlung ausgelöst wurde, für die Signatarstaaten zu einem Effizienzgewinn führt. Aus diesem Effizienzgewinn ließe sich die Seitenzahlung finanzieren. Im Ergebnis hat das zur Folge, dass es insgesamt zu einer Pareto-Verbesserung kommt, weil durch Beitritt zusätzlicher Kooperation und Seitenzahlung kein Land schlechter, mindestens das beitretende Land aber besser gestellt wird (sonst würde es nicht beitreten). Ungelöst ist allerdings die Frage, wie die Seitenzahlung zustande kommen soll. Für die Signatarstaaten ist der Effizienzgewinn, der durch eine solche Seitenzahlung erreicht wird, ein öffentliches Gut, denn alle Signatarstaaten profitieren von der Vergrößerung der Koalition. Damit stehen wir bei der Organisation der Seitenzahlung vor dem gleichen Dilemma wie bei der Bereitstellung von Klimaschutz. Das reduziert die Erfolgsaussichten dieser Strategie erheblich.

Issue Linkage. Eine weitere Möglichkeit, Staaten zum Eintritt in eine Klimakoalition zu bewegen, ist die Verknüpfung verschiedener Abkommen miteinander. Carraro und Siniscalco (1994) zeigen, dass dieses »Issue Linkage« tatsächlich zum Erfolg führen kann. Beispielsweise könnte das Klimaschutzabkommen mit einem Technologieabkommen gekoppelt werden. Der entscheidende Punkt ist, dass – zumindest im Prinzip – Staaten von der Nutzung einer Technologie ausgeschlossen werden können, weil patentgeschützte Technologien den Charakter eines Clubgutes besitzen. Der Trick ist, dass die Beiträge zum Klimaschutz, d. h. zur Erstellung eines rein öffentlichen Gutes, als Voraussetzung für den Beitritt in den Club genutzt werden können. Die entscheidende Frage ist dabei natürlich, wie realistisch es ist, Länder von wichtigen technologischen Entwicklungen dauerhaft auszuschließen und sie andererseits *dauerhaft* zu Klimaschutzmaßnahmen zu bringen, wenn sie bereits im Besitz der neuen Technologie sind. Im Falle einzelner kleinerer Staaten mag dies vorstellbar sein, aber wie will man beispielsweise China oder Brasilien glaubwürdig von der technologischen Entwicklung ausschließen? Die Methode des Issue Linkage ist im Prinzip erfolgreich, in der Praxis dürfte sie an den politischen Realitäten scheitern.

Importzölle und Handelseinschränkungen. Bei der Realisierung globaler Klimaschutzabkommen tritt ein weiterer Effekt auf, der das Zustandekommen großer Koalitionen erschwert. Die Nicht-Signatarstaaten profitieren nicht nur von den Klimaschutzanstrengungen der Signatarstaaten, sondern auch von einer verbesserten Wettbewerbsposition beispielsweise bei der Produktion energieintensiver Erzeugnisse. Indem die Signatarstaaten durch die Einschränkung energieintensiver Produktionen Klimaschutz betreiben (beispielsweise durch Steuern, die den Energieeinsatz belasten), verursachen sie eine Veränderung der Handelsströme zugunsten der Nicht-Signatarstaaten. Dieser »Trade Leakage« führt dazu, dass ein Teil des von den Signatarstaaten durchgesetzten Klimaschutzes wieder zunichte gemacht wird, weil energieintensive Produkte woanders gefertigt werden. Eine mögliche Gegenmaßnahme ist die Erhebung von Importzöllen auf die Exporte der Nicht-Signatarstaaten. Auf diese Weise kann die Besteuerung der energieintensiven Produktion auf die Nicht-Signatarstaaten ausgedehnt werden. Allerdings stellt sich auch hier wiederum das Problem der politischen Durchsetzbarkeit. Die Erhebung von Importzöllen steht im krassen Gegensatz zu den Regeln der WTO und für die Signatarstaaten könnte die Versuchung, unter dem Deckmantel des Klimaschutzes heimische Industrien vor dem Wettbewerb zu schützen, sehr groß sein. Das wird die Widerstände gegen eine solche Politik innerhalb der WTO verstärken.

Eine Alternative dazu sind strikte Handelsrestriktionen. Barrett (1999) weist zu Recht darauf hin, dass kein Land dazu gezwungen werden kann, mit einem anderen Handel zu treiben. Die Signatarstaaten könnten deshalb die Nicht-Signatarstaaten gewissermaßen vom Handel ausschließen und nur noch untereinander Handelsbeziehungen unterhalten. Eine solche Strategie wäre mit den WTO-Regeln vereinbar, setzt aber voraus, dass es für die Signatarstaaten eine akzeptable Lösung ist, ausschließlich untereinander Handel zu treiben. Das wiederum setzt voraus, dass die Gruppe der Signatarstaaten hinreichend groß ist, damit die Handelsvorteile entsprechende Größenordnungen annehmen können. Normalerweise wäre nicht damit zu rechnen, dass dies erreicht werden kann, denn wenn ein Signatarstaat austritt, müssen die anderen Signatarstaaten die Handelsbeziehungen mit dem austretenden Land abbrechen. Die Drohung, dies zu tun, ist zunächst nicht glaubwürdig, weil die verbleibenden Signatarstaaten durch diesen Abbruch einen Nachteil erleiden würden. Allerdings zeigt Barrett (1999), dass diesem Nachteil der Vorteil sinkender Emissionen gegenüber steht, denn ein austretendes Land kann seine Produkte ja nun nicht mehr an die verbleibenden Signatarstaaten verkaufen. Dieser Effekt kann den Handelseffekt überkompensieren, sodass die Drohung, den Handel abzubrechen, tatsächlich glaubwürdig wird. Dennoch ist auch hier äußerst fragwürdig, ob sich direkte Handelsrestriktionen politisch durchsetzen lassen. Die Zeichen der Zeit deuten in die Richtung einer immer weiteren Öffnung der Märkte und einer immer stärkeren internationalen Arbeitsteilung. In vielen Ländern ist diese Entwicklung eine notwendige Voraussetzung für ein Wirtschaftswachstum, das es ermöglicht, den demographischen Übergang zu schaffen und damit das Bevölkerungsproblem zu lösen. Solchen Ländern mit dem Ausschluss vom Handel zu drohen, wäre eine höchst problematische Strategie.

Damit muss konstatiert werden, dass auch dann, wenn man Seitenzahlungen, Issue Linkage und Handelsrestriktionen als flankierende Maßnahmen mit ins Auge fasst, die Aussichten auf ein wirksames internationale Klimaabkommen eher pessimistisch einzuschätzen sind. Bleibt die Frage, ob ein einzelnes Land oder eine Gruppe von Ländern (wie beispielsweise die EU) den Verhandlungsprozess dadurch befördern kann, dass einseitige Vorleistungen geleistet werden.

Die Wirkung von »Leadership«. Die Frage, ob durch das gute Beispiel eines Landes oder einer Gruppe von Ländern bessere Resultate internationaler Klimaverhandlungen zu erwarten sind, war 2009 Gegenstand eines Gutachtens des wissenschaftlichen Beirats beim Bundesfinanzministerium. Das Gutachten (Wiss. Beirat 2010) basiert im Wesentlichen auf der spieltheoretischen Analyse, die im vorangegangenen Abschnitt kurz skizziert wurde. Auf der Grundlage der Membership-Modelle stellt der Beirat zunächst fest, dass durch partielle Kooperation mehrerer Länder (beispielsweise der EU) die Freifahreroptionen der restlichen Welt verbessert werden. Das hat zur Folge, dass die kleine Koalition hohe Vermeidungslasten trägt, ohne dass es zu einer wirksamen Klimapolitik kommt. Verstärkt wird dieses Ergebnis durch das Modell von Hoel (1991, 1992), in dem der Fall untersucht wird, dass ein Land deshalb hohe Umweltschutzanstrengungen unternimmt, weil es daraus einen Zusatznutzen gewinnt, der über den reinen Emissionsvermeidungseffekt hinausgeht. Solange die anderen Länder darauf rational reagieren und keinerlei Verhandlungen stattfinden, hat eine solche einseitige Vorleistung zur Folge, dass die anderen Länder ihre Emissionen steigern werden. Dennoch kann es zu einem positiven Nettoeffekt kommen, wenn das vorleistende Land über die geringsten Grenzvermeidungskosten aller Länder verfügt.

Entscheidend ist allerdings die Wirkung, die einseitige Vermeidung auf potenzielle Verhandlungen hat. Wichtig ist dabei, dass die nicht-kooperative Lösung, die sich ohne Verhandlungen einstellen würde, für die Bedingungen, unter denen Verhandlungen ablaufen, erhebliche Bedeutung hat. Sie bestimmt den Drohpunkt dieser Verhandlungen, denn es ist klar, dass die nicht-kooperative Lösung realisiert wird, wenn die Verhandlungen scheitern. Das Modell von Hoel (1991, 1992) zeigt, dass einseitige Vorleistungen eines Landes den Drohpunkt in einer für dieses Land unvorteilhaften Weise verändern. Das führt zu einer Lastenverteilung, bei der das vorleistende Land höhere Vermeidungsanstrengungen übernimmt, als es ohne Vorleistung zu erbringen hätte. Unter sehr realistischen Bedingungen hat die Vorleistung zur Folge, dass nach den Verhandlungen weniger Schadstoffe vermieden werden, als vermieden worden wären, wenn keine Vorleistung erfolgt wäre.

Der wissenschaftliche Beirat kommt angesichts dieser Ergebnisse zu einem sehr eindeutigen Urteil: »Eine Selbstverpflichtung ist in einer Situation nicht-kooperativer Umweltpolitik zum Schaden der eigenen Bevölkerung, weil sie hohe Kosten der Umweltpolitik auf sich zieht, ohne dass garantiert ist, dass sich die Belastung des Weltklimas wesentlich vermindert.« (Wiss. Beirat 2010, S. 14).

Experimentelle Untersuchungen: die verhaltensökonomische Analyse

Die spieltheoretische Analyse ist notwendigerweise darauf angewiesen, einige sehr einschränkende Verhaltensannahmen zu treffen. So muss sie den Verhandlungsführern strikt rationales Verhalten unterstellen und davon ausgehen, dass das Ziel jeder Verhandlung ausschließlich darin besteht, die Wohlfahrt des eigenen Landes zu maximieren, wobei diese einerseits vom Pro-Kopf-Einkommen und andererseits vom Grad der Umweltverschmutzung abhängt. Dabei wird implizit unterstellt, dass die Verhandler die Schäden aus Umweltverschmutzung in Einkommensäquivalenten messen können. Außerdem muss angenommen werden, dass sowohl die Rationalität der Verhandler als auch ihre Überzeugungen »Common Knowledge« sind. Das ist eine sehr weitreichende Annahme, die in aller Regel in der Realität nicht erfüllt sein wird.

Die restriktiven Annahmen der spieltheoretischen Analyse schränken die externe Validität, d.h. die Übertragbarkeit der Modelle in die Wirklichkeit, stark ein. Es ist nicht klar, ob sie tatsächlich das beschreiben, was in internationalen Klimaschutzverhandlungen geschieht. Neben der spieltheoretischen Analyse sind Klimaverhandlungen und das dahinter stehende Problem der Bereitstellung öffentlicher Güter auch intensiv experimentell untersucht worden. Der wissenschaftliche Beirat greift in seiner Analyse auf diese Beiträge nicht zurück, weil er die externe Validität von Laborexperimenten als zu gering einschätzt. Allerdings übersieht er dabei, dass die reine Spieltheorie ebenfalls mit eingeschränkter Übertragbarkeit auf die Realität zu kämpfen hat und dass Experimente trotz der auch für sie geltenden Einschränkungen wertvolle komplementäre Beiträge liefern können.[5]

Die private Bereitstellung öffentlicher Güter ist intensiv experimentell untersucht worden. Wichtige stilisierte Fakten aus etwa vierzig Jahren experimenteller Forschung zu diesem Thema haben unmittelbare Bedeutung für die Analyse von Klimaverhandlungen. So zeigt sich im Experiment, dass Versuchspersonen zu Kooperation fähig sind, auch wenn sie über dominante Strategien verfügen, die keine Kooperation vorsehen. Allerdings zeigt sich auch, dass Versuchspersonen selbst unter den idealtypischen Bedingungen, wie sie im Labor herrschen, nicht in der Lage sind, sich auf eine effiziente Bereitstellung des öffentlichen Gutes zu koordinieren. Dies gilt jedenfalls, solange die Versuchspersonen anonym agieren, d. h. keine Kommunikation zwischen den Spielern stattfindet. Wird Kommunikation zugelassen, steigert dies die Kooperationsfähigkeit erheblich. Wichtig ist dabei, dass Kooperation vor allem dann gelingt, wenn die Kommunikation »von Angesicht zu Angesicht« erfolgt, also mit Blickkontakt einhergeht (Brosig et al. 2003). Dieser Befund macht deutlich, dass internationale Konferenzen, auf denen sich die Repräsentanten der beteiligten Länder regelmäßig treffen, für das Zustandekommen kooperativer Abkommen unter Umständen besonders wichtig sind.

Ein bedeutsamer Befund der experimentellen Wirtschaftsforschung besteht darin, dass Fairness in ökonomischen Zusammenhängen eine große Rolle spielt. Da kooperatives Verhalten immer in der Gefahr ist, ausgebeutet zu werden, kommt eine Kooperation nur dann zustande, wenn zu der Kooperationsbereitschaft auch die Bereitschaft tritt, auf Ausbeutung zu verzichten und sich stattdessen fair zu verhalten. Dass Menschen dazu in der Lage sind, ist in zahlreichen experimentellen Kontexten nachgewiesen worden und hat inzwischen Eingang in die ökonomische Theoriebildung gefunden.[6] Lange et al. (2010) haben nachgewiesen, dass Fairness-Aspekte auch bei Klimaabkommen eine wichtige Rolle spielen. Das bedeutet nicht, dass die verhandelnden Länder nach einer allseits akzeptierten, gemeinsamen Vorstellung davon suchen, was ein »faires« Abkommen ist. Man kann sehr wohl davon ausgehen, dass Fairness-Argumente instrumentalisiert werden und jedes Land die Fairness-Norm vertritt, die den eigenen Interessen am besten dient. Dennoch dürfte klar sein, dass ein Land keinem Abkommen beitreten wird, das es selbst als »unfair« einschätzt. Diesem Umstand müsste die Analyse der internationalen Verhandlungen Rechnung tragen. Die spieltheoretische Analyse tut dies nicht.

Für die Beurteilung des deutschen Alleingangs in der Klimapolitik sind natürlich vor allem die Experimente bedeutsam, die explizit die Effekte eines Vorreiters (Leaders) bei Verhandlungen untersuchen. Die Theorie prognostiziert, dass die verstärkten Vermeidungsanstrengungen des Leaders dazu führen, dass die nachfolgenden Länder ebenfalls ihre Vermeidung reduzieren. Diese theoretische Prognose kann experimentell nicht bestätigt werden. Gächter et al. (2010) und Gächter und Renner (2007) zeigen, dass Leadership einen zumindest schwach positiven Effekt auf die Beiträge der anderen Spieler hat. Allerdings zeigen Levati et al. (2005), dass sich der Effekt bei heterogenen Spielern abschwächt. Auch Güth et al. (2007) kommen zu dem Ergebnis, dass es einen schwachen positiven Effekt gibt, der aber nicht geeignet ist, den Leader für seine Vorleistung zu kompensieren. Sturm und Weimann (2008) zeigen ebenfalls, dass Leadership nicht zu nachhaltigen oder substantiellen Effizienzgewinnen führt, wohl aber das Land, das vorangeht, deutlich schlechter stellt. Das Experiment weist die methodische Besonderheit auf, dass ein expliziter Klimaschutzrahmen benutzt wurde und die Spieler über alle relevanten Gleichgewichte und deren Implikationen ex ante informiert wurden. Aus diesem Grund dürfte die externe Validität, d. h. die Übertragbarkeit dieses Experiments in die Realität, relativ hoch sein.

Zusammenfassend kann festgehalten werden, dass die experimentelle Analyse letztlich zu ähnlichen Ergebnissen kommt wie die spieltheoretische. Zwar lassen sich einzelne Prognosen der Spieltheorie nicht bestätigen, das ändert aber nichts daran, dass auch die verhaltensökonomische Analyse zu dem Ergebnis führt, dass das gute Beispiel eines Landes zwar hohe Kosten für dieses Land hat, aber im Ergebnis nicht dazu führt, dass nennenswert mehr Klimaschutz betrieben wird.

---

5 Vergleiche zu diesem Punkt die ausführliche Diskussion in Weimann (2010).

6 So beispielsweise in den Ungleichheitsaversionsmodellen von Bolton & Ockenfels (2000), Fehr & Schmidt (1999) oder Charness & Rabin (2002).

Fazit

Aus den hier angestellten Überlegungen lassen sich die folgenden Schlüsse ziehen:

- Der deutsche Alleingang ist schon deshalb nicht sinnvoll, weil er elementare Bedingungen einer rationalen Klimapolitik missachtet. Mit der Förderung der Nutzung erneuerbarer Energieträger und der Missachtung des europäischen Emissionshandels wird eine vollständig redundante Politik betrieben, die hohe volkswirtschaftliche Kosten zur Folge hat.
- Die einzige Möglichkeit, den Alleingang überhaupt zu rechtfertigen, besteht in dem Argument, dass dadurch die Voraussetzungen für internationale Klimaschutzabkommen verbessert werden.
- Die spieltheoretische Analyse zeigt, dass jede Form von Leadership kontraproduktiv ist, wenn man davon ausgehen muss, dass die an Klimaverhandlungen beteiligten Länder rationale Strategien verfolgen und versuchen, das Pro-Kopf-Einkommen der heimischen Bevölkerung zu maximieren. Gute Beispiele verschlechtern die Verhandlungspositionen der Vorreiter und führen deshalb zu weniger Klimaschutz anstatt zu mehr.
- Die verhaltensökonomische Analyse schwächt die spieltheoretischen Befunde zwar ab, kommt aber qualitativ zu den gleichen Resultaten. Es ist auch aus Sicht der experimentellen Wirtschaftsforschung nicht zu empfehlen, Vorleistungen im Klimaschutz zu erbringen.

Damit gibt es keine tragfähige Grundlage, auf der ein deutscher Alleingang in der Klimapolitik begründet werden könnte. Auch unter Berücksichtigung der internationalen Klimaverhandlungen bleibt die deutsche Klimapolitik in hohem Maße redundant und schädlich.

Literatur

Barrett, S. 1994. Self-enforcing international environmental agreements. – Oxford Economic Papers, 46 (Suppl. 1): 878–894.

– 1999. The credibility of trade sanctions in international environmental agreements. – In: Fredriksson, P. G. (ed.): Trade, Global Policy, and the Environment. World Bank Discussion Paper, 402: 161–172.

– 2001. International cooperation for sale. – European Economic Review, 45 (10): 1835–1850.

Böhringer, C. & K. E. Rosendahl. 2010. Gree promotes the dirtiest: on the interaction between black and green quotas in energy markets. – Journal of Regulatory Economics, 37 (3): 316–325.

Bolton, G. E. & A. Ockenfels. 2000. ERC. A theory of equity, reciprocity, and competition. –The American Economic Review, 90 (1): 166–193.

Brosig, J., J. Weimann & A. Ockenfels. 2003. The effect of communication media on cooperation. – German Economic Review, 4 (2): 217–241.

Carraro, C. & D. Siniscalco. 1993. Strategies for the international protection of the environment. – Journal of Public Economics, 52 (3): 309–328.

– 1994. R&D cooperation and the stability of international environmental agreements. – In: Carraro, C. (ed.): International Environmental Agreements: Strategic Policy Issues. E. Elgar Publ., Cheltenham, UK: 71–96.

Charness, G. & M. Rabin. 2002. Understanding social preferences with simple tests. – Quarterly Journal of Economics, 117 (3): 817–869.

Dena. 2005. dena-Netzstudie I: Energiewirtschaftliche Planung für die Netzintegration von Windenergie in Deutschland an Land und Offshore bis zum Jahr 2020. – Studie im Auftrag der Deutschen Energie-Agentur GmbH (dena), unter Mitarbeit von DEWI/E.ON Netz/EWI/RWE Transportnetz Strom/VE Transmission. Köln, 327 S. + Anhänge. www.dena.de/publikationen/energiesysteme/dena-netzstudie-i.html [13.03.12]

Fahl, U. 2012. CO_2-Minderungskosten für Technologien und Energieszenarien im Vergleich. – In: Bayer. Akademie der Wissenschaften (Hrsg.): Die Zukunft der Energieversorgung: Atomausstieg, Versorgungssicherheit und Klimawandel. Rundgespräche der Kommission für Ökologie, 41. Pfeil, München: 107–118.

Fehr, E. & K. M. Schmidt. 1999. A theory of fairness, competition, and cooperation. – Quarterly Journal of Economics, 114 (3): 817–868.

Gächter, S. & E. Renner. 2007. The role of leadership and beliefs in the voluntary provision of public goods. – mimeo. University of Nottingham, 2007.

Gächter, S., D. Nosenzo, E. Renner & M. Sefton. 2010. Who makes a good leader? Cooperativeness, optimism, and leading-by-example. – Economic Inquiry, doi: 10.1111/j.1465-7295.2010.00295.x

Güth, W., M. V. Levati, M. Sutter & E. C. van der Heijden. 2007. Leading by example with and without exclusion power in voluntary contribution experiments. – Journal of Public Economics, 91 (5–6): 1023–1042.

Hoel, M. 1991. Global environmental problems: The effects of unilateral actions taken by one country. – Journal of Environmental Economics and Management, 20 (1): 55–70.

– 1992. International environment conventions: The case of uniform reductions of emissions. – Environmental & Resource Economics, 2 (2): 141–159.
Lange, A., A. Löschel, C. Vogt & A. Ziegler. 2010. On the self-interested use of equity in international climate negotiations. – European Economic Review, 54 (3): 359–375.
Levati, M. V., M. Sutter & E. C. van der Heijden. 2005. Leading by example in a public goods experiment with heterogeneity and incomplete information. – Journal of Conflict Resolution, 51 (5): 793–818.
Sturm, B. & J. Weimann. 2008. Unilateral emissions abatement: an experiment. – In: Cherry, T. L., S. Kroll & J. F. Shogren (eds.): Environmental economics, experimental methods. Routledge Explorations in Environmental Economics. Routledge, Oxon, UK: 157–183.
Weimann, J. 2010. Politikberatung und die Verhaltensökonomie. Eine Fallstudie zu einem schwierigen Verhältnis. – Schmollers Jahrbuch, 130 (3): 279–296.
Wiss. Beirat. 2010. Klimapolitik zwischen Emissionsvermeidung und Anpassung. Gutachten. – Wissenschaftlicher Beirat beim Bundesministerium der Finanzen, Berlin, 33 S.

Rundgespräche der Kommission für Ökologie, Bd. 41 »Die Zukunft der Energieversorgung«, S. 165–168.
© 2012 by Verlag Dr. Friedrich Pfeil, München – ISSN 0938-5851 – ISBN 978-3-89937-150-5

Zum deutschen Sonderweg in der Klimapolitik: Ergänzende Betrachtungen*

Kommentar zum Vortrag Wie sinnvoll ist der klimapolitische Alleingang Deutschlands?

Kai A. Konrad**

Der Vortrag von Joachim Weimann beleuchtet mit erschreckender Klarheit und mit großer Treffsicherheit die Abgründe des deutschen Sonderwegs in der Energie- und Klimapolitik. Ich kann im Grunde seinen Ausführungen nur zustimmen, und ich kann es auch nicht besser sagen. Deshalb beschränke ich mich darauf, einzelne Punkte des Vortrags zu akzentuieren und zu ergänzen.

Joachim Weimann beschreibt die Konsequenzen des kaum begründbaren Alleingangs bezüglich der Kernenergienutzung. Er weist auf die gewaltigen Kosten der Förderung der Photovoltaik hin und auf die vollständige Wirkungslosigkeit dieser Subventionen in Hinblick auf die Vermeidung von Treibhausgasen angesichts einer durch die europäische Mengenregulierung der CO_2-Emissionen vorgegebenen Gesamtmenge an Emissionen. Er identifiziert die Schwächen einer Industriepolitik im Bereich erneuerbarer Energieträger, deren Scheitern heute bereits zu erkennen ist. Unter den fünf größten Herstellern von Solarzellen befindet sich schon heute kein deutsches Unternehmen mehr, sondern vier chinesische und ein amerikanischer Hersteller. Deren Wachstumsraten übertreffen die Wachstumsraten deutscher Unternehmen ganz deutlich, trotz der Subventionen (Wirtschaftswoche 2012). In Deutschland haben wir es vielmehr in Teilen mit einer im Übergang oder sogar in Abwicklung befindlichen Branche zu tun – und vielleicht erklärt gerade das den Subventionstatbestand, den wir beobachten. Subventionen in vergleichbarem Umfang gab es in Deutschland allenfalls im Bereich der Steinkohleförderung, ebenfalls einer »declining industry«. Zum Vergleich: In die Steinkohlesubvention flossen im Jahr 2011 weniger als 2 Mrd. Euro (BMWi 2012), für die Photovoltaik betragen die Subventionen in den kommenden Jahrzehnten auf der Basis der bereits bestehenden Verpflichtungen pro Jahr ein Vielfaches (Frondel et al. 2011). Schrumpfende Industriezweige haben besondere Fähigkeiten bei der Verfolgung von Interessenpolitik. Das mag eine Erklärung dafür bieten, warum heute die Photovoltaik so massiv gefördert wird.

Die letzte und vielleicht wichtigste Komponente des deutschen Sonderwegs ist der Alleingang und die Vorreiterrolle Deutschlands in der Klimapolitik. Die Auseinandersetzung mit der deutschen Klimapolitik nimmt in Joachim Weimanns Referat einen besonderen Schwerpunkt ein. Die Ausführungen möchte ich in Einzelpunkten ergänzen. Gerade im Vorfeld von Weltklimagipfeln hört man in Deutschland die Forderung nach einseitigen Vorleistungen: klaren einseitigen Zusagen, was die Vermeidung von Treibhausgasen in Deutschland angeht, wie zuletzt im Vorfeld des Klimagipfels in Durban in den letzten Monaten des Jahres

* Eine Kurzfassung dieser Betrachtungen erschien in: ifo-Schnelldienst, 65 (12): 40–41, 2012.

** Konrad, Kai A., Prof. Dr., Max-Planck-Institut für Steuerrecht und Öffentliche Finanzen, Marstallplatz 1, 80539 München. E-Mail: kai.konrad@tax.mpg.de

2011.[1] Mit gutem Beispiel solle man vorangehen, nur so könne man andere veranlassen zu folgen – das mag die Überlegung sein, die hinter solchen Forderungen steht. In Deutschland hat diese Politik Tradition. So bestand wohl einer der Pläne darin, mit massiven deutschen Vorleistungen zunächst Europa zu einer klaren Vorleistung zu bewegen und die europäischen Vorleistungen als Argument in die Verhandlungen auf globaler Ebene einzubringen. Diese Politik hat erkennbar nicht gefruchtet. Auf globaler Ebene folgt ein weitgehend ergebnisloser Weltklimagipfel dem anderen. Und auch Europa hat mittlerweile die Notbremse gezogen.

Die Vorstellung, durch eine Vorreiterrolle andere Staaten zu stärkeren Anstrengungen zu bewegen, was deren Emissionsminderungen angeht, hat keine fundierte wirtschaftstheoretische Grundlage – das Gegenteil ist der Fall. Die relevante ökonomische Theorie zur Beschreibung des zu erwartenden Handlungsergebnisses solcher Vorreiteraktivitäten ist die so genannte Theorie der freiwilligen Bereitstellung internationaler öffentlicher Güter. Sie wurde maßgeblich von Martin McGuire, Theodore Bergstrom, Lawrence Blume, Hal Varian und anderen entwickelt (McGuire 1974, Bergstrom et al. 1986). In einer vielbeachteten Studie zeigt Michael Hoel (1991), welche erwarteten Wirkungen einseitige Vorleistungen in diesem Kontext haben: Andere Staaten beobachten, dass der Grad der Zielerreichung, den sie andernfalls durch Eigenanstrengungen erbracht hätten, bereits zu größeren Teilen durch eben diese Vorleistungen erfüllt wird. Als Reaktion reduzieren sie ihre eigenen Anstrengungen oder verzichten auf solche Anstrengungen gleich ganz. Joachim Weimann hat diesen Ergebnissen komplementär ähnliche empirische Ergebnisse aus dem Bereich der experimentellen Ökonomie gegenübergestellt. Er kommt insgesamt zu dem Ergebnis, dass die Verhaltenstheorie sicher reichlich an Einsichten in diesem Zusammenhang beitragen kann, aber nicht den fundamentalen Kern der theoretischen Ergebnisse infrage stellt. Dieser Sachverhalt sollte allen Befürwortern einer Vorreiterrolle als klimapolitische Strategie Deutschlands zu denken geben.

Eine globale Klimapolitik kann nur dann erfolgreich sein, wenn praktisch alle Staaten sich auf Vermeidungsaktivitäten verständigen und sich bindend auf Emissionsminderungen festlegen, die in ihrer Summe weit über die Vermeidungsaktivitäten hinausgehen, die jeder Einzelstaat im wohlverstandenen Eigeninteresse in Abwesenheit eines gemeinsamen Arrangements getroffen hätte. Die eigentlich entscheidende Frage ist deshalb nicht, ob in Abwesenheit eines Weltklimaabkommens sich die Vermeidungsanstrengungen durch einseitige Vorleistungen etwas steigern lassen oder etwas sinken. Vielmehr ist die entscheidende Frage letztlich, ob solche Vorleistungen einzelner Staaten das Zustandekommen eines globalen Weltklimaabkommens begünstigen oder nicht.

Auch mit dieser Frage hat sich die ökonomische Literatur zur globalen Klimaproblematik auseinandergesetzt, und Joachim Weimann hat zu den zentralen Ergebnisse dieser Analysen vorgetragen: Die Bildung von Koalitionen vieler Staaten mit einem gemeinsamen Politikziel ist in internationalem Kontext problematisch. Die Geschichts- und Politikwissenschaft ist voll von Beispielen gescheiterter Koalitionen und von Beispielen mit opportunistischem Verhalten seitens der Koalitionäre (vgl. z. B. Konrad 2011). Die Wirtschaftswissenschaft selbst kommt zu dem Ergebnis, dass große Koalitionen in einem internationalen Umfeld ohne Institutionen, die internationale Vertragsbrüche oder das einseitige Ausscheren aus Vereinbarungen wirkungsvoll unterbinden können, kaum zustande kommen können.

Selbst wenn man unterstellt, es gebe einen Mechanismus, der einmal geschlossene zwischenstaatliche Verträge verbindlich macht, so darf doch daran gezweifelt werden, dass einseitige Vorleistungen das Zustandekommen solcher Vereinbarungen erleichtern. Im Gegenteil: Kai Konrad und Marcel Thum (2011) zeigen, dass einseitige Vorleistungen das Zustandekommen eines Vertrags sogar verhindern können. In ihrer Arbeit betrachten sie eine typische Gefangenendilemma-Situation, um die es sich bei Klimaverhandlungen handelt. Sie unterstellen, dass Länder gemeinsame Vorteile daraus ziehen könnten, wenn alle in entsprechendem Umfang Emissionsvermeidung betreiben würden, und dass sie ihre eigenen Nettovorteile aus effizienter

---

1 Vgl. (repräsentativ für diese Position) die Forderung auf eine Festlegung auf 40 % Emissionsminderung Deutschlands im Alleingang seitens der Grünen-Politikerin Renate Künast, Welt-online, 19.11.2011, www.welt.de/print/die_welt/politik/article13724854/Deutschland-Kompakt-I.html

Klimapolitik kennen, aber Unsicherheit darüber empfinden, wie groß die Nettovorteile ihrer Verhandlungspartner jeweils wären. Zugleich reduzieren sie die Komplexität und betrachten nur zwei Verhandlungspartner, die Länder A und B. Die Verhandlungssituation im Detail zu beschreiben und die formale Beweisführung zu wiederholen, würde hier zu weit führen. Die Intuition des Ergebnisses lässt sich aber wie nachfolgend beschreiben.

Konrad und Thum vergleichen zwei Situationen. In der einen Situation können beide Verhandlungspartner A und B im Falle erfolgreicher Verhandlungen einen substanziellen Beitrag leisten, um ihre gemeinsame Wohlfahrt aus einem guten Weltklima zu steigern. In der anderen Situation hat einer der Verhandlungspartner (Land A) alle möglichen Effizienzgewinne, die er selbst beitragen kann, bereits vorab geleistet oder zugesagt. Durch diese einseitige Vorleistung verringert A den Umfang möglicher gemeinsamer Gesamtvorteile aus erfolgreichen Verhandlungen. Jeder Verhandlungspartner ist in der Regel bereit zu riskieren, dass die Verhandlungen mit einer gewissen Wahrscheinlichkeit scheitern, wenn er dafür im Erfolgsfall entsprechend einen größeren Anteil am Gesamtvorteil des Erfolgs erhält. Seine Forderung weitet er bis zu dem Punkt aus, an dem der eigene Verhandlungsgewinn im Erfolgsfall multipliziert mit der Wahrscheinlichkeit des Eintretens des Verhandlungserfolgs maximal wird. Er wägt bei seinen Forderungen also die Wahrscheinlichkeit der Erzielung von Effizienzgewinnen gegen die eigene Verteilungsposition ab. Ein Verhandlungspartner mit Geschick verlangt einen substanziellen Anteil am Effizienzgewinn, auf die Gefahr hin, dass er dabei die Vorteilhaftigkeit des Deals für seinen Verhandlungspartner falsch einschätzt und die Verhandlung scheitert. In der Tendenz gilt: Je größer der gesamte Effizienzgewinn und je kleiner die Unsicherheit über die Entscheidungssituation des jeweilig anderen Verhandlungspartners ist, desto wahrscheinlicher ist ein erfolgreicher Verhandlungsabschluss.

Hier kommen nun einseitige Vorleistungen ins Spiel. Diese verringern den insgesamt zur Disposition stehenden Effizienzgewinn, aber nicht unbedingt die Unsicherheit über die Entscheidungssituation des jeweiligen Verhandlungspartners. Die Verhandlungen werden deshalb härter: Was man gemeinsam gewinnen kann, wird geringer. Umso mehr konzentriert sich die Verhandlung darauf, was man dem anderen wegnehmen kann. Das führt zu Verhaltensweisen, die ein Scheitern wahrscheinlicher machen. Die Nachteilhaftigkeit einseitiger Vorleistungen bestätigt sich also nicht nur in spieltheoretischen nicht-kooperativen Gleichgewichten und in vielen verhaltenstheoretischen Laborexperimenten. Auch was die Wahrscheinlichkeit eines echten Verhandlungserfolgs angeht, sind einseitige Vorleistungen von Nachteil.

Warum hat sich Deutschland auf diesen Sonderweg begeben? Bei dem Entschluss zum Ausstieg aus der Kernenergienutzung scheint der Grund offensichtlich zu sein. Wenn man als regierende Partei das, was der politische Gegner im Falle eines Wahlsiegs durchsetzen würde, bereits vor der Wahl durchsetzt, nimmt man dem Gegner Wähler weg. Das ist ein aus der Politökonomie bekannter Sachverhalt. Er erklärt das Problem indes nur zur Hälfte. Die Partei, die auf die Position eines politischen Gegners zugeht, gibt damit gleichzeitig politische Positionen frei, die von anderen Parteien besetzt werden könnten, und kann so Wähler verlieren; im Bereich der Energie- und Klimapolitik wäre das die Position einer Partei, die mit einem wirtschaftsliberalen Profil antritt.

Ein zweiter Erklärungsansatz betrachtet die Rolle von Interessengruppen. Auf die Bedeutung von »declining industries« als gewichtige und erfolgreiche Interessenvertreter wurde bereits verwiesen. Wenn bereits existierende Arbeitsplätze in Gefahr geraten, ist die Lobby-Arbeit zu ihrer Verteidigung bekanntlich größer und erfolgreicher als bei der Verbandsarbeit zur Schaffung von noch nicht existierenden Arbeitsplätzen. Die Tatsache, dass Deutschland sich relativ früh auf den eingeschlagenen energiepolitischen und klimapolitischen Pfad begeben hat, mag insofern ebenfalls eine Erklärung für den deutschen Alleingang sein.

Literatur

Bergstrom, T. C., L. Blume & H. Varian. 1986. On the private provision of public goods. – Journal of Public Economics, 29: 25–49.

Bundesministerium für Wirtschaft und Technologie (BMWi). 2012. www.bmwi.de/DE/Themen/Energie/Energietraeger/kohle.html [27.06.2012]

Frondel, M., N. Ritter & C. M. Schmidt. 2011. Die Kosten des Klimaschutzes am Beispiel der Strompreise. – RWI Position Nr. 45 vom 1. April 2011. Rheinisch-

Westfälisches Institut für Wirtschaftsforschung, Essen, 24 S.

Hoel, M. 1991. Global environmental problems: The effects of unilateral actions taken by one country. – Journal of Environmental Economics and Management, 20 (1): 55–70.

Konrad, K. A. 2011. Aspects of fighting in alliances. – Working Paper of the Max Planck Institute for Tax Law and Public Finance, No. 2011-09. Social Science Research Network. http://ssrn.com/abstract=1934765 [22.03.2012]

Konrad, K. A. & M. P. Thum. 2011. Climate policy negotiations with incomplete information. – Working Paper of the Max Planck Institute for Tax Law and Public Finance, No. 2011-19. Social Science Research Network. http://ssrn.com/abstract=1971638 [22.03.2012]

McGuire, M. C. 1974. Group size, group homogeneity, and the aggregate provision of a pure public good under Cournot behavior. – Public Choice, 18 (1): 107–126.

Wirtschaftswoche. 2012. Solarsubventionen. – Wirtschaftswoche, Heft 4 (23.01.2012): 8.

Rundgespräche der Kommission für Ökologie, Bd. 41 »Die Zukunft der Energieversorgung«, S. 169–182.
 – ISSN 0938-5851 – ISBN 978-3-89937-150-5

Stromversorgung nach der Energiewende – geht es ohne Kernenergie?

Konrad Kleinknecht*

Zusammenfassung

Der überhastete Ausstieg aus der Nutzung der Kernenergie innerhalb von zehn Jahren hat schwerwiegende Folgen. Deutschland wird massiv Strom aus den Kernreaktoren der Nachbarländer Frankreich, Tschechien und der Schweiz importieren und viele Kohle- und Gaskraftwerke bauen müssen. Die Emissionen des Treibhausgases CO_2 werden ansteigen und die Klimaziele der Regierung können nicht erreicht werden. Der Anstieg der Strompreise durch die Einspeisung von Strom aus erneuerbaren Energieträgern und durch den Zwang zum Kauf von CO_2-Zertifikaten wird Deutschland als Standort für die energieintensiven Industriezweige benachteiligen und viele Arbeitsplätze gefährden.

Summary

Electricity supply after the transformation of the German energy system – will it work without nuclear power? The hasty decision to end the use of nuclear energy for electricity production has severe consequences. Germany must rely on electricity imported from nuclear plants in the neighboring countries France, the Czech Republic, and Switzerland; it must build many new coal and gas power plants. The emissions of carbon dioxide will increase, and the goals for reduction of greenhouse gas emissions must be abandoned. Prices for electricity will further increase due to the privileged feed-in of expensive solar and wind power and due to the enforced charges for CO_2 emissions. Therefore, the energy-intensive basic materials industry in Germany will be at a serious disadvantage and many jobs will be lost.

Einführung

Die wichtigsten Ziele jeder Energiepolitik sind Versorgungssicherheit, Wirtschaftlichkeit und Umweltverträglichkeit. Durch die überstürzte Abschaltung zuverlässig laufender Kernkraftwerke gerät Deutschland in die gefährliche Lage, alle drei Ziele zu verfehlen. Die Stromversorgung durch die zeitlich variable Einspeisung aus Solar- und Windkraftanlagen ist unzuverlässig, es fehlen auf absehbare Zeit genügend große Speicherkapazitäten und leistungsfähige Hochspannungstrassen von Nord nach Süd, Ersatzkraftwerke müssen gebaut werden. Die prioritäre Einspeisung des Stroms zu staatlich garantierten Preisen aus der teuren Photovoltaik und den Windkraftwerken führt zu einer ständigen Erhöhung der Strompreise. Inzwischen zählen die Preise sowohl für

* Kleinknecht, Konrad, Prof. Dr., Johannes-Gutenberg-Universität Mainz, Institut für Physik, Staudingerweg 7, 55128 Mainz; Ludwig-Maximilians-Universität München, Fakultät für Physik, Am Coulombwall 1, 85748 Garching. E-Mail: konrad.kleinknecht@uni-mainz.de

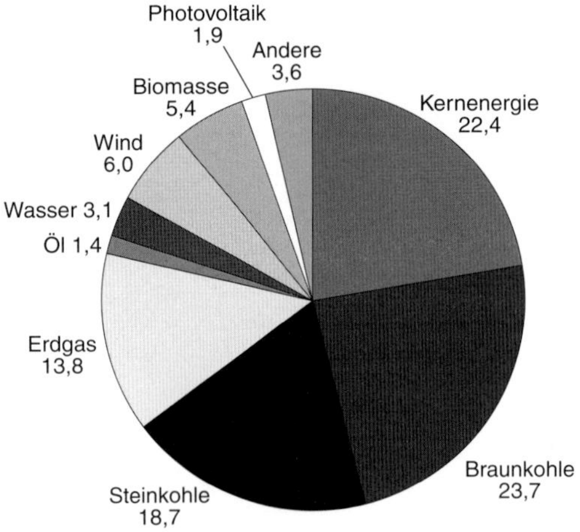

Abb. 1. Stromerzeugung in Deutschland 2008 nach Anteilen (in %) der einzelnen Energieträger. – Nach Daten von AG Energiebilanzen e. V.

Privatkunden als auch für die Industrie zu den höchsten in Europa, sie sind doppelt so hoch wie in Frankreich. Die energieintensive Grundstoffindustrie beginnt, sich nach anderen Standorten umzusehen. Der nötige Neubau von etwa 20 Kohle- und Gaskraftwerken führt zu erhöhten Emissionen des Treibhausgases CO_2, sodass die Ziele der Regierung, diese Emissionen zu reduzieren, nicht mehr eingehalten werden können.

Stromversorgung in Deutschland im Wendejahr

Die deutsche Stromversorgung ruhte im Jahr 2010 auf zwei Säulen: der Kernenergie und der Verbrennung von Kohle und Erdgas. Hinzu kamen ein kleiner Anteil von zeitlich konstanter Energie aus Wasserkraftwerken und Biomasseverbrennung sowie zeitlich variable Anteile aus Windkraft und Photovoltaik (Abb. 1). Der Ausbau der Nutzung erneuerbarer Energieträger war erklärtes Ziel der Bundesregierung und die Laufzeitverlängerung der Kernreaktoren gab den Energieversorgern die Möglichkeit, mit ihren Gewinnen Windkraftanlagen auf hoher See in großem Umfang zu finanzieren (BMWi & BMU 2010). Damit hätte das Ziel, bis zum Jahr 2020 einen Anteil von 30 % am Strombedarf durch erneuerbare Energieträger bereitzustellen, erreicht und gleichzeitig die Emission des Treibhausgases CO_2 verringert werden können.

Die 14 Meter hohe Tsunamiwelle als Folge des Erdbebens in Japan am 11. März 2011 verursachte eine Havarie in den unmittelbar an der Küste gelegenen Kernkraftwerken von Fukushima. Die Internationale Atomenergie-Agentur IAEA stellte am 1. Juni 2011 fest, dass keine Person durch die Strahlung gesundheitliche Schäden davongetragen hat (IAEA 2011). Dieser Unfall beherrschte die Berichterstattung der deutschen Medien viel mehr als die direkten Zerstörungen durch den Tsunami und die etwa 16 000 im Wasser umgekommenen Menschen.

In Deutschland hat sich durch den Unfall in Japan sachlich nichts verändert. Die Sicherheit unserer Kernkraftwerke ist gleich geblieben, Tsunamis kommen nicht vor, Erdbeben sind tausendmal schwächer als in Japan und gegen Sabotageakte durch Flugzeugentführer helfen strenge Passagierkontrollen und Vernebelungsvorrichtungen an den Reaktoren. Trotzdem entschied die Bundesregierung, die acht ältesten Kernreaktoren durch ein Moratorium sofort abzuschalten. Die Reaktorsicherheitskommission sollte die Sicherheit der Reaktoren überprüfen und eine ad hoc von der Bundeskanzlerin eingesetzte Ethikkommission sollte über den Ausstieg aus der Kernenergie beraten.

Allerdings erklärte der Vorsitzende dieser Kommission, Klaus Töpfer, schon vor dem Beginn der Beratungen, das Ergebnis solle der Ausstieg aus der Nutzung der Kernenergie sein (Energieglobe 2011). Die Kommission hat diese Empfehlung in ihrem Bericht auch ausgesprochen (Bundesregierung 2011, S. 21 f.). Erstaunlich ist dabei, dass die Kommission einerseits fordert, der Zeitrahmen für den Ausstieg müsse so bemessen sein, dass eine alternative Stromerzeugung aufgebaut werden kann, aber andererseits sich für kompetent hält, dafür einen engen Zeitrahmen von nur 10 Jahren zu empfehlen. An keiner Stelle des Berichtes wird der Versuch unternommen, für diese kühne Forderung eine konkrete quantitative Begründung zu geben. Für die Umstellung unserer gesamten Stromversorgung und damit unserer Wirtschaft ist das ein unrealistisch kurzer Zeitraum, der weniger auf rationalen Überlegungen als auf dem Prinzip Hoffnung beruht.

Diesen Zeitrahmen haben die Regierung und der Bundestag übernommen, ohne die Folgen daraus konkret zu übersehen. Unter Zeitdruck konnten der Bundestag und seine Ausschüsse keine breite öffentliche Diskussion führen. Es fehlt eine belastbare empirische Begründung,

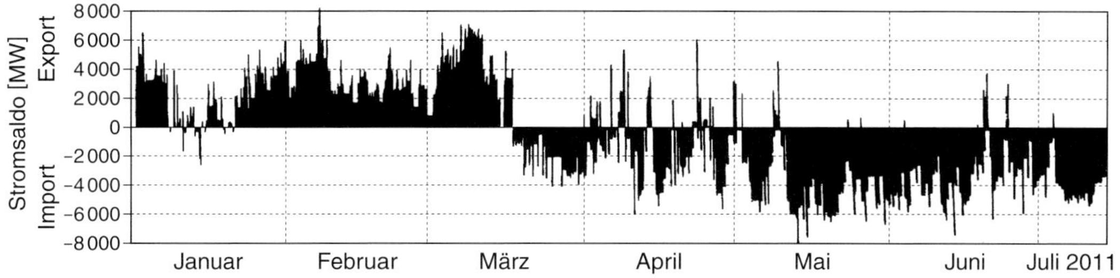

Abb. 2. Stromexport und -import (in MW) aus bzw. nach Deutschland von Januar bis Juli 2011. – Nach Daten der Bundesnetzagentur.

die die Fragen der Versorgungssicherheit, der Finanzierbarkeit und der Auswirkungen auf die wirtschaftliche Entwicklung und die soziale Gerechtigkeit hätte behandeln müssen. Im Gegensatz zu dem Ausstiegsplan der Bundesregierung unter dem Bundeskanzler Gerhard Schröder vom Juni 2000, der mit der Industrie abgestimmt war und von dieser als realisierbar eingeschätzt wurde, ist die Änderung des Atomgesetzes im Juni 2011[1] ohne Anhörung der Industrie und gegen sie beschlossen worden. Dadurch müssen die vier überregionalen Energieversorger große Vermögensverluste hinnehmen, die ihre Fähigkeit schwächt, in den Ausbau der Nutzung erneuerbarer Energieträger und der zusätzlich benötigten fossilen Kraftwerke zu investieren.

Mit der Reaktion auf den Unfall in Fukushima steht die Bundesregierung in Europa und der Welt ziemlich isoliert da. In Europa sind 93 Kernkraftwerke mit 196 Reaktorblöcken am Netz, davon 9 in Deutschland, und 13 Reaktorblöcke sind im Bau (u.a. in Frankreich, Tschechien und der Slowakei), weitere in Planung (z. B. in Polen und den Niederlanden). Bei vorherrschenden westlichen Winden ändert sich durch die Abschaltung deutscher Reaktoren nicht viel am Risiko durch 50 französische Kraftwerke.

Seit der Stilllegung von 8 Kernkraftwerken ist Deutschland von einem Stromexportland zu einem -importland geworden. Seitdem bezieht Deutschland im Umfang von 3 GW Leistung, entsprechend 3 großen Kraftwerken, Strom aus den Reaktoren in Frankreich und Tschechien (Kernkraftwerke Temelin) (Abb. 2). Im Jahr 2011 summierten sich die Importe auf 19 Mrd. kWh aus Frankreich und 8,5 Mrd. kWh aus Tschechien.

1 Dreizehntes Gesetz zur Änderung des Atomgesetzes, in Kraft getreten am 06.08.2011. Bundesgesetzblatt, Jg. 2011, Teil 1, Nr. 43 vom 05.08.2011, Seite 1704.

Wie schnell können neue Energiequellen erschlossen werden?

Um die durch den Ausstieg aus der Kernenergie entstehende Lücke zu schließen, kommen in Deutschland neben dem Neubau von Kohle- und Gaskraftwerken mittelfristig als zusätzliche Stromquellen Wasserkraft, Windkraft, Biomasseverwertung und Photovoltaik infrage. Kleinere Beiträge kann die Effizienzsteigerung bei vorhandenen Kohle- und Gaskraftwerken leisten. Die drei Ziele Versorgungssicherheit, Wirtschaftlichkeit und Umweltverträglichkeit sollten dabei beachtet werden.

Die Ethikkommission spricht von neuen Kohlekraftwerken mit 11 GW Leistung, die es zu bauen gilt. Dadurch steigen die CO_2-Emissionen um ca. 90 Millionen Tonnen. Im Bericht wird aber auf der vorherigen Seite behauptet, dass sich der CO_2-Ausstoß nicht erhöhen wird (Bundesregierung 2011, S. 21/22). Die Grundlast wird derzeit noch von Kernenergie, Braun- und Steinkohle und Laufwasserkraftwerken bereitgestellt. Wenn bei optimaler Windstärke Windkraftanlagen viel Strom einspeisen, müssen die anderen Kraftwerke entsprechend zurückgefahren werden, was deren Energieeffizienz wesentlich verschlechtert. Können die Netze den Strom bei guten Windverhältnissen nicht aufnehmen, so erhalten die Betreiber trotzdem die Einspeisungsgebühr für nicht gelieferten Strom. Die Schwankungen im Bereich Windkraft und Photovoltaik sind sehr hoch (Abb. 3), und Zeiten hoher Stromproduktion entsprechen oft nicht den Zeiten hohen Bedarfs.

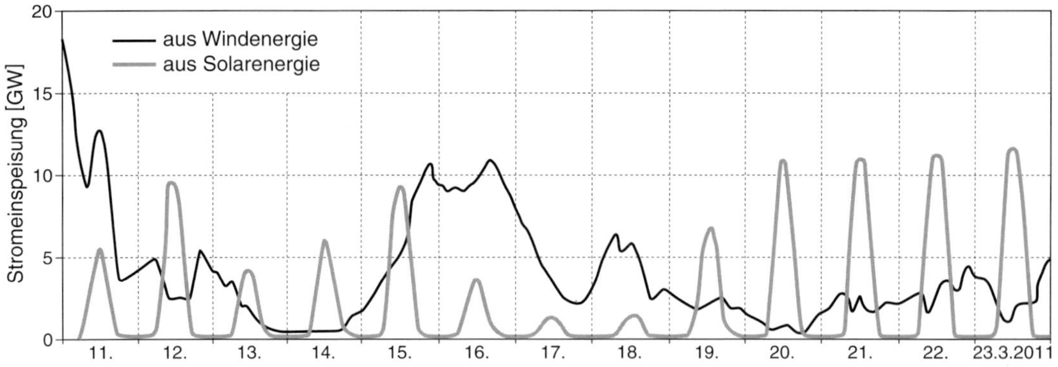

Abb. 3. Zeitverlauf der Einspeisung von Strom (Leistung in GW) aus Solar- und Windkraftanlagen in Deutschland im März 2011. – Nach Daten der Bundesnetzagentur.

Im Jahre 2011 lieferten Wasserkraft, Wind, Biomasse und Photovoltaik zusammen 20 % unseres Strombedarfs. Dies wurde durch Investitionen in Milliardenhöhe und verdeckte Subventionen über Einspeisevergütungen nach dem Erneuerbare-Energien-Gesetz (EEG) erreicht, die von 2,2 Mrd. Euro im Jahr 2002 auf 17,6 Mrd. im Jahr 2011 anstiegen. Allein die Summe der über 20 Jahre garantierten Einspeisevergütungen für die bis 2010 installierten Photovoltaikanlagen liegt bei 85,4 Mrd. Euro – für einen Beitrag von lediglich 3 % zu unserem Strombedarf. Anstatt auf diese teure und ineffiziente Technik sollten die Investitionen in Zukunft besser auf die effizientesten und ertragreichsten Stromquellen konzentriert werden. Tabelle 1 zeigt die tatsächlichen Investitions- und Stromgestehungskosten für verschiedene in den letzten Jahren errichtete Anlagen.

Wasserkraft

Der Beitrag der Wasserkraft zur Stromversorgung lag 2011 in Deutschland bei 3,2 % (ag-energiebilanzen 2012), ihr Potenzial ist aber nahezu ausgeschöpft. Der Bau neuer Wasserkraftanlagen ist unwahrscheinlich, weil er den Zielen von Umweltschutzorganisationen zuwiderläuft. Weltweit gibt es aber ein großes Potenzial für die Nutzung von Wasserkraft, z. B. liefert der Staudamm Itaipu (Paraguay / Brasilien) am Grenzfluss Paraná 14 GW Dauerleistung.

Windkraft an Land und auf dem Meer

Der Ausbau der Nutzung erneuerbarer Energieträger muss nach den Daten in Abbildung 4 gegenüber dem vergangenen Jahrzehnt in seiner Geschwindigkeit deutlich zunehmen, damit Erneuerbare in den nächsten 10 Jahren einen Anteil von 30 % des Gesamtstrombedarfs erreichen. Der

Tab. 1. Kosten für Investitionen (in €/kW) und für Strom (in ct/kWh) für verschiedene Anlagen zur Stromerzeugung in Deutschland und Europa. GuD: Gas- und Dampfturbinentechnologie.

Anlage	Investitionskosten [€/kW]	Stromgestehungskosten [ct/kWh]
Photovoltaik Espenhain (2004)	4400	39
Dachanlage München (32 m², 63 kW, 2011)	3453*	33
Solarthermie Andasol (Südspanien)	5000	20
Offshore-Windkraftanlage Alpha Ventus (45 km nördlich der Insel Borkum)	4167	15
Windkraft in Rheinland-Pfalz	1300	9
Gaskraftwerk (GuD) Trianel, Hamm-Uentrop	500	5–6
Steinkohle Walsum 10 bei Duisburg	1093	4–5

* Optimistische Annahme: 2015: 2700 €/kW, 2020: 2000 €/kW

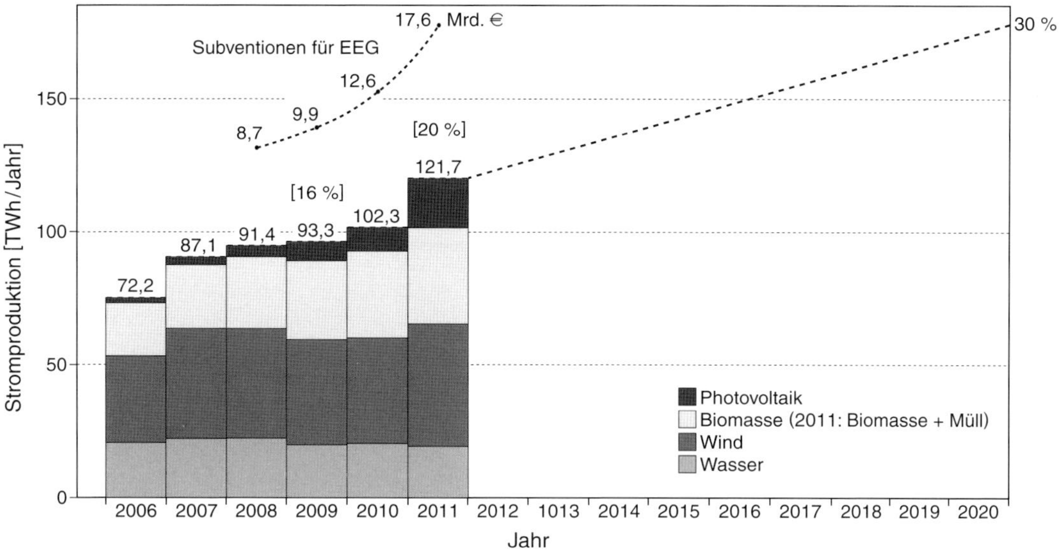

Abb. 4. Strom (in TWh/Jahr) aus erneuerbaren Energieträgern und ihr Beitrag (in %) zum Strombedarf in Deutschland 2006 bis 2010 und Projektion bis 2020 sowie Subventionen für das EEG (in Mrd. Euro). – Eigene Darstellung nach Daten von AG Energiebilanzen e. V.

zukünftige Zuwachs wird vorwiegend durch den Ausbau der Windkraft erreicht werden. Die für Windkraftanlagen günstigen Standorte liegen in den Küstenregionen und Mittelgebirgen (Abb. 5). Die anderen Gebiete im Flachland sind weniger geeignet, da die erzielbare Leistung mit der dritten Potenz der Windgeschwindigkeit abnimmt. Die halbe Windgeschwindigkeit ergibt daher ein Achtel der Leistung, und damit sind achtfache Investitionskosten für dieselbe Leistung erforderlich. Die Größe von Windkraftanlagen hat sich enorm gesteigert, die neuesten 5-MW-Anlagen sind höher als der Kölner Dom, um die besseren Windverhältnisse in größeren Höhen auszunutzen.

Bessere Windverhältnisse als das Land bietet die offene Nord- und Ostsee. Allerdings gibt es für solche Anlagen (»offshore«) ein besonderes Problem. Das deutsche Watt wurde unter Naturschutz gestellt, bevor überhaupt an Windkraft gedacht wurde.[2] In diesem Gebiet müssen Windkraftwerke 40 km von der Küste entfernt sein, um sie für Touristen und Anwohner »unsichtbar« zu machen. Das ist mit bedeutenden Kosten für die Gründung der Anlagen verbunden, da das Meer dort 40 m tief ist. Außerdem fallen hohe Kosten für die Netzanbindung mit Unterwasserkabeln an. Daher bauen manche deutsche Firmen bevorzugt Windkraftwerke in England, wo dies in 1 km Entfernung von der Küste möglich ist. Die deutsche Offshore-Windkraft ist weit im Rückstand gegenüber den Plänen: Für Deutschland sind bis 2030 Offshore-Windkraftanlagen mit einer Gesamtleistung von 25 000 MW geplant, im Juni 2011 waren lediglich Anlagen mit einer Gesamtleistung von 200 MW in Betrieb. Selbst diese 200 MW können aber nicht abgenommen werden, weil die zugehörigen Netze noch nicht vorhanden und wegen der gewaltigen Kosten und Haftungsrisiken derzeit auch nicht finanzierbar sind.

Als Pilotanlage wurde 45 km nördlich der Insel Borkum bei 30 m Wassertiefe der Windpark Alpha Ventus nach 4-jähriger Bauzeit 2010 fertig gestellt. Dort stehen zwölf 150 Meter hohe Türme, die jeweils 5 MW Spitzenleistung liefern können. Die Investitionskosten beliefen sich auf 250 Mio. Euro, die jährliche Energieeinspeisung beträgt 250 Mio. kWh (0,25 TWh). Die Bundesregierung hat 20 Plätze in der Nord- und Ostsee für solche Windparks genehmigt, weite-

2 Nationalpark Schleswig-Holsteinisches Wattenmeer (1985), Nationalpark Niedersächsisches Wattenmeer (1986), Nationalpark Hamburgisches Wattenmeer (1990). Seit 2009 gibt es das UNESCO-Weltnaturerbe »Wattenmeer«, das auch das niederländische und dänische Wattenmeer einschließt.

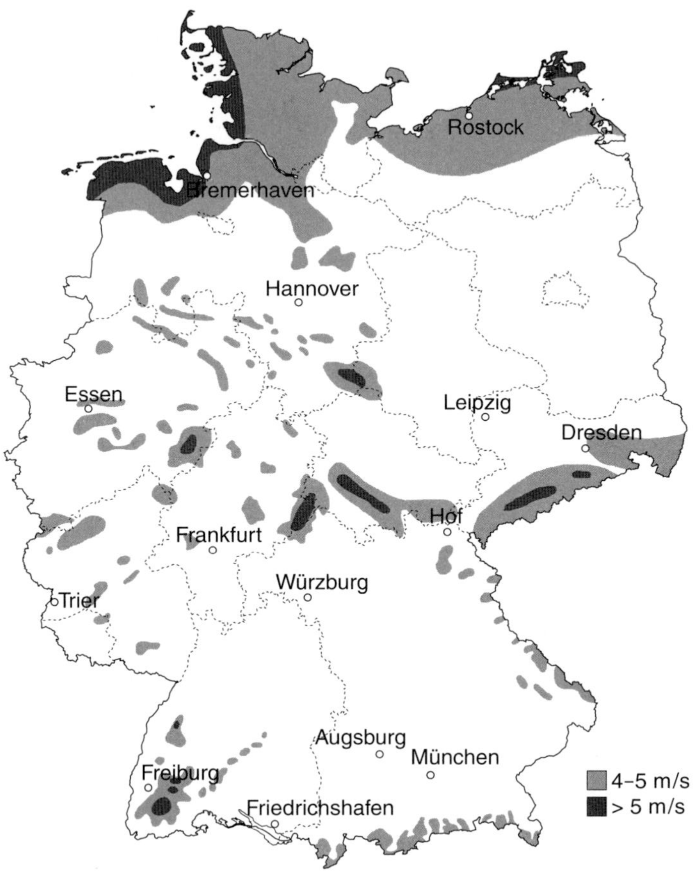

Abb. 5. Windkarte von Deutschland, mittlere Windgeschwindigkeit in 10 m Höhe (in m/s, Mittel 1981–2000). – Universität München, nach Daten vom Deutschen Wetterdienst.

re 30 Standorte sind geplant. Um bis 2020 die Einspeisung der Windenergie auf 80 Mrd. kWh (80 TWh) zu verdoppeln[3], müssten nach dem Plan des Bundesumweltministeriums insgesamt 2000 Turbinen im offenen Meer installiert werden. Dies entspricht 160 Windparks der Größe von Alpha Ventus. Es ist zweifelhaft, ob dieses riesige Projekt in nur 10 Jahren zu verwirklichen ist. Falls es gelingen sollte, liefern die Windparks insgesamt so viel an elektrischer Energie wie 8 große Kohlekraftwerke – zum Investitionspreis von 40 Kohlekraftwerken. Für die technische Umsetzung, die bürokratische Genehmigung und den Aufbau der Seekabel zur Küste und der Hochspannungsleitungen von der Küste ins Binnenland werden nach Abschätzungen der Deutschen Energieagentur dena mindestens zehn Jahre Zeit benötigt. Auch die Finanzierung der großen Investitionssumme ist schwierig, da die vier großen Energieversorgungsunternehmen durch den Ausstiegsbeschluss Milliardenverluste hinnehmen müssen.

Photovoltaik

Der Beitrag der Photovoltaik liegt trotz der enormen Subventionen durch die Einspeisungsgebühr über das EEG im Jahr 2010 bei knapp 2 %, im Jahr 2011 bei 3 % des Strombedarfs (ag-energiebilanzen 2012). Die auf 20 Jahre garantierten Einspeisevergütungen für die bis 2010 (2011) installierten Photovoltaikanlagen addieren sich

3 2010 betrug die Bereitstellung von Strom aus Windkraftanlagen 37,8 TWh (onshore 37,6 TWh, offshore 0,2 TWh); 2011: 46,5 TWh (onshore 45,9 TWh, offshore 0,6 TWh) (BMU 2012).

auf 85,4 (103) Mrd. Euro, die über den Strompreis finanziert werden.

Die Ökobilanz der gegenwärtig eingebauten Solarpaneele aus dicken Siliziumschichten leidet darunter, dass das Silizium unter großem Elektrizitätsbedarf aus Quarzsand erschmolzen und anschließend in chemischen Verfahren zu hochreinem Solarsilizium umgewandelt werden muss. Der Energieaufwand ist so hoch, dass die Rückgewinnung der Energie im sonnenarmen Deutschland 3–5 Jahre Betrieb des Paneels erfordert. Günstiger wäre die Verwendung von Dünnschichtzellen aus Silizium, die Dünnschichttechnologie des CIGS-Materials[4] oder die Cadmium-Tellur-Photovoltaik. Die deutschen Firmen haben diese alternativen Techniken nicht genügend weiterentwickelt, sodass die Kosten ihrer Module hoch geblieben sind und die asiatische Konkurrenz im deutschen Markt dominiert. Das deutsche EEG dient so zum Aufbau der Solarindustrie in Asien.

Solarthermische Kraftwerke

Solare Wärmekraftwerke sind nur in Regionen mit hoher Sonneneinstrahlung sinnvoll, z. B. in Südspanien und Nordafrika. In Andalusien gibt es einige solche Anlagen mit 150 MW Leistung (Andasol 1, 2, 3). Inwieweit sich die im Rahmen von DESERTEC[5] geplanten thermischen Solarkraftwerke in Nordafrika nach der veränderten politischen Lage dort realisieren lassen, ist noch offen. Nach meiner Einschätzung wird frühestens 2040 erstmals Strom von Nordafrika nach Deutschland fließen. Für die bis 2020 geplante Umstellung der Energieversorgung in Deutschland werden die in dem DESERTEC-Projekt geplanten Kraftwerke sicher keine Rolle spielen.

Gesamtbeitrag von Strom aus erneuerbaren Energieträgern

Sowohl die Windkraft wie die Photovoltaik liefern Strom nur für jeweils günstige Zeitperioden. Eine Photovoltaikanlage mit 1000 MW Leistung entspricht nicht einem Kernkraftwerk mit derselben Leistung, da die Photovoltaikanlage nur dann Strom produziert, wenn die Sonne scheint. Kohle- und Kernkraftwerke laufen 24 Stunden/Tag (8000 Std./Jahr), Gaskraftwerke etwa 3000 Std./Jahr, da sie vorwiegend für die Spitzenlast eingesetzt werden. Volle Leistung lieferten deutsche Onshore-Windkraftanlagen 2010 im Schnitt 3,8 Std./Tag (1380 Std./Jahr), bei Offshore-Anlagen wird mit 8 Std./Tag Produktionszeit gerechnet. Photovoltaik-Solarzellen lieferten in Deutschland im Schnitt an 1,9 Std./Tag (685 Std./Jahr) ihre volle Nennleistung ab, und zwar in den Mittagsstunden zwischen 11 und 13 Uhr Sonnenzeit. Das große Problem sind daher windstille Winternächte, in denen nach 2022 nur Kohle- oder Gaskraftwerke laufen werden. Die zu jeder Sekunde benötigte Grundlast an Strom für Industrie und Haushalte wird zurzeit je zur Hälfte von Braunkohle und Kernkraft getragen. Diesen Bedarf können die erneuerbaren Energieträger für die nächsten 20 Jahre nicht zuverlässig liefern. Wie langsam der Ausbau der Erneuerbaren geht, kann man an dem Verlauf der eingespeisten Strommenge aus Wasser, Wind, Biomasse und Photovoltaik ablesen: Sie stieg von 87 Mrd. kWh (87 TWh) im Jahr 2007 lediglich auf 121,7 TWh im Jahr 2011, d. h. von 14 auf 20 % des Strombedarfs (Abb. 4). Der Beitrag der erneuerbaren Energieträger zur Stromversorgung hat sich also in den 21 Jahren seit 1990 um 16 % erhöht. Dabei tragen heute die Windkraft mit 7,6 % und die Biomasse mit 5,2 % den größten Anteil bei (vgl. Abb. 4), während die Photovoltaik nur 3,1 % und die Wasserkraftwerke unverändert 3,2 % beisteuern (ag-energiebilanzen 2012).

Nur wenn sich der Trend des Ausbaus der Nutzung erneuerbarer Energieträger in den nächsten 10 Jahren verstärkt fortsetzt, kann die Marke von 30 % Anteil an der Stromerzeugung bis 2020 erreicht werden.

Hochspannungsleitungen und Pumpspeicherkraftwerke

Wenn die Leistung der an der Nordseeküste oder auf offener See installierten Windkraftwerke in Norddeutschland nicht abgenommen werden kann, muss sie nach Skandinavien exportiert werden, gegen Abnahmegebühr freilich. Für den Transport nach Süden fehlt es an Hochspannungsleitungen. Nach Berechnungen der

4 CIGS-Dünnfilm-Solarzellen, in denen das Sonnenlicht durch eine dünne Schicht absorbiert wird, die aus Kupfer (Cu), Indium (In), Gallium (Ga), Selen (Se) und Schwefel (S) besteht.

5 DESERTEC: Konzept zur Erzeugung von Ökostrom durch Sonnenwärmekraftwerke, Windkraftanlagen oder Photovoltaik in Wüsten und zur Übertragung zu den weiter entfernten Verbrauchszentren. www.desertec.org

Deutschen Energieagentur dena ist der Bau von mindestens 3000 Kilometern solcher Höchstspannungsleitungen von Nord nach Süd notwendig (dena 2010). Die gegenwärtig geplanten Vorhaben werden jedoch von diversen Bürgerinitiativen bekämpft und von Verwaltungsgerichten um Jahre verzögert.

Elektrische Energie kann im nötigen Umfang nur in Pumpspeicherkraftwerken gespeichert werden. Alternative Speichermöglichkeiten wie Akkus oder andere chemische Verfahren bieten keine genügend große Kapazität für die benötigte Menge an elektrischer Energie. Der Fortschritt in diesen Techniken war in den letzten 20 Jahren nicht groß genug.

Eine andere Alternative wird zurzeit vom Bundesumweltminister propagiert.[6] Sie besteht in der Spaltung von Wasser durch Elektrolyse mit Hilfe des Stroms aus Windkraftanlagen. Entweder wird das entstehende Wasserstoffgas in das bestehende Erdgasnetz eingespeist und das Gasgemisch zur Rückgewinnung eines Teils der elektrischen Energie in einem Gaskraftwerk verbrannt. Oder es werden Hybridkraftwerke speziell zur Verbrennung des Wasserstoffs aus Elektrolyse gebaut. Beide Methoden zeichnen sich durch besonders große Ineffizienz aus, denn bei diesen chemischen und physikalischen Prozessen gehen mehr als drei Viertel der ursprünglich vorhandenen Energie verloren (Keil 2011). Der rückgewonnene Strom ist also viermal teurer als der ursprüngliche Windstrom und kostet mindestens 40 ct/kWh. Drei Viertel der ursprünglichen Windenergie gehen als Abwärme in die Umgebung.

Es bleibt also der Bau von Pumpspeicherkraftwerken, bei denen mehr als 80 % der Energie wiedergewonnen wird. Der Neubau von Staudämmen ist allerdings heute in Deutschland nur noch in wenigen Fällen möglich, weil er den Interessen der Anwohner und der Naturschutzverbände zuwiderläuft. Im Gegensatz zu der Schweiz oder Österreich verfügt Deutschland nur in den Mittelgebirgen über die nötigen Höhenunterschiede für solche Speicher. In Sachsen und im Schwarzwald liegen die leistungsfähigsten Anlagen, aber ihre Kapazität reicht bei weitem nicht aus, um den Speicherbedarf zu decken. Gegenwärtig haben alle Pumpspeicherkraftwerke im Süden eine Kapazität von 30 Mio. kWh (30 GWh). Die Energie, die die 21 585 Windkraftwerke an der Nord- und Ostseeküste in 8 Stunden erzeugen, ist zehnmal größer. Der Ausbau der Speicher im Süden hätte also höchste Priorität. Allerdings stößt das derzeit einzige Großprojekt für solche Speicher, die Erweiterung des Schluchseekraftwerks bei Atdorf, auf Widerstand der Anwohner. In den nächsten 10 Jahren wird also in Deutschland höchstens ein neues Pumpspeicherwerk gebaut werden.

Deshalb muss für jedes Wind- oder Solarkraftwerk ein fossiles Tandem-Kraftwerk gebaut werden, das als Reserve für den Stillstand der erneuerbaren Energiequelle dient. Besonders geeignet als schnell aktivierbare Stromquellen sind Gas- oder GuD-Kraftwerke.

Woher kommt der Ersatz für die ausfallenden Kraftwerke?

Strom aus erneuerbaren Energieträgern wird nach Abbildung 4 im Jahre 2020 zwischen 30 und 35 % unseres Strombedarfs abdecken, zu unterschiedlichen Tages- und Jahreszeiten. Alle realistischen Prognosen ergeben solche Resultate. Wie sollen in den nächsten 10 Jahren die restlichen 70 % des Bedarfs gedeckt werden? Da die Kernkraftwerke vom Netz gehen, müssen mehr als 20 Kohle- und Gaskraftwerke gebaut werden, besonders im Süden.

Da sowohl der Ausbau der Hochspannungstrassen von Nord nach Süd als auch der Bau neuer Pumpspeicherkraftwerke im Süden durch Bürgerinitiativen verzögert wird, ist es nicht sicher, ob der beabsichtigte Ausbau der Windkraft im Norden dem Süden des Landes helfen kann. Beim gegenwärtigen Zustand der Übertragungsnetze führt plötzlich einsetzender Wind eher zur Überlastung der Netze und zu kritischen Situationen am Rande des Stromausfalls. Es zeigt sich eine regionale Asymmetrie: die leistungsfähigen Industriestandorte in den Ländern Bayern, Baden-Württemberg und Hessen, die bisher mehr als 50 % ihrer elektrischen Energie aus Kernkraftwerken bezogen haben, können die Grundlast ihrer Stromversorgung nur zum kleinen Teil aus der Nutzung erneuerbarer Energieträger ersetzen. Windkraft im Süden ist wesentlich weniger ertragreich als an der Küste oder auf dem Meer (Abb. 5). Die südlichen Bundesländer sind also nach der Abschaltung ihrer Kernkraftwerke darauf angewiesen, auf den Import von Strom

6 Vgl. Vortrag des Bundesumweltministers Dr. Norbert Röttgen auf der 3. Klausurtagung »ENERGIE. GEWINN. Für Rheinland-Pfalz« der CDU Rheinland-Pfalz, Maria Laach, 2011.

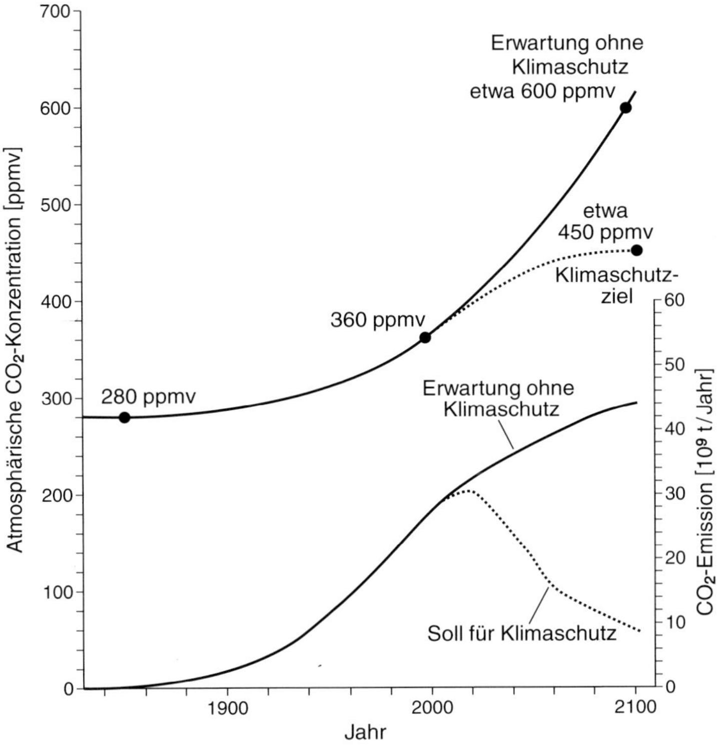

Abb. 6. Weltweite CO_2-Emission (unten; in Mrd. t/Jahr) und CO_2-Konzentration in der Atmosphäre (oben; in ppmv), Entwicklung seit 1850 und Erwartung bis 2100 ohne und mit Klimaschutz. – Eigene Darstellung.

aus den Nachbarländern Tschechien, Frankreich und der Schweiz auszuweichen und neue fossile Kraftwerke zu bauen.

In Bayern sind im Augenblick nur Pläne für Gaskraftwerke mit russischem Gas bekannt. Der Einsatz von Flüssiggas aus Katar ist noch nicht möglich, da kein deutscher Hafen zum Gasterminal ausgebaut worden ist. Die Kohle für Kraftwerke im Süden muss z.B. aus Australien über den Rhein-Main-Donau-Kanal oder über das Schwarze Meer und die Donau transportiert werden. Die Versorgung Süddeutschlands ist mittelfristig ungesichert.

Klimawandel und CO_2-Emissionen

Die Atmosphäre der Erde verursacht einen natürlichen Treibhauseffekt, der die Temperatur auf der Erdoberfläche von –18 auf +15 °C im Mittel hebt. Während der letzten Eiszeit war es etwa 5 °C kälter als heute, erst vor etwa 12000 Jahren, zur Zeit der ersten Siedlungen, ist die Temperatur langfristig angestiegen (z.B. Schönwiese 2004). Die Gründe für Eiszeiten und Warmzeiten liegen in den Erdbahnen, nicht in dem CO_2-Gehalt der Atmosphäre. Durch die Verbrennung von Kohle und Öl ist das CO_2 in der Atmosphäre seit 1958 von etwa 315 ppm im Mittel auf etwa 395 ppm angestiegen (Abb. 6). Die derzeitige weltweite Emission liegt mit 33,5 Mrd. t CO_2/Jahr bereits höher als die Zielmarke des Kioto-Protokolls. Die Länder mit den größten Emissionen sind China, die USA, Russland und Indien (Abb. 7). Allein von 2009 auf 2010 sind die weltweiten Emissionen um 1,8 Mrd. t CO_2 gestiegen, das ist mehr als doppelt so viel wie die 0,8 Mrd. t CO_2, die Deutschland jährlich emittiert. Selbst wenn wir unsere wirtschaftliche Aktivitäten also auf null schalten, können wir den Klimawandel um nur ein halbes Jahr verzögern.

Für Europa hat sich klimatisch in den letzten 30 Jahren nicht viel geändert, und es sind auch für die nächsten Dekaden nur beschränkte Auswirkungen zu erwarten. Die Winter werden in Mitteleuropa etwas wärmer werden mit etwas mehr

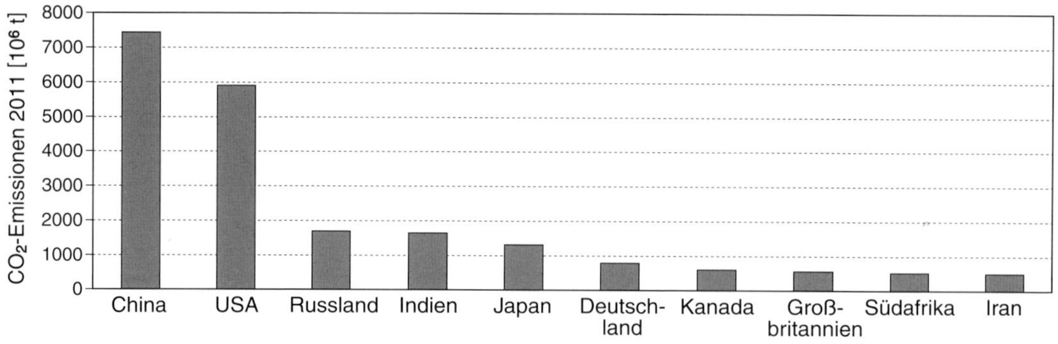

Abb. 7. CO_2-Emissionen (in Mio. t CO_2) weltweit nach Ländern, 2011. – Nach Daten der IEA.

Niederschlägen, in Südeuropa sind heiße Sommer mit Wassermangel und daher mehr Waldbrände zu erwarten (Schönwiese, pers. Mitteilung). Das viel größere Problem in Europa wird die Migration sein, wenn in Afrika der Wassermangel zunimmt und das Bevölkerungswachstum anhält. Die Auswirkungen des Klimawandels werden insgesamt langsamer verlaufen, als es z. B. das Potsdam-Institut für Klimafolgenforschung gemeinhin darstellt. Die Prognosen des Intergovernmental Panel on Climate Change (IPCC) beruhen auf nichtlinearen Differenzialgleichungen, die über hundert Jahre extrapoliert werden, mit positiven geschätzten Rückkoppelungen. Die Lösungen dieser Gleichungen hängen stark von den Anfangsbedingungen ab, schon kleinste Änderungen in den Anfangsbedingungen führen zu ganz unterschiedlichen Ergebnissen. Es wird z. B. angenommen, dass durch eine Erwärmung mehr Methan aus den Permafrostgebieten in Sibirien freigesetzt wird, aber die Zahl dafür beruht nur auf Schätzungen.

Hauptverursacher des derzeitigen Klimawandels ist die Erzeugung des Treibhausgases CO_2 durch die Verbrennung von Kohle, Öl und Gas. Auch die Abholzung des Bestandes an Regenwald vermindert die Aufnahme von CO_2 aus der Atmosphäre durch die Pflanzen. Aufgrund der chemischen Prozesse bei der Verbrennung liefert Erdgas (Methan) mehr Energie pro entstehende CO_2-Einheit als Kohle, daher sind Gaskraftwerke etwas günstiger im Hinblick auf ihren CO_2-Ausstoß als Kohlekraftwerke (Tab. 2).

Tab. 2. CO_2-Bilanz (in g/kWh$_{el}$) bei der Stromerzeugung durch verschiedene Energieträger.

Energieträger	gebildetes CO_2 (g/kWh$_{el}$)
Braunkohle	1000–1230
Steinkohle	790–1080
Erdgas	410–519
Photovoltaik	50 (F)–160 (D)* (Herstellung Silizium)
Kernenergie	7–32 (Uranabbau und -anreicherung)
Windkraft	5,5–29 (Bau der Turbinen und Türme)

* Schmelzen des Siliziums in Frankreich über Kernenergie bzw. in Deutschland über Kohlestrom.

Obwohl der Anteil Europas an den weltweiten CO_2-Emissionen gering ist gegenüber den Mengen, die die Großmächte China, USA, Russland und Indien verursachen, ohne an eine Reduzierung zu denken, hat sich die Europäische Union im März 2007 das Ziel gesetzt, den CO_2-Ausstoß bis zum Jahr 2020 gegenüber 1990 um 20 % zu senken. Um dieses ehrgeizige Ziel zu erreichen, muss Deutschland dafür seine CO_2-Emissionen am stärksten reduzieren, weil es im Vergleich zu allen anderen europäischen Ländern am meisten CO_2 produziert. Auch wenn man die Emissionen auf die Zahl der Einwohner bezieht, liegt Deutschland in Europa an der Spitze. Die Bundesregierung plante daher vor dem Ausstieg aus der Kernenergie, den Ausstoß an Treibhausgasen bis zum Jahr 2020 um 40 % zu senken. (BMWi & BMU 2010). Dieses Ziel ist nach dem Beschluss vom Juni 2011 nicht mehr erreichbar. Man sollte dabei bedenken, dass auch viele andere EU-Länder weit von ihren Reduktionszielen entfernt sind; manche haben sogar ihre Emissionen entgegen den Plänen stark erhöht.

In Deutschland sind Braunkohle- und Steinkohlekraftwerke mit einem CO_2-Ausstoß von mehr als 300 Mio. t/Jahr etwa für ein Drittel der Emissionen verantwortlich. Zusammen mit den Erdgaskraftwerken liefern sie mehr als die Hälfte unseres Stroms (vgl. Abb. 1). Weitere große Mengen an CO_2 kommen aus der Wohnungsheizung und aus dem Verkehr. Beide Anteile können schrittweise gesenkt werden. Die bessere Wärmedämmung bei Neubauten und die energetische Altbausanierung von ca. 200 000 Wohnungen pro Jahr bringt allerdings noch zu wenig Reduzierung. Eine starke Erhöhung der Förderung von Wärmedämmungsmaßnahmen durch Zinsverbilligung ist notwendig, damit die Altbausanierung nicht erst in 200 Jahren den ganzen Bestand von 40 Mio. Wohnungen erfasst. Beim Verkehr werden die Verbrauchsbegrenzungen durch die EU zu einer langsamen Effizienzsteigerung führen. Elektroautos tragen allerdings nur dann zur Emissionsminderung bei, wenn der Strom zum Aufladen der Akkus aus Kernkraftwerken – wie in Frankreich – oder aus der Nutzung erneuerbarer Energieträger stammt. Klimapolitisches Ziel muss es sein, neben diesen Maßnahmen zur Energieeinsparung und Effizienzsteigerung die Emission von Treibhausgasen bei der Stromerzeugung abzusenken.

Seit 1990 haben die CO_2-Emissionen in Deutschland abgenommen, wobei der Rückgang zur Hälfte auf dem Niedergang der Industrie in den östlichen Bundesländern beruht (Abb. 8, DPG 2005). Lässt man den Anteil der vereinigungsbedingten Reduktionen in den Jahren 1990 und 1991 weg, sanken in den weiteren Nachwendejahren von 1992 bis 2004 die CO_2-Emissionen zwar gleichmäßig, aber jährlich nur noch um 0,6 %. Das kann auf die zunehmende Einspeisung von Windstrom zurückgeführt werden, unter Beibehaltung des Anteils der Kernenergie. Eine größere Abnahme gab es durch die Finanzkrise und die folgende Rezession der Wirtschaft in den Jahren 2008/09. Gegenwärtig plant die Bundesregierung eine Minderung der Emissionen auf 610 Mio. t CO_2 im Jahr 2020, also um insgesamt 40 % bezogen auf 1990 (BMWi & BMU 2010).

All diese Ziele sind hinfällig seit dem Ausstieg aus der Nutzung der CO_2-freien Kernenergie. Trotz optimaler Förderung werden die CO_2-freien erneuerbaren Energieträger bis zum Jahr nur etwa 30 % unseres Strombedarfs decken können (s. oben). Deshalb sind wir jetzt für die verbleibenden 70 % auf die Verbrennung fossiler Energieträger und den Stromimport aus unseren Nachbarländern angewiesen.

Der nötige Neubau von Kohle- und Gaskraftwerken bedeutet eine Steigerung des CO_2-Ausstoßes und eine Schädigung der Umwelt. Die Kraftwerksindustrie plant den Bau von 22 neuen Kohlekraftwerken mit etwa 20 GW Leistung und jährlichen CO_2-Emissionen von 90 Mio. Tonnen. Die Dampfkessel sind in Japan hergestellt worden, da es keinen deutschen Hersteller mehr gibt. Um höchste Wirkungsgrade zu erzielen, sind die Hochleistungskessel für 600 °C Dampftemperatur und 280fachen Atmosphärendruck ausgelegt, sie bestehen aus einer neuentwickelten Stahlsorte. Bei dreien der im Bau befindlichen Kraftwerke haben sich durch eine unsachgemäße Reinigung Undichtigkeiten in den Schweißnähten gebildet, die Nachbesserungen oder einen kompletten Austausch des Kessels erforderlich machen und eine Verzögerung von ein bis zwei Jahren verursachen. Da die Versorgungssicherheit es nicht gestattet, alte ineffiziente Kohlekraftwerke abzuschalten, steigen die jährlichen deutschen CO_2-Emissionen durch die Neuanlagen entsprechend, anstatt abzunehmen. Das verletzt die deutschen Klimaschutzziele innerhalb der EU und des Kioto-Vertrages.

Deshalb wird verschiedentlich versucht, das erzeugte CO_2 abzuscheiden und in unterirdische Endlager zu bringen, anstatt es in die Atmosphäre zu entlassen. In einem der geplanten Verfahren soll das CO_2 bereits im Kraftwerk durch eine chemische Reaktion aus dem Rauchgas entfernt, komprimiert und danach unterirdisch endgelagert werden.

Alle diese Prozesse haben den Nachteil, dass sowohl die Abscheidung des CO_2 wie auch die anschließende Verdichtung vor dem Transport mit Schiff, Bahn oder über eine Pipeline beträchtliche Mengen elektrischer Energie erfordern. Außerdem wird für die CO_2-Abscheidung (CCS) etwa ein Drittel des vom Brennstoff erzeugten Stroms verbraucht, was den effektiven Wirkungsgrad des Kraftwerks reduziert. Um also die gleiche elektrische Energie zu erzeugen, muss primär eine um rund 30 % größere Menge an fossilen Brennstoffen eingesetzt werden. Schließlich müssen die vermehrten Rückstände an CO_2, etwa 400 Mio. t/Jahr, sicher und dauerhaft in der Erde »endgelagert« werden.

Der Plan der Endlagerung des Kohlendioxids im Meer wird wegen der unabsehbaren Folgen für die Biosphäre nicht ernsthaft verfolgt. Die Einpressung in frühere Lagerstätten ausgebeuteter Öl- oder Gasvorkommen scheitert an dem begrenzten Volumen dieser Hohlräume. Eine größere Speicherkapazität bieten so genannte

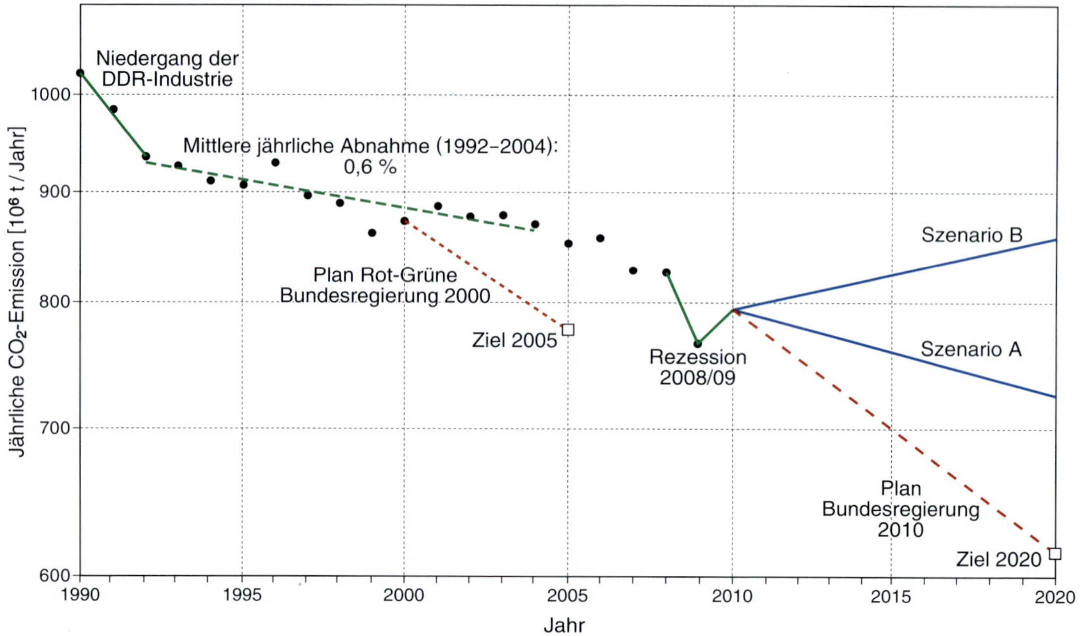

Abb. 8. Abnahme der CO_2-Emissionen (in Mio. t/Jahr) in Deutschland von 1990 bis 2010 nach Daten des Bundeswirtschaftsministeriums (Punkte, grüne Linien; gestrichelt: Regressionsgerade 1992–2004, vor Einsetzen der Finanzkrise mit Wirtschaftsrezession 2009). Weitere Entwicklung bis 2020 nach drei Szenarien: Plan Bundesregierung 2010 = angestrebte Emissionsabnahme nach BMWi & BMU (2010); Szenario A = zu erwartende Emissionsabnahme nach dem AKW-Laufzeitverlängerungsbeschluss Herbst 2010; Szenario B = zu erwartende Emissionsentwicklung nach AKW-Ausstiegsbeschluss Sommer 2011. – Quelle: Eigene Darstellung.

Salzwasseraquifere. Solche porösen Schichten, die Wasser führen, finden sich zum Beispiel in Norddeutschland in einer Tiefe von 1000 m. Dort müsste eine große technische Infrastruktur aufgebaut werden, um täglich 1 Mio. t CO_2-Abfall von den Kraftwerken zu den Lagerstätten zu transportieren, unter 70fachem Atmosphärendruck einzupressen und für Tausende von Jahren sicher zu speichern. Die Entwicklung dieser Technik, an der manche Kraftwerksunternehmen arbeiten, wird noch 1–2 Jahrzehnte dauern.

Die Endlagerung birgt jedoch ebenfalls Risiken. Denn es ist unklar, ob die Milliarden Tonnen des endgelagerten CO_2-Gases nicht doch mit der Zeit in die Atmosphäre diffundieren können. Ein »CO_2-freies Kohlekraftwerk« gibt es jedenfalls zurzeit nur in der Werbung der Stromkonzerne. Der Bundestag hat im Juni 2011 ein Gesetz verabschiedet, das die Einlagerung von flüssigem CO_2 in tiefen Schichten ermöglicht.[7] Allerdings enthält das Gesetz eine Veto-Klausel für die betroffenen Bundesländer und zwei dieser Länder haben schon beschlossen, die Endlagerung nicht zuzulassen. Der Entwurf wurde vom Bundesrat im September 2011 abgelehnt und ist nun im Vermittlungsausschuss. CCS wird daher in Deutschland auf absehbare Zeit keine Rolle spielen.

Die Folgen der Energiewende

Für die mittelfristige Entwicklung in Deutschland bis zum Jahr 2020 bleibt nach dem Ausstiegsbeschluss der Bundesregierung von den in den letzten Jahren diskutierten Alternativen realistischerweise daher nur noch das »Szenario B« in Abbildung 8 übrig:

– Der Ausbau der Nutzung erneuerbarer Energieträger wird weiter gefördert. Sie errei-

7 Gesetz zur Demonstration und Anwendung von Technologien zur Abscheidung zum Transport und zur Speicherung von Kohlendioxid. Gesetzentwurf der Bundesregierung nach Beschluss vom 13.04.2011. www.bmu.de/files/pdfs/allgemein/application/pdf/gesetzentwurf_ccs.pdf

chen bis 2020 einen Anteil von 30 % an der Stromerzeugung. Die Kernkraftwerke werden nach und nach abgeschaltet. Die entstehende Versorgungslücke wird zum kleineren Teil durch den Zuwachs der Erneuerbaren und zum überwiegenden Teil durch den Neubau fossiler Kohle- und Gaskraftwerke und den Stromimport aus den Nachbarländern Frankreich, Tschechien und der Schweiz gedeckt.

- Die Energiekonzerne planen als kostengünstigste Art der Stromerzeugung 22 neue Braunkohle- und Steinkohlekraftwerke mit einer Gesamtleistung von etwa 20 GW für die Bereitstellung der Grundlast.
- Zum kurzfristigen Ausgleich von zeitlich schwankenden Stromquellen werden effiziente Gas- und Dampfkraftwerke (GuD) gebaut. Die Hälfte der benötigten Gasmenge wird aus Russland geliefert. Russische Gaslieferanten beteiligen sich an großen deutschen Energieversorgungsunternehmen.
- Der Anteil fossiler Kraftwerke an der Stromerzeugung steigt auf etwa 70 %.
- Die fossilen Kraftwerke in Deutschland werden durch die CO_2-Emissionszertifikate innerhalb der EU mit ca. 9 Mrd. Euro im Jahr belastet, während Frankreich keine solche Belastung übernehmen muss.
- Der Strompreis in Deutschland steigt weiter; relativ zu Frankreich ist er schon jetzt ca. 70 % höher.

Konsequenz: Die CO_2-Emissionen wachsen um 60–100 Mio. t/Jahr an. Dieser Anstieg kann durch die Klimaschutzmaßnahmen in anderen Sektoren höchstens zu einem Drittel kompensiert werden. Deutschland steigert seine Emissionen und bleibt der größte CO_2-Emittent Europas, sowohl nach dem absoluten Betrag wie nach den Emissionen pro Einwohner.

Welche Schlussfolgerungen sind zu ziehen? Die Klimaziele der Bundesregierung für 2020 können nach den Beschlüssen vom Juni 2011 nicht mehr erreicht werden. Darunter leidet die Glaubwürdigkeit der deutschen Klimapolitik. Betrachtet man allerdings die weltweiten Emissionen (Abb. 6), dann wird klar: Globale Klimapolitik wird nur Erfolg haben, wenn die größten CO_2-Emittenten, China, USA, Russland und Indien, mitwirken. Im Alleingang kann weder Deutschland noch die Europäische Union die Welt retten.

Gefährdung der energieintensiven Industriezweige

Neben der Verfehlung der Klimaziele führt die Energiewende durch die Subvention der Photovoltaik und der Windkraft zu einer starken Erhöhung der Strompreise für Privatkunden und Industrie. Dadurch sind die energieintensiven Industriezweige mit ihren 7 Millionen Arbeitsplätzen gefährdet (Aluminium, Silizium, Kupfer, Stahl, Zement, Carbonfasern, Chemie). Im Augenblick versucht die Bundesregierung zwar noch, die energieintensive Industrie über Sonderregelungen von den Preissteigerungen durch EEG-Umlagen und Netzentgelte auszunehmen, aber die Europäische Kommission wertet dies als unerlaubte Subvention und wird dagegen vorgehen.

Der angestrebte Ausstieg ist damit ein riskanter Stresstest für deutsche Industrie mit ungewissem Ausgang, der die Sozialsysteme in Deutschland gefährdet. Daraus ergeben sich zwei wesentliche Konsequenzen:

- Der Netzausbau muss wesentlich schneller gehen als bisher. Die derzeitige Rechtsprechung (Verwaltungsverfahrensrecht, Kommunalrecht, Naturschutzrecht, Umweltrecht, Grundrechte der Bürger, Europarecht) mit ihren vielen Klagemöglichkeiten, auch durch Verbände, verzögert den Netzausbau wesentlich.
- Deutschland braucht ein Investitionsbeschleunigungsgesetz, ähnlich der Situation nach der deutschen Wiedervereinigung.

Bayern trifft der Atomausstieg in besonderer Weise, da 2010 noch 61,6 % der »Stromerzeugung der allgemeinen Versorger« nach Angabe des VBEW (2011, S. 13) aus der Kernenergie stammten, gefolgt von 15,7 % aus Wasserkraft, 13,9 % aus Erdgas und 4,8 % aus Kohle. Selbst wenn man die Nutzung erneuerbarer Energieträger maximal ausbauen würde, bliebe ein Defizit in Bayern von 32 TWh für 2020, dessen Deckung noch völlig ungeklärt ist. Der Plan der Bayerischen Staatsregierung sieht bis 2021 eine Deckung des Strombedarfs von 50 % über erneuerbare Energieträger und von 20 % über den Bestand an fossilen Kraftwerken vor. Um die Erzeugungsglücke von 30 % zu schließen, wären 10 neue Gaskraftwerke zu je 400 MW und mehrere Kohlekraftwerke nötig; bisher ist kein entsprechender Antrag gestellt worden. Realistischer ist die Annahme, dass nur 30 % des Stroms 2021 in Bayern aus erneuerbaren Energieträgern stammen wird, dann beträgt die Erzeugungslücke 50 %.

Als Folgen für Bayern ergeben sich daher:

- Import von Strom aus Temelin (Tschechien),
- Bau von 10 Kohle- und Gaskraftwerken,
- Import der Kohle aus Australien über die Donau oder den Rhein-Main-Donau-Kanal,
- Import des Gases aus Russland (Gazprom könnte sich an der E.ON AG beteiligen),
- Strom-Engpässe im Winter, bis hin zur Abschaltung,
- Abwanderung von Teilen der stromintensiven Industrie (z. B. Wacker-Chemie Burghausen).

Zu den globalen Klimazielen lässt sich festhalten:

- Das Ziel der internationalen Klimaverhandlungen, den Temperaturanstieg auf zwei Grad zu begrenzen, wäre nur erreichbar, wenn China, die USA und Indien, die die Hälfte der weltweiten CO_2-Emissionen beisteuern, ihren CO_2-Ausstoß ab sofort drastisch reduzieren würden. Bei der Klimakonferenz in Durban 2011 gab es keine Anzeichen für verbindliche Zusagen dieser Großmächte. Im Gegenteil, die Signatarstaaten des ursprünglichen Kioto-Protokolls Japan, USA, Russland und Kanada hatten auf dem früheren G8-Treffen 2011 in Deauville sogar entschieden, nicht an Kioto-Folgeabkommen ab 2013 teilzunehmen.[8]
- Ein Alleingang der Europäischen Union und Deutschlands, das nur 2,4 % zu den weltweiten Emissionen beiträgt, ist sinnlos. Wenn ein internationales Abkommen nicht zu erreichen ist, wäre die bessere Lösung eine Anpassung an den Klimawandel statt dem teuren Versuch von dessen Verhinderung.

Literatur

ag-energiebilanzen. 2012. Tabellenblatt Stromerzeugung nach Energieträgern von 1990 bis 2011 (in TWh) Deutschland insgesamt. Stand 15.02.2012. – AG Energiebilanzen e. V., www.ag-energiebilanzen.de/viewpage.php?idpage=65 [04.03.12]

BMU. 2012. Zeitreihen zur Entwicklung der erneuerbaren Energien in Deutschland. – Bundesministerium für Umwelt, Naturschutz und Reaktorsicherheit, unter Verwendung von Daten der Arbeitsgruppe Erneuerbare Energien – Statistik (AGEE-Stat) (Stand 08.03.2012), www.bmu.de/erneuerbare_energien/downloads/doc/45919.php [04.03.12]

BMWi & BMU (Hrsg.). 2010. Energiekonzept für eine umweltschonende, zuverlässige und bezahlbare Energieversorgung, vom 28. September 2010. – Bundesministerium für Wirtschaft und Technologie & Bundesministerium für Umwelt, Naturschutz und Reaktorsicherheit, Berlin, 32 S. (Stand Oktober 2011) www.bmu.de/files/pdfs/allgemein/application/pdf/energiekonzept_bundesregierung.pdf

Bundesregierung. 2011. Deutschlands Energiewende – Ein Gemeinschaftswerk für die Zukunft. – Vorgelegt von der Ethik-Kommission Sichere Energieversorgung, 30. Mai 2011. Presse- und Informationsamt der Bundesregierung (Hrsg), Berlin, 111 S.; www.bundesregierung.de/Content/DE/Artikel/2011/05/2011-05-30-bericht-ethikkommission.html [04.03.12]

Dena. 2010. dena-Netzstudie II. Integration erneuerbarer Energien in die deutsche Stromversorgung im Zeitraum 2015–2010 mit Ausblick auf 2025. – Deutsche Energie-Agentur GmbH (dena), Berlin, 564 S. www.dena.de/presse-medien/studien/netzstudie-ii.html [04.03.12]

DPG. 2005. Klimaschutz und Energieversorgung in Deutschland 1990–2010. – Deutsche Physikalische Gesellschaft, Bad Honnef, 101 S.

EEA. 2008. Impacts of Europe's changing climate. 2008 indicator-based assessment. – EEA Report, 4/2008, European Environment Agency, Copenhagen, Denmark, 19 pp.

Energlobe. 2011. Töpfers Prophezeiung. – Energlobe.de/Das Energieportal (Interview vom 24.03.2011), www.energlobe.de (Archiv) [24.03.2011].

IAEA. 2011. IAEA International fact-finding expert mission of the nuclear accident following the great East Japan earthquake and tsunami. Preliminary summary. – International Atomic Energy Agency (01.06.2011), www.iaea.org/newscenter/focus/fukushima/missionsummary010611.pdf [04.03.12]

Keil, G. 2011. Hybridkraftwerke: Energievernichtung im Namen der »Energiewende«. – Novo Argumente, www.novo-argumente.com/magazin.php/novo_notizen/artikel/000967 [04.03.12]

Schönwiese, C.-D. 2004. Globale und regionale Klimaänderungen im Industriezeitalter – Beobachtungsindizien und Ursachen. – In: Bayer. Akademie der Wissenschaften (Hrsg.): Klimawandel im 21. Jahrhundert: Welche Rolle spielen Kohlendioxid, Wasser und Treibhausgase wirklich? Rundgespräche der Kommission für Ökologie, 28. Pfeil, München: 17–32.

VBEW. 2011. Energie für Bayern 2011. – Verband der Bayerischen Energie- und Wasserwirtschaft e. V., München, 31 S. www.energiefuerbayern.de (Publikationen) [04.03.12].

8 UN-Klimakonferenz vom 28.11.–11.12.2011 in Durban, Südafrika; G8-Gipfel vom 26./27.05.2011 in Deauville, Frankreich.

Rundgespräche der Kommission für Ökologie, Bd. 41 »Die Zukunft der Energieversorgung«, S. 183–194.
 – ISSN 0938-5851 – ISBN 978-3-89937-150-5

Spin-offs der Fusionsforschung und Der Ausstieg aus der Kernenergienutzung – ein kritischer Kommentar

Peter Fritz*

Zusammenfassung

Spin-offs der Fusionsforschung. Obwohl Fusionsenergie voraussichtlich erst in 30 oder mehr Jahren zur Verfügung stehen wird, haben sich aus diesem Forschungszweig Seitenlinien (Spin-offs) von großer Relevanz in der Anwendungstechnik entwickelt. Ein Beispiel hierfür ist die Entwicklung von Hochtemperaturmaterialien, die in Kraftwerken jeglicher Art Anwendung finden. Quench-Detektionssysteme für Komponenten, die große elektrische Ströme leiten, sowie Hochstromkabel mit niedrigen Wechselstromverlusten und supraleitende Strombegrenzer gehören ebenfalls zu wichtigen Erfindungen, deren Entwicklung bis hin zur Anwendungsreife ohne Fusionsforschung nicht stattgefunden hätte. Auch Mikrowellenanwendungen wie beispielsweise Mikrowellenöfen, die bereits heute industriellen Einsatz finden, wären ohne Fusionsforschung nicht im selben Maße weiterentwickelt worden. Zukünftige Anwendungen der Mikrowellentechnik werden Werkzeuge mit integrierten Mikrowellenheizungen sein, deren Einsatz zu enormen Energieeinsparungen führen wird.

Szenarien der zukünftigen Stromversorgung und »kritische Rohstoffe«. Im Rahmen eines Energiegutachtens des Nachhaltigkeitsbeirats Baden-Württembergs, welches im Auftrag der Landesregierung angefertigt wurde, werden verschiedene Szenarien der zukünftigen Energieversorgung betrachtet. Laut der neuen Landesregierung soll der zukünftige Strommix im Jahr 2020 in Baden-Württemberg zu 10 % aus Windkraft, zu 12 % aus Photovoltaik und zu je 8 % aus Biomasse und Wasserkraft bestehen. Unter der Annahme, dass neben dem Ausbau der Nutzung erneuerbarer Energieträger der Stromimport wie im Jahr 2009 bei 17,5 % liegt, würde der Ersatz der beiden verbleibenden Kernkraftwerke durch neue Gas- und Kohlekraftwerke, ausgestattet mit modernster Technologie, zu einem Anstieg der CO_2-Emissionen von rund 70 % führen. Ein alleiniger Ersatz der Kernenergie durch Gaskraftwerke führt lediglich zu einer etwas geringeren Erhöhung der CO_2-Emissionen. Ein drittes Szenario, welches den vollständigen Ersatz der Stromlücke durch Stromimport – z. B. aus Frankreich oder Tschechien – unterstellt, wird als so genannte »Strompartnerschaft« definiert. Probleme könnte in den Wintermonaten der Stromimport aus Frankreich bereiten, da dort vorwiegend elektrisch geheizt wird.

Neben den Primärenergieträgern ist aber auch die limitierte Einsatzmöglichkeit der für die Nutzung erforderlichen Materialien zu beachten. Für die Nutzung von Solar- und Windkraft, aber auch für Fahrzeuge mit Hybridantrieben werden so genannte Seltene Erden benötigt, welche laut einer EU-Studie als kritische, nur begrenzt verfügbare Rohstoffe einzustufen sind. Einen weiteren kritischen Punkt stellt der Neubau von Kohlekraftwerken dar, die durch einen gesteigerten Wirkungsgrad den vermehrten Einsatz von hochwertigen, seltenen Materialien erfordern, aber nur noch dann betrieben werden sollen, falls Windkraft- und Photovoltaikanlagen nicht genügend Strom produzieren. Es stellt sich die Frage, ob wir uns solche aufwändigen Redundanzen leisten wollen, obwohl weltweit mehrere Milliarden Menschen über keinerlei Zugang zu Strom verfügen.

* Fritz, Peter, Dr., Karlsruher Institut für Technologie (KIT), Vizepräsident für Forschung und Innovation, Postfach 6980, 76049 Karlsruhe. E-Mail: peter.fritz@kit.edu

Summary

Fusion research spin-offs. Although energy produced from nuclear fusion is expected to be available in 30 years or later, many spin-offs have been generated from this research field being of high relevance in different application technologies. One example is the development of high-temperature materials, which are used in many kinds of power plants. Quench detection systems for components conducting electrical currents, as wells as high-current cables with low AC losses and superconducting current limiters also belong to the group of important inventions which would never have been developed to a commercial application without fusion research. Moreover, the utilization of microwaves e.g. in microwave ovens as already applied in many industrial sectors would not have been developed to the present extent. Future application of microwaves is the design of tools equipped with an integrated microwave heating leading to large energy savings.

The phase out of nuclear energy – a critical comment: Scenarios of future electricity supply and critical raw materials. A report of the "Sustainability Committee of Baden-Wuerttemberg" launched by the state government evaluates different scenarios of the future energy supply. According to the new state government, the future electricity mix generated in Baden-Wuerttemberg in 2020 shall consist of 10 % wind energy, 12 % solar energy, and 8 % biomass and water power each. Assuming that besides the increase of renewable energies the import of electricity does not exceed 17.5 % like in 2009, the replacement of the two remaining nuclear power plants by gas and coal-fired power plants in a ratio of 1:1 would lead to an increase of the CO_2-emissions of around 70 %. Even the exclusive replacement of nuclear energy by gas power stations does not lead to remarkably lower CO_2-emissions. A third scenario implying the replacement of the electricity deficit by the import of electricity e.g. from France or the Czech Republic is defined as "electricity partnership". Following this scenario, problems may occur in the winter months when importing electricity from France due to the predominantly electric heating in French households.

Besides the general problems related to primary energy carriers themselves, the materials essential for the use of this energy carriers must be considered. For the utilization of solar and wind energy, and for vehicles with hybrid drive so called "rare earth elements" are of high importance. According to an EU study, the availability of these raw materials is rather limited. Another critical point is the construction of new coal-fired power plants, which require due to their high efficiency a huge amount of high-quality rare materials. However, these power stations are intended only for use if wind turbines or photovoltaic installations do not yield enough electricity. The question arises whether we want to afford such extensive redundancies while billions of people worldwide do not have access to electricity at all.

Der folgende Beitrag befasst sich im ersten Teil mit Spin-offs der Fusionsforschung, im zweiten Teil mit der »Energiewende« und dem Ausstieg Deutschlands aus der Kernenergienutzung.

Teil 1: Spin-offs der Fusionsforschung

Was die künftige Rolle von Strom aus Kernfusion angeht, bin ich heute noch skeptisch. Im Vergleich zu der vorhandenen Anlagentechnik im Bereich konventioneller und Kernkraftwerke wird die Fusionsenergie erst in 30 oder vielleicht mehr Jahren zur Verfügung stehen. Die bisherigen Beiträge des Rundgesprächs haben aber deutlich gezeigt, dass die Unsicherheit in Bezug auf die künftige Energieversorgung eher gewachsen als geringer geworden ist. Dies bedeutet, dass der Lösungsraum erweitert werden muss, und dazu gehört auch die Fusionsforschung. Ob es sich tatsächlich um eine Technologie handelt, die einmal zur Stromerzeugung dienen wird, ist für mich mittlerweile nicht einmal mehr der wesentliche Punkt. Aus Sicht eines Verantwortlichen in der Forschung halte ich es für ein positives Beispiel, dass für ein Ziel, das sehr fern in der Zukunft liegt und das international abgesichert ist, eine sichere Forschungslinie besteht und neben der Erweiterung des möglichen Lösungsraums sich interessante Seitenlinien ergeben, die sich aus der Fusionsforschung heraus entwickelt haben und als Spin-offs von großer Relevanz in der Anwendungstechnik sind (Abb. 1). Einige dieser Spin-offs, die heute schon zu Vorteilen in der Energieeffizienz führen, sollen im Folgenden kurz vorgestellt werden. In einigen dieser Bereiche wäre ohne die Fusionsforschung sicher nicht weitergearbeitet worden. Im Bereich der Supraleitung wären wir z. B. ohne Fusionsforschung noch relativ weit von der technischen Anwendung entfernt. Nur durch die Entwicklung

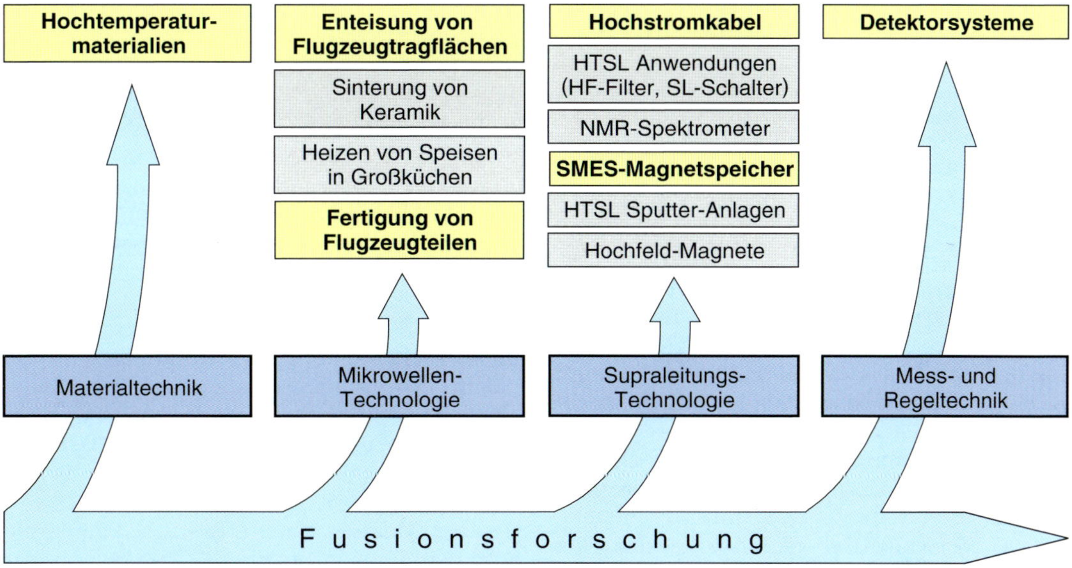

Abb. 1. Fusionsforschung und aus ihr abgeleitete Technologien (Spin-offs der Fusionsforschung). Gelb hinterlegt: Spin-offs, die zu Steigerungen in der Energieeffizienz führten.

von supraleitenden Magneten speziell für die Fusionsforschung konnte man die Durststrecke überwinden.

Hochtemperaturmaterialien für Strukturanwendungen

Grundlage des Spin-offs ist die Entwicklung von hochfesten und hochtemperaturfesten Werkstoffen für thermisch hochbelastete Flächen und Bauteile in einem Fusionsreaktor. Wolfram ist das Metall mit dem höchsten Schmelzpunkt (3420 °C) und hat exzellente Hochtemperatureigenschaften. Leider ist dieser Werkstoff sehr spröde. Wolframfolie hingegen ist duktil, d.h. plastisch verformbar. Schichtet man mehrere Lagen dieser Folie übereinander und verbindet diese mit einer geeigneten Verbindungstechnik, so lassen sich die duktilen Eigenschaften der Folie auf ein Massivbauteil übertragen (Wolframlaminat aus Wolframfolie, Abb. 2). Ein breites Anwendungsspektrum in Kraftwerken jeglicher Art ist denkbar.

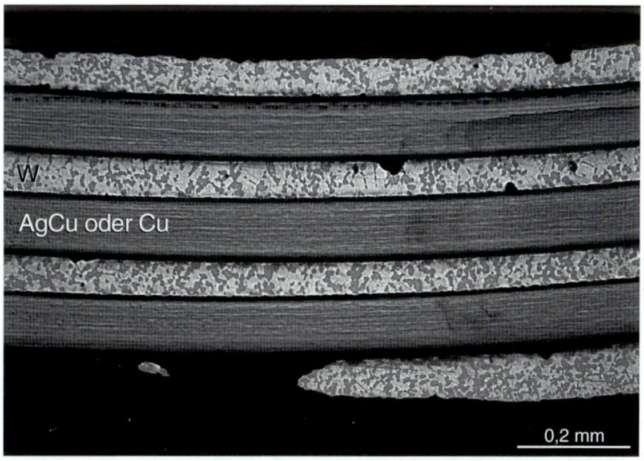

Abb. 2. Ein aus mehreren mit CuAg oder Cu gelöteten Wolframfolien hergestelltes Wolframrohr (Patent angemeldet). – Fotos: © KIT.

Quench-Detektionssystem für Komponenten, die große elektrische Ströme leiten

In elektrisch supraleitenden Systemen, die große Ströme im Kiloampere-Bereich übertragen, hat die Überwachung der elektrischen Leitfähigkeit eine besondere Bedeutung. In diesen Systemen kommt es mit Sicherheit zu unsicheren Zuständen, die einen Eingriff nötig machen. Das Experiment am CERN[1] ist z. B. genau daran in der ersten Inbetriebsetzungsphase gescheitert, da das von uns entwickelte Quench-Detektionssystem zunächst an den Kosten gescheitert ist (mittlerweile wurde es eingebaut). In der Fusion sind Hochstromleiter z. B. supraleitende Magnetspulen und Stromzuführungen.

Als Lösungsansatz wurden Quench-Detektionssysteme entwickelt, die rechtzeitig erkennen, ob am Leiter selbst eine Spannung entsteht, die im Normalbetrieb nicht vorhanden sein darf. Am Karlsruher Institut für Technologie (KIT) wurde im Rahmen der Entwicklung eines Quench-Detektionssystems für den Stellarator W7-X ein neuartiges differentielles Messsystem entwickelt (Abb. 3). Weitere Einsatzgebiete sind, neben CERN, das Hochfeldmagnetprojekt am Helmholtz-Zentrum Berlin für Materialien und Energie (HZB) sowie das internationale Beschleunigerzentrum FAIR (Facility for Antiproton and Ion Research) am Helmholtz-Zentrum für Schwerionenforschung GmbH (GSI) in Darmstadt.

Hochstromkabel mit niedrigen Wechselstromverlusten

Grundlage des Spin-offs war die Entwicklung supraleitender Magnetsysteme für künftige kommerzielle Fusionsreaktoren. Es entstanden Supraleiter mit hohem Anwendungspotenzial in Form von Drähten oder Bändern, z. B. in Magneten, Stromkabeln, Transformatoren, Motoren und Strombegrenzern. Die Kompositstrukturen sind zusammengesetzt aus den eigentlichen supraleitenden Materialen und aus Materialien, die der mechanischen und thermischen Stabilisierung oder der elektrischen und »chemischen« Isolierung dienen.

Der Ausbau der Stromnetze wird eine zentrale Herausforderung der kommenden Jahre sein, wir brauchen mehr Stromverbindungen, mehr Kabel und mehr Trassen, nicht nur für lange Strecken über Land, sondern insbesondere in Ballungsgebieten. Hier bieten sich Supraleiterkabel an. Im Rahmen des Projektes AmpaCity werden bis voraussichtlich Ende 2013 in Essen 1 km herkömmlicher 110-kV-Hochspannungsleitungen durch 10-kV-Supraleiterkabel (Abb. 4) ersetzt werden.[2] Bei dem Projekt handelt es sich um die Installation des zurzeit längsten Supraleiterkabels weltweit.

Nur die konsequente Fusionsforschung hat diese Technologie zur Anwendungsreife gebracht. Die nächste Stufe werden so genannte Hochtemperatursupraleiter sein, bei denen nicht auf so extrem tiefe Temperaturen gekühlt werden muss (aber immer noch unter –140 °C). Es gibt Überlegungen, sie im Bereich von Generatoren und Motoren einzusetzen, z. B. könnte die Supraleitung künftig für die Elektromobilität angewendet werden. In Windkraftanlagen kann die Supraleitung für »reibungslose« Lager genutzt werden.

Supraleitende Strombegrenzer

Ein weiteres Anwendungspotenzial für supraleitende Magnetsysteme liegt im Bereich von Strombegrenzern. Die großen Vorteile supraleitender Strombegrenzer sind ihre reversible Funktionalität (aufgrund von Supraleitung) und der Schutz vor Schäden infolge von Kurzschlüssen und Spannungsspitzen. Dadurch lassen sich dezentrale Stromerzeuger wie Wind- und Solaranlagen einfacher in Netze integrieren.

Seit 2010 wird im Rahmen des Projektes ENSYSTROB ein supraleitender Strombegrenzer im kommerziellen Netz eingesetzt.[3] 2012 fand der erstmalige Kraftwerkseinsatz eines hochtemperatursupraleitenden Strombegrenzers auf

1 Europäische Organisation für Kernforschung, gegründet vom **C**onseil **E**uropéen pour la **R**echerche **N**ucléaire, Kanton Genf, Schweiz.

2 AmpaCity: Vom Bundesministerium für Wirtschaft und Technologie (BMWi) gefördertes Projekt; Start Januar 2012; Projektpartner: RWE Deutschland AG, Nexans SuperConductors GmbH, Karlsruher Institut für Technologie (KIT), Projektträger Jülich (PTJ).

3 ENSYSTROB: Vom Bundesministerium für Wirtschaft und Technologie (BMWi) gefördertes Projekt; Projektpartner: Nexans SuperConductors GmbH, Karlsruher Institut für Technologie (KIT), TU Dortmund, BTU Cottbus, Projektträger Jülich (PTJ).

Basis von Yttrium-Barium-Kupfer-Oxid-(YBCO-) Bandleitern im Vattenfall-Kraftwerk Boxberg statt (Abb. 5). Auch zu dieser Entwicklung wäre es ohne die Fusionsforschung wahrscheinlich nicht gekommen.

Mikrowellenanwendungen

Grundlage des Spin-offs waren die Kompetenzen in der Hochleistungsmikrowellentechnik bei der Fusion. Mithilfe von Mikrowellen wird das Plasma in Fusionsreaktoren auf 120 Millionen Grad aufgeheizt. Diese so genannte Gyrotron-Entwicklung hat bisher zu Mikrowellenheizungen von 1 Megawatt pro Anlage geführt, das langfristige Ziel sind 10 MW pro Einheit.

Für die Industrie wurde die Technik zu einer innovativen Mikrowellenofentechnik weiterentwickelt, mit deren Hilfe verschiedenste Stoffe unter hoher Energieeffizienz mit Mikrowellen verarbeitet werden können.[4] Das Besondere dabei ist, dass nur das Bauteil warm wird, während der Ofen kalt bleibt, und dass aufgrund des extrem homogenen Felds auch Metalle verarbeitet werden können. Daraus ergibt sich ein Potenzial für neuartige Prozesse, z. B. Kleben oder chemische Gasphaseninfiltration (CVI). Der industrielle Einsatz ist bereits erfolgt, das breite Anwendungsspektrum umfasst

- Prozesse wie Sintern, Tempern, Schmelzen oder Aushärten;
- Materialen wie Keramiken, Metalle, Gläser, Kunststoffe oder Faserverbundwerkstoffe (kohle- oder glasfaserverstärkte Kunststoffe, CFK/GFK);
- Trockenprozesse;
- chemische Synthese (heterogene Katalyse).

Die nächste Stufe werden so genannte mikrowellenintegrierte Werkzeuge z. B. für die Flugzeug- oder die Automobilindustrie sein. BMW setzt z. B. nicht nur für Karosserie-, sondern auch für Chassisteile auf kohlefaserverstärkte Kunststoffe. Hier lassen sich die Mikrowellen direkt in die Werkzeuge integrieren, was zu einer enormen Energieeinsparung führt.

In der Flugzeugindustrie muss auch beim Boeing »Dreamliner«, dem ersten Großraumflugzeug, dessen Rumpf überwiegend aus kohlenstofffaserverstärktem Kunststoff besteht, der Vorflügel[5] noch aus Aluminium gefertigt werden, da, bedingt durch die eingebaute Heizung, die Wärmeleiteigenschaften des Aluminiums gebraucht werden. Wir haben dazu ein Verfahren auf Kompositbasis entwickelt (MIDAS-Technologie, Microwave De-/Antiicing System), bei dem die Wärme mittels Mikrowellen berührungslos und schnell in die Vorflügelstruktur zur Enteisung übertragen werden kann. Das klingt zunächst exotisch: Telefonieren ist im Flugzeug bei Start und Landung verboten, wohingegen aber Mikrowellen in dieser Stärke eingesetzt werden – da es sich hier aber um einen gekapselten Hohlleiter handelt, ist dies kein Problem.

Auch Offshore-Windkraftanlagen benötigen Beheizungssysteme, da deren Flügel ebenfalls vereisen können. Die großen Offshore-Anlagen erreichen Schallgeschwindigkeit an den Flügelspitzen mit entsprechenden Vibrationen, sodass in jedem Fall ein Vereisen verhindert werden muss. Eine Heizung der Flügel mittels gängiger Widerstandheizung verbraucht jedoch einen wesentlichen Teil der produzierten Energie. Auch hier lässt sich zukünftig die Mikrowellentechnik einsetzen.

4 Ein interessanter Aspekt im Zusammenhang mit der Mikrowellentechnik ist, dass Haushaltsgeräte, die wir kennen und täglich benutzen, zufällig im richtigen Frequenzbereich arbeiten, damit das Wassermolekül optimal ankoppelt. Wir haben nun festgestellt, dass wir in anderen Frequenzbereichen z. B. ein Steak von außen nach innen erhitzen können statt von innen nach außen, d. h., es erhält außen eine Kruste, während es innen rosa bleibt. Vorher hat man sich mit dieser Frage überhaupt noch nicht beschäftigt. Dieses Beispiel bestätigt meine eingangs formulierte These: Man muss Themen, die einem als Forschungsaufgabe gesetzt werden, konstant weiterverfolgen, um auf dem Weg dorthin weitere interessante Ziele zu finden.

5 Vorflügel: Kleine, am vorderen Rand der Tragfläche angebrachte, aerodynamisch wirksame Flächen, die ein- oder ausgefahren werden können.

Abb. 3. Ein neu entwickelter Quench-Detektor UNIQD vom Typ 3420 (EU-Patent angemeldet). – Foto: © KIT.

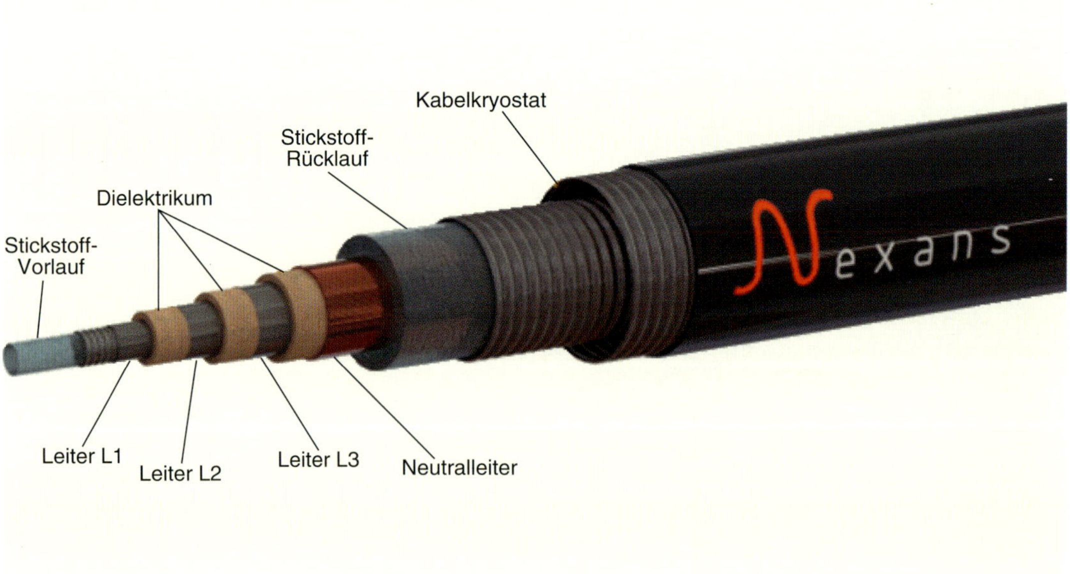

Abb. 4. Supraleiterkabel aus dem Projekt AmpaCity, das in Essen Hochspannungskabel ersetzen wird. – Foto: © Nexans.

Abb. 5. Supraleitender Strombegrenzer: Supraleitende Spulen werden mit flüssigem Stickstoff gekühlt und bieten Strom keinen Widerstand. – Foto: © KIT.

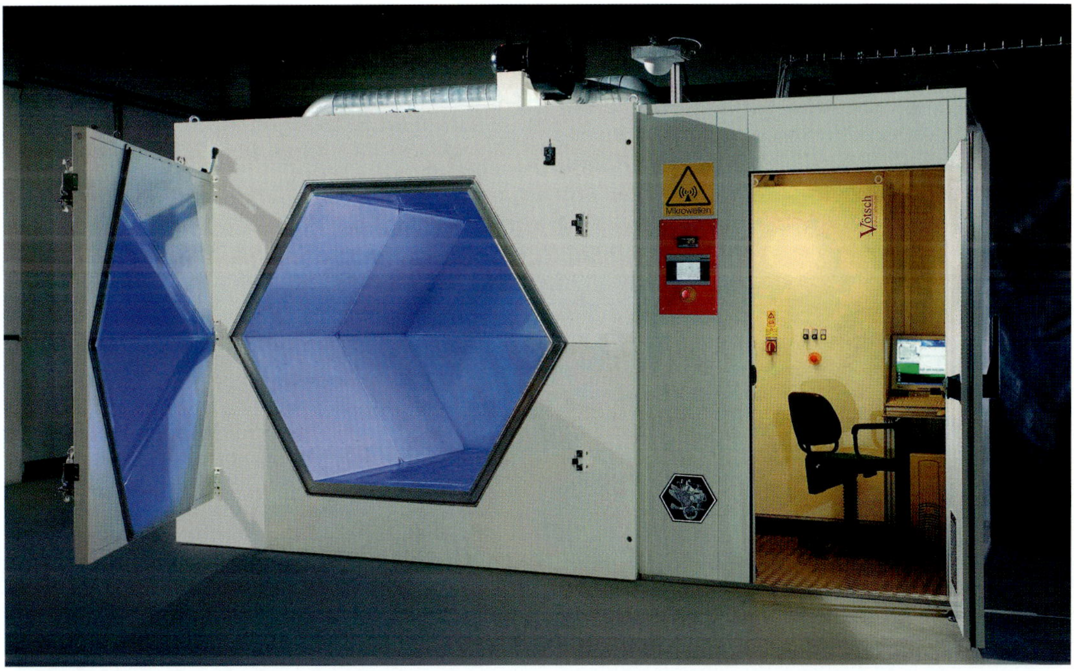

Abb. 6. Modular aufgebauter Mikrowellenofen mit hexagonaler Geometrie. – Foto: © KIT.

Teil 2:
Der Ausstieg aus der Kernenergienutzung – ein kritischer Kommentar

Szenarien zur zukünftigen Stromversorgung

Im Rahmen eines Energiegutachtens für die Grün-Rote Landesregierung beschäftigt sich der Nachhaltigkeitsbeirat der Landesregierung Baden-Württemberg mit der Frage nach der Zukunft der Energieversorgung. Bereits 2009, als noch vier Kernkraftwerke in Betrieb waren, wurden 17,5 % des in Baden-Württemberg benötigten Stroms importiert, 2011 ist mit dem Abschalten von zwei dieser Anlagen (Philippsburg 1 und Neckarwestheim 1) der Importanteil auf fast 34 % gestiegen (Abb. 7). Bei den folgenden Szenarien, die von dieser Basis ausgehen, haben wir unterstellt, dass der Stromverbrauch konstant bleibt.[6] Soll die künftige Stromversorgung zu 10 % aus Windkraft, zu 12 % aus Photovoltaik und zu je 8 % aus Biomasse und Wasserkraft bestehen, wie es sich die Landesregierung zum Ziel gesetzt hat, und soll der Stromimport wie in 2009 bei nur 17,5 % liegen, so würden bei einem Ersatz der beiden verbleibenden Kernkraftwerke durch neue Gas- und Kohlekraftwerke, die mit modernster Technologie ausgestattet sind, die CO_2-Emissionen 2020 um fast 40 % höher sein und 2022, mit dem Abschalten des letzten Kernkraftwerks (Neckarwestheim 2), um fast 70 % im Vergleich zu 2009 bzw. 2011 (Abb. 7a). Werden die beiden verbleibenden Kernkraftwerke nur durch Gaskraftwerke mit modernster Technologie ersetzt – derzeit gibt es kein Projekt in Baden-Württemberg, nach dem zu dem Kraftwerk in Karlsruhe weitere Kohlekraftwerke geplant sind, allerdings auch keines, nach dem neue Gaskraftwerke geplant wären – ergibt sich ein ähnlicher Effekt, allerdings aufgrund der geringeren spezifischen CO_2-Emissionen von Gaskraftwerken mit etwas geringeren CO_2-Erhöhungen (Abb. 7b).

Ein drittes Szenario geht von einem verstärkten Stromimport aus (Abb. 7c). Die Diskussion mit dem Landesumweltminister hat ergeben, dass künftig eine verstärkte »Strompartnerschaft« stattfinden soll (man beachte die neue Wortwahl!): Für eine begrenzte Zeit soll noch Strom importiert werden, anschließend sollen die Partner an der Energiewende teilhaben. In dem Szenario wird allerdings unterstellt, dass bei diesem Import die CO_2-Emission nicht ansteigt – mit anderen Worten: Was außerhalb der Landesgrenzen emittiert wird, wird nicht Baden-Württemberg zugerechnet.[7]

Der Stromimport/-export hat sich in Deutschland mit dem Abschalten der Kernkraftwerke grundlegend geändert (Abb. 8), Hauptimportländer sind Frankreich und Tschechien. In Frankreich besteht allerdings das Problem, dass im Winter kaum Strom nach Deutschland exportiert werden kann, da viele Heizungen in Frankreich strombetrieben sind und daher der Verbrauch von etwa 7500 GWh im Sommer auf 11 500 GWh im Winter ansteigen kann.

Seltene Erden und andere »kritische Rohstoffe«

Wir reden in der Regel nur über die schier unendlichen Ressourcen bei den Energieträgern Wind und Sonne, aber kaum über die Materialien, die zur Nutzung dieser Energieträger benötigt werden. Die Elemente der Seltenen Erden[8] haben ihren Namen zu Recht, da sie sehr selten sind. Gemäß einer EU-Studie gehören sie zu den »kritischen Rohstoffen« (Abb. 9).

---

6 Diese Annahme wird zukünftig höchstwahrscheinlich nicht eintreten, da es erklärtes Ziel der Landesregierung ist, in Baden-Württemberg vermehrt Wärmepumpen einzusetzen und der Elektromobilität zum Durchbruch zu verhelfen.

7 Ein ähnliches Beispiel wurde in einem Gutachten zur Auswirkung der Ökosteuer diskutiert. In diesem Gutachten konnte bestätigt werden, dass die Ökosteuer im Kfz-Bereich in der Tat eine Emissionsverminderung bewirkte. Dies lag aber lediglich an der Tatsache, dass die CO_2-Emission formal dem Land zugerechnet wird, in dem getankt wird. Luxemburg und die Schweiz verbuchten entsprechende Steigerungen der CO_2-Emissionen, da die Autofahrer entlang der Grenze bis zu einer Entfernung von 20–30 km im Ausland tankten. Am Frankfurter Flughafen, bei dem enorme CO_2-Spitzen auftreten müssten, greift eine andere Regelung: Die CO_2-Emission wird nur während der Steigphase der Flugzeuge gerechnet, oberhalb einer Höhe von 1000 m handelt es sich um Niemandsland. So viel zu den Statistiken.

8 Zu den Metallen der Seltenen Erden gehören: Scandium (Sc), Yttrium (Y), Lanthan (La), Cer (Ce), Praseodym (Pr), Neodym (Nd), Promethium (Pm), Samarium (Sm), Europium (Eu), Gadolinium (Gd), Terbium (Tb), Dysprosium (Dy), Holmium (Ho), Erbium (Er), Thulium (Tm), Ytterbium (Yb), Lutetium (Lu).

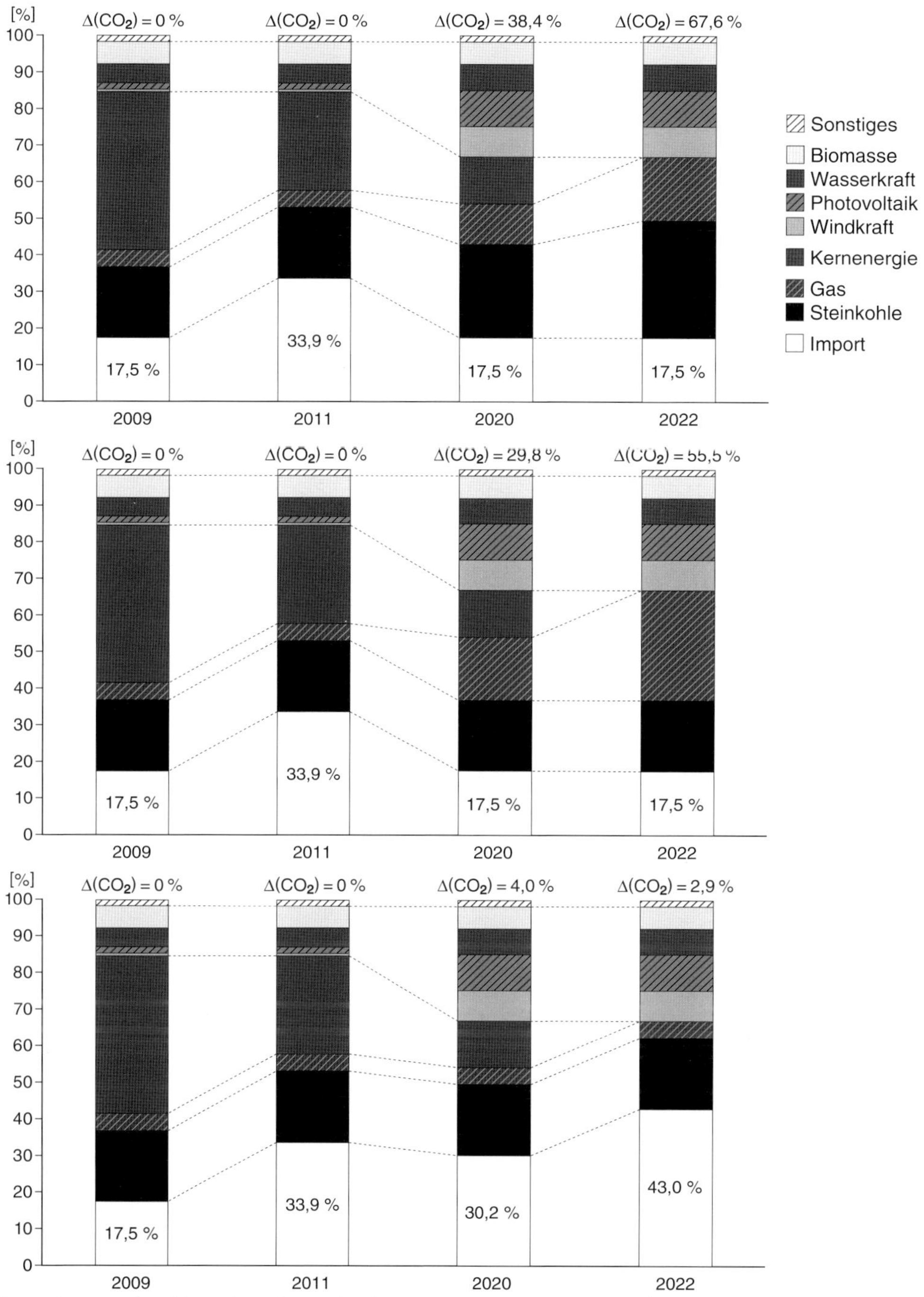

Abb. 7. Szenarien zum künftigen Anteil verschiedener Energieträger und des importierten Stroms (in %) an der Stromversorgung in Baden-Württemberg sowie die dadurch bedingte Erhöhung der CO_2-Emissionen (in % gegenüber 2009) bei Ersatz der Kernenergie **a**, durch neue Gas- und Kohlekraftwerke (1:1), **b**, durch neue Gaskraftwerke und **c**, durch Stromimport. Annahmen: **a, b:** Bruttostromverbrauch und -erzeugung konstant, neue Kraftwerke mit modernster Technologie ausgestattet; **c:** Bruttostromverbrauch konstant, Import CO_2-neutral. – Nachhaltigkeitsbeirat BW (2012).

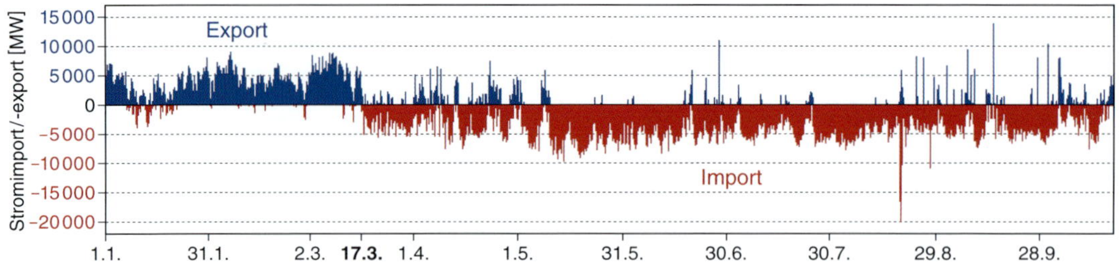

Abb. 8. Mengenmäßiger Stromimport/-export Deutschlands (in MW) vom 01.01.2011 bis 19.10.2011, Verlauf in 1-stündlicher Auflösung. – Eigene Grafik auf Basis der Daten von www.entsoe.net.

In einem typischen Fahrzeug mit Hybridantrieb werden sie beispielsweise gebraucht für Hybrid-Elektromotor und Generator (Nd, Pr, Dy, Tb), Magnete (Nd), Katalysator (Ce, La), NiMH-Hybrid-Akkumulator (La, Ce), Spritzusätze (Ce, La), UV-Schutz (Ce) und Glas- und Spielgelpolitur (Ce). Ähnliches gilt für eine Windkraftanlage, deren Herstellung ebenfalls in großem Umfang Seltene Erden benötigt. Insofern ist der Ansatz falsch, dass der Wind kostenlos ist und daher der Wirkungsgrad einer Windkraftanlage und der folgenden Schritte, wie z. B. Energiespeicherung durch Methanisierung, nicht so wichtig ist. Vielmehr müssen wir berücksichtigen, welche dieser endlichen Materialen in welchem Umfang in dem gesamten Prozess benötigt werden. Hinzu kommt, dass die Hauptförderung derzeit auf China (2009: 120 000 t), Indien (2009: 2700 t), Brasilien (2009: 700 t) und Malaysia (2009: 400 t) beschränkt ist. Das heißt, wir haben die Wahl zwischen Gas- und Ölabhängigkeit oder der Abhängigkeit von Materialien.

Ein anderer Punkt in Bezug auf einen sinnvollen Einsatz seltener und endlicher Ressourcen ist, dass in Deutschland trotz zunehmender installierter Leistung die durch Windkraftanlagen erzeugte Strommenge seit 2008 abnimmt (Abb. 10).[9]

Beim Neubau von Kohlekraftwerken werden zwar die Wirkungsgrade gesteigert, die Anlagen aber immer seltener genutzt. Das ist weder ökonomisch noch technisch sinnvoll, da die neuen Anlagen schlechter zu fahren und aufwändiger herzustellen sind. Neue Kohlekraftwerksblöcke in Wilhelmshaven, Hamburg-Moorburg, Duisburg-Walsum, Hamm-Uentrop, Boxberg, Neurath,

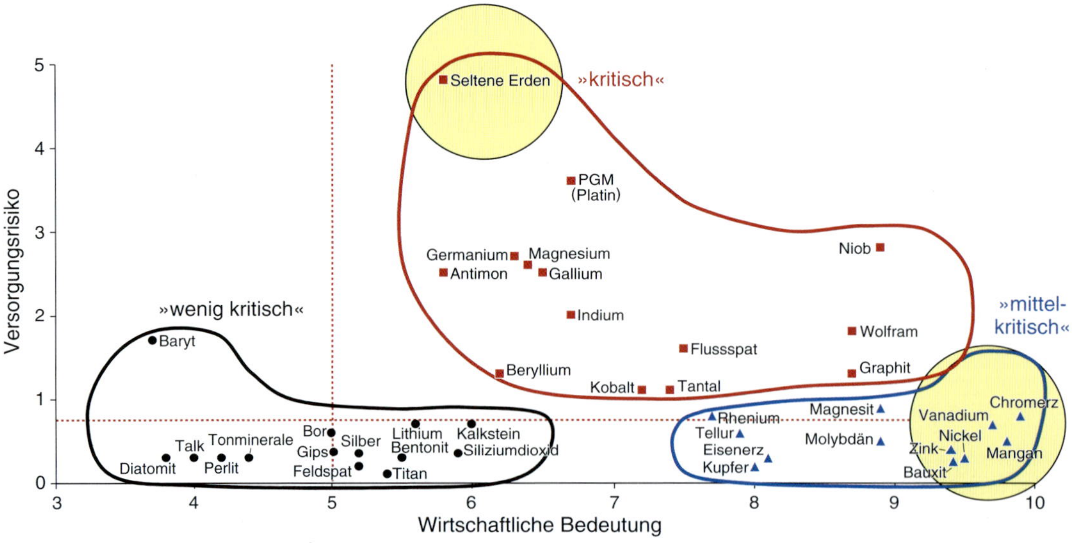

Abb. 9. Materialien als Rohstoffe: Versorgungsrisiko (auf einer Skala von 0–5) und wirtschaftliche Bedeutung (auf einer Skala von 0–10) sowie ihre Bewertung. – Nach EC (2010).

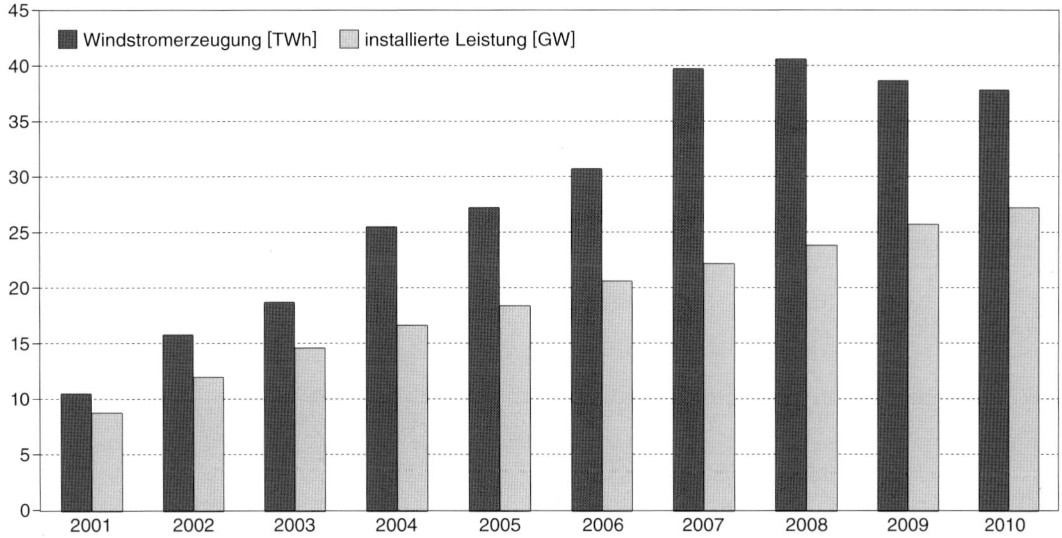

Abb. 10. Windkraftanlagen in Deutschland: installierte Leistung (in GW) und erzeugte Strommenge (in TWh) von 2001 bis 2010. – AG Erneuerbare Energien (Stand März 2012).

Abb. 11. Standorte und thematische Schwerpunkte beim KIC-InnoEnergy-Konsortium.

Mannheim und Karlsruhe mit einer insgesamt erwarteten Leistung von 10 GWel bis 2015 zeigen wasserstoffinduzierte Spannungsrisskorrosion beim Spezialstahl T24 (7 CrMo VTiB 10 10) in den Dampfkesseln, die die Inbetriebnahme um bis zu zwei Jahre verzögern werden (Traufetter 2011). Diese Anlagen sollen künftig nur noch 3000 Stunden in Betrieb sein – lohnt sich da die Investition? Im Moment gibt es zumindest kein einziges neues Projekt. Für den Spezialstahl wer-

9 Auch hierzu gibt es in Baden-Württemberg einen interessanten Ansatz: die Normierung des Windes. In den letzten 7 Jahren lag die Windausbeute 6 Jahre lang bis zu 32 % unter dem Normwert, wohingegen 1 Jahr exakt der Normwert erreicht wurde. Daraufhin wurde über einen längeren Zeitraum gerechnet, sodass wir jetzt theoretisch mehr Strom produzieren und die Kurven wieder parallel verlaufen. Das ist nun wiederum die Basis für die nächste Auslegung.

den Materialien wie Chrom, Vanadium, Nickel und Mangan benötigt, die nach Abbildung 6 zwar ein geringes Versorgungsrisiko, aber eine hohe wirtschaftliche Bedeutung haben. Auch sie sind endlich und die Frage ist, ob wir es uns leisten können, Anlagen mit höchstmöglichem Wirkungsgrad nur wenige Stunden zu betreiben, wenn Windkraft- und Photovoltaikanlagen nicht genügend Strom produzieren. Ähnliches gilt für Gasturbinen, deren Wirkungsgrad hoch sein soll und für die Hochtemperaturmaterialien eingesetzt werden sollen.

Das Karlsruher Institut für Technologie

Das Karlsruher Institut für Technologie (KIT) ist aus dem Zusammenschluss zwischen Forschungszentrum Karlsruhe und Universität Karlsruhe entstanden. Von den etwa 9200 Mitarbeitern arbeiten etwa 1300 im Bereich Energieforschung, verteilt auf die Arbeitsgebiete Energiespeicherung und -verteilung, Effiziente Energienutzung, Fusionstechnologie, Kerntechnik, Energiesystemanalyse, Energieumwandlung und Erneuerbare Energien, und wir wollen auch weiterhin diese gesamte Bandbreite auf einer objektiven Basis bearbeiten.

Die internationale Wissens- und Innovationsgemeinschaft KIC InnoEnergy ist eine von drei »Knowledge and Innovation Communities« (KIC), die seit Sommer 2010 vom Europäischen Institut für Innovation und Technologie (EIT) gefördert werden. Unter 20 europaweiten Vorschlägen wurde das KIT für die Koordination des KIC InnoEnergy ausgewählt. Insgesamt bietet das KIC InnoEnergy Ausbildungsplätze für 1500 Masterstudierende und Doktoranden mit einem Jahresbudget von 110 Mio. €. In KIC InnoEnergy arbeiten Unternehmen, Hochschulen und Forschungseinrichtungen an dem gemeinsamen Ziel, bis zum Jahr 2050 ein nachhaltiges Energiesystem für Europa zu schaffen. Es ist hochinteressant zu sehen, was unsere Kollegen an den anderen Standorten an Beiträgen zu diesem zukünftigen Energiesystem entwickeln. Je nach Land sind die Zielrichtungen dabei verschieden, der Schwerpunkt bei den französischen Partnern liegt z. B. auf der Kernenergie (Abb. 11).

Fazit

Warum sollte sich die Zukunft geradliniger, vorhersagbarer entwickeln, als dies in der Vergangenheit der Fall war?

Bei zunehmenden Unsicherheiten sollte der Lösungsraum erweitert werden, was bedeutet:

- Keine Einschränkungen der Energieforschung durch politische Vorgaben!
- Vielmehr müssen alle Optionen der Energiewandlungsverfahren gleichrangig weiterverfolgt werden, da die tatsächlichen Einsatzmöglichkeiten von den aktuellen Randbedingungen zum jeweiligen Zeitpunkt abhängen.
- Diese zukünftigen Randbedingungen sind nur sehr eingeschränkt bis gar nicht vorhersehbar.

Literatur

EC. 2010. Critical raw materials for the EU. – Report of the Ad-hoc Working Group on defining critical raw materials. European Commission, Brüssel, Belgien, 85 pp.

Nachhaltigkeitsbeirat BW. 2012. Energiegutachten Baden-Württemberg. – Nachhaltigkeitsbeirat der Landesregierung in Baden-Württemberg, in Vorbereitung.

Traufetter, G. 2011. Die Not der Kesselflicker. – Der SPIEGEL, 26/2011. SPIEGEL ONLINE GmbH, Hamburg. www.spiegel.de/spiegel/print/d-79175803.html.

Rundgespräche der Kommission für Ökologie, Bd. 41 »Die Zukunft der Energieversorgung«, S. 195–207.
 – ISSN 0938-5851 – ISBN 978-3-89937-150-5

Podiumsdiskussion

Ottmar Edenhofer, Hans-Werner Sinn, Carl Christian von Weizsäcker
Moderation: Klaus Stratmann*

K. Stratmann: Herr Edenhofer, möglicherweise hat Ihnen der Vortrag von Herrn Weimann nicht allzu gut gefallen. Wir haben darin gehört, dass man große Fragezeichen hinter die internationalen Klimaschutzverhandlungen setzen muss, weil es eine Menge Freifahreroptionen gibt. Auch der letzte internationale Klimaschutzgipfel in Durban hat nicht sehr optimistische Signale gesetzt. Hat dieser Mechanismus überhaupt noch eine Zukunft? Was spricht dafür, diesen internationalen Klimazirkus weiterzuführen?

O. Edenhofer: Als erstes vorweg: Der Vortrag von Herrn Weimann hat mir ausgezeichnet gefallen, und ich sehe das Trittbrettfahrerproblem ähnlich. Ich bin durchaus kein flammender Anhänger der These, dass Europa und Deutschland »first mover« sein sollen. Ich habe immer wieder gesagt, das Klimaproblem ist ein globales Problem und kann nur global gelöst werden. Der zweite Punkt ist die Frage, wie sich das Trittbrettfahrerproblem begrenzen oder gar lösen lässt. Da sehe ich in der Tat die Möglichkeit von Issue Linking – d.h. die Verknüpfung von Klimaschutzzielen mit anderen Verhandlungszielen – und die Möglichkeit von Sanktionen wie etwa in Form von »CO_2-Tarifen« etwas optimistischer, als es Herr Weimann sieht. Ich denke auch nicht, dass derlei bei richtiger Ausgestaltung mit den Bedingungen der Welthandelsorganisation (WTO) grundsätzlich unvereinbar wäre. Für mich wäre Issue Linking daher in der Tat eine Möglichkeit, die es weiter zu erkunden gilt.

Was Herr Weimann über die Ineffizienz einer Förderung erneuerbarer Energieträger gesagt hat, mag für die deutsche Energiewende ein Thema sein, ist aber bei der Beurteilung der internationalen Klimaverhandlungen nur ein Seitenaspekt. Kurz möchte ich mich aber auf dieses Thema dennoch einlassen: Zu sagen, dass wir in Deutschland oder Europa mit dem Erneuerbare-Energien-Gesetz lediglich unsere Opferbereitschaft signalisieren, ist inadäquat. Die Förderung der Nutzung erneuerbarer Energieträger ist auch dann sinnvoll, wenn es einen Emissionshandel gibt. Dies gilt dann, wenn durch die Investitionen in die Nutzung Erneuerbarer die Kosten der gesamten Branche sinken. Würden die erneuerbaren Energieträger nicht vorübergehend gefördert, würde zu wenig in sie investiert werden. Wenn ich Herrn Weimann richtig verstehe, dann bestreitet er nicht den theoretischen Zusammenhang, aber er bestreitet, dass der Effekt quantitativ bedeutsam ist. Mir scheint dieser Effekt quantitativ bedeutsam, aber das kann nur entschieden werden, wenn wir hierzu bessere empirische Studien haben.

Bei dem konkreten »Klimazirkus«, wie Sie es nennen, sehe ich durchaus Chancen – »das Glas ist halb voll und nicht halb leer«. Ich möchte dabei auf einen Aspekt verweisen: Die UN-Klimakonferenz in Kopenhagen (2009) ist aus diplomatischer und politischer Perspektive als Desaster empfunden worden. Trotzdem haben in den »Klingelbeutel«, von dem Herr Sinn gerne

* Stratmann, Klaus, Korrespondent, Handelsblatt GmbH, Büro Berlin, Askanischer Platz 3, 10963 Berlin.
E-Mail: Stratmann@handelsblatt.com

spricht, Staaten etwas hineingelegt, und zwar so viel Verringerung von Treibhausgasemissionen, dass wir immerhin den Anstieg der globalen Mitteltemperatur auf 3,5 Grad begrenzen können. Spieltheoretisch ist das für mich etwas Ähnliches wie ein Nash-Gleichgewicht[1], das gar nicht so schlecht aussieht. In den nächsten zehn Jahren lassen sich sicherlich institutionelle Voraussetzungen schaffen, um noch mehr daraus zu machen.

K. Stratmann: Wie sollten die institutionellen Voraussetzungen denn aussehen, wie sollten sie sich wandeln? Kann oder sollen die Verhandlungen weiter auf Ebene der UN ablaufen?

O. Edenhofer: Die UN-Ebene ist hervorragend geeignet, um Legitimität zu erzeugen. Ich denke aber, dass jenseits der Klimarahmenkonventionen zusätzlich andere Verhandlungsmuster und eine andere Verhandlungsform gefunden werden müssen. Zwanzig Prozent aller Länder sind für achtzig Prozent aller Emissionen verantwortlich, da wäre etwas wie ein G-20-Treffen sehr sinnvoll. Aus meiner Sicht sollte daher neben dem Prozess der Klimarahmenkonvention sehr wohl auch der Pfad beschritten werden, dass die Hauptemittenten gangbare Kompromisse ausloten.

K. Stratmann: Wenn Sie das Stichwort G-20 nennen, wünschen Sie sich also, dass eine Staatengruppe mit gutem Vorbild vorangeht. Lohnt sich das für diese Staaten auch?

O. Edenhofer: In der G-20-Gruppe ließe sich eine ganze Menge vereinbaren. Wir haben bisher fast nur über erneuerbare Energieträger geredet, aber das ließe sich auf andere Themen erweitern, z. B. auf die CO_2-Speicherung und die Fragen des Waldschutzes; auch die Abschaffung der Subventionen für die Nutzung fossiler Energieträger könnte in diesem Rahmen vorangetrieben werden. Da gibt es eine ganze Menge an Möglichkeiten, die zum Teil sogar schon beschlossen sind und jetzt mal langsam implementiert werden müssten. Da sehe ich gute Voraussetzungen dafür, die internationalen Verhandlungen auf eine recht pragmatische Weise zu revitalisieren.

K. Stratmann: Herr Sinn, sind Sie da auch so optimistisch? Ist das festgefahrene Prozedere revitalisierbar?

H.-W. Sinn: Wenn ich das wüsste! Wir haben ja bei der spieltheoretischen Analyse von Herrn Konrad gesehen, wie schwierig es ist, zu einer Übereinkunft zu kommen. Insbesondere durch die deutschen Vorleistungen geht einfach gar nichts mehr. Die Bereitschaft der anderen Teilnehmer, etwas zu machen, sinkt dadurch nur. Das ist eine verkorkste Grundsituation, und ich bin da überhaupt nicht optimistisch. Ich kann mir beim besten Willen nicht vorstellen, dass bis 2020 eine solche Übereinkunft zustande kommen wird. Ich hoffe es natürlich mit Herrn Edenhofer sehr, denn ich bin überzeugt, dass wir ein Klimaproblem haben und dass wir die Extraktion von Kohle, Gas und Öl verlangsamen müssen. Es ist aber vieles nur Symbolpolitik, und ich denke auch, dass es den Grünen im Grunde nicht darum geht, das Klima in irgendeiner Form zu retten, sondern eher darum, Sakralbauten für ein neues Glaubensbekenntnis zu errichten: Man huldigt dem Sonnen- und dem Windgott. Dafür braucht man die Solardächer und die Windflügel. Ernst gemeint in Bezug auf die Klimaproblematik ist das aber nicht. Wenn es ernst gemeint wäre, müsste man ganz andere Ansätze verfolgen. Dann müsste man in der Tat an die Chinesen herantreten und eine CO_2-Importsteuer für die Waren fordern, die China zu uns liefert, je nachdem, wie viel CO_2 in diesen Waren steckt. Solche Vorschläge hat es durchaus gegeben.

Es ist natürlich richtig, dass die gesamten deutschen CO_2-Emissionen nur ein Drittel oder die Hälfte des jährlichen Zuwachses an CO_2-Emissionen in der Welt ausmachen. Aber das ist kein Argument dafür, nichts zu tun. Bedauerlich ist vielmehr, dass das, was wir einsparen, anderswo verbraucht wird, weil die extrahierten Mengen ja irgendwo hin müssen. Über fallende Preise findet der Markt andere Verwendungen für den fossilen Kohlenstoff, wenn wir ihn nicht mehr haben wollen. Wir subventionieren also nur den Verbrauch der anderen.

1 Das Nash-Gleichgewicht (nach dem Mathematiker John Forbes Nash Jr., 1950) beschreibt in nichtkooperativen Spielen eine Kombination von Strategien, eine für jeden Spieler, von der ausgehend kein einzelner Spieler für sich einen Vorteil erzielen kann, indem er einseitig von seiner Strategie abweicht. In einem Nash-Gleichgewicht bereut daher kein Spieler seine Strategiewahl. Die Strategien der Spieler sind wechselseitig beste Antworten.

O. Edenhofer: Zunächst zu den erneuerbaren Energieträgern. Herr Weimann hat heute gesagt, er stimme mir zu, dass in jedwedem Energieszenario, das unter wohlfahrtoptimalen Gesichtspunkten gerechnet worden ist, die Erneuerbaren eine wichtige Rolle spielen. Bei ihrem Ausbau muss man sich aber auf die wirklich wichtigen Fragen konzentrieren. Es ist gar nicht so wichtig, dass Windkraft oder Solarthermie billiger werden, sondern es geht um das richtige Timing – wann werden welche Technologien wie eingesetzt? – und vor allem um die Möglichkeiten ihrer Integration in das gesamte Energiesystem. Ich kann Herrn Kleinknecht nur zustimmen: Wenn der Netzausbau nicht gelingt, liegt sehr viel mehr Gewicht auf dem Problem der Energiespeicherung, und dafür gibt es im Augenblick nicht viele Optionen. Wenn wir die Nutzung erneuerbarer Energieträger ausbauen wollen, brauchen wir vernünftige Förderinstrumente. Dass das Erneuerbare-Energien-Gesetz reformiert werden muss, liegt auf der Hand.

K. Stratmann: Vielleicht kommen wir gleich noch einmal auf das EEG zurück und wie man es möglicherweise besser ausgestalten könnte. Herr von Weizsäcker, würden Sie sich der Meinung von Herrn Edenhofer anschließen, dass die Erneuerbaren eine durchaus sinnvolle Sache sind, falls es gelingt, sie in das System zu integrieren und sinnvoll mit ihnen umzugehen, oder sind sie grundsätzlich skeptisch?

C. C. von Weizsäcker: Dass erneuerbare Energieträger einen wesentlichen Beitrag zur künftigen Energieversorgung leisten können, ist, glaube ich, unstrittig. Es ist tatsächlich zum einen eine Frage des Timings und zum anderen eine Frage der Integration in das Energiesystem. Die Systeme sind sehr träge, wie mehrfach betont worden ist. Es ist ein enormer Aufwand nötig, um die zueinander komplementären Komponenten zu errichten; der Bau von Leitungen gehört dazu. Das ist eine Sache, die nicht von heute auf morgen geht. Dass man da in der offiziellen Politik heute weit überoptimistisch ist, daran kann, so denke ich, kein Zweifel bestehen, und das haben auch alle Vorträge dieser Tagung gezeigt. Dennoch können langfristig gesehen die erneuerbaren Energieträger einen sehr starken Beitrag leisten.

Wenn man aber meint – wie das in vielen Gremien heute getan wird, darunter eben auch im IPCC –, dass das Klimaproblem keinen Zeitaufschub verträgt und man jetzt in großem Stil handeln muss, um das Klima auf einem vernünftigen Temperaturlevel zu stabilisieren, dann ist es vollkommen absurd zu meinen, innerhalb der breiten Palette an Energieträgern kämen dafür nur die Erneuerbaren infrage. Es ist vollkommen klar, dass auch die Kernenergie ihren Beitrag dazu leisten kann und muss, und außerhalb Deutschlands wird sie das auch tun. Dieser Beitrag allein reicht aber nicht aus, auch wenn jeden Monat ein neues Kernkraftwerk in China an das Netz geht. Herr Edenhofer hat in seinem Beitrag vom Zeitalter der Kohle gesprochen. Auch deren Nutzung wird weiterhin verstärkt nötig sein und deshalb kommen wir um CCS, die Abtrennung und Speicherung von CO_2, gar nicht herum. Ich halte CCS für eine absolut erforderliche Technik, damit wir die Kohle weiter verwenden können. Ich kann eine Klimapolitik nicht ernst nehmen, die auf die Nutzung von Kernenergie und auf CCS verzichten will.

Die vorhin angesprochene Frage der Importbesteuerung sehe ich sehr skeptisch. Wir wissen, dass das WTO-Regelsystem ein nicht besonders stark funktionierendes, aber immerhin doch vorhandenes System ist. Ich glaube, man kann zeigen, dass die Schwellenländer im Hinblick auf ihr wirtschaftliches Wachstum und auf die Bekämpfung der Armut – über dem Klimathema wird die Abschaffung der Armut auf dieser Welt bisweilen vergessen – ganz wesentlich davon profitiert haben, dass wir ein GATT-System und, als dessen Nachfolger, ein WTO-System haben.[2] Diese Systeme haben bewirkt, dass die Schwellenländer nicht vor geschlossenen Türen bei Exporten in die reichen Ländern standen, wie es beim Protektionismus der Fall gewesen wäre. Diese globalisierte Vernetzung der Welt aufrechtzuerhalten, ist ein hohes Gut der Weltwirtschaftspolitik. Wenn China innerhalb von zwei Jahrzehnten den Anteil der Bevölkerung in absoluter Armut von rund 50 % auf rund 5 % reduzieren konnte, dann ganz wesentlich dank des einigermaßen freien Welthandels. Wenn durch eine Intervention wie der CO_2-basierten Besteuerung von Importen hier Uneinigkeit entsteht – und Uneinigkeit

2 Das Allgemeine Zoll- und Handelsabkommen (General Agreement on Tariffs and Trade, GATT) trat am 1. Januar 1948 in Kraft. Aus ihm wurde 1994 die Welthandelsorganisation (World Trade Organization, WTO) gegründet, die am 1. Januar 1995 ihre Arbeit in Genf aufnahm.

wird entstehen, denn wie wollen Sie messen, wie der »CO_2-Gehalt« von einem Spielzeug oder einer anderen Ware aus China eigentlich einzuschätzen ist? Das legt der deutsche oder europäische Gesetzgeber fest und die Chinesen können bei der WTO dagegen protestieren –, so wird dieses Zusammenspiel außerordentlich kompliziert und dies beschädigt den freien Welthandel. Daher sehe ich die Nachteile einer solchen Besteuerung wesentlich größer als ihre Vorteile und würde vor diesem Weg warnen.

O. Edenhofer: Ich würde gerne noch einmal auf zwei Aspekte hinweisen. Obwohl wir nicht wissen, ob CCS am Ende funktioniert, ist es aus meiner Sicht in der augenblicklichen Situation völlig unverantwortlich, dass noch nicht einmal überzeugende Pilotprojekte durchgeführt und deren Ergebnisse ausgewertet werden – sondern jetzt schon gesagt wird, CCS ist keine Option. Herr Fritz hat gesagt, wir müssten den Lösungsraum erweitern und möglichst viele Optionen offenhalten, und das möchte ich unterstreichen.

Die Kohlerenaissance wird in ganz Europa in einem Ausmaß unterschätzt, das einem Schauer über den Rücken jagen lässt. Selbst wenn wir den Fortschritt bei der Nutzung erneuerbarer Energieträger unterschiedlich einschätzen, so kann kein Zweifel darüber bestehen, dass der technische Fortschritt bei den Erneuerbaren nicht ausreichen wird, um das Klima- und das Emissionsproblem zu lösen. Innerhalb der nächsten Dekade wird die Nutzung erneuerbarer Energieträger nicht so billig werden, dass niemand mehr Kohle oder Gas nutzen wird. Wir werden also in irgendeiner Form eine vernünftige Bepreisung von CO_2 brauchen, andernfalls wird die Reduzierung der Emissionen nicht gelingen.

Für die Bepreisung von CO_2 ist der Emissionshandel das richtige Instrument. Ich glaube, dass es zwischen Ökonomen keinen Streit darüber gibt, dass der Emissionshandel das primäre und wichtigste klimapolitische Instrument sein sollte. Wir müssten dann aber den europäischen Emissionshandel fundamental reformieren. Es ist bemerkenswert, dass viele Leute immer wieder darauf hinweisen, wo in der Wirtschaft überall Effizienzpotenziale schlummern (zum Beispiel im Wärme-, im Gebäude- oder im Verkehrsbereich). Trotzdem haben wir aber einen Emissionshandel, der im Wesentlichen den Stromsektor miteinbezieht, aber nicht den Wärme- oder Transportsektor, in dem es große Effizienzpotenziale gibt. Man könnte diese Sektoren ohne hohe Kosten in den Emissionshandel miteinbeziehen. Wer Kohle, Öl, Gas oder Biomasse nutzen will, muss dafür auch Zertifikate erwerben. Die Importeure von Öl würden diesen Aufpreis dann auf die nachgelagerten Sektoren überwälzen, was wiederum die Suche nach kostengünstigen Optionen zur Emissionsvermeidung auslösen würde. In diesem Punkt könnte Europa mit gutem Beispiel vorangehen. Denn auf der ganzen Welt entstehen im Augenblick Emissionshandelssysteme, auch in China, wie ich nochmals betonen möchte. Im 12. Fünfjahresplan ist angekündigt, dass China ein nationales Emissionshandelssystem entwickelt, in Australien und in Neuseeland entstehen solche Systeme, vielleicht auch in den USA. Mit anderen Worten: Wenn wir etwas tun wollen in Richtung institutioneller Best Practice, dann sollten wir uns jetzt darauf konzentrieren, den europäischen Emissionshandel zu reformieren und ihn in die richtige Richtung lenken. Ich denke, dass es da unter den Ökonomen eine große Einigkeit gibt.

K. Stratmann: Eine kurze Nachfrage zu dem Emissionshandel, den Sie hier als günstiges und taugliches Element skizzieren: Wenn dieser funktionieren soll, müsste man dann nicht in letzter Konsequenz das EEG abschaffen? Und könnten Sie zu dem Stichwort Steuer auf CO_2-Importe auch noch einen kurzen Satz sagen? Herr von Weizsäcker hat diese ja im Prinzip abgelehnt.

O. Edenhofer: CO_2-Zölle sind sicher kein unproblematisches Instrument, vor allem im Rahmen der WTO. Ich möchte aber darauf hinweisen, dass es ein großer Unterschied ist, ob man auf Güter Zölle erhebt und damit den Freihandel behindert, oder ob dies aufgrund von externen Effekten geschieht. Es gibt auch im Rahmen der WTO Präzedenzfälle, die dazu ermutigen, die Möglichkeit von CO_2-Zöllen weiter zu erkunden. Nochmals: Die institutionellen Schwierigkeiten sehe ich, aber mir scheint, dass das Issue Linking und auch die Sanktionen (und dazu gehören aus meiner Sicht die CO_2-Zölle) eine intensivere Diskussion wert wären, um das Trittbrettfahrerproblem zu lösen.

Zu Ihrer Frage nach dem Emissionshandel und dem EEG: Langfristig sollte es keine Subventionen für die Nutzung erneuerbarer Energieträger geben. Aber eine vorübergehende Förderung halte ich für sinnvoll, weil die Erneuerbaren noch ein großes Kostensenkungspotenzial haben und dieses Kostensenkungspotenzial der gesamten Branche zugutekommt; daher haben private Investoren einen zu geringen Anreiz, in den Aufbau von Kapazitäten zu investieren. Dazu gibt es keine Einigkeit zwischen Herrn Weimann und vermutlich auch zwischen Herrn Sinn und mir. Wenn ich gefragt werden würde, was wichtiger sei, die Reform des Emissionshandels oder eine Förderung der Erneuerbaren, würde ich sofort sagen, die Reform des Emissionshandels hätte für mich das größere Gewicht.

H.-W. Sinn: Da stellt sich natürlich die Frage, ob das in Europa allein Sinn macht, oder nur, wenn die anderen Teile der Welt auch mitmachen. Da unterscheiden wir uns vielleicht. Ich bin grundsätzlich schon der Meinung, dass es ein Fehler ist, dass man den Hausbrand und die Industrie nicht in den Emissionshandel integriert. Aber das macht alles keinen Sinn, wenn die anderen Teile der Welt die fossilen Brennstoffe konsumieren, die wir freigeben. Wie wir, hier in Europa, sie dazu bewegen sollen, dies nicht zu tun, weiß ich nicht. Das ist ein schwieriges Thema. Der einzige Weg wäre über die Importzölle, aber das ist äußerst riskant, weil wir dann das Freihandelssystem gefährden. Aber sonst sehe ich keine Lösung.

Ich möchte noch Eines grundsätzlich sagen. Wenn wir die Nutzung erneuerbarer Energieträger von der technischen Seite sehen, können wir uns darüber unterhalten, wie stark die Windkraft zum Strom beiträgt und Ähnliches, und ich kann mir vorstellen, dass durch erneuerbare Energieträger die Kernkraft ersetzt wird. Wir haben auch viel über technische Möglichkeiten gehört, um Prozesse effizienter zu gestalten und eine Menge an Emissionen zu sparen; die deutschen Automobilhersteller sind da an der Spitze dabei. Aber überlegen Sie doch einmal: Kann das überhaupt einen Beitrag leisten zur Lösung des Klimaproblems? Das ist keineswegs klar. Wenn die Ressourcenextraktion so ist, wie sie ist, wenn die Ölscheichs, Kohlebarone und die Putin'schen Gasoligarchen bestimmte Mengen aus der Erde holen, dann legt das ja schon fest, wie viel CO_2 in die Luft kommt. Alles, was wir zusätzlich an »Kleimkram« dazupacken, was sich unsere Ingenieure ausdenken, führt nur dazu, dass insgesamt mehr Energie verbraucht wird. Es kann ja gar nicht dazu führen, dass weniger CO_2 in die Luft gestoßen wird, wenn die weltweit geförderte Öl-, Kohle- und Gasmenge gleich bleibt: Was aus der Erde herausgeholt wird, geht auch in die Luft. Natürlich geht wieder ein Teil des CO_2 in die Meere und in die Biomasse zurück, aber 25 Prozent der Emissionen bleiben auch langfristig in der Luft und das erzeugt den Treibhauseffekt. Das ist vielleicht eine Trivialaussage, aber eine wichtige! Wir können nicht Klimapolitik von der technischen Seite her betreiben, indem wir Maßnahmen zur Verringerung der Nachfrage nach fossilen Brennstoffen erfinden, die uns einen Weg eröffnen, ohne uns allzu sehr weh zu tun, wenn wir nicht gleichzeitig einen Nachweis darüber führen, wie sich die Ölscheichs verhalten. Wenn ich die Ölscheichs, Kohlebarone und Gasoligarchen gar nicht erwähne – und sie sind in den bisherigen Beiträgen überhaupt noch nicht erwähnt worden –, kann das Ganze nichts bringen. Zumindest hat man hier eine Erklärungslücke. Derjenige, der will, dass wir hier Milliarden – und wir reden über 100 Milliarden Euro allein für die Photovoltaik[3] und über 12 Milliarden Euro pro Jahr für die ganzen Einspeisetarife[4] – in die Hand nehmen, hat eine Beweislast und muss nachweisen, dass die Ausgaben tatsächlich wirksam sind. Wenn ich ein Medikament auf den Markt bringen will, muss ich als Hersteller auch die Wirksamkeit nachweisen. Ich behaupte, wir haben hier genau dasselbe Problem: Solange über Ölscheichs, Kohlebarone und Gasoligarchen und deren Verhalten nicht geredet wird, gibt es nullkommanull Nachweis der Wirksamkeit unserer Maßnahmen. Meines Erachtens sind unsere Maßnahmen sogar kontraproduktiv, weil die Ölscheichs eher noch mehr extrahieren, wenn wir ihnen die Vernichtung ihrer Märkte androhen, indem wir die Erforschung grüner Technologien bezuschussen. Der Marktvernichtung kommen sie durch vorgezogene Extraktion zuvor, und die Erde erwärmt sich noch schneller, als sie das sonst getan hätte.

O. Edenhofer: Dabei sind die die Kohlebarone wichtiger als die Ölscheichs aus dem Nahen und Mittleren Osten, die ihr konventionelles Öl auch noch extrahieren könnten, wenn die Welt eine ambitionierte Klimapolitik betreiben würde.

---

3 Kumulierte Nettokosten bis einschl. 2010, nach Frondel, M., N. Ritter & C. M. Schmidt. 2010. Die Förderung der Photovoltaik: Ein Kosten-Tsunami. – Energiewirtschaftliche Tagesfragen, 60(12): 36–44.

4 12,8 Mrd. € EEG-Differenzkosten des Jahres 2011, 12,4 Mrd. € bei Abzug der vermiedenen Netzentgelte.

Das Problem sind die Kohlebarone. Wir haben zu viel Angebot an Kohle. Wir werden daher zu keiner vernünftigen Klimapolitik kommen, wenn nicht die Nutzung der Ressourcen gedeckelt wird. Aber: Wenn das Kohlenstoffbudget einmal festgelegt ist und CO_2 entsprechend der Knappheit des Deponieraumes vernünftig bepreist wird, dann ist es natürlich von Vorteil, technische Optionen, Energieeffizienz, Strom aus erneuerbaren Energieträgern und CCS zu haben. Die Erhöhung der Energieeffizienz hat dann eben nicht mehr den Effekt, dass sie durch Wirtschafts- und Bevölkerungswachstum überkompensiert werden kann. Derzeit führt die Energieeffizienzerhöhung lediglich dazu, dass die Emissionen steigen. Herr Sinn, ich stimme Ihnen also völlig zu, dass die Nutzung der großen Energieeffizienzpotenziale unter heutigen Bedingungen nur dazu führen wird, dass die Emissionen noch schneller steigen; und ich stimme Ihnen auch ausdrücklich zu, dass eine nachfrageorientierte Klimapolitik sinnlos ist, weil es noch keine globale Vereinbarung darüber gibt, wie viel CO_2 in der Atmosphäre wir noch ablagern wollen. Dennoch sollten wir schon heute Technologiepolitik betreiben, um dann auch die technischen Optionen zur Verfügung zu haben, wenn das Kohlenstoffbudget hoffentlich irgendwann festgelegt wird. Wir können dann mit geringeren Kosten dieses Budget einhalten.

K. Stratmann: Herr Edenhofer, noch eine Nachfrage. Es war von Ölscheichs, Kohlebaronen und Gasoligarchen die Rede. Wenn man die internationale Ebene sieht und die begrenzten Möglichkeiten, ein international verbindliches Klimaschutzregime herzustellen, dann bleibt immer noch die Idee, Subventionen für die Nutzung fossiler Brennstoffe aller Art abzubauen. Die Internationale Energieagentur hat ausgerechnet, dass 400 Milliarden US-Dollar im Jahr für diese Subventionen ausgegeben werden. Auch von Seiten der G-20 gibt es die Forderung, etwas gegen die Subventionierung fossiler Brennstoffe zu tun. Für wie wichtig und für wie realistisch halten Sie es, dieses Ziel zu erreichen?

O. Edenhofer: Es ist schon beschlossen worden, dass die Subventionen für die Nutzung fossiler Energieträger abgeschafft werden sollen – es müsste nur umgesetzt werden. Allerdings muss man dazu sagen, dass international vor allem Öl und nicht die Kohle subventioniert wird. Dennoch ist es wichtig, dass die Subventionen für die fossilen Energieträger weiter abgeschmolzen werden. Immerhin wird die Tonne CO_2 mit 9 US-Dollar pro Jahr subventioniert. Die Abschaffung der Subventionen ersetzt keine Klimapolitik, sie kann aber ein erster Schritt sein. Das wäre immerhin ein Symbol. Manchmal ist Symbolpolitik wichtig.

C. C. von Weizsäcker: Was die Subventionierung der fossilen Energieträger betrifft, muss man sich klarmachen, was eigentlich hinter den Subventionen steckt. Es handelt sich überwiegend um ein Problem der armen Länder; wir haben unsere Steinkohlesubventionen schon wesentlich beseitigt. Subventionen sind der vom politischen System her gut zu verstehende Versuch, die Energiepreise für den Verbraucher und für die Industrie niedrig zu halten. Das kann man nicht von heute auf morgen abschaffen. Wie hat die so genannte Arabellion Ende 2010 angefangen? In Tunesien, das knapp bei Kasse war, da es keine großen Exporte an Öl oder Gas aufweisen kann, hat die Regierung die Subventionen für Nahrungsmittel und Benzin kürzen müssen und dadurch sind die Preise gestiegen. Das hat die Leute auf die Straße gebracht. Das heißt, das Abschaffen von Subventionen, von denen unmittelbar der einfache Mann profitiert, der das Gesamtsystem nicht durchschaut (zumal er selber oft kein Bezahler direkter Steuern ist), ist immer politisch sehr heikel. Wir sehen auch, dass von der Ukraine bis Russland für die heimischen Verbraucher nicht derselbe Gaspreis verlangt wird wie für die Deutschen, und das kann noch Jahrzehnte so gehen. Russland ist zwar keine perfekte Demokratie, aber es gibt immerhin Wahlen. Stellen Sie sich vor, der russische Ministerpräsident Putin würde von einem Tag auf den anderen den Gaspreis auf den Weltmarktpreis, umgerechnet in Rubel, für seine heimischen Verbraucher erhöhen – da würde sich die Opposition angesichts der bevorstehenden Wahlen die Hände reiben. Und auch hier gilt wieder: Es handelt sich um sehr träge Systeme. Die Vorstellung, dass man das alles innerhalb von zehn oder zwanzig Jahren lösen kann, ist einfach utopisch.

H.-W. Sinn: Hinter dem Vorschlag, die Subventionen abzubauen, steckt ja die Vermutung, dass die Subventionen zu einem Mehrkonsum an fossilen Brennstoffen geführt haben, was für die Klimaentwicklung schädlich ist. Ich glaube, hinter dieser Vorstellung liegt eine partialanalytische Illusion. Aus der Sicht eines einzelnen Landes gibt es einen

Weltmarktpreis für fossile Brennstoffe, der den Leuten zu hoch ist. Daher wird er subventioniert, es werden mehr Brennstoffe verbraucht und mehr CO_2 kommt in die Luft, würde man denken. Aber so einfach ist das doch nicht! Die Kohlenstoffe, die an der einen Stelle durch Subventionen vermehrt vom Weltmarkt abgezogen werden, fehlen an anderer Stelle und können an anderer Stelle nicht verbrannt werden. Die Subventionen sind also a priori unschädlich, sondern führen nur zu einer Verlagerung der Kohlenstoffmenge auf der Welt, und insofern ist auch die Abschaffung der Subventionen egal. Wir müssen uns von dieser partialanalytischen Illusion lösen, dass das, was ein einzelnes Land tun kann, auch für die Welt gilt. Umgekehrt gilt dies auch für Steuern. Viele Leute fordern eine CO_2-Steuer, um den Ausstoß von CO_2 zu verringern. Das klingt zunächst plausibel: Eine CO_2-Steuer würde den Preis erhöhen, die Leute würden weniger kaufen, es würden weniger fossile Brennstoffe gebraucht und die CO_2-Emission würde sinken. Aber das, was die Leute hier nicht kaufen, ist anderswo auf der Welt verfügbar, drückt dort den Preis und wird dort verbraucht.

Die Mechanismen, durch die solche Steuern und Subventionen überhaupt die CO_2-Emission der Welt verändern können, laufen ganz anders, nämlich nicht über unsere Nachfrage, sondern über das Angebotsverhalten der Ölscheichs. Nur in dem Maße, in dem eine Steuer die Nachfrage nach fossilen Brennstoffen auf der ganzen Welt reduziert, damit den Preis senkt und dadurch die Ressourcenanbieter veranlasst, eventuell weniger zu extrahieren, hat sie eine Wirkung. Und nur in dem Maße, in dem eine Subvention den Weltmarktpreis für fossile Brennstoffe erhöht und damit Ressourcenanbieter veranlasst, möglicherweise mehr als sonst aus der Erde herauszuholen, ist sie schädlich für die Klimaentwicklung. Aber diese Effekte sind ja gar nicht gegeben! Preise für natürliche Ressourcen sind keine Kostenpreise, bei denen man durch eine Erhöhung mehr Produktionsstätten sinnvoll betreiben kann oder durch eine Senkung welche stillgelegt werden. Es sind vielmehr Knappheitspreise, ähnlich zu dem Preis eines Rembrandts. Die Zahl der Rembrandts, die es auf der Welt gibt, hat auch nichts damit zu tun, wie hoch heute der Preis dafür ist. Ich kann Rembrandt-Käufe subventionieren oder sie besteuern, das wird die Menge an Rembrandts auf der Welt nicht ändern.

C. C. von Weizsäcker: Das ist eine stilisierte Darstellung der wirklichen Welt. Wenn Brasilien nunmehr versucht, eine Ölgroßmacht zu werden, indem es nach Öl in großen Tiefen unter dem Ozeanboden bohrt, liegen die Förderkosten weit jenseits von 100 Dollar pro Barrel. Das ist nicht effizient, aber in Brasilien wird es geplant. Wenn wir nun die Nachfrage nach Öl senken und dadurch den Preis senken, kann es sein, dass dieses zusätzliche Öl nicht gefördert wird. Das Angebot an Erdöl und Erdgas ist auch eine Funktion des Preises. Insofern ist Ihre Analyse von Kosten- und Knappheitspreisen etwas zu modifizieren.

H.-W. Sinn: Die Analyse ist aber wichtiger und richtiger, als es jetzt den Anschein haben kann, weil die faktischen Extraktionskosten gerade bei Erdöl und Erdgas relativ zum Preis vernachlässigbar sind. Der Ölpreis schwankt heute zwischen 100 und 140 Dollar pro Barrel. Aber es kostet gerade 2 Dollar, um das Öl in den Golfstaaten aus der Erde zu holen. Über alle Lagerstätten, aus denen Erdöl extrahiert wird, kostet dies heutzutage im Schnitt etwa 15 Dollar pro Barrel, einschließlich der Exploration der Lagerstätte.

C. C. von Weizsäcker: Das kommt auf die Marginalrechnung an, das heißt auf die Grenzkosten.

H.-W. Sinn: Die marginalen Extraktionskosten sind nicht die höchsten bei erschöpfbaren Ressourcen, sondern im Gegenteil die niedrigsten. In der Ressourcenwelt ist ja alles andersherum als normalerweise.

C. C. von Weizsäcker: Das ist im theoretischen Modell so, aber nicht in der Wirklichkeit.

H.-W. Sinn: Das wage ich zu bezweifeln.

K. Stratmann: Ich würde hier gerne einen kleinen Schnitt machen. Vielleicht sollten wir uns an dieser Stelle wieder auf eine allgemeinere Ebene begeben und etwas auf die deutsche Energiewende zurückkommen. In diesem Zusammenhang tauchen immer wieder die Befürchtungen auf, Deutschland könne deindustrialisiert werden, angesichts der Energiepolitik und der vermutlich steigenden Industriepreise habe die Industrie keine Chance mehr und der Erosionsprozess sei unabweisbar. Herr Edenhofer, ist das aus Ihrer Sicht nachvollziehbar oder eher ein Gespenst?

O. Edenhofer: Herr Weimann hat in seinem Beitrag gezeigt, dass die CO_2-Preise verfallen. Das war ein theoretisches Modell und ich bestreite nicht, dass das Erneuerbare-Energien-Gesetz einen Beitrag zu dem Verfall der CO_2-Preise leistet. Wichtiger zur Erklärung des Preisverfalls scheint mir die Konjunktur; es werden weniger Zertifikate nachgefragt. Auch wurden die enormen Effizienzpotenziale unterschätzt. Wir sollten in Europa keine weiteren Emissionsreduktionsziele im Alleingang postulieren. Aber es scheint mir wichtig, dass wir in Europa das Emissionshandelssystem reformieren und die Energiewende erfolgreich umsetzen. Das hätte aus meiner Sicht durchaus eine Vorbildfunktion. Im Übrigen glaube ich nicht daran, dass wir bei den heutigen CO_2-Preisen Europa deindustrialisieren.

H.-W. Sinn: Das ist aber teuer, wenn wir jetzt die Industrie probehalber in den Emissionshandel einschließen, wohl wissend, dass das noch keinen Klimaeffekt hat, sondern nur mit der Absicht, ein Vorzeigemodell zu haben. Wir können doch nicht ganz Europa zum Experimentierkasten machen, um der Welt etwas vorzeigen zu können.

O. Edenhofer: Wir sind uns nach dem UN-Klimagipfel in Kioto doch einig, dass wir uns irgendwann auf ein Kohlenstoffbudget einigen müssen, dass Emissionsrechte handelbar sein müssen und wir einen gemeinsamen Emissionshandel brauchen.

H.-W. Sinn: Aber das geht nur gemeinsam. Herr Konrad hat das deutlich gezeigt: Wenn die Spieltheorie irgendeinen Sinn macht, müssen wir einsehen, dass das alleinige Voranpreschen keinen Sinn macht.

K. Stratmann: Herr von Weizsäcker, eine Frage in diesem Kontext. Die Strompreise sind nach dem Abschalten der Kernkraftwerke in Deutschland nicht besonders stark gestiegen und die Zertifikatspreise sind im Keller. Das sind nun tatsächlich keine Alarmsignale oder die Vorboten einer Deindustrialisierung, oder sehen Sie das anders?

C. C. von Weizsäcker: Man muss sehen, dass das natürlich Augenblickseffekte sind, die sich nicht einfach fortschreiben lassen. Wenn man es mit dem CO_2-Handelssystem ernst meint, wird der Preis nicht so weit unten bleiben. Man wird dann das Angebot an Lizenzen so stark reduzieren, dass der Preis steigt, und um diese Frage geht es. Das wird sich auf die Strompreise auf die Dauer auswirken, zumal durch das Abschalten der Kernkraftwerke die Kohle auch bei uns quasi eine Renaissance erlebt. Außer wir importieren den Strom – aber wenn die entsprechenden Exportländer auch zu dem Handelssystem gehören, wird sich das auch auf den Preis auswirken. Da gilt es aufzupassen. Man kann das Handelssystem nicht so weit führen, dass exorbitant hohe Preise entstehen, sondern es muss in einem vernünftigen Rahmen bleiben, da stimme ich Herrn Sinn zu. Im Übrigen sehe ich die Gefahr einer totalen Deindustrialisierung nicht – aber nicht deswegen, weil sie nicht möglich wäre, wenn man hinreichend viel Unsinn machen würde, sondern deswegen, weil wir eine Demokratie haben. Wenn reihenweise Arbeitsplätze wegbrechen, wird diese Politik abgewählt. Dafür haben wir ja die Demokratie. Es ist schon richtig: Vom Potenzial her ist eine Deindustrialisierung möglich, aber wenn es wirklich dazu führt, wird man die Politik ändern. Ich wohne im Rheinland; ehe dort die Braunkohleförderung aufhört, werden noch viele Regierungen stürzen.

K. Stratmann: An dieser Stelle darf ich alle Teilnehmer einladen, sich an der Diskussion mit Fragen, Anmerkungen oder Anregungen zu beteiligen.

E. Dengler: Zunächst eine Bemerkung zum Thema CO_2: Nach der Lektüre der Schrift »Wissenschaft Klima Politik – Wohin ändert sich das Klima?« von Heinrich Röck[5] ersparen sich alle Diskussionen über den Klimawandel durch CO_2.

Meine Frage an das Podium lautet: Bisher waren sich alle Referenten, die das Thema Atommüllendlagerung angesprochen haben, einig, dass wir eine Endlagerstätte brauchen. Aber eine Stelle, an der das radioaktive Material für Tausende von Jahren sicher untergebracht werden kann, gibt es nicht. Warum sucht man dann überhaupt eine solche Stelle, an der das Material ohne große Kontrolle gelagert werden kann?

H.-W. Sinn: Zum einen sind viele Kernkraftbefürworter der Meinung, man brauche keine Endlagerstätte, weil sich später die ausgebrannten

5 Röck, H. 2010. Wissenschaft, Klima, Politik – Wohin ändert sich das Klima? – Trostberg, www.scribd.com/doc/45327490

Brennstäbe noch einmal sinnvoll verwenden lassen. Viele Länder gehen diesen Weg und lagern das Material daher überirdisch. Zum anderen haben wir in Deutschland mit Gorleben einen Salzstock, der 100 Millionen Jahre stabil war. In ihm kann das Restmaterial, das nach der Wiederaufbereitung übrig bleibt, eingelagert werden. Die Endlagerstätte ist also ein Politikum. Deutschland will eine Endlagerstätte, hat aber die weitere Erforschung zehn Jahre ausgesetzt. Das ist etwas, das ich überhaupt nicht verstehe. Wenn man wirklich eine Lösung sucht, muss man doch wenigstens die Forschung fördern. Aber man verbietet die Forschung darüber, um Fakten zu schaffen. Am Ende stand die Idee, die Kernkraftwerke sollen an ihrem eigenen Müll ersticken, der vor ihrer Haustür liegen bleibt. Das ist im Grunde eine zynische Position, die Deutschland in dieser Frage eingenommen hat. Ich finde auf dem ganzen Sektor nur Irrationalitäten und wenig vernünftige Diskussionen.

D. Ameling: Ich vertrete den Standpunkt, dass das Energiekonzept der Bundesregierung zu einer Deindustrialisierung in Deutschland führen wird. Möglicherweise wird sich das auf die energieintensiven Industrien beschränken, aber wir wissen auch, dass die Werkstoffindustrien in einem sehr engen Verbund mit den Automobil- und Maschinenbauindustrien zusammenarbeiten. Diese Zusammenarbeit verbürgt die hohe Leistungsfähigkeit der Industrie in Deutschland überhaupt. Das Energiekonzept der Bundesregierung mit einem Ausbau der Photovoltaik auf 54 Gigawatt führt zu einem Strompreis, der von der Industrie nicht mehr zu tragen ist. Es ist heute schon so, dass der Strompreis für Industrieanwendungen bei etwa 11 Cent pro Kilowattstunde liegt. Der »Erneuerbare-Energien-Anteil« liegt bei 3,6 Cent, das heißt, über 30 Prozent des Strompreises sind heute schon EEG-geschädigt. Wenn der Ausbau der Nutzung erneuerbarer Energieträger so weitergeht, wird der Strom noch teurer. Aus Sicht der Industrie zahlen wir in Deutschland heute schon den teuersten Industriestrom innerhalb der Industrienationen in der Europäischen Union. Das ist nicht mehr zu tragen, hier ist die Wettbewerbsfähigkeit nicht mehr gegeben.

Der zweite Punkt betrifft das Thema CO_2-Handel. Ich mag daran erinnern, dass wir von 2005 bis 2007 die erste Übungsperiode hatten, von 2008 bis 2012 haben wir die aktuell laufende CO_2-Handelsperiode. In dieser sind die Rechte nach Bedarf verteilt worden, so, wie die Industrie es gewissermaßen wollte. Dabei ist nicht berücksichtigt worden, dass 2009 für die Industrie ein Katastrophenjahr war. Im Bereich Stahl hatten wir etwa 60 Millionen Tonnen CO_2-Emission im Jahr, 2009 ist die Produktion auf 30 Millionen Tonnen Stahl zurückgegangen, wofür nur 40 Millionen Tonnen CO_2-Rechte erforderlich waren. Das heißt, 20 Millionen Tonnen CO_2-Rechte waren allein im Stahlbereich übrig. Das hat dazu geführt, dass der CO_2-Preis stark gesunken ist, hier besteht ein klarer Zusammenhang. Ab 2013 werden wir eine neue Emissionshandelsperiode bekommen, wie sie die EU-Kommission am 23. Januar 2008 beschlossen hat. Die beschlossene CO_2-Reduktion um weitere 20 Prozent bedeutet für die Industrien, von 2,2 auf 1,78 Milliarden CO_2-Emission herunterzukommen. Das wird strikt vorgegeben und es werden nach Benchmarks die CO_2-Rechte für die Industrie zugeteilt; die Stromwirtschaft muss für jede Kilowattstunde CO_2-Rechte dazukaufen. In dieser Phase, ab 2013, wird bei gleichbleibender industrieller Entwicklung der CO_2-Preis mit an Sicherheit grenzender Wahrscheinlichkeit in die Größenordnung zwischen 30 und 50 Euro pro Tonne steigen.

Eine letzte Frage geht an Herrn Sinn direkt. Woher nehmen Sie eigentlich die Sicherheit, dass anthropogenes CO_2 wirklich zum Klimawandel führt? Ich sehe viele andere Einflussgrößen auf das Klima, die bedeutender sind als das vom Menschen freigesetzte CO_2.

H.-W. Sinn: Da ich Fachfremder bin, glaube ich, dass die einzig vernünftige Strategie darin liegt, sich die in Fachjournalen veröffentlichte Klimaforschung anzusehen. Ich kann Ihnen sagen, 90 Prozent der in den peer-reviewed Journals veröffentlichten Artikel gehen davon aus, dass es einen anthropogenen Effekt nicht nur für das CO_2 gibt, sondern über das CO_2 auch für das Klima. Ich kann mich als Fachfremder doch nicht anheischig machen, irgendwelche Randmeinungen zu übernehmen. Ich ärgere mich jedes Mal darüber, wenn das bei den Ökonomen passiert. 90 Prozent der Ökonomen haben zum Mindestlohn und Ähnlichem eine klare Vorstellung, aber 10 Prozent haben eine andere Vorstellung. Man kann diese 10 Prozent natürlich in den Vordergrund stellen und sagen, es gebe auch eine andere Meinung, aber als Fachfremder darf ich das nicht machen, sondern muss mich an den Mainstream halten, und der ist ziemlich klar definiert.

W. Hohlefelder: Als Ergänzung zu Herrn Ameling: Eine Deindustrialisierung ist nicht nur eine Frage der Preise, sondern auch eine Frage der Versorgungssicherheit im weitesten Sinne. Es gibt viele Unternehmen, die vielleicht noch den Preisanstieg verkraften könnten. Was sie aber nicht verkraften können, ist das Defizit an Versorgungssicherheit (Stichwort: Speicherung, Netze), das zumindest auf absehbare Zeit da sein wird. Dabei geht es in erster Linie auch nicht um die Gefahr eines Blackouts – das wäre dann ganz schlimm –, sondern um kleine Spannungsschwankungen, so genannte Wischer, wie wir sie heute schon haben. Diese kleinen Wischer machen im Privathaushalt nichts aus, spielen aber in unserer hochtechnologisierten Industrie eine große Rolle. Durch sie können ganze Tagesproduktionen zunichte gemacht werden. Das ist ein ganz wichtiger Punkt, der in der Diskussion leider immer wieder untergeht: Wir destabilisieren unser Netz, und das wird in diesem Prozess lange noch so bleiben.

O. Edenhofer: Es ist viel darüber geredet worden, was alles nicht geht, und wir, jedenfalls wir auf dem Podium, sind uns einig, dass es eine globale Lösung braucht. Wie ist diese globale Lösung zu erreichen? Sie sagen, Herr Sinn, CO_2-Tarife und Importsteuern wären der richtige Weg. Es gibt Einwände, dass dies ein gefährliches Instrument ist, da es den Freihandel bedroht. Über *ein* Instrument, globale Kooperation zu erhöhen, haben wir aber nicht gesprochen: die so genannten Seiteneinzahlungen, wie sie Herr Weimann kurz erwähnt hat. Ich möchte kurz erinnern, dass dazu Herr von Weizsäcker einmal einen Vorschlag gemacht hat. Er hat vorgeschlagen, wir könnten mit China einen Deal machen. Wir könnten China mit Emissionsrechten großzügig ausstatten entlang eines Business-as-usual-Szenarios, in dem die Chinesen gar nicht viel an ihrem Ausstoß von Treibhausgasen ändern müssten. Und dann wird über einen internationalen Fonds, finanziert von den westlichen Industrieländern, ein Teil der Emissionsrechte aufgekauft – bis der Preis so hoch ist, dass wir in die Nähe eines vernünftigen Klimaziels kommen. Solche Seiteneinzahlungen bedeuten aber auf jeden Fall einen Wohlfahrtstransfer von den Industrie- in die Schwellenländer. Ich stelle hier die Frage: Glauben wir denn allen Ernstes, dass so ein Transfermechanismus funktionieren würde, selbst wenn er so ausgestaltet werden würde, wie es Herr von Weizsäcker vorgeschlagen hat? Ich glaube, ein deutscher oder ein europäischer Politiker, der heute vorschlagen würde, dass wir große Transfers an China leisten sollten, würde wohl nicht wiedergewählt werden.

Trotzdem werden wir eine globale Kooperation ohne Transfers nicht erreichen können. Issue Linking wird als zu schwach eingeschätzt, die CO_2-Zölle als zu gefährlich. Wir Ökonomen dürfen nicht nur die globale Kooperation beschwören, wir müssen auch zeigen, wie sie schrittweise erreicht werden kann. Sonst drehen wir uns ständig im Kreis. Es genügt nicht, zu erklären, was nicht geht. Wir müssen härter an praktikablen Lösungsvorschlägen arbeiten.

C. C. von Weizsäcker: Ich würde gern zu Herrn Ameling und Herrn Hohlefelder Stellung nehmen. Ich stimme Ihnen voll zu, dass die Belastung der Industrie in der Tat ein großes Problem ist, aber nicht alle in dieser Republik sind der gleichen Meinung. Offenbar muss ein Leidensdruck entstehen, damit man diesen Punkt wirklich auch in der Öffentlichkeit und unter der Wählerschaft wahrnimmt. Das geschieht in dem Moment, wo die Abwanderung der Industrie zumindest droht. In dem Moment wird sich, glaube ich, die Stimmung in der Bevölkerung vollkommen verändern. Dann wird das hohe Gut eines hochindustrialisierten Landes (wie wir es sind und wie wir es in Europa sogar einigermaßen vorbildlich sind) eine derartige Schlagkraft auch in der Bevölkerung haben, dass die Politiker gar nicht umhin können, alles zu tun um eine Deindustrialisierung zu verhindern. Das wird nicht ganz einfach sein, weil man inzwischen Versprechen in Brüssel abgegeben hat, man wird also neu verhandeln müssen. Aber ich stelle mir vor, dass selbst in einer Regierung Steinbrück[6] (um es einmal zu personalisieren), geformt von den drei linken Parteien[7], die Koalition entweder auseinanderbrechen wird oder sich Herr Steinbrück innerhalb seines Kabinetts durchsetzen wird, um diese Deindustrialisierung zu verhindern. Das ist meine optimistische, demokratische Auffassung.

H.-W. Sinn: Ihr Wort in Gottes Ohr. Ich glaube nicht, dass man sich hier auf die Demokratie

6 Peer Steinbrück, zum Zeitpunkt des Rundgesprächs als Kanzlerkandidat der SPD im Gespräch.

7 Gemeint sind SPD, Die Linke und Bündnis 90/Die Grünen.

verlassen kann, aus dem einfachen Grund, weil es durchaus sein kann, dass eine Mehrheit der Bevölkerung schwache Vorteile aus dem grünen Kurs zieht, und dies mehr wiegt als die großen Nachteile einer Minderheit. Wenn zum Beispiel eine Mehrheit ihre Solarpaneele am Dach hat, denkt die Mehrheit »grün«. Selbst wenn dadurch bei 10 Prozent der Arbeitenden die Arbeitsplätze verlorengehen, sind das nur 10 Prozent. In dieser Hinsicht ist mein Zutrauen in die Demokratie also kleiner.

Bei den Importzöllen möchte ich nicht missverstanden werden. Ich habe kein Plädoyer für Importzölle mit CO_2 gegeben, sondern nur einen Wirkungsmechanismus aufgezählt, den wir diskutieren sollten. Ich sehe voll und ganz die Bedenken, aber die Frage ist doch, ob der Handlungsraum leer ist und ob wir überhaupt etwas machen können. Was ich ganz schrecklich finde, ist, dass die Deutschen die Einstellung haben, unbedingt etwas machen zu *müssen*, obwohl es nichts bringt. Das Klima wird immer wärmer, also müssen wir etwas machen und daher schalten wir den Standby beim Fernseher aus und kaufen Energiesparlampen. Das halte ich für schrecklich. Denn wenn das nicht wirkt, warum sollte ich es dann machen? Und ich glaube, dass es nicht wirkt, weil die Angebotsseite vernachlässigt wird. All diese »guten Taten« werden keinerlei Effekte haben, sondern im Rest der Welt nur mehr Nachfrage hervorrufen. Dann muss ich mir Gedanken machen, *was* denn nun wirkt. Diese Diskussion müssen wir einmal führen, zugegeben auch mit solchen Gegenargumenten.

K. Stratmann: An dieser Stelle darf ich Herrn Edenhofer danken, der die Veranstaltung pünktlich verlassen muss. Es ist jetzt noch Zeit für einige Fragen aus dem Publikum.

H. D. Sauer: An der Podiumsdiskussion, so interessant sie ist, stört mich Folgendes etwas: Es macht doch keinen Sinn, wenn wir uns hier als Weltpolitiker geben – wir haben auf die Weltpolitik keinen Einfluss und sollten daher mehr über die deutsche Energiepolitik reden. Diese ist, nach allem, was hier gesagt worden ist, ein Desaster. Dass sie so desaströs geworden ist, ist leider auch die Schuld der deutschen Wissenschaft. Niemand ist der Ethikkommission von wissenschaftlicher Seite in die Parade gefahren, abgesehen von einigen wenigen Ausnahmen. Vielmehr haben wichtige Figuren des wissenschaftlichen Establishments, wie der Präsident der Deutschen Forschungsgemeinschaft, der Präsident der Leopoldina und der Präsident der acatech, sogar in der Ethikkommission mitgewirkt und so der deutschen Kanzlerin die Argumente geliefert, dass sie ihren Kurs durchziehen konnte. Die Wissenschaft muss sich jetzt wirklich am Riemen reißen und hier tätig werden, und von den Akademien muss jetzt energisch gesagt werden, was alles falsch gelaufen ist und immer noch falsch läuft, damit es nicht noch schlimmer wird.

W. Rathjen: Es ist viel Kritisches zur Nutzung erneuerbarer Energieträger gesagt worden, ein Schlüsselsatz war, dass eine vorhandene ineffektive Technologie mit unendlich viel Geld gefördert wird. In der letzen Zeit ist durch die Presse gegangen und es wurde auch hier gesagt, dass gerade die Photovoltaikindustrie sehr wenig in Forschung und Entwicklung investiert, nämlich weniger als 2 Prozent. Das wurde mir von der Gesellschaft für Photovoltaik bestätigt, dort selbst wurde sogar die Forderung nach mindestens 5 Prozent gestellt. Ich denke, eine Industrie, die so wenig in Forschung und Entwicklung investiert, schafft sich auf Dauer selber ab. Man sieht es jetzt schon daran, dass chinesische oder amerikanische Firmen den Weltmarkt weitgehend übernommen haben. Daher meine Frage an Herrn Sinn: Wenn 100 Milliarden Euro investiert werden und von dieser Summe nicht einmal 2 Prozent in Forschung und Entwicklung fließen, ist da nicht etwas schief gelaufen? Ein Hochtechnologieunternehmen investiert 5 bis 8 Prozent, die Luft- und Raumfahrt sogar 15 Prozent ihres Umsatzes in Forschung und Entwicklung. Hat da die Politik versagt?

H.-W. Sinn: Das Erneuerbare-Energien-Gesetz, das uns jedes Jahr so unglaublich viele Milliarden kostet, ist nicht nur unwirksam und erhöht nicht nur die Strompreise, sondern hat in der Tat auch keinen besonderen Lenkungseffekt für die Forschung. Wenn ein chinesisches Unternehmen bei uns seine Waren anbietet, kommt es genauso in den Genuss der Einspeisetarife wie eine deutsche Firma. Das EEG ist ja nicht einmal zielgenau auf den deutschen Standort gerichtet. Wenn ich Forschung hervorbringen will – und dafür gibt es gute Gründe, Forschung ist ein öffentliches Gut mit Spillover-Effekten –, dann muss ich die Forschung fördern, aber nicht den Verbrauch von Strom. Der Staat gibt hier eine

Menge Geld aus, aber das regt nicht spezifisch die Forschung an.

C. C. von Weizsäcker: Das möchte ich auch unterstützen. Der entscheidende Punkt ist folgender: Es ist eine Sünde gegen die Marktwirtschaft, einem Produzenten eine Absatzgarantie zu geben. Die Unternehmen, die 5 oder 7 Prozent ihres Umsatzes in Forschung und Entwicklung stecken, kämpfen auf dem Markt um Absatz. Sie müssen ihre Produkte verbessern, um sie am Markt besser absetzen zu können, und deshalb brauchen sie die Forschung. Im EEG aber bekommt der Anbieter (in diesem Fall der Stromanbieter) eine Absatzgarantie. Das führt dazu, dass er nichts anderes mehr tut als auszurechnen, wie hoch die Rendite beim Einkauf der Solarmodule ist, das heißt, wie günstig sie auf dem Markt zu haben sind. Da besteht keinerlei Anreiz mehr für eigene Forschung.

P. Köpke: Ich komme von der Klimaseite her und möchte noch einmal auf die Modellrechnungen zurückkommen. Ich denke, wir können an den Klimamodellen nicht wirklich zweifeln. Wenn hier kritisiert wird, sie beinhalten eine gewisse Unsicherheit für langfristige Prognosen, zum Beispiel in das Jahr 2100, so kann diese Unsicherheit auch in die andere Richtung gehen und es kann noch viel schlimmer werden als angegeben.

Mein Eindruck von dieser Tagung ist: Herr Sinn hat darauf hingewiesen, dass die Idee, wir müssten unbedingt etwas tun, egal was, nicht zielführend ist. Es wurde gesagt, die Politik sei falsch, die Ansätze zur Energieeinsparung seien falsch, unser Bestreben, international eine Vorreiterrolle zu übernehmen, sei falsch, eine internationale Einigkeit zu erzielen, sei unmöglich und wir wären sowieso völlig von den Unternehmen abhängig, die Öl, Gas und Kohle verkaufen. Das bedeutet doch: Alles geht nicht, wir können den ganzen Prozess vergessen. Damit bleibt nur der Schluss: Wir befinden uns in der Situation am Ende des Römischen Weltreichs: Wir haben 300 Jahre Untergang vor uns, wir bekommen eine Völkerwanderung in den nächsten 100 Jahren; die Klimasituation eskaliert, aber der Peak Oil ist dann wirklich passiert, was die CO_2-Problematik von allein löst; die Erdbevölkerung wird sich halbieren, weil die Leute sich gegenseitig abschlachten, und im Jahre 2300 fangen wir mit 3 Milliarden Erdbevölkerung wieder prima von vorne an. Daher meine Frage an das Podium: Welchen Zeitraum haben Sie eigentlich im Kopf? Die Generation Ihrer Kinder, die Ihrer Kindeskinder oder die nächste Wahlperiode von vier Jahren – und nach uns die Sintflut?

H.-W. Sinn: Ich denke immer über mehrere Jahrhunderte in diesen Fragen und die von mir beschriebenen Ansätze ziehen sich über solche Zeitspannen hinweg. Deswegen bin ich mit Ihnen der Meinung, dass wir hier ein Problem haben, das wir lösen müssen. Nur macht es keinen Sinn, einfach nur Aktionismus zu zeigen. Vielmehr muss das, was man tut, auch wirken. Darin liegt die besondere Rolle sowohl des Technikers als auch des Volkswirts. Der Volkswirt untersucht, wie Menschen miteinander agieren und welche Anreizsysteme welches Verhalten hervorbringt. Da kann ich nur das Entsetzen wiedergeben, das unsere Disziplin weitgehend erfasst hat bezüglich dessen, was aktuell gemacht wird, weil es eben wirkungslos ist. Ich darf darauf verweisen, dass Herr Konrad, Herr Weimann, ich selbst und auch Herr Edenhofer – und auch Herr von Weizsäcker, zumindest was die Richtung angeht – zwar die Auffassung vertreten, dass die Maßnahmen wirkungslos sind, aber nicht die Auffassung, dass man gar nichts tun muss. Was Sie als Horrorszenario beschreiben, sehe ich auch. Es ist in der Tat so: Wir müssen etwas tun. Aber es nützt nichts, einfach nur *irgendetwas* zu tun.

P. Köpke: Aber keiner der Vorträge, die wir gehört haben, hat ein Lösungsziel angezeigt! Es wird immer nur gesagt, was alles falsch gemacht wird und was alles nicht geht.

H.-W. Sinn: Vielleicht ist die Lösungsmenge ja leer. Das hat es in der Geschichte schon hin und wieder gegeben.

M. Lienkamp: Wir haben sehr viel über ökonomische Effekte gehört, über steigende Strompreise und eine mögliche Deindustrialisierung. Aus fahrzeugtechnischer und automobiler Sicht sehe ich das etwas anders. Wenn wir uns überlegen, welche Länder in Zukunft die Gewinnerländer sein werden, so werden dies diejenigen Länder sein, die entweder Ressourcen haben oder die sehr gut im Bereich der Energieeffizienz aufgestellt sind. Zu letzteren gehört auch Deutschland, weil wir die entsprechenden Technologien entwickeln und anbieten. Im Fahrzeugbereich haben wir in Deutschland mit die höchsten Kraftstoffpreise, aber die innovativste und beste Fahrzeugindustrie weltweit. Daher meine Frage: Trägt das Konzept, das wir in Deutschland fahren, nicht maßgeblich dazu bei, dass wir die Innovationen massiv stärken und damit doch wieder technologischer Vorreiter werden?

H.-W. Sinn: Es gibt von allem ein Optimum, auch von der Forschung. Das Maximum ist aber nicht das Optimum. Man kann auch die Autos zu energiesparend konstruieren, nämlich dann, wenn es sehr teuer wird, Motoren zu bauen, die das letzte Bisschen an Einsparung herausholen. Herr Fahl hat dazu ja Studien vorgestellt: Um einen modernen Dieselmotor noch effizienter zu machen, kostet die Tonne eingespartes CO_2 an die 300 oder 400 Euro. Es ist doch sinnlos, da noch weiter zu gehen, nur damit Innovationen entstehen. Innovation ist doch kein Selbstzweck! Auch bei Innovationen muss es eine Kosten/Nutzen-Abwägung geben. Wenn ich Herrn Fahl glauben darf, sind wir da schon viel zu weit gegangen.

K. Stratmann: Wir haben die Zeit inzwischen deutlich überschritten und ich muss jetzt leider einen Schlussstrich ziehen. Wir haben längst nicht alle, ja sogar wahrscheinlich kein einziges Problem lösen können. Aber sich über die Probleme zu unterhalten, hilft ja auch manchmal schon. Ich danke den Podiumsteilnehmern und Ihnen allen für Ihre Aufmerksamkeit.

F. Mayinger: Lassen Sie mich am Ende des Rundgesprächs noch einige Dankesworte anschließen. Mein Dank gilt vor allem den Referenten und Kommentatoren für ihre Arbeit bei der Vorbereitung der Vorträge und für ihr Kommen sowie Herrn Stratmann für die Moderation der Podiumsdiskussion. Mein Dank gilt aber auch den »guten Geistern«, die mit sehr viel Vorarbeit die Tagung vorbereitet und für ihren reibungslosen Ablauf gesorgt haben, stellvertretend Frau Deigele von der Kommission für Ökologie und Frau Albrecht-Saavedra vom ifo-Institut. Danken möchte ich auch der Bayerischen Akademie der Wissenschaften, die die Tagung ermöglicht und zum Teil auch finanziert hat, und ein ganz besonderer Dank gilt Ihnen, Herr Sinn, und dem ifo-Institut für die Vorbereitung und die Finanzierung.

Das Rundgespräch ging hervor aus der Kommission für Ökologie der Bayerischen Akademie der Wissenschaften, vor allem auf Anregung ihres Vorsitzenden Herrn Stetter, und als Ingenieur in der Kommission wurde ich mit der Aufgabe seiner Organisation betraut. Ich habe von Anfang an gesagt, das Thema ist kein rein ökologisches Thema, sondern hier spielt die Ökonomie, die Volkswirtschaft, eine ganz große Rolle, und habe mich daher an Herrn Sinn aus der Philosophisch-Historischen Klasse der Akademie gewandt. Ich habe mich gefreut und bin dankbar, Herr Sinn, dass Sie die Idee sofort aufgegriffen haben und mit mir viel Arbeit in die Vorbereitung gesteckt haben. Das ursprüngliche Thema war ein ganz anderes, entspanntes: »Zukünftige Energieversorgung – nur eine Frage des Klimawandels?« Mit diesem Thema haben wir zunächst auch die Damen und Herren Referenten angeschrieben. Aber dann kamen Fukushima und die Energiewende und wir mussten alle Beteiligten bitten, ihren Vortrag entsprechend zu ändern.

Die Kommission für Ökologie veranstaltet regelmäßig derartige Rundgespräche, die anschließend publiziert werden. Die Bayerische Akademie der Wissenschaften versucht unter anderem auf diese Weise, in die Öffentlichkeit zu wirken und mit ihr zu diskutieren. Wir haben bewusst Referenten eingeladen, von denen wir erwarten konnten, dass sie konträre Meinungen haben. Die Akademiekommissionen verstehen sich als wissenschaftliche Kommissionen und Wissenschaft lebt von der konträren Meinung und von der Diskussion. Insofern habe ich mich auch über die unterschiedlichen Meinungen auf dem Podium gefreut.

Meine Damen und Herren, Ihnen allen vielen herzlichen Dank für Ihr Kommen, Ihr Zuhören und die interessanten Gespräche. Ich wünsche Ihnen allen eine gute Heimreise.

Rundgespräche der Kommission für Ökologie, Bd. 41 »Die Zukunft der Energieversorgung«, S. 209–212.
© 2012 by Verlag Dr. Friedrich Pfeil, München – ISSN 0938-5851 – ISBN 978-3-89937-150-5

Zusammenfassung des Rundgesprächs und Auszüge aus den Referaten

Franz Mayinger* und Hans-Werner Sinn**

Energieversorgung steht im Spannungsfeld zwischen Versorgungssicherheit, Wirtschaftlichkeit und Umweltverträglichkeit. Das Rundgespräch war bestrebt, dieses Spannungsfeld auszuloten und dabei den Fokus nicht nur auf den Energiebedarf an elektrischem Strom zu richten, sondern auch den Wärmebedarf für Heizung und industrielle Produktion und den Bedarf für die Mobilität in die Betrachtungen einzubeziehen. Ziel des Rundgesprächs war es, die Fragen der Energieversorgung nach der für Deutschland beschlossenen »Energiewende« sachorientiert und ergebnisoffen kritisch zu diskutieren.

In einer Industriegesellschaft hat die **Versorgungssicherheit** mit elektrischer Energie oberste Priorität. Versorgungssicherheit ist dabei nicht nur im Hinblick auf die Zuverlässigkeit der Versorgung mit Energieträgern wie Kohle, Erdgas und Erdöl, aus denen elektrischer Strom gewonnen wird, zu sehen, sondern auch auf die zeitgerechte Verfügbarkeit des elektrischen Stroms. Zeitgerechte Stromversorgung kann von den regenerativen Energiespendern Wind und Sonne naturgemäß nicht immer garantiert werden. So schwankte beispielsweise in dem die Bundesländer Schleswig-Holstein, Niedersachsen, Hessen und Bayern umfassenden Tennet-Netz im Januar 2012 die Stromeinspeisung zwischen maximal 9700 MW und minimal 150 MW aus Windkraftanlagen und zwischen 3800 MW und nachts Null MW aus Solaranlagen (Abb. 1). Die Stromerzeugung aus Windkraftwerken leidet dabei nicht nur unter kurzzeitigen Windflauten, sondern auch unter mehrjährigen globalen Zyklen mit unterschiedlicher regionaler Windstärke (Vahrenholt)[1].

Zur Deckung des Strombedarfs im Falle ungenügender Einspeisung aus Windkraft- und Photovoltaikanlagen müssen deshalb andere Quellen verfügbar sein. Es sind dies zurzeit vor allem Kraftwerke, die mit Kohle oder Erdgas betrieben werden, und Kernkraftwerke, die bisher im Wesentlichen den hohen Stand der Versorgungssicherheit in Deutschland garantiert haben (Pittel). Der Bedarf an fossilen und damit CO_2 emittierenden Brennstoffen zur Überbrückung zeitlicher Versorgungslücken wird in Zukunft noch steigen. Für den Ausgleich kommt auch Stromimport und -export mit Nachbarländern infrage, wobei Deutschland den Strom billig abgeben und wieder teuer zurückkaufen muss.

Die Möglichkeit der Speicherung elektrischer bzw. mechanischer Energie wäre der Schlüssel zu einer autarken und erfolgreichen Energiewende hin zur Versorgung aus überwiegend regenera-

1 Die Namensangaben beziehen sich auf die Beiträge der jeweiligen Referenten (aus Platzgründen auf die Hauptreferate beschränkt).

* Mayinger, Franz, Prof. em. Dr.-Ing. Dr.-Ing. E.h. mult., Technische Universität München, Lehrstuhl für Thermodynamik, Boltzmannstraße 15, 85748 Garching. E-Mail: mayinger@td.mw.tum.de
** Sinn, Hans-Werner, Prof. Dr. Dres. h.c., Präsident des ifo Instituts – Leibniz-Institut für Wirtschaftsforschung an der Universität München e.V., Poschingerstraße 5, 81679 München. E-Mail: sinn@ifo.de

tiven Quellen. Hier käme Pumpspeicherwerken die entscheidende Rolle zu. Bei einer Windflaute von 10 Tagen fehlen in Deutschland ~15 TWh, zu deren Überbrückung man das 360-Fache an Pumpspeicherwerken bräuchte, wie sie heute verfügbar sind (Vahrenholt).

Zum Aspekt der Versorgungssicherheit gehört auch die lang- und mittelfristige Verfügbarkeit fossiler Energieträger. Kohle ist weltweit noch in großen Mengen vorhanden; Braunkohlevorkommen finden sich für lange Zeit in ausreichendem Maße in Deutschland. Eine Verknappung von Erdgas und Erdöl ist beim derzeitigen Verbrauch in absehbarer Zeit nicht zu befürchten. Es sind umfangreiche Erdölvorkommen in noch nicht erschlossenen Sedimentbecken und in tiefen Gesteinsstockwerken vorhanden. Erdgas lagert in Form nichtkonventioneller Schiefergasressourcen und als in Steinkohle gebundenes Gas (Welte).

Unter politischen Gesichtspunkten ist die seit 1991 stark gestiegene Abhängigkeit Deutschlands von der Russischen Föderation in Bezug auf Erdöl und Erdgas kritisch zu sehen. Aus dieser Marktkonzentration und der Volatilität der Preise kann es kurzzeitig zu Engpässen in der Energieversorgung kommen, auf die das Energiesystem nicht ausgelegt ist und die die Planbarkeit erschweren (Pittel).

Schließlich erhebt sich die Frage, in welchem Umfang nachwachsende Rohstoffe zukünftig stärker zur Versorgungssicherheit beitragen können. Die weltweit zur Verfügung stehende Ackerfläche wird derzeit zu etwa ⅔ zur Ernährung und ⅓ als Viehfutter genutzt, nur 2 % fallen auf Energiepflanzen. Wenn man den gesamten Treibstoffverbrauch über Biomasse abdecken wollte, bräuchte man die gesamte Ackerfläche der Erde, es bliebe kein Platz für den Anbau von Nahrungsmitteln. Die Welt tut deshalb gut daran, auch weiterhin im weltweiten Markt 98 % dieser Ackerfläche für den Anbau von Nahrungsmitteln zu nutzen. Daran werden auch Ertragssteigerungen durch grüne Gentechnik und moderne Pflanzenzüchtung kaum etwas ändern können. Günstiger sieht es bei Rohstoffen aus der Forstwirtschaft sowie bei Reststoffen wie Stroh, Bioabfall und Altholz aus, da hier die Teller-Tank-Problematik umgangen wird (Faulstich).

Kohle und Erdgas werden in Deutschland noch lange und in hohem Umfang die Stromversorgung sichern müssen und allein zur Überbrückung von Windflauten und fehlender Sonneneinstrahlung müssen Kapazitäten von fossilen Kraftwerken vorgehalten werden, die denen der Windkraftwerke und der Photovoltaikanlagen fast entsprechen. Bereits jetzt wird Strom aus Nachbarländern importiert, der bei Bezug aus Frankreich und Tschechien überwiegend aus dortigen Kernkraftwerken stammt. Nach weiteren Abschaltungen deutscher Kernkraftwerke wird der Stromimport aus entsprechenden ausländischen Anlagen zunehmen.

Das Energiekonzept der Bundesregierung sieht als oberstes Ziel die Senkung der Treibhausgasemissionen vor, wozu vor allem die Stromerzeugung aus überwiegend erneuerbaren Energieträgern dienen soll. Daneben stehen Maßnahmen wie Senkung des Wärmebedarfs von Gebäuden, alternative Energieträger und Antriebe für den Verkehr sowie Energieeffizienzsteigerung allgemein. Damit kommt die Frage nach der **Wirtschaftlichkeit** und nach dem Kosten/Nutzen-Verhältnis der verschiedenen Maßnahmen auf: Was kostet es, eine Tonne an energiebedingten CO_2-Emissionen einzusparen?

Strom aus Photovoltaikanlagen auf Dächern von Ein- und Mehrfamilienhäusern und auf Freiflächen gehört keineswegs zu den kostengünstigen Varianten bei der CO_2-Einsparung, der von Windkraftwerken ebenso (Abb. 2, Fahl). Dabei muss man sich vor Augen halten, dass CO_2-Zertifikate zurzeit für unter 10 €/t CO_2 gehandelt werden. Beim Wärmebedarf wäre es wirtschaftlich wesentlich sinnvoller, stärker in Gebäudesanierung, vor allem privater Altbauten und öffentlicher Gebäude zu investieren (Fahl, Hausladen).

Der Verkehr ist heute in Deutschland zu knapp 30 % am Endenergiebedarf beteiligt. Einen wesentlichen Anteil hat dabei unser persönlicher, individueller Bedarf an Mobilität (32 % der zurückgelegten Personenkilometer dienen dem Freizeitvergnügen, 21 % dem Einkauf, nur 14 % sind arbeitsbedingt). Neben energieeffizienteren Fahrzeugen können hier ein optimiertes Verkehrsmanagement und eine engere Vernetzung der gesamten Verkehrsinfrastruktur wesentlich zur Energieeinsparung beitragen (Wagner).

Insgesamt erhebt sich die Frage nach Sinn und Nutzen des in Deutschland mit sehr hohen Subventionskosten betriebenen klimapolitischen Alleingangs, der im Rest der Welt bisher kaum Gefolgschaft findet. Die ökonomischen Effekte des Erneuerbare-Energien-Gesetzes (EEG) sind massiv. Die verstärkte Nutzung erneuerbarer

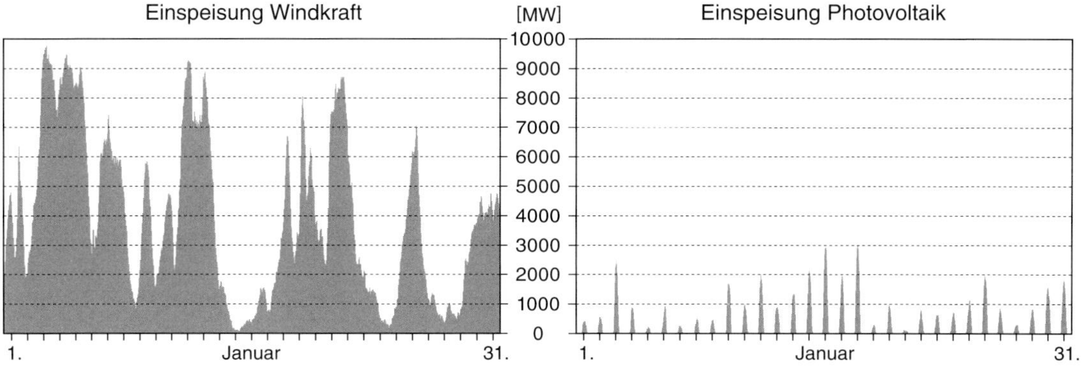

Abb. 1. Einspeisung von Strom (in MW) in das Tennet-Netz aus Windkraft- (links) und Photovoltaikanlagen (rechts) im Januar 2012. – Tennet[2].

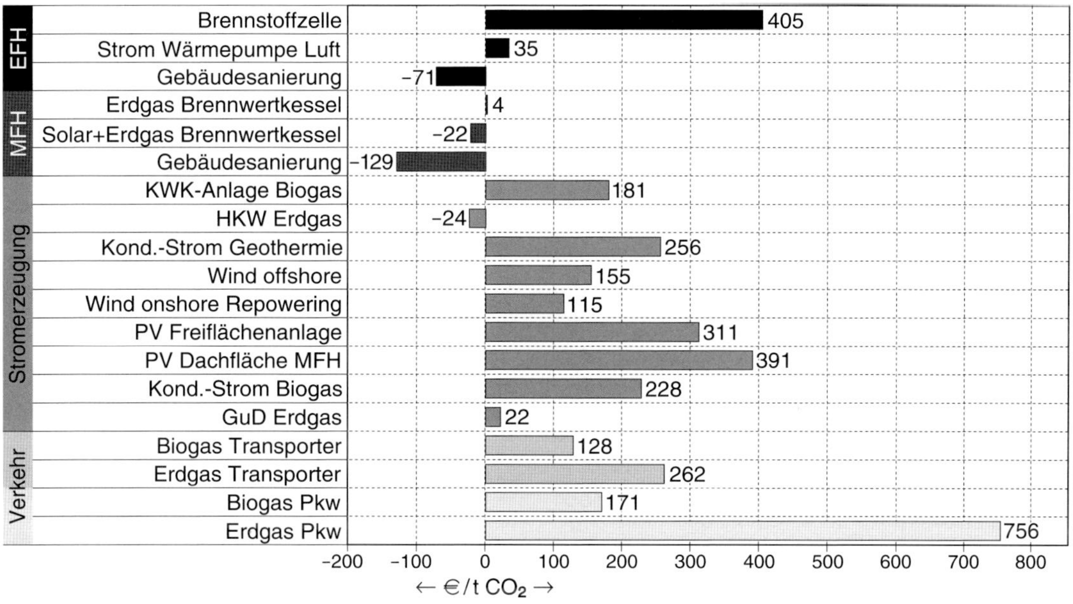

Abb. 2. CO_2-Vermeidungskosten (in €/t CO_2) ausgewählter Technologien in Abhängigkeit der Versorgungsaufgabe (Gebäude, Strom, Verkehr). Eine negative Zahl ist ein Indikator für eine schon privatwirtschaftlich Gewinn bringende Minderungsmaßnahme. EFH/MFH: Ein-/Mehrfamilienhaus; KWK: Kraft-Wärme-Kopplung; HKW: Heizkraftwerk; PV: Photovoltaik; GuD: Gas-und-Dampfturbinen-Kraftwerk. Als Vergleichssystem werden für Gebäude der Heizöl-Brennwertkessel der entsprechenden Leistungsgröße, für die Stromerzeugung der Strommix des Jahres 2010 in Deutschland und für Mobilität ein Benzin- (Pkw) bzw. ein entsprechendes Dieselfahrzeug (Transporter) definiert. – Beitrag Fahl.

Energieträger muss notwendig zu einem Anstieg der Energiepreise führen, der nicht nur unmittelbare Effekte für die privaten Haushalte hat, sondern auch die Produktionsbedingungen am Standort Deutschland beeinflusst (Weimann). Auch Kleinknecht sieht den überhasteten deutschen Atomausstieg als riskanten Stresstest für die deutsche Industrie mit ungewissem Ausgang, der die Sozialsysteme in Deutschland gefährdet. Die

2 www.tennettso.de/site/Transparenz/veroeffentlichungen/netzkennzahlen/ (Tabellen: Tatsächliche und prognostizierte Windenergie- bzw. Solareinspeisung).

Strompreise in Deutschland sind jetzt schon um 70 % höher als in Frankreich und werden noch weiter erheblich steigen. Es besteht die Gefahr, dass energieintensive Industrie auswandern wird.

Bei der Frage nach der **Umweltverträglichkeit** der künftigen Energieversorgung stand die Reduktion der CO_2- (bzw. allgemein Treibhausgas-) Emissionen zur Beschränkung der Erderwärmung auf 2 °C im Vordergrund der Beiträge (»Zwei-Grad-Ziel«).

Die im Kioto-Protokoll eingegangene Verpflichtung zur Reduzierung des CO_2-Ausstoßes gegenüber 1990 um 21 % hat Deutschland längst erreicht. Die energiebedingten Emissionen sanken von 979,4 Mio. t (1990) auf 744,4 Mio. t (2010).[3] Die weltweiten CO_2-Emissionen werden derzeit auf 33,5 Mrd. t pro Jahr geschätzt; davon tragen China und die USA zusammen zu 40 % bei. Der Anteil der energiebedingten deutschen CO_2-Emissionen beträgt lediglich etwas über 2 % und damit weit weniger als die bisher jährliche Zunahme des CO_2-Ausstoßes in China (Kleinknecht).

Überdacht und kritisch hinterfragt werden müssen in diesem Zusammenhang die Aussagekraft und Richtigkeit von Prognosen, die aus Berechnungen mit den derzeitigen Klimamodellen stammen. Sie beruhen auf nicht linearen Differenzialgleichungen mit – bei Berechnung der Integrale – positiven Rückkopplungen, die über einen langen Zeitraum extrapoliert werden. Die Lösungen dieser Gleichungen hängen stark von den in das Modell eingehenden Anfangsbedingungen und Prozessfaktoren ab; schon kleinste Änderungen bei diesen Parametern führen zu ganz unterschiedlichen Ergebnissen (Welte, Kleinknecht).

Demgegenüber betont Edenhofer, dass es nahezu unumstritten ist, dass der derzeitige Anstieg der globalen Mitteltemperatur hauptsächlich auf die Nutzung der fossilen Energieträger und auf die Abholzung zurückgeht.

Die ökologische Wirkung der von Deutschland betriebenen verstärkten Nutzung erneuerbarer Energieträger hält Weimann für gleich Null, da bei der Ausgestaltung des Instrumentariums die Wechselwirkung mit dem europäischen Emissionshandel nicht berücksichtigt wurde. Eine durch erneuerbare Energieträger in Deutschland erreichte Minderung des CO_2-Ausstoßes reduziert nicht die Menge der in Europa zirkulierenden Emissionsrechte. Die hierzulande nicht wahrgenommenen Rechte werden nicht eingespart, sondern über den Emissionshandel verlagert (Weimann).

Edenhofer betont die Notwendigkeit, die Nutzung des »Deponieraums Atmosphäre« zu begrenzen und die Rechte an diesem Deponieraum neu zu verteilen. Für die globale Kooperation aller Staaten ist dazu eine Reihe klimapolitischer Maßnahmen nötig, die im Einzelnen vorgestellt und diskutiert werden. Erfolgreiche Beispiele hierfür sieht Edenhofer z. B. in dem in Cancún 2010 beschlossenen Klimafonds und in den Anstrengungen der EU zur Reduzierung ihrer Emissionen.

In dem energiepolitischen Dreieck aus Versorgungssicherheit, Wirtschaftlichkeit und Umweltverträglichkeit ist nicht die Maximierung der einzelnen Ziele, sondern die der Gesamtwohlfahrt wichtig, wobei sich für einzelne Bereiche auch negative Punkte ergeben können (Pittel). Unter diesem Aspekt ist die in Teilen der Bevölkerung steigende Ablehnung der Errichtung neuer Hochspannungsleitungen und des Baus von Speicherkraftwerken oder neuen Kohlekraftwerken aus Gründen des Natur- und Umweltschutzes kritisch zu bewerten (Vahrenholt).

Greifen wir am Ende einen Satz aus dem das Rundgespräch einleitenden Impulsreferat auf: *»Die Menschheit steht in der Klimapolitik vor einer großen Herausforderung. Insbesondere ist nicht auszuschließen, dass eine adäquate Antwort auf die bisher von ihr selbst verursachte Anreicherung der Atmosphäre mit Treibhausgasen keinen Aufschub zulässt, dass aber andererseits die richtige Antwort noch keineswegs mit Sicherheit auszumachen ist. Es bestehen somit Entscheidungszwänge bei hoher Unsicherheit.«*

Angesichts dieser hohen Unsicherheiten fordert von Weizsäcker: *»Wir benötigen, und dieses gilt auch gerade für Deutschland, eine Anpassungspolitik, ein Nachdenken darüber, wie wir uns auf ein verändertes Klima einstellen. Es wäre verantwortungslos – und ich lese leider den WBGU-Bericht auch so –, sich nicht um die Anpassungsmöglichkeiten an ein verändertes Klima zu kümmern.«*

3 Fahl, U. & M. Blesl. 2012. Energiewirtschaftliche Gesamtsituation. – BWK Das Energie-Fachmagazin, 4-2012: 38–51.

Rundgespräche der Kommission für Ökologie, Bd. 41 »Die Zukunft der Energieversorgung«, S. 213–214.
© 2012 by Verlag Dr. Friedrich Pfeil, München – ISSN 0938-5851 – ISBN 978-3-89937-150-5

Die Zukunft der Energieversorgung: Atomausstieg, Versorgungssicherheit und Klimawandel

Zentrale Ergebnisse des Rundgesprächs aus Sicht der Kommission für Ökologie*

Zur Erfüllung des Zieldreiecks der Energiepolitik – Versorgungssicherheit, Wirtschaftlichkeit und Umweltverträglichkeit – sind in dem Energiekonzept der Bundesregierung vom September 2010 als Eckpunkte die Senkung des Primärenergie- bzw. Stromverbrauchs, die Steigerung des Anteils erneuerbarer Energieträger am Endenergie- bzw. -stromverbrauch und die Senkung der Treibhausgasemissionen genannt. 2011 wurde das Konzept mit dem Beschluss zum Ausstieg aus der Kernenergienutzung bis 2022 ergänzt bzw. geändert, die ursprünglich geplante Laufzeitverlängerung wurde zurückgenommen.[1]

Aus den Beiträgen in dem Berichtband unterstreicht die Kommission die folgenden Punkte:

1. Durch die a-priori-Festlegung bestimmter Maßnahmen (v.a. Ausstieg aus der Kernenergienutzung, Mindestanteil erneuerbare Energieträger) wurde der für ein optimales Energiekonzept benötigte Handlungsspielraum wesentlich eingeschränkt.

2. Bis die Deckung des Grundlaststroms weiterhin gesichert ist (ohne Import von Atomstrom), kann auf die Nutzung der Kernenergie in Deutschland nicht völlig verzichtet werden. Der Zeitrahmen für die Energiewende sollte sich daher aus den tatsächlich erreichten Zielen ergeben und nicht aus politischen Gründen festgesetzt werden. Die Ethikkommission »Sichere Energieversorgung« hat dazu eine Überprüfung der Maßnahmen und ggf. Korrektur in regelmäßigen Abständen vorgeschlagen.

3. Um auch künftig die hohe Zuverlässigkeit der Stromversorgung zu gewährleisten, ist vor allem der Neubau von Gas- und Kohlekraftwerken mit flexibler Leistung und geringem Investitionsaufwand nötig. Die stark gestiegene Importabhängigkeit von Gas und Rohöl aus der Russischen Föderation darf jedoch nicht noch weiter erhöht werden. Da die neuen Gaskraftwerke nur bei Bedarf zur Deckung der Grundlast zugeschaltet werden, sind entsprechende wirtschaftliche Rahmenbedingungen zur erforderlichen Investitionssicherheit nötig, z.B. durch eine Vergütung der Bereithaltung von Kraftwerksleistung.

4. Der Bau von neuen Gas- und Kohlekraftwerken, von Speicherkraftwerken und vor allem der dringend und vorrangig notwendige Netzausbau können nur bei entsprechender Akzeptanz in der Bevölkerung stattfinden. Eine Beschleunigung von Genehmigungsverfahren allein birgt die Gefahr von zunehmenden Protesten in sich.

5. Zum Ausgleich der hohen Volatilität von Strom aus Wind- und Sonnenkraftwerken eignen sich in erster Linie Pumpspeicherkraftwerke. Die chemische Konversion als Möglichkeit der Strom-

1 www.bmu.de/files/pdfs/allgemein/application/pdf/energiekonzept_bundesregierung.pdf

* Kommission für Ökologie der Bayerischen Akademie der Wissenschaften, Alfons-Goppel-Straße 11, 80539 München. E-Mail: post@oekologie.badw.de

speicherung (z.B. Strom → Methan → Strom) ist aufgrund ihres geringen Wirkungsgrades kritisch zu sehen.

6. Die staatliche Förderung von Photovoltaikanlagen in Deutschland ist ineffizient und sollte stark gekürzt werden zugunsten einer Unterstützung von wettbewerbsfähigeren Technologien und der für den Umbau des Energiesystems erforderlichen Maßnahmen, wie z. B. dem Netzausbau.

7. Die relativ hohen Stromgestehungskosten für Biomasseanlagen könnten z. B. durch die verstärkte Mitverfeuerung von Biomasse in Kohlekraftwerken sinken. Die Erzeugung von Nahrungsmitteln auf landwirtschaftlich geeigneten Flächen muss weiterhin Priorität vor dem Anbau von Pflanzen zur energetischen Nutzung haben. Daher ist vor allem das große Potenzial biogener Rest- und Abfallstoffe stärker zu nutzen.

8. Im Hinblick auf die CO_2-Vermeidungskosten schneidet die Gebäudesanierung am kostengünstigsten bzw. sogar Gewinn bringend ab. Die Sanierung des Altbestandes ist dabei wichtiger als die weitere Energieeffizienzsteigerung bei Neubauten mit ohnehin schon geringerem Wärmebedarf. Individuelle Lösungen, z. B. über Niedertemperatursysteme, sind anzustreben. Auch die zukünftige Energieversorgung auf Gemeindeebene sollte als Gesamtkonzept erfolgen.

9. Im Bereich der Mobilität sind neben Steigerungen der Energieeffizienz vor allem ein verbessertes Verkehrsmanagement und multimodale Mobilitätskonzepte in der Entwicklung, die jedoch auch eine Änderung des Verbraucherverhaltens voraussetzen. Der CO_2-Einsparung durch Elektro- oder Hybridfahrzeuge steht die noch ungelöste Frage nach der Bereitstellung des Grundlaststroms gegenüber.

10. Die Vorreiterrolle Deutschlands bzw. der EU bei der CO_2-Emissionsreduzierung ist im derzeitigen System zu hinterfragen. Einsparungen von CO_2-Emissionen eines Landes bzw. einer Region führen letztlich dazu, dass in anderen Teilen der Welt mehr CO_2 emittiert wird, solange die Extraktion fossiler Energieträger und damit die Freisetzung von CO_2 insgesamt nicht reduziert werden. Dies gilt auch für den europäischen Emissionshandel.

11. Darüber hinaus bestehen generelle Zweifel an der Festlegung eines globalen »Zwei-Grad-Zieles«, nachdem in den derzeitigen Klimamodellen noch etliche Faktoren mit großen Unsicherheiten belegt sind.

Schlagwortverzeichnis*

A

B

C

D

E

* Ohne Zusammenfassungen der Einzelbeiträge, Zusammenfassung des Rundgesprächs (S. 209–212) und Zentrale Ergebnisse des Rundgesprächs aus Sicht der Kommission für Ökologie (S. 213–215).

G

H

I

K

T

U

V

W

Z

Verzeichnis der bisherigen Bände der Reihe

1: »Welche Natur wollen wir schützen?«
Organisatoren: Prof. Dr. Dr. h.c. Wolfgang Haber, Prof. Dr. Dr. h.c. mult. Hubert Ziegler
1990. – 95 S., 10 Abb., 4 Tab. – ISBN 978-3-923871-48-3

2: Ökologie der oberbayerischen Seen – Zustand und Entwicklung
Organisator: Prof. Dr. Dr. h.c. mult. Otto Kandler
1991. – 192 S., 88 Abb., 21 Tab. – ISBN 978-3-923871-55-1

3: Stadtökologie
Organisator: Prof. Dr. Dr. h.c. Herbert Sukopp
1992. – 128 S., 46 Abb., 15 Tab. – ISBN 978-3-923871-56-8

4: Stand und Entwicklungsmöglichkeiten der Verwertung von Müll
Organisatoren: Prof. Dr. Dr. h.c. Klaus Betke, Prof. Dr. Dr. h.c. Wolfgang Haber
1992. – 128 S., 36 Abb., 17 Tab. – ISBN 978-3-923871-60-5

5: Zustand und Gefährdung der Laubwälder
Organisator: Prof. Dr. Karl Eugen Rehfuess
1993. – 176 S., 55 Abb., 22 Tab. – ISBN 978-3-923871-67-4

6: Dynamik von Flora und Fauna – Artenvielfalt und ihre Erhaltung
Organisatoren: Prof. Dr. Ernst Josef Fittkau, Prof. Dr. Dr. h.c. mult. Otto Kandler
1993. – 156 S., 57 Abb., 15 Tab. – ISBN 978-3-923871-71-1

7: Probleme der Umweltforschung in historischer Sicht
Organisatoren:
Prof. Dr. Dr. h.c. mult. Otto Kandler, Prof. Dr. Dr. h.c. mult. Meinhart Zenk
1993. – 240 S., 84 Abb., 37 Tab. – ISBN 978-3-923871-72-8

8: Klimaforschung in Bayern
Organisator: Prof. Dr. Dr. h.c. mult. Hubert Ziegler
1994. – 222 S., 129 Abb., 28 Tab. – ISBN 978-3-923871-75-9

9: Nachwachsende Rohstoffe
Organisator: Prof. Dr. Dr. h.c. Gerhard Fischbeck
1994. – 175 S., 86 Abb., 18 Tab. – ISBN 978-3-923871-82-7

10: Bayerische Tropenforschung – Einst und jetzt
Organisatoren: Prof. Dr. Ernst Josef Fittkau, Prof. Dr. Dr. h.c. mult. Hubert Ziegler
1995. – 253 S., 127 Abb., 16 Tab. – ISBN 978-3-923871-98-8

11: Luftbelastung und Gesundheit
Organisator: Prof. Dr. Dr. h.c. Klaus Betke
1996. – 224 S., 38 Abb., 34 Tab. – ISBN 978-3-931516-02-4

12: Forstwirtschaft im Konfliktfeld Ökologie – Ökonomie
Organisator: Prof. Dr. Karl Eugen Rehfuess
1997. – 168 S., 65 Abb., 5 Tab. – ISBN 978-3-931516-13-0

13: Landwirtschaft im Konfliktfeld Ökologie – Ökonomie
Organisatoren:
Prof. Dr. Dr. h.c. Gerhard Fischbeck, Prof. Dr. Dr. h.c. Udo Schwertmann
1997. – 191 S., 56 Abb., 23 Tab. – ISBN 978-3-931516-21-5

14: Wie gefährdet ist unser Trinkwasser? Grundwasser – Nutzung und Belastung
Organisatoren: Prof. Dr. Dr. h.c. Horst Hagedorn, Prof. Dr. Dietrich Herm, Prof. Dr. Dr. h.c. mult. Heinrich Nöth
1998. – 128 S., 57 Abb., 20 Tab. – ISBN 978-3-931516-34-5

15: Lebensmittel im Wandel
Organisator: Prof. Dr. Dr. h.c. mult. Otto Kandler
1998. – 148 S., 36 Abb., 26 Tab. – ISBN 978-3-931516-46-8

16: Lebensmittel und Gentechnik
Organisatoren: Prof. Dr. Dr. Hans Steinhart, Prof. Dr. Widmar Tanner
1999. – 100 S., 13 Abb., 15 Tab. – ISBN 978-3-931516-66-6

17: Fernerkundung und Ökosystem-Analyse
Organisator: Prof. Dr. Dietrich Herm
1999. – 167 S., 80 Abb., 12 Tab. – ISBN 978-3-931516-67-3

18: Entwicklung der Umwelt seit der letzten Eiszeit
Organisator: Prof. Dr. Dr. h.c. Horst Hagedorn
2000. – 166 S., 59 Abb., 8 Tab. – ISBN 978-3-931516-71-0
vergriffen

19: Zur Ökonomie und Ökologie künftiger Stromversorgung
Organisator:
Prof. Dr. Ing. Dr. Ing. E.h. Franz Mayinger
2000. – 151 S., 60 Abb., 17 Tab. – ISBN 978-3-931516-72-7

20: Bergbau-Folgeschäden und Ökosysteme
Organisatoren: Prof. Dr. Dr. h.c. Udo Schwertmann, Prof. Dr. Karl Eugen Rehfuess
2000. – 143 S., 82 Abb., 9 Tab. – ISBN 978-3-931516-84-0

21: Allergie, eine Zivilisationskrankheit?
Organisatoren: Prof. Dr. Dr. h.c. Klaus Betke, Prof. Dr. Erika von Mutius
2001. – 120 S., 22 Abb., 23 Tab. – ISBN 978-3-931516-86-4

22: Gebietsfremde Arten, die Ökologie und der Naturschutz
Organisator: Prof. Dr. Josef H. Reichholf
2001. – 147 S., 32 Abb., 12 Tab. – ISBN 978-3-931516-92-5
vergriffen

23: Bedeutung der Mikroorganismen für die Umwelt
Organisator: Prof. Dr. Karl-Heinz Schleifer
2002. – 142 S., 58 Abb., 10 Tab. – ISBN 978-3-931516-97-0

24: Katastrophe oder Chance?
Hochwasser und Ökologie
Organisator: Prof. Dr. Dr. h. c. Horst Hagedorn
2002. – 167 S., 78 Abb., 19 Tab. – ISBN 978-3-89937-002-7

25: Über die Jagd – Kulturelle Aspekte und aktuelle Funktionen
Organisatoren: Prof. Dr. Dieter Frey,
Prof. Dr. Karl Eugen Rehfuess
2002. – 166 S., 55 Abb., 7 Tab. – ISBN 978-3-89937-005-8
vergriffen

26: Biologische Vielfalt:
Sammeln, Sammlungen und Systematik
Organisator: Prof. Dr. Josef H. Reichholf
2003. – 144 S., 51 Abb., 5 Tab. – ISBN 978-3-89937-014-0

27: Erhöhte UV-Strahlung:
Folgen und Maßnahmen
Organisator: Prof. Dr. Markus Riederer
2004. – 182 S., 92 Abb., 11 Tab. – ISBN 978-3-89937-048-5

28: Klimawandel im 20. und 21. Jahrhundert: Welche Rolle spielen Kohlendioxid, Wasser und Treibhausgase wirklich?
Organisatoren:
Prof. Dr. Dr. h. c. Horst Hagedorn,
Prof. Dr. Karl Eugen Rehfuess,
Dr. Heinrich Röck
2005. – 136 S., 58 Abb., 6 Tab. – ISBN 978-3-89937-051-5
vergriffen – Digitaldruck lieferbar

29: Zur Ökologie von Infektionskrankheiten: Borreliose, Frühsommer-Meningoenzephalitis (FSME) und Fuchsbandwurm
Organisatoren:
Prof. Dr. Erika von Mutius,
Prof. Dr. Josef H. Reicholf
2005. – 119 S., 63 Abb., 26 Tab. – ISBN 978-3-89937-059-1

30: Auf Spurensuche in der Natur:
Stabile Isotope in der ökologischen Forschung
Organisatoren: Prof. Dr. Karl Auerswald,
Prof. Dr. Dr. h. c. Wolfgang Haber
2005. – 174 S., 79 Abb., 15 Tab. – ISBN 978-3-89937-060-7

31: Gräser und Grasland:
Biologie – Nutzung – Entwicklung
Organisatoren:
Prof. Dr. Dr. h. c. Wolfgang Haber,
Priv.-Doz. Dr. Ehrentraud Bayer
2006. – 158 S., 78 Abb., 33 Tab. – ISBN 978-3-89937-070-6

32: Natur und Mensch in Mitteleuropa im letzten Jahrtausend
Organisatoren:
Prof. Dr. Dr. h. c. Wolfgang Haber,
Prof. Dr. Josef H. Reichholf
2007. – 174 S., 87 Abb., 11 Tab. – ISBN 978-3-89937-077-5
vergriffen

33: Energie aus Biomasse:
Ökonomische und ökologische Bewertung
Organisatoren:
Prof. Dr. Drs. h. c. Gerhard Fischbeck,
Prof. Dr. Dr. h. c. Wolfgang Haber,
Prof. Dr. Karl Eugen Rehfuess
2007. – 142 S., 58 Abb., 15 Tab. – ISBN 978-3-89937-078-2

34: Wie schnell verändert sich unsere Umwelt?
Ökologisches Langzeitmonitoring
Organisatoren: Prof. Dr. Markus Riederer,
Prof. Dr. Karl Eugen Rehfuess
2008. – 140 S., 67 Abb., 13 Tab. – ISBN 978-3-89937-087-4

35: Humus in Böden
Organisatoren:
Prof. Dr. Ingrid Kögel-Knabner,
Prof. Dr. Jean Charles Munch,
Prof. Dr. Karl Eugen Rehfuess
2009. – 142 S., 56 Abb., 10 Tab. – ISBN 978-3-89937-091-1

36: Ökologische Rolle der Flechten
Organisatoren: Dr. Andreas Beck,
Prof. Dr. h. c. mult. Otto L. Lange
2009. – 190 S., 108 Abb., 11 Tab. – ISBN 978-3-89937-096-6

37: Ökologische Rolle von Pilzen
Organisatoren: Prof. Dr. Andreas Bresinsky,
Prof. Dr. h. c. mult. Hubert Ziegler
2009. – 158 S., 83 Abb., 6 Tab. – ISBN 978-3-89937-099-7

38: Bioaerosole und ihre Bedeutung für die Gesundheit
Organisatoren:
Prof. Dr. Erika von Mutius,
Prof. Dr. Dennis Nowak
2010. – 142 S., 67 Abb., 22 Tab. – ISBN 978-3-89937-111-6

39: Leben unter extremen Bedingungen
Organisatoren:
Prof. Dr. Karl O. Stetter,
Prof. Dr. Dr. h. c. Wolfgang Haber
2011. – 160 S., 98 Abb., 8 Tab. – ISBN 978-3-89937-124-6

40: Pflanzenzucht und Gentechnik in einer Welt mit Hungersnot und knappen Ressourcen
Organisatoren:
Prof. Dr. Widmar Tanner,
Prof. Dr. Dr. h. c. Wolfgang Haber,
Prof. Dr. Dr. h. c. mult. Gerhard Fischbeck
2012. – 160 S., 64 Abb., 10 Tab. – ISBN 978-3-89937-125-3

41: Die Zukunft der Energieversorgung: Atomausstieg, Versorgungssicherheit und Klimawandel
Organisatoren:
Prof. Dr.-Ing. Dr.-Ing. E. h. mult. Franz Mayinger,
Prof. Dr. Dres. h. c. Hans-Werner Sinn
2012. – 219 S., 91 Abb., 10 Tab. – ISBN 978-3-89937-150-5